主編　蔡宗齊

本輯主編　汪春泓

Lingnan Journal of Chinese Studies

嶺南學報

（本輯全部論文均經過匿名評審）

復刊　第十一輯

上海古籍出版社

圖書在版編目(CIP)數據

嶺南學報. 復刊第十一輯 / 蔡宗齊主編；汪春泓本輯主編. —上海：上海古籍出版社，2019.8
ISBN 978-7-5325-9314-9

Ⅰ.①嶺… Ⅱ.①蔡… ②汪… Ⅲ.①社會科學—期刊—彙編—中國 Ⅳ.①C55

中國版本圖書館 CIP 數據核字(2019)第 176476 號

嶺南學報　復刊第十一輯
蔡宗齊　主編
汪春泓　本輯主編
上海古籍出版社出版發行
(上海瑞金二路 272 號　郵政編碼 200020)
(1) 網址：www.guji.com.cn
(2) E-mail: guji1@guji.com.cn
(3) 易文網網址：www.ewen.co
啓東市人民印刷有限公司印刷
開本 710×1000　1/16　印張 19.75　插頁 2　字數 306,000
2019 年 8 月第 1 版　2019 年 8 月第 1 次印刷
ISBN 978-7-5325-9314-9
I·3415　定價：88.00 元
如有質量問題,請與承印公司聯繫

《嶺南學報》編輯委員會

（以漢語拼音排序）

主編：蔡宗齊　　嶺南大學中文系

編委：陳平原　　北京大學中文系
　　　陳尚君　　復旦大學中文系
　　　陳引馳　　復旦大學中文系
　　　郭英德　　北京師範大學文學院
　　　胡曉明　　華東師範大學中文系
　　　蔣秋華　　中央研究院中國文哲研究所
　　　蔣　寅　　華南師範大學文學院
　　　李惠儀　　美國哈佛大學東亞語言及文明系
　　　李雄溪　　嶺南大學中文系
　　　劉燕萍　　嶺南大學中文系
　　　劉玉才　　北京大學中文系
　　　汪春泓　　嶺南大學中文系
　　　王德威　　美國哈佛大學東亞語言及文明系
　　　王　鍔　　南京師範大學文學院文獻與信息學系
　　　徐　剛　　嶺南大學中文系
　　　徐興無　　南京大學文學院
　　　許子濱　　嶺南大學中文系
　　　許子東　　嶺南大學中文系
　　　虞萬里　　上海交通大學人文學院
　　　張　健　　香港中文大學中文系
　　　鄭吉雄　　香港教育學院人文學院

目　　録

情景交融與古典詩歌意象化表現範式的成立* …………… 蔣　寅（ 1 ）
北京大學藏西漢竹書《妄稽》釋讀斠正 …………… 許云和　鄭晴心（ 33 ）
"詭辭"以見義
　　——論《太史公自序》的書寫策略 …………… 程蘇東（ 63 ）
韋孟、韋玄成詩背景考及以經爲詩論 …………… 胡　旭　劉美惠（ 87 ）
《中論》引詩與漢魏之際的《詩經》學 …………… 尹玉珊（105）
開啓南北朝至唐代遊仙詩道教化的轉關
　　——上清經派道人楊羲的道教遊仙詩 …………… 張　宏（125）
北朝《漢書》學與北朝文學的漢代傳統 …………… 蔡丹君（153）
唐詩詩題異名的類型、成因及性質闡論 …………… 咸曉婷（179）
曾鞏古文的美感特質
　　——兼論其與歐陽古文的關係 …………… 何寄澎（197）
史家風神與金石體制
　　——以明清時期的韓、歐碑誌高下論爲中心 …………… 胡　琦（217）

青年學者園地

明代王鏊佚札輯考 …………… 程益丹（259）

編後記 ………………………………………………………… （301）
《嶺南學報》徵稿啓事 ………………………………………… （303）
撰稿格式 ……………………………………………………… （305）

---

* 《嶺南學報》名家講座系列專稿。

Table of Contents

Qing jing jiaorong (Fusion of Scene and Emotion) and the Formation
   of an Image Paradigm in Classical Chinese Poetry* ········ Jiang Yin(1)

Emendations to the Annotated Edition of *Wangji*, a Bamboo Slip
   Manuscript of Western Han Collected by Peking University
   ··· Xu Yunhe and Zheng Qingxin(33)

"Sophism" for Righteousness — A Study on the Writing Strategy
   of "Taishigong zixu" (The Autobiography of the Senior Archivist)
   in *Shiji* (*Records of the Grand Historian*) ············ Cheng Sudong(63)

The Background of Wei Meng's and Wei Xuancheng's Poetry and
   Treating Chinese Classics as Poems ········ Hu Xu and Liu Meihui(87)

The Poetic Quotations in *Zhonglun* (Balanced Discourses) and
   the Study of *Shijing* (Book of Songs) during the Han and
   Wei Dynasties ··· Yin Yushan(105)

The Beginning of Daoist Transformation of Mystical Excursion
   Poetry from Southern and Northern to Tang Dynasties:
   On the Mystical Excursion Poetry of Yang Xi,
   A Shangqing School Daoist ································ Zhang Hong(125)

---

* Special Column: *LJCS* Lecture Series.

Han shu（Book of the Former Han）Study in the Northern Dynasties
  and the Han-Dynasty Tradition of Northern Dynasties Literature
  ·· Cai Danjun(153)

Elucidation on Types, Causes and Natures of Varied Poetry Titles
  of the Tang Dynasty ················· Xian Xiaoting(179)

The Aesthetic Features of Zeng Gong's *Guwen* and Its Relationship
  with that of Ouyang Xiu's ················· Ho Chi-peng(197)

Historiography, Epigraphy, and Contesting Canons: On Han Yu and
  Ouyang Xiu's Tomb Inscriptions in Ming-Qing Dynasties
  ·· Hu Qi(217)

Young Scholars' Forum
The Compilation of Wang Ao's Lost Letters ········· Ching Yick Tan(259)

Epilogue ·· (301)

情景交融與古典詩歌意象化表現範式的成立

蔣 寅

【摘 要】"情景交融"雖爲學界所通用,但却是一個相當模糊而理解多歧的概念,除了指示一種抽象狀態的結果外,並未提供什麽可供闡發、引申的理論線索,以致學界的定義長久以來一直停留在"情與景合,景與情合"的俗套表達上。本文認爲,情景交融作爲標誌着古典詩歌抒情藝術之成熟的美學特徵,是在特定審美意識和寫作策略的主導下逐漸被許多作者共同遵循、實踐並達致理論自覺的一種詩境構成模式,其結構特徵取决於作者們共同遵循的寫作範式。相關的概念還有寓情於景、借景言情、化景物爲情思、以景結情等等,它們分别負載着不同時代的詩論家對情景問題的關注。對這些命題的全面梳理,也就是對古典詩歌中情景關係的歷時性考察。本文從考察"情景交融"概念的由來入手,試圖通過對中古詩歌中情景關係的歷時性分析,説明"情景交融"的意象結構方式是在中唐詩歌意象化表現逐漸定型的背景下形成的。

【關鍵詞】情景交融 意象化 寫作範式 定型 中唐詩

自近代西方文化思潮輸入以來,中國文化的自我認識無不是在"西洋"這個他者的參照下進行的,文學也概莫能外。通過中西比較逐漸確立起來的自我認識,在析出中國文學之獨特性的同時,也强化了人們對中國文學異質性的認識,無形中將其視爲與西洋文學對立的固有屬性。如果説在比較文學的語境中,這種彼此對立的異質性認識尚不至過於疏闊,那麼回到國別或民族文學史研究中來，這種簡單化的認識就常會因忽略問題的發生和過程而顯得缺乏歷史感。像錢鍾書討論中國古代"人化文評的特點"，或陳世驤討論中國文學的抒情傳統，都不免給人這樣的印象。事實上，無論是中國文學批評的"身體象喻"，還是中國文學的抒情性，都不是中國文學與生俱來的特徵，而是在漫長的文學歷史中悄然發生、逐漸形成、同時也未完成的品性，正像那個人人得而言之的"現代性"。

　　本文要討論的詩家老生常談"情景交融"也是一個類似的例子。相對而言它更是一個相當模糊而理解多歧的概念，理解的分歧出於義涵界定的困難。談論這個問題，我認爲有必要確立兩個前提：第一，"情景交融"是中國古代詩歌最根本的審美特徵，或者説是固有特徵。錢鍾書在《中國固有的文學批評的一個特點》一文中曾提到，凡言"中國固有"的特點，應依據幾個明確的標準：1. 必須是自古到今各宗各派各時代批評家都利用過；2. 必須是西洋文評裏無匹偶的；3. 不能是中國語言文字特殊構造造成的；4. 在應用時能具普遍性和世界性[①]。第二，它是文論史上階段性的、發展的概念。這幾乎不用懷疑，歷來就是爲學界肯定的，哲學家甚至由此思考中國文化的基本問題[②]。最早對這一概念進行全面研究的蔡英俊《比興物色與情景交融》一書，也試圖通過歷史考察與理論分析，完整地説明"情景交融"的歷史發展與理論構架[③]。後來王德明又就中國古代詩學對情景交融的認識歷程做了梳理[④]。只有在這兩個前提下，我們纔能談論情景交融作爲概念的成立和它所指涉的義涵，而且可以進一步肯定，情景交融不只是古典詩歌情景關係發展到特定時期的階段性結果，更是一個爲詩人們共同踐行的寫作範式。文學史上凡是涉及一個時期藝術表現的傾向性或寫作的群體特徵這樣的問題，都只能是在範式意義上把握的[⑤]，否則任何論斷都可以用例證來否定其成立的理據。即便是"以文爲詩"這樣的出於特定語境的判斷，也可以舉出最早的五言詩（比如班固《詠史》）的議論和用字來證明漢代詩歌即有那種傾向，這樣的結論顯然難以得到認同。所以，凡是用

[①] 錢鍾書：《中國固有的文學批評的一個特點》，載於《文學雜誌》第 1 卷第 4 期（1937 年）。
[②] 湯一介：《論"情景合一"》，載於《北京大學學報》2008 年第 2 期。
[③] 蔡英俊：《比興物色與情景交融》，臺北：大安出版社 1986 年版。
[④] 王德明：《走向情景交融的認識歷程》，載於《江西師範大學學報》2004 年第 4 期。
[⑤] 範式概念本自湯瑪斯·庫恩著，金吾倫、胡新和譯：《科學革命的結構》，北京：北京大學出版社 2003 年版，第 9—10 頁。

例證來説明情景交融的特徵由來甚早的論説,在我看來都是没有意義的。我們談論的情景交融,作爲"標誌着古典詩歌抒情藝術的成熟"的美學特徵①,應該是在特定審美意識和寫作策略的主導下逐漸被許多作者共同遵循、實踐並達致理論自覺的一種詩境構成模式,它必定與古典詩歌的某種寫作範式相聯繫。只有確立起這樣一種認識,我們纔有可能談論情景交融的定型及其詩歌史背景。

一、"情景交融"溯源

儘管我們知道古代文論的概念和它指涉的觀念向來並不是同時出現的,我們在討論情景交融的概念時,還是有必要先追溯一下概念的來源。在古典詩學的歷史上,情景交融的概念是出現得相當晚的,其雛形也要到南宋始見。蔡英俊舉出的最早例證是黄昇《中興以來絶妙詞選》稱史達祖詞"蓋能融情景於一家,會句意於兩得"②,這是姜夔序史達祖詞之語;類似的説法還有范晞文《對牀夜語》提到的"情景兼融,句意兩極"。至於葉夢得《石林詩話》所謂"意與境會",則是唐人舊説,不足爲例。范晞文曾以前人詩句爲例,來概括詩中的情、景關係,指出:

> 老杜詩:"天高雲去盡,江迥月來遲。衰謝多扶病,招邀屢有期。"上聯景,下聯情。"身無却少壯,跡有但羈棲。江水流城郭,春風入鼓鼙。"上聯情,下聯景。"水流心不競,雲在意俱遲。"景中之情也。"卷簾唯白水,隱几亦青山。"情中之景也。"感時花濺淚,恨別鳥驚心。"情景相觸而莫分也。"白首多年疾,秋天昨夜涼。""高風下木葉,永夜攬貂裘。"一句情一句景也。固知景無情不發,情無景不生,或者便謂首首當如此作,則失之甚矣。③

---

① 陳伯海:《從"無我之境"到"有我之境"——兼探大曆詩風演進的一個側面》,載於《社會科學》2013年第11期。
② 蔡英俊:《比興物色與情景交融》,第2—5頁。
③ 范晞文:《對牀夜語》卷二,載於丁福保輯:《歷代詩話續編》,北京:中華書局1983年版,第1册,第417頁。

范氏讀過周弼《唐三體詩法》,這裏對情景關係的辨析有可能受到周弼的影響。而張炎《詞源》評秦觀《八六子》説:"離情當如此作。全在情景交煉,得言外意。"①則應該出自詞學内部的承傳,而與詩學殊途同歸。蔡英俊認爲這些説法或許都是受姜夔《白石道人詩説》"意中有景,景中有意"之説的啟迪,可備一説。要之,這些與情景交融類似的説法的流行,反映了南宋詩文詞論對此的共同關注。

元代《月泉吟社》因春日田園間景物感動性情,而有"意與景融,辭與意會"的表述。趙汸《杜律五言注》評《遣懷》有云:

> 天地間景物非有厚薄於人,惟人當意適時,則景與心融,情與景會,而景物之美,若爲我設;一有不慊,則景自景,物自物,漠然與我不相干。

又評《江漢》曰:

> 此詩中四句以情景混合言之,雲天、夜月、落日、秋風,物也,景也;與天共遠,與月同孤,心視落日而猶壯,疾遇秋風而欲蘇者,我也,情也。②

這裏的"景與心融"、"情景混合"大體就是情景交融之義。明代詩話如周履靖《騷壇秘語》卷下、周夷白《存餘堂詩話》、都穆《南濠詩話》等都有"情與景會,景與情合"的説法。謝榛《四溟詩話》云:"詩乃摹寫情景之具,情融乎内而深且長,景耀乎外而遠且大。"③日本學者青木正兒認爲揭示了情景錯綜融和的妙處④,但也未用情景交融四字。清人將情景關係闡述得更爲細緻,如朱之臣説:"夫詩者,情與景二者而已。人之情,無時無之。詩之景,亦無時無之。情之動於中,而景之觸於外。音影不停,機倪争出。"⑤吴喬説:"古人有通篇言情者,無通篇叙景者。情爲主,景爲賓也。情爲境遇,景則景物也。"又曰:"七律大抵兩聯言情,兩聯叙景,是爲死法。蓋景多則浮

---

① 夏承燾:《詞源注》,北京:人民文學出版社1963年版,第24頁。
② 趙汸:《杜律五言注》,康熙間查弘道亦山草堂刊本。
③ 謝榛:《四溟詩話》卷四,載於丁福保輯《歷代詩話續編》,第3册,第1221頁。
④ 青木正兒《清代文學批評史》據方東樹《昭昧詹言》卷二一轉述,而誤作方東樹語,吴宏一《清代詩學資料的鑒别》一文已指出,載於《清代文學批評論集》,臺北:聯經事業出版公司1998年版,第8—9頁。
⑤ 朱之臣:《詩慰初集序》,載於陳允衡輯:《詩慰初集》卷首,康熙刊本。

泛，情多則虛薄也。然順逆在境，哀樂在心，能寄情於景，融景入情，無施不可，是爲活法。"①胡承諾《菊佳軒詩自序》説："竊以爲景物之在天地間者，古今充滿動盪，無一處之罅漏；性情之在人者，亦復如是，無一時之凝滯。以無所凝滯之性情，入無所滲漏之景物，兩相比附，自爾微妙浹洽，無一線之間隔。"②儘管如此，他們所使用的概念、命題，仍不外乎"情與景會"（賀貽孫）③、"寄情於景"、"融情入景"（吴喬）④之類，蔡英俊以及他所引證的黄永武、黄維樑兩先生的論述⑤，也未舉出直接用"情景交融"四字的例子。

管見所及，"情景交融"語例最早見於紀昀詩論。紀昀《挹緑軒詩集序》有云："要其冥心妙悟，興象玲瓏，情景交融，有餘不盡之致，超然於畦封之外者。滄浪所論與風人之旨，固未嘗背馳也。"⑥又，評杜甫《送韋郎司直歸成都》："前四句猶是常語，五、六情景交融。"⑦評《因許八奉寄江甯旻上人》："詩家之妙，情景交融。必欲無景言情，又是一重滯相。"⑧正像"意境"一樣，"情景交融"一經紀昀使用，嘉道以後便流行於詩壇。方東樹《昭昧詹言》尤其是個典型的例子，如評陶淵明"日暮天無雲"句："清韻。情景交融，盛唐人所自出。"⑨評鮑照《園中秋散》："此直書胸臆即目，而情景交融，字句清警，真孟郊之所祖也。"⑩評杜甫《秋興八首》其一："起句秋，次句地，亦兼秋。三四景，五六情，情景交融，興會標舉。"⑪評杜甫《暮歸》："起四句，情景交融，清新真至。"⑫評黄庭堅《紅蕉洞獨宿》："此悼亡詩，以第二句爲主，三四情景交融，切宿字。"⑬評黄庭堅《六月十四日宿東林寺》："通首情

---

① 吴喬：《圍爐詩話》卷一，載於郭紹虞輯：《清詩話續編》，上海：上海古籍出版社1983年版，第1册，第480頁。
② 胡承諾：《石莊先生詩集》，民國五年沈觀齋重刊本。
③ 賀貽孫：《詩筏》，載於《清詩話續編》，第1册，第144頁。
④ 吴喬：《答萬季野詩問》，載於丁福保輯：《清詩話》，上海：上海古籍出版社1978年版，上册，第33頁。
⑤ 黄永武：《中國詩學·設計篇》，臺北：巨流圖書公司1976年版，第223頁；黄維樑：《論情景交融》，載於《幼獅文藝》第43卷第5期（1976年5月），第111頁。
⑥ 《紀曉嵐文集》卷九，石家莊：河北教育出版社1991年版，第1册，第204頁。
⑦ 李慶甲集評校點：《瀛奎律髓彙評》卷二四，上海：上海古籍出版社1986年版，中册，第1026頁。
⑧ 李慶甲集評校點：《瀛奎律髓彙評》卷四七，下册，第1736頁。
⑨ 方東樹：《昭昧詹言》卷四，北京：人民文學出版社1961年版，第124頁。
⑩ 方東樹：《昭昧詹言》卷六，第173頁。
⑪ 方東樹：《昭昧詹言》卷一七，第397頁。
⑫ 方東樹：《昭昧詹言》卷一七，第415頁。
⑬ 方東樹：《昭昧詹言》卷二〇，第451頁。

景交融。"①這些評語中的"情景交融"明顯是指作品中抒發的情意與描寫的景色有機結合,渾然一體,因而"情景交融"有時也寫作"情景相融"②。此外,如許印芳評陳與義《道中寒食》"客裏逢歸雁,愁邊有亂鶯"一聯:"五六是折腰句,情景交融,意味深厚。"③吳汝綸評戴叔倫《除夜宿石頭驛》:"此詩真所謂情景交融者,其意態兀傲處不減杜公,首尾浩然,一氣舒卷,亦大家魄力。"④周學濂評汪曰楨《荔牆詞》:"守律謹嚴,自是學人本色,妙在能情景交融,題目佳境。"⑤趙元禮《藏齋詩話》卷上舉"白沙翠竹江村暮,相送柴門月色新"一聯,謂"兩句情景交融,詩中有畫"。類似的用例,勤加搜集一定還有不少。

但讓我好奇的是,儘管情景交融在詩評中屢見不鮮,成爲老生常談,卻未見前人對其内涵加以深究,長久以來一直停留在"情與景合,景與情合"的俗套表達上。明代陳繼儒論作詩之法,説:"作詩必情與景合,景與情合,始可與言詩。如'芳草伴人還易老,落花隨處亦東流',此情與景合也;'雨中黃葉樹,燈下白頭人',此景與情合也。"⑥晚清施補華《峴傭説詩》辨析詩中情景關係,則説:"景中有情,如'柳塘春水漫,花塢夕陽遲';情中有景,如'勳業頻看鏡,行藏獨倚樓';情景兼到,如'水流心不競,雲在意俱遲'。"⑦這都是典型的大而化之、不加思索的例子。籠統的説法還有王禮培《小招隱館談藝録》:"詩言情景,《三百篇》即景言情,自能意與神會,神與理交,渾成融洽,不是湊借,禪家謂之現在。"⑧直到清末具有古典詩學總結意義的朱庭珍《筱園詩話》,其詮釋仍停留在"情景交融者,景中有情,情中有景,打成一片,不可分拆"的水準上⑨,並没有更深入細緻的闡述。"景中有情"云云,十六字看似説了四層意思,其實只呈現了一個結果。事情就是這樣,"情景交融"的概念除了指示一種抽象狀態的結果外,本身並未提供什麽可

---

① 方東樹:《昭昧詹言》卷二〇,第459頁。
② 《昭昧詹言》卷一二評李白《梁園吟》便作"情文相生,情景相融,所謂興會才情,忽然湧出花來者也",第252頁。
③ 李慶甲集評校點:《瀛奎律髓彙評》卷一六,中册,第592頁。
④ 高步瀛:《唐宋詩舉要》卷四引,上海:上海古籍出版社1978年版,第503頁。
⑤ 汪曰楨:《荔牆詞》,咸豐九年刊趙菼《濾月軒集》附刊本。
⑥ 錢謙益:《列朝詩集小傳》乙集陳繼儒傳,上海:上海古籍出版社1983年版,上册,第202頁。
⑦ 丁福保輯:《清詩話》,下册,第974頁。
⑧ 王禮培:《小招隱館談藝録》卷三,民國二十六年湖南船山學社排印本。
⑨ 朱庭珍:《筱園詩話》卷四,載於張國慶輯:《雲南古代詩文論著輯要》,北京:中華書局2001年版,第316頁。

供闡發、引申的理論線索。不作"情景如何交融"的追問,不闡明情與景的結構關係,"交融"就永遠是個含糊不清、乏善可陳的概念。不要說前人難以作更細緻的討論,今人仍無法繼續深究。這是由概念本身缺乏清晰的邊界、無法分析其邏輯層次的性質決定的。因此,我們有必要換一個方式來討論,將情景交融的概念落實到可討論的層面。首先要明確,情景交融作爲古典詩歌的一個美學特徵,是由特定的本文構成模式或者說話語模式所決定的,其結構特徵取決於作者們共同遵循的寫作範式,這種寫作範式必須置入具體的詩學語境,纔有可能討論其階段性特徵和結構方式。只有立足於這樣的視點,我們纔能建立起一個可分析的邏輯框架。這一思路不僅觸及對情景交融概念本身的理解,也牽涉到如何看待它與古典詩歌意象化表現的關係。總之在我看來,情景交融與意境一樣,也是在現代詩學語境下發生的理論問題,是在世界詩歌的範圍内反思、體認中國古典詩歌的美學特徵,從而對其表現方式所作的集中概括。"情景交融"四個字只是最通行的說法,它的別名還有寓情於景、借景言情、化景物爲情思、以景結情等等,托物言志也是關係很密切的概念,它們分別負載着不同時代的詩論家對情景問題的關注。對這些命題的全面梳理,也就是對古典詩歌中情景關係的歷時性考察。

二、如何理解和定義"情景交融"

肯定情景交融作爲古典詩歌主導性的審美特徵是歷史形成的結果,雖然確立了討論情景交融問題的前提,但在釐清古典詩歌情景關係的歷史演進之前,我們仍無法對它所意味的範式作出具體的說明。困難在於歷來對詩歌中的情景關係一直缺乏歷時性的考察和清晰的認識。在我所見的文獻中,明人徐學謨《齊語》較早注意到這一問題:

> 盛唐人詩,止是實情實景,無半語誇飾,所以音調殊絕,有《三百篇》遺風。延及中唐、晚唐,亦未嘗離情景而爲詩,第鼓鑄漸異,風格遞卑,若江河之流,愈趨而愈下耳。[①]

[①] 黄宗羲輯:《明文海》卷四八〇,影印文淵閣《四庫全書》本。

徐氏注意到盛唐詩"止是實情實景",這是很有見地的;説中晚唐詩"亦未嘗離情景而爲詩",大體也不錯。但他没有看到,中晚唐詩除了"風格遞卑"之外,情景關係也有了變化。昔年我在博士論文《大曆詩風》中曾提出一個假説:情景交融的意象結構方式是在大曆詩歌中定型的,理由是過於强烈的情感表達需求帶來詩歌主觀色彩的增强,促使詩人選擇象徵性的意象來寄託情思;戴叔倫的"詩家之景"(藝術幻象)和皎然的"取境"説作爲這種創作範式的理論總結,意味着情景交融的意象結構方式已開始成爲詩歌藝術表現的主流,日漸發展成爲古典詩歌最基本的美學特徵①。這一假説在當時提出似有點聳人聽聞,答辯委員多不太認可。同行評議專家羅宗强先生後來與杜曉勤教授合撰學術綜述,也覺得"似有違唐詩史實,令人難以苟同"②。當時學界的一般看法是,情景交融與南朝山水詩的興起有關,山水詩"以傳神的手法寫景,在詩作中注重主觀意趣的表達……開始意境的自覺追求,將主觀的情感與客觀的景境相融合,創造出情景交融、主客體融貫的藝術境界"③。後來陳鐵民先生論述王維對詩歌藝術的貢獻,也將情景交融列爲重點討論的問題之一,並舉孟浩然、王昌齡、李白、杜甫、劉長卿、韋應物的詩作爲例,對我的論點提出商榷④。陳伯海先生論述大曆詩歌的新變,在肯定拙著提出這個問題的積極意義之餘,也指出"將情景交融的發端斷自大曆,不免有割裂傳統的危險(尤其是將盛唐詩排除於情景交融之外,似叫人難以接受),亦容易導致對'情景交融'内涵的狹隘化理解"⑤。兩位前輩的指教促使我反省自己的思路和論述,並整理歷年積累的資料,再完整地陳述一下自己持續多年的思考。

　　從現有研究成果及學界的一般用法來看,"情景交融"基本上被理解爲詩中由情緒和物象的某種對應或同構關係形成的移情表現,接近於古代詩論家所持的情景主賓論:

───────

① 蔣寅:《大曆詩風》,南京:鳳凰出版社 2009 年版,第 156—157 頁。
② 《唐代文學研究年鑒》1995—1996 年合刊,桂林:廣西師範大學出版社 1997 年版,第 51 頁。
③ 王可平:《"情景交融"與山水文學——我國古代山水文學發達原因初探之一》,載於《古代文學理論研究》第 11 輯,上海:上海古籍出版社 1986 年版;參看張海沙:《初盛唐佛教禪學與詩歌研究》,北京:中國社會科學出版社 2001 年版,第 16 頁。
④ 陳鐵民:《情景交融與王維對詩歌藝術的貢獻》,載於《中國文化研究》2001 年秋之卷。
⑤ 陳伯海:《從"無我之境"到"有我之境"——兼探大曆詩風演進的一個側面》,載於《社會科學》2013 年第 11 期。

>夫詩以情爲主,景爲賓,景物無自生,唯情所化。情哀則景哀,情樂則景樂。①

照這麼理解,就很容易將情景交融的源頭追溯到詩歌的早年,甚至"昔我往矣,楊柳依依;今我來思,雨雪霏霏"(《詩·小雅·采薇》)也可視爲濫觴。陶淵明詩因多涉及物我關係,劉熙載也曾說:"陶詩'吾亦愛吾廬',我亦具物之情也;'良苗亦懷新',物亦具我之情也。"②但這種溯源似乎沒什麼意義,物我之間的同構關係乃是文學表現中最常見的現象,正像王夫之說的,"不知兩間景物關至極者,如其涯量亦何限?"③而且它也不是中國詩歌所獨有,義大利美學家維柯即曾斷言:"詩的最崇高的工作就是賦予感覺和情欲於本無感覺的事物。"④瑞士作家亞彌愛爾(1821—1881)也有"風景即心境"的說法,被英譯爲"every landscape is a state of the soul"⑤。通常被我們視爲中國詩歌美學特色的情景交融,絕不是這種移情的表現手法,而是一種意象化的表現方式,景中有情,情中有景,分不清究竟是寫景還是言情,是寫物還是寫心。如果我們同意說李商隱《錦瑟》那樣高度意象化的作品最典型地代表了古典詩歌的審美特徵,那麼情景交融就意味著這種意象化的表現方式⑥,質言之即寓情於景,借景物傳達情緒,從而使景物由摹寫的對象轉變爲表情的媒介。質言之,情景交融的概念不是著眼於構成,而是著眼於功能,即景物表達情感的功能。這就是我對情景交融的理解和定義。

這麼說很像是強古人以就我,但沒辦法,古代詩論家論情景確實沒深入到這一層面。眾所周知,古代詩論家中最關注情景問題併發覆良多的是王夫之,其《夕堂永日緒論》中有一段常被學者引用的話:

---

① 吳喬:《圍爐詩話》卷一,載於郭紹虞輯:《清詩話續編》,上冊,第478頁。
② 王氣中:《藝概箋注》,貴陽:貴州人民出版社1986年版,第163—164頁。
③ 陶淵明《癸卯歲始春懷古田舍》評,載於王夫之:《古詩評選》卷四,北京:文化藝術出版社1997年版,第203頁。
④ 維柯著,朱光潛譯:《新科學》,北京:人民出版社1986年版,第98頁。
⑤ 錢鍾書《談藝錄》第十一節附說九,參看高山杉:《檢讀〈談藝錄〉所引"二西"之書》,載於《東方早報·上海書評》2009年8月23日第10版。
⑥ 學術界論意象的美學特徵,也常與情景交融聯繫在一起。如胡雪岡《試論"意象"》云:"'意象'這一形象範疇的概念,在中國文論、詩論中是源遠流長的,它的主要特徵是包含了'意'與'象'這樣相互制約的兩個方面的契合,是情景交融、虛實相生的感覺或情思的具象表現。"載於《古代文學理論研究》第七輯,上海:上海古籍出版社1982年版,第67頁。

情景名爲二，而實不可離。神於詩者，妙合無垠。巧者則有情中景，景中情。景中情者，如"長安一片月"，自然是孤棲憶遠之情；"影靜千官裏"，自然是喜達行在之情。情中景尤難曲寫，如"詩成珠玉在揮毫"，寫出才人翰墨淋漓、自心欣賞之景。凡此類，知者遇之；非然，亦鶻突看過，作等閒語耳。①

今人多引此言來闡述情景交融之説，其實這段話只是在表情的意義上區分了不同的叙述指向，並不是在論述寫景的表情功能。景物的表情功能本可由能所的關係來理解和闡釋，王夫之固知"立一界以爲所，前未之聞，自釋氏昉也。境之俟用者曰所，用之加乎境而有功者曰能。能、所之分，夫固有之，釋氏爲分授之名，亦非誣也"②，卻不曾將如此透徹的見識用於情景關係的辨析，以致他對古典詩歌情景關係的認識始終停留在簡單的經驗層面而未能上升到範式的高度。而情景交融如前所述，只有作爲範式來把握，置於具體的詩史語境中，只有在這樣的前提下纔有可能加以討論。在這個意義上，考察情景交融的成立也就成爲對意象化表現方式的成熟和定型過程的歷史考察。

這無疑是個難度很大的問題。困難在於這樣的範式問題無法像現象問題那樣可用統計的方法來處理——在任何時候，新生事物在統計學意義上都不會佔有更大的份額和優勢。可以嘗試的，只是按我對情景交融的理解來檢驗現存的古典作品，梳理其藝術表現的發展，勾勒出情景結構範式演進的脈絡。

三、中古詩歌的情景結構

回顧早期詩歌作品中的情景構成，首先可以肯定，《詩經》出現的景物多爲感官直覺的對象。宋儒張杙説《周南·葛覃》"一章思夫在父母之時，方春葛延蔓於中谷，維葉萋萋然其始茂也；黄鳥聚於灌木，其鳴喈喈然其甚

---

① 戴鴻森：《薑齋詩話箋注》，北京：人民文學出版社1981年版，第72頁。
② 王夫之：《尚書引義》卷五，《船山全書》，長沙：嶽麓書社1996年版，第2册，第377頁。

和也。誦此章，則一時景物如接吾耳目中矣"①，正持這樣的看法。

到中古時代，移情的表現開始流行於詩歌中，其突出標誌是用一些主觀色彩強烈的詞語來修飾景物。如曹植《雜詩》"高臺多悲風，朝日照北林"，黃節就指出："風而云悲者，詩人心境之感覺如此也。"②另一首同題之作："悠悠遠行客，去家千餘里。出亦無所之，入亦無所止。浮雲翳日光，悲風動地起。"陳祚明評："三四盡淋漓之情，五六景物荒蕪，情不勝言，寄之於景，此長篇妙法，不謂六語中能之。"③類似的例子還有謝靈運《苦寒行》的"寒禽叫悲壑"，蕭滌非説："夫壑而曰悲者，蓋詩人以其主觀之感情滲入於無知之物故也。亦猶風曰悲風，泉曰悲泉耳。此則爲康樂之創語。"④這都是典型的移情表現。張融《別詩》"欲識離人悲，孤臺見明月"兩句，清楚地説明了離人的悲傷與孤臺明月的景色兩者間的緊密聯繫。後來大曆詩人戎昱用"思苦自看明月苦，人愁不是月華愁"（《秋月》）一聯，將這移情關係的原理闡説得更加清楚。移情表現雖然在景物上投射了主觀情感，但並未改變景物的功能屬性，景物仍然是眼前實景，依舊是表現的對象而非表現情感的媒介。情景交融的意象化表現，根本在於景物的身份已不再是表現的對象，而成了表現的媒介。

已故趙昌平先生曾指出："情對事的昇華，是建安詩人對詩史最重大的貢獻"，"抒情詩已不能再憑事件爲線索，詩人必須以個性詩化外物，使不必相關的情事融成整體"；"可以説建安詩史的一切進境，都是以情對事的超越昇華爲出發點的。這樣，建安後的遊宴、行旅詩，實質上多已成爲以景物描寫爲媒介的詠懷詩"⑤。這無疑是很精彩的論斷，但需要補充説明的一點是，在中古詩歌中"以景物描寫爲媒介"還只能理解爲動機，而不是表現手段。正如陳祚明評謝靈運《從遊京口北固應詔》所説："蓋登臨遊眺，則景物與人相關。以我攬物，以物會心，則造境皆以適情，抒吐自無凝滯，更得秀

---

① 楊世文、王蓉貴校點：《論語解》，《張栻全集》，長春：長春出版社1999年版，第665頁。
② 蕭滌非：《讀詩三劄記》，北京：作家出版社1957年版，第9頁。
③ 陳祚明：《采菽堂古詩選》卷六，上海：上海古籍出版社2008年版，上冊，第188頁。
④ 蕭滌非：《讀詩三劄記》，第29頁。
⑤ 趙昌平：《謝靈運與山水詩起源》，載於《中國社會科學》1990年第4期；收入《趙昌平自選集》，桂林：廣西師範大學出版社1997年版，第306頁。王力堅《由山水到宮體——南朝的唯美詩風》上編第三章"備歷江山之美"，也專門討論了"景物情思化"的問題，臺北：臺灣商務印書館1997年版，第61—75頁，可參看。

筆，彌見姿態。"①南朝詩歌整體上還停留在以我應物、造境適情的寫作範式，景物在詩中只是隨目接而書寫的表現對象，尚未寄寓情感，成爲表情的媒介。

當然，南朝詩歌中偶爾也會有一些近似意象化的表現，但因與語境不融切，只能視爲隱喻。如隋孔紹安《別徐永元秀才》詩云：

　　金湯既失險，玉石乃同焚。墜葉還相覆，落羽更爲群。豈謂三秋節，重傷千里分。促離弦易轉，幽咽水難聞。欲識相思處，山川間白雲。

沈德潛生怕讀者將次聯看作是景物描寫，特別點明："墜葉一聯，比亂離之後，兩人結契，非尋常寫景。"②如果從構成上看，這兩句顯然與抒情主體有著同構的比喻關係，但從功能的角度說它們只是兩人結契的隱喻，還不是離情主題的意象化表現。類似的例子還有吳均《贈鮑春陵別詩》：

　　落葉思紛紛，蟬聲猶可聞。水中千丈月，山上萬重雲。海鴻來倏去，林花合復分。所憂別離意，白露下霑裾。

此詩起句情景合一，三、四句意象亦實亦虛，五、六句明顯不是寫實性的眼前景物，乃是由題旨出發尋找對應物的結果，海鴻來去、林花分合正是友朋離合的暗喻。它以景物的比喻義來表達主題情感，已屬於比喻式意象表現。當然，這不過是個別的例子，離範式還有一定距離。事實上別說中古詩歌，就是到初盛唐詩中，自然景物也很少作爲象徵的載體出現，它們在詩中只是觀賞的對象，以感性之美爲詩人所欣賞。職是之故，在描寫自然景色的詩中，自然觀照與觸景抒情就明顯分成兩個獨立的部分：一是客觀景物，二是主觀感受。這種情形直到大曆詩歌纔有所改變，而在此之前，由於情景關係尚未納入意象化的模式，反而呈現出豐富多樣的結構。

首先，正如古詩最初完全不涉及寫景，後來的古詩也一直以**全不寫景**爲常格。如虞羲《送友人上湘》：

---

① 陳祚明：《采菽堂古詩選》卷一七，上海：上海古籍出版社 2008 年版，上冊，第 524 頁。
② 沈德潛：《古詩源》卷一四，北京：中華書局 1963 年版，第 364 頁。

濡足送征人,褰裳臨水路。共盈一樽酒,對之愁日暮。漢廣雖容舠,風悲未可渡。佳期難再得,願但論心故。沅水日生波,芳洲行墜露。共知丘壑改,同無金石固。

王夫之評此詩"情中百轉,自足低回,不更闌入景物,自古體也"①,可見他也認爲不闌入景物描寫是古詩的傳統,由此揭示景物所占比重與古詩特性呈反比關係。延及唐人近體詩,全不寫景的作品也所在多有。如戴叔倫《除夜宿石橋驛》:"旅館誰相問,寒燈獨可親。一年將盡夜,萬里未歸人。寥落悲前事,支離笑此身。愁顏與衰鬢,明日又逢春。"方回評:"此詩全不說景,意足辭潔。"很有見地。有趣的是吳汝綸卻稱讚"此詩真所謂情景交融者",按古人習慣,景指景物,那麼此詩的確全未寫景。吳汝綸所謂的情景交融,景在這裏只能理解爲環境,由此可見前人用情景交融尚缺乏一致定義。

與全不寫景相對的是**情在景中**,即句句寫景,並不言情而情自然可見可感。如丁仙芝《渡揚子江》:

桂楫中流望,空波兩岸明。林開揚子驛,山出潤州城。海盡邊陰靜,江寒朔吹生。更聞楓葉下,淅瀝度秋聲。

王夫之評:"首句一'望'字,統下三句;結'更聞'二字,引上'邊陰'、'朔吹',是此詩針線。作者非有意必然,而氣脈相比自有如此者。雖然,故八句無一語入情,乃莫非情者,更不可作景語會。"②在他看來,此詩雖通篇無一字涉及主觀情感,卻不能單純視爲寫景,因爲作者在寫景中隱約傳達了自己的情感。這當然是不錯的,結句"更聞楓葉下,淅瀝度秋聲"不就蘊含著悲秋之意麽?

相比近體詩講究情景虛實的安排,篇幅任意的古體對寫景有著更大的容受力,因此**寫景無序**也成爲古詩的一個特徵。如王夫之稱"與《十九首》相爲出入"的《傷歌行》如此寫道:

---

① 王夫之:《古詩評選》卷五,第266頁。按:逯欽立《先秦漢魏晉南北朝詩》"願但論心故"作"但願論心故"。
② 王夫之:《唐詩評選》卷三,北京:文化藝術出版社1997年版,第106—107頁。

昭昭素明月，輝光燭我牀。憂人不能寐，耿耿夜何長。微風吹閨闥，羅帷自飄揚。攬衣曳長帶，屣履下高堂。東西安所之，徘徊以彷徨。春鳥翻南飛，翩翩獨翱翔。悲聲命儔匹，哀鳴傷我腸。感物懷所思，泣涕忽霑裳。佇立吐高吟，舒憤訴穹蒼。

　　王夫之稱此詩"雜用景物入詩，總不使所思者一見端緒，故知其思深也"①，這看來不一定是有意識的結果，而很可能與早期寫作意識的不規則性有關。

　　到謝靈運的遊覽詩中，情景關係就隨著行程的延伸而形成自然的段落，情和景節節相生，呈現一種**情景交叙**的狀態。如《登上戍石鼓山》：

　　旅人心長久，憂憂自相接。故鄉路遙遠，川陸不可涉。汩汩莫與娛，發春托登躡。歡願既無並，戚慮庶有協。極目睐左闊，回顧眺右狹。日沒澗增波，雲生嶺逾疊。白芷競新苕，綠蘋齊初葉。摘芳芳靡諼，愉樂樂不燮。佳期緬無像，騁望誰云愜。

　　王夫之評："言情則於往來動止縹緲有無之中，得靈蚃而執之有象；取景則於擊目經心、絲分縷合之際，貌固有而言之不欺。而且情不虛情，情皆可景；景非滯景，景總含情。"②這同樣是在説一種移情的狀態，山水景物都出於作者的觀照，呈現出與觀賞主體的心境相契合的色彩。

　　因爲南朝遊覽詩中的山水景物都與作者的心境相契合，**情景相應**也成爲最常見的情形。帛道猷《陵峰采藥觸興爲詩》云：

　　連峰數千里，修林帶平津。雲過遠山翳，風至梗荒榛。茅茨隱不見，雞鳴知有人。閒步踐其徑，處處見遺薪。始知百代下，故有上皇民。

　　王夫之評："賓主歷然，情景合一。"③賓主歷然是説物我之間界線分明，而人

---

① 王夫之：《古詩評選》卷一，第8頁。
② 王夫之：《古詩評選》卷五，第217頁。
③ 王夫之：《古詩評選》卷四，第208頁。

的閑逸之情與景物的清曠又非常協調融洽。江淹《無錫縣歷山集》一詩,王夫之説"落葉下楚水"四句"以爲比則又失之,心理所詣,景自興逢,即目成吟,無非然者"①,同樣是指情與景會,自然相應。這與王昌齡《詩格》對前人寫作經驗的總結正可參看:"自古文章,起於無作,興於自然,感激而成,都無飾練,發言以當,應物便是。"②且看王維《登河北城樓作》:"井邑傅岩上,客亭雲霧間。高城眺落日,極浦映蒼山。岸火孤舟宿,漁家夕鳥還。寂寥天地暮,心與廣川閒。"通篇是即目所見,看到什麼就寫什麼,暮色中城池內外漸趨寂靜,作者的心境也與眼前的河流一樣安恬。這是典型的情景相應的結構。

情景相應只是心與物相諧,準確地説是心理隨著環境而調適、情緒與環境獲得一致節律的一般結果。表現爲具體的構思,則呈現複雜的狀態,説不清是景先於情,還是情先於景,只見情中有景,景中有情,統稱爲**情景相生**。杜甫《江亭》"水流心不競,雲在意俱遲",《江漢》"片雲天共遠,永夜月同孤"兩聯,方回評爲"景在情中,情在景中",許印芳解釋説:"虛谷深病晚唐人律詩中兩聯純是寫景,故常有此等議論。他處所説兩聯分寫情景者,人所易知。此評所説一聯中情景交融者,可謂獨抒己見,得古秘訣矣。"③這兩聯不同於一般的寫情寫景,是着力表現心、意與景物的互動,在水月、雲天裏分明看到作者心態的平和、孤寂。王夫之評岑參《首春渭西郊行呈藍田張二主簿》説:"景中生情,情中含景,故曰景者情之景,情者景之情也。"正可與方回之説相參。景在情中便是情中含景,對應的是"片雲"一聯;情在景中便是景中生情,對應的是"水流"一聯,與我們説的情景交融都還有一定距離。

以上幾種情景結構關係,都屬於自然天成,無主賓、無主次的,其實在現存中古詩歌作品中,由情感出發操控景物,即有主賓、有主次的情景結構更爲常見。前人已指出的,如李白《採蓮曲》,是**取情爲景**之例:

若耶溪傍採蓮女,笑隔荷花共人語。日照新妝水底明,風飄香袖空中舉。岸上誰家游冶郎,三三五五映垂楊。紫騮嘶入落花去,見此

---

① 王夫之:《古詩評選》卷五,第255頁。
② 王利器:《文鏡秘府論校注》,北京:中國社會科學出版社1983年版,第278頁。
③ 李慶甲集評校點:《瀛奎律髓彙評》卷二三,中册,第938—939頁。

踟躕空斷腸。

王夫之評此詩曰："卸開一步,取情爲景,詩文至此只存一片神光,更無形跡矣。"①末句原是表現採蓮女戀慕少年的癡情,因"踟躕空斷腸"的人物情態描寫卻轉變成叙事化的圖景,這便是將情語作爲景語來寫了,所以王夫之稱作"取情爲景"。李白《古風》則是**以景寫情**之例,詩云:

我到巫山渚,尋古登陽臺。天空彩雲滅,地遠清風來。神女去已久,襄王安在哉？荒淫竟淪替,樵牧徒悲哀。

王夫之説："三四本情語,而命景正麗,此謂雙行。"②唐詩寫到巫山,通常免不了涉及巫山雲雨的典故,但李白詩中殊無"雲藏神女館,雨到楚王宫"之類的曖昧意味,卻用雲散風來的清曠景象傳達神女故事不可追尋的歷史虛無感,使寫景兼有了表情功能,故而王夫之稱爲雙行即雙關。這種模式也稱爲**即景含情**,柳宗元《楊白花》："楊白花,風吹渡江水。坐令宫樹無顔色,搖盪春光千萬里。茫茫曉日下長林,哀歌未斷城鴉起。"王夫之説"顧華玉稱此詩更不淺露,反極悲哀。其能爾者,當由即景含情"③,正是意識到詩中的悲哀之情是通過寫景來傳達的。他的理解非常到位,《楊白花》是樂府舊題,柳宗元雖根據原作的角色設定寫成擬代體,但以景寫情的筆法是一樣的。

中古詩歌最常見的情景結構是前景後情分爲兩截,王夫之稱作**返映生情**。如梁元帝《春日和劉上黄》："新鶯隱葉囀,新燕向窗飛。柳絮時依酒,梅花乍入衣。玉珂隨風度,金鞍照日暉。無令春色晚,獨望行人歸。"王夫之評："六句客,兩句主,返映生情。"④即結尾回應前截寫景而點明情思。到盛唐詩中,最常見的情景結構仍是這種景盡情生的模式。唐太宗《月晦》云："晦魄移中律,凝暄起麗城。罩雲朝蓋上,穿露曉珠呈。笑樹花分色,啼枝鳥合聲。披襟歡眺望,極目暢春情。"方回評此詩"雖未脱徐、庾陳隋之

---

① 王夫之:《唐詩評選》卷一,第 20 頁。
② 王夫之:《唐詩評選》卷一,第 52 頁。
③ 王夫之:《唐詩評選》卷一,第 31 頁。
④ 王夫之:《古詩評選》卷六,第 311 頁。

氣,句句説景,末乃歸之於情"①,無意中道出初唐詩在情景關係處理上的一個模式。讀一讀王勃《聖宴》、張子容《泛永嘉江日暮回舟》、王維《青溪》這些作品,都不外乎這種模式,情景的分界非常清楚。李頎《望秦川》也是個很典型的例子:"秦川朝望迴,日出正東峰。遠近山河浄,逶迤城闕重。秋聲萬户竹,寒色五陵松。客有歸歟歎,淒其霜露濃。"詩中寫景與言情明顯分爲兩截,景是緣由,情是結果。王維《山居即事》一首,王夫之説"八句景語,自然含情,亦自齊梁來,居然風雅典則"②,其實也是前六句寫景(嚴格地説一部分是叙事),末二句抒發留戀之情,典型的齊梁格情景模式。有時情景的分界不在篇末,也有在篇中的,如王維《青溪》詩共十二句,情景分界在第四、五聯:"漾漾泛菱荇,澄澄映葭葦。我心素已閑,清川澹如此。"③無論如何,這種前景後情的結構體現了重視當下經驗、虛心應物的感受—表現模式。借朱熹的話來説,就是"以物觀物,不可先立己見"④,而到王夫之的詩論中,就清楚地概括爲一種範式:"只於心目相取處,得景得句,乃爲朝氣,乃爲神筆,景盡意止,意盡言息。必不强括狂搜,舍有而尋無,在章成章,在句成句,文章之道,音樂之理,盡於斯矣。"⑤這段話很周到地闡明了盛唐以前詩歌的寫作範式,包括對景物的處理方式。

四、唐詩情景關係變異的理論跡象

根據上文所舉詩例,要説情景分述或前景後情是六朝到盛唐詩情景結構的主要模式,是完全有理由的。但要説情景交融的模式定型於大曆詩歌,可能還會讓人懷疑。古人對此缺乏深究,論述唐詩源流往往大而化之。比如宋釋普聞《詩論》云:"詩不出乎意句、境句,境句易琢,意句難制。唐人俱是意從境出。"意從境出應該説只適用於初盛唐詩,初盛唐詩前景後情的

---

① 李慶甲集評校點:《瀛奎律髓彙評》卷一六,上册,第586頁。
② 王夫之:《唐詩評選》卷三,第101頁。
③ 但王夫之《唐詩評選》卷三評孟浩然《望洞庭湖贈張丞相》"往往於情景分界處,爲格法所束,安排無生趣"(第102頁),則不屬於我們這裏討論的情景分界問題,孟詩屬於干謁詩之表現才能與希求接引兩種功能的分界。
④ 黎靖德編:《朱子語類》卷一一,北京:中華書局1986年版,第1册,第181頁。
⑤ 王夫之:《唐詩評選》卷三,第96頁。

模式的確是"意從境出",但到大曆以後則變成了境從意出。

　　範式是在大量的實踐中逐漸形成的,從最初的個別嘗試到衆所共循的普遍規則,其間往往要經歷漫長的時間。有意識的以景寫情,在謝靈運《初去郡詩》"野曠沙岸净,天高秋月明"兩句即可見端倪。黄節稱讚它"好在能以眼前之景色,寫出去郡後一種豁達之心胸,是景語,亦是情語。世人多稱黄山谷《登快閣》詩'落木千山天遠大,澄江一道月分明',以爲能從景中悟出道理,實亦祖康樂此語"①。日本學者市川桃子曾舉謝朓《治宅》"風碎池中荷,霜翦江南蓼"一聯,認爲"當時他的心裏,一定有被翦碎的感覺,情與景完全一致"②,同樣是感覺到兩句亦景亦情的意象化特徵。下及唐初,宇文所安教授又指出李百藥《秋晚登古城》"開始出現了從宫廷詩相對客觀的景物描寫到唐詩情景交融特徵的轉變",不過他同時也説明"古城的廢墟在詩裏僅作爲秋天憂愁景象的一個組成要素"③,而不是表情的符號。《初唐詩》的總體判斷大約如此,作者一再提到宫廷詩與抒情詩有個三部式結構——破題、描寫和情感反應。情感反應既然置於篇末,當然就意味著前面的描寫不具有表情功能。實際上不要説寓情於景,就連王維《哭褚司馬》"山川秋樹苦,窗户夜泉哀",《冬夜書懷》"草白靄繁霜,木衰澄清月"這類移情式的意象表現,盛唐詩中也不多見。王維《山居秋暝》的前景後情模式,同見於《渭川田家》,王夫之認爲"前八句皆情語非景語"④,可結聯"即此羨閑逸,悵然吟式微"恰恰是寫情——前六句所寫的閑逸景况,乃是"羨"的内容,這不應該視爲叙述+評價的結構麽? 盛唐詩的這種情景結構,説明在當時作者的意識中還没有以景物爲媒介來表現情感的觀念。這反映在理論上,就是情、意、景的分離和比興概念的内涵由表現手法的象徵性向寫作動機的諷喻性轉化。

　　盛唐詩論的一個新變是開始講情景關係,針對六朝以來巧於形似的傾向提出景物要與情意相兼融。王昌齡《詩格》提出:"凡詩,物色兼意下爲好,若有物色,無意興,雖巧亦無處用之。如'竹聲先知秋',此名兼也。"⑤這是説在寫景中要突出抒情主體的存在,而且更重要的是要表現出主觀感

---

① 蕭滌非:《讀詩三劄記》,第29頁。
② 市川桃子著,蔣寅譯:《古典詩歌中的荷》,載於《古典文學知識》1993年第5、6期。
③ 斯蒂芬·歐文著,賈晉華譯:《初唐詩》,桂林:廣西人民出版社1987年版,第24頁。
④ 王夫之:《唐詩評選》卷二,第46頁。
⑤ 王利器:《文鏡秘府論校注》,第293頁。

受,所以像"明月下山頭,天河横成樓。白雲千萬里,滄江朝夕流。浦沙望如雪,松風聽似秋。不覺煙霞曙,花鳥亂芳洲"這首詩,儘管"不覺"已表明主體的在場,但因爲没有注入主觀感受,他仍覺得"並是物色,無安身處,不知何事如此也"①。他論"十七勢",其中的"理入景勢"和"景入理勢"也涉及情景關係,前者誡人"詩不可一向把理,皆須入景,語始清味",同時强調"其景與理不相惬,理通無味"②;後者則云:"詩一向言意,則不清及無味;一向言景,亦無味。事須景與意相兼始好。凡景語入理語,皆須相惬,當收意緊,不可正言。"③兩說所舉的例子都是他自己的詩:

> 時與醉林壑,因之惰農桑。槐煙漸含夜,樓月深蒼茫。
> 桑葉下墟落,鵁雞鳴渚田。物情每衰極,吾道方淵然。

這兩聯或言情而及景,或寫景而興感,都屬於情景分陳的結構。由此可以肯定,他所謂的"物色兼意"只是要求詩中有景有情而已,這正是六朝以來詩歌中情景分離模式的理論概括。但是中唐皎然就不同了,他在《詩議》中提出一種新的情景結構模式:

> 古今詩人,多稱麗句,開意爲上,反此爲下。如"盈盈一水間,脈脈不得語","臨河濯長纓,念别悵悠阻",此情句也;如"白雲抱幽石,緑篠媚清漣","露濕寒塘草,月映清淮流",此物色帶情句也。

這裏在區别景句、情句之外,更劃分出一種物色帶情句,涉及景物的移情和象徵意味。在中國詩歌傳統中,象徵主要是由比興的概念來負載的。而唐代詩學從陳子昂《與東方左史虬修竹篇書》開始,就將比興引向"興寄"即突出主體性的方向,從而離開表現方式的本義。直到宋代纔重拾比興概念,並在新的詩學語境中予以詮釋。羅大經《鶴林玉露》說:

> 蓋興者,因物感觸,言在於此,而意寄於彼,玩味乃可識,非若賦比

---

① 王利器:《文鏡秘府論校注》,第303頁。
② 王利器:《文鏡秘府論校注》,第131頁。
③ 王利器:《文鏡秘府論校注》,第132頁。

之直言其事也。故興多兼比賦，比賦不兼興，古詩皆然。今姑以杜陵詩言之，《發潭州》云：「岸花飛送客，檣燕語留人。」蓋因飛花語燕，傷人情之薄，言送客留人，止有燕與花耳。此賦也，亦興也。若「感時花濺淚，恨別鳥驚心」，則賦而非興矣。《堂成》云：「暫止飛鳥將數子，頻來語燕定新巢。」蓋因鳥飛燕語，而喜己之攜雛卜居，其樂與之相似。此比也，亦興也。若「鴻雁影來聯塞上，鶺鴒飛急到沙頭」，則比而非興矣。[1]

羅氏對"興"的理解明顯是本自朱熹，但用以詮釋杜詩的情景關係，則適可與寓情於景和情景交融相參證相發明。他辨析"岸花"、"感時"兩聯是否寓有興義，斷言"暫止飛鳥將數子，頻來語燕定新巢"屬於興兼比，都足以同我們對意象化表現的界定相參照。蓋有無興義即暗喻或象徵之意乃是判斷詩句是否爲意象化表現的根本標誌。明代王嗣奭取杜甫《卜居》頸聯"無數蜻蜓齊上下，一雙鸂鶒對沉浮"與《堂成》相對照，以爲有自然之景與人造之景的差別[2]，顯然也是意識到前者乃單純的寫景，而後者則如黃生所說是"暗喻攜妻子卜居此地"[3]，亦即浦起龍所謂"即景爲比，意中尚有彷徨在"[4]，亦即無興與有興的差別。"暫止"一聯的確是典型的意象化表現，也是情景交融的佳句。只不過就杜甫的寫作範式而言，這兩句仍像是實寫眼前之景，僅以出於特定的心境，景物自然帶有了一層象徵意味而已。杜甫的詩作在許多方面都有著承前啟後的意義，在意象化表現的轉型上，他是否也有開風氣的作用還需要研究。

五、大曆詩歌中的意象化表現

當年我提出盛唐詩仍是情景分離，只有到大曆詩中情景交融的表現方式纔範式化並有理論自覺的假說，只是基於考察中古到中唐詩歌情景關係的粗淺認識。對於大曆詩歌的意象化傾向，我舉李益《獻劉濟》、章八元《新安江行》、劉長卿《秋杪江亭有作》、《碧澗別墅喜皇甫侍御相訪》等詩爲證

---

[1] 羅大經：《鶴林玉露》乙編卷四，北京：中華書局1981年版，第185頁。
[2] 仇兆鰲：《杜詩詳注》，北京：中華書局1979年版，第2冊，第729頁。
[3] 黃生：《杜詩說》，合肥：黃山書社1994年版，第444頁。
[4] 浦起龍：《讀杜心解》，北京：中華書局1961年版，第3冊，第624頁。

來說明我的觀點①,現在看來說服力顯然是不夠的。陳伯海先生從物象的知覺化、物象的情緒化、物象的聯想功能化三種類型論述大曆詩由側重"無我之境"向"有我之境"的轉移②,從學理上彌補了拙著的不足,有助於我們認識大曆詩走向情景交融的邏輯進程。但他的論述也留下一個問題,即未顧及不同類型的詩歌有不同的範式和結構。我們都清楚,情景交融乃是與抒情性關係最緊密的表達方式,貫穿於詠物詩以外的大多數類型,只有通過不同類型的作品分別說明大曆詩歌的意象化表現,結論纔有說服力。同時,那些作品還必須取自有代表性的詩體,不能太短,也不能太長,律詩應該是比較合適的對象。不過即便如此操作,也面臨著一個困難:我們既無法舉出所有的作品,也難以用統計的方法獲得結論,可行的方式只能是舉出若干類型較有代表性的作品來加以討論。這些作品不可避免地涉及先入爲主的美學判斷,使討論的前提帶有一定的可質疑性。另外,詩歌類型的選擇也是一個問題,通常可以參考《昭明文選》,但唐詩中頗有一些逸出《文選》的類型,因此只能斟酌調整,最後選擇幾個常見的類型姑妄言之。

先看登臨,這是唐詩常見的類型,但大曆詩的寫法與盛唐頗爲不同。盛唐詩今以孟浩然《登萬歲樓》爲例:

> 萬歲樓頭望故鄉,獨令鄉思更茫茫。天寒雁度堪垂淚,月落猿啼欲斷腸。曲引古堤臨凍浦,斜分遠岸近枯楊。今朝偶見同袍友,卻喜家書寄八行。

頷聯雁、猿兩個物象,在詩中的功能是充當感物的對象,引發作者的情緒反應,它們與作者的情感處於並置、對照的狀態,而不是相融爲一體。大曆詩人皇甫冉登同一座樓,也寫下一首《同溫丹徒登萬歲樓》,筆法大不相同:

> 高樓獨上思依依,極浦遥山含翠微。江客不堪頻北望,塞鴻何事又南飛。丹陽古渡寒煙積,瓜步空洲遠樹稀。聞道王師猶轉戰,誰能談笑解重圍?

---

① 參看蔣寅:《大曆詩風》,第155—156頁。
② 陳伯海:《從"無我之境"到"有我之境"——兼探大曆詩風演進的一個側面》,載於《社會科學》2013年第11期。

這裏的"塞鴻"明顯不是寫實,而是作爲人事的參照物選配的意象,"丹陽"兩句迷茫寥落之景也是歷經戰亂作者悽惶不定的心境的寫照,對比孟浩然詩就能看出意象化的傾向來。

再看遊覽,這是《文選》所列的類型,與登臨有交叉關係。我們可以取初唐沈佺期的《游少林寺》和大曆詩人司空曙的《經廢寶慶寺》作個比較。沈詩云:

> 長歌游寶地,徙倚對珠林。雁塔風霜古,龍池歲月深。紺園澄夕霽,碧殿下秋陰。歸路煙霞晚,山蟬處處吟。

明代詩論家王世懋説:"今人作詩,必入故事。有持清虛之説者,謂盛唐詩即景造意,何嘗有此?"①即景造意不只是盛唐詩的特點,也是初唐詩的基本範式。就像此詩,只是就所見施施然寫來,景盡意止,結尾也未發什麽感慨。相比之下,司空曙詩則彌漫著濃重的情緒氛圍:

> 黄葉前朝寺,無僧寒殿開。池晴龜出曝,松暝鶴飛回。古砌碑横草,陰廊畫雜苔。禪宮亦銷歇,塵世轉堪哀。

詩的前六句都是寫景,末聯結出人生無常的感慨,從結構看很像是初盛唐前景後情的模式。但細玩詩意,與寺的破敗形成對照的是頗顯得悠然自適的"池晴龜出曝,松暝鶴飛回",仿佛寺的廢圮反給它們帶來更適宜的生存空間,這就使所有的悲哀都集中到塵世間來,越發突出了人生的苦難。如此説來,"池晴"一聯就絶不是"雁塔風霜古,龍池歲月深"那樣單純的景物描寫,它們是作爲反襯人世的參照物發揮其意象功能的。

再看征行,這類詩作的内容常與遊覽有出入,但《文選》列爲兩個類型,體製自别。宇文所安《初唐詩》曾經討論的宋之問《度大庾嶺》,很適合作爲初盛唐的詩例:

> 度嶺方辭國,停軺一望家。魂隨南翥鳥,淚盡北枝花。山雨初含霽,江雲欲變霞。但令歸有日,不敢恨長沙。

---

① 王世懋:《藝圃擷餘》,載於何文焕輯:《歷代詩話》,北京:中華書局1981年版,下册,第774頁。

宇文所安指出，"在宫廷詩中，如果（情感）反應純是讚美，中間對句也要求純寫美景，有著較複雜反應的詩歌則趨向於要求景象'指示'某種意義，由此激起詩人所給予的反應。"此詩屬於有複雜反應的作品，所以使用了兩種方式來"指示"意義："次聯所呈現的方法最簡單，讓詩人本身進入景象。第三聯用直接描寫的方法，較複雜精細：由於尾聯是對第三聯的某種反應，因此第三聯就可能具有象徵意義。"爲此他覺得頸聯的"霽"暗示重新獲得皇帝的恩寵，"霞"暗示仙境，也就是宮廷①。這麼解讀當然不失爲一種富有啟發性的詮釋，但"霽"和"霞"的寓意似乎還可以斟酌。我覺得視爲君威收斂、政局好轉的隱喻，可能更符合作者的本意。但無論如何，兩句充其量不過是具體事項的比喻，而抒情主旨的表達是在結聯。結聯明志原本是初盛唐詩的基本範式，孫逖《下京口埭夜行》同樣是在結聯"行役從兹去，歸情入雁群"點出抒情主旨。但大曆詩則不然，抒情主旨可以出現在任何一聯，而意象化的景句也靈活安置。劉長卿《重推後卻赴嶺外待進止寄元侍郎》"白雲從出岫，黃葉已辭根"，崔峒《宿江西竇主簿廳》"月滿關山道，烏啼霜樹枝"，章八元《新安江行》"古戍懸漁網，空林露鳥巢"，是放在頷聯；錢起《早下江寧》"霜蘋留楚水，寒雁別吳城"，《晚次宿預館》"回雲隨去雁，寒露滴鳴蛩"，則放在頸聯。還有像姚倫《感秋》"亂聲千葉下，寒影一巢孤。不蔽秋天雁，驚飛夜月烏"這樣佔據中兩聯的。若是古體詩，更可以置於尾聯，如劉長卿《晚次湖口有懷》的"秋風今已至，日夜雁南度。木葉辭洞庭，紛紛落無數"，也不失爲一格。

再看酬贈，唐人的酬贈詩常寫作於行旅邂逅之際。初盛唐的酬贈詩多洋溢著慷慨意氣，情志的表達相對直接明快，到大曆詩中則趨於間接和婉曲。姑取兩首相逢賦贈的作品來作個比較，盛唐仍選孟浩然的五律，以《永嘉上浦館逢張八子容》爲例：

  逆旅相逢處，江村日暮時。衆山遙對酒，孤嶼共題詩。廨宇鄰蛟室，人煙接島夷。鄉園萬餘里，失路一相悲。

"衆山"一聯殷璠《河岳英靈集》曾摘爲佳句，應該符合盛唐人的趣味。這兩句雖然緊扣人的活動來寫景，但景物與抒情主體仍是對峙的關係，景是人

---

① 宇文所安著，賈晉華譯：《初唐詩》，北京：生活·讀書·新知三聯書店2004年版，第287頁。

觀賞的對象。作者的情感表達落在尾聯,仍不脱前景後情的常套。而大曆詩人司空曙的《雲陽館與韓紳卿宿别》就不同了,景物成了人事的背景:

故人江海别,幾度隔山川。乍見翻疑夢,相悲各問年。孤燈寒照雨,濕竹暗浮煙。更有明朝恨,離杯惜共傳。

戰亂年代偶然相逢,簡直像是在夢中,頷聯寫出人們特定情境中的特殊情態。久别重逢,當然有無限的情意要訴説,可是頸聯意外地没有寫人,只用一個空鏡頭攝録了挑燈夜話的環境:"孤燈寒照雨,濕竹暗浮煙。"室内孤燈暗淡,窗外陰雨淅瀝,即便是友情的温暖也難以驅除夜深的寒意,正如短暫的相逢難以填補久别的孤寂;夜深雨止,幽暗的竹叢濕氣彌漫,如煙似霧,恰像是詩人惝恍迷離的心境。這正是典型的意象化表現,景物全然不是描寫的物件而成了表情的媒介。

宋代范晞文曾説:"'馬上相逢久,人中欲認難。''問姓驚初見,稱名憶舊容。''乍見翻疑夢,相悲各問年。'皆唐人會故人之詩也。久别倏逢之意,宛然在目,想而味之,情融神會,殆如直述。前輩謂唐人行旅聚散之作,最能感動人意,信非虛語。戴叔倫亦有'歲月不可問,山川何處來',意稍露而氣益暢,無愧於前也。"① 這裏所舉的詩句,都出自大曆詩人的五律作品。行旅聚散之作尤其爲工於言情的大曆詩人所擅長,而送别也正是大曆詩中最引人注目的類型。初盛唐的送别詩基本上是言志之體,以王勃的《送杜少府之任蜀川》、《别薛昇華》爲代表。對行人的勉勵和惜别之情是詩的主旨,寫景並不佔有明顯的位置。大曆詩人的送别詩,除了按内容要素加以排列組合的模式化傾向外,意象化的寫景佔據了醒目的位置。我在《大曆詩人研究》中曾論及劉長卿《更被奏留淮南送從弟罷使江東》一詩,指出詩中的木葉、寒潮、滄州、青山雖作爲寫實的對象出現,但實質上卻充當著象徵意義的載體,通過本身積澱的情緒内容傳達作者的心緒,因此是程式化的意象②。這裏再舉《中興間氣集》卷上所選的李嘉祐七律《送從弟永任饒州録事參軍》來加以參照:

---

① 范晞文:《對牀夜語》卷五,載於丁福保輯:《歷代詩話續編》,第1册,第444頁。
② 蔣寅:《大曆詩人研究》,北京:北京大學出版社2007年版,第20頁。

一官萬里向千溪,水宿山行漁浦西。日晚長煙高岸近,天寒積雪遠峰低。蘆花渚上鴻相叫,苦竹叢邊猿暗啼。聞道慈親倚門待,到時蘭葉正萋萋。

此詩採用的是列舉行人沿途所歷地理風物的模式,頷聯自然要敘寫行程所歷,但頸聯卻不是一般的寫景,而分明是從弟隻身遠赴南方將面臨的孤獨處境的象徵。鴻雁在唐詩中慣用作行旅時節、方向的參照物,而猿啼更一向是渲染旅愁最好的意象,兩者對舉與其説是寫景,還不如説是孤旅的隱喻或象徵,寄寓了作者對從弟的憐惜之情。

通過上面這些類型不同作品的對比,我想已部分地説明了大曆詩歌的意象化取向及達致情景交融之境的寫作範式。前文雖曾聲明不討論詠物,但我還是想補充説,張一南的研究已表明,唐代中期的詠物詩仍可作爲支持本文觀點的旁證,她的結論告訴我們:"齊梁時代關注形象本身的詠物詩的興盛是其體物傾向最主要的標誌。這種體物的詠物詩在初唐繼續流行,在晚唐重新興盛,説明唐詩在一頭一尾是傾向於體物的。而盛唐和大曆雖然也多有詠物詩,但這些詠物詩以情志爲主,並不專注於物象的描繪。"[1]詠物不專注於體物而以抒發情志爲主,必然導致詩的重心由用意於物象描繪而轉向程式化的象徵表現,最終提高詩作的意象化程度。這正是與中晚唐詩意象化進程加快的趨向相一致的[2]。

六、情景交融的意象結構在中唐詩歌中形成的原因

如果前文有限的舉證對於情景交融的意象結構方式成立於大曆詩中的假説還顯得説服力不足,那我只好提醒讀者,任何新的範式都不是一蹴而就的;並且,新的範式定型也不意味著遵循者一定較原有範式多。尤其是當它僅與部分類型部分作品的部分要素相關時,要作爲一個清晰而確定的事實來指認就愈加困難。但有一點是可以確定的,就是將情景交融視爲

---

[1] 張一南:《漢賦體物因素的消長軌跡——以唐詩爲參照》,載於《甘肅社會科學》2016年第2期。
[2] 關於晚唐詩中意象化進程加快的問題,筆者曾在《賈島與中晚唐詩歌的意象化進程》(《文學遺產》2008年第5期)一文中有所涉及,可參看。

古典詩歌一以貫之的、早在大曆詩之前就存在的傳統，相比之下更不可取——即使我們能舉出若干作品來證明盛唐詩甚至更早的詩歌已有情景交融之例，它們又有什麽範式意義？範式並不取決於統計學意義上的絶對數量，更重要的標誌是其生成和變化常與美學、思想、文化的重大轉變相伴。這樣的重大轉變在中國歷史上屈指可數，中唐時代是其中之一，而且是詩歌與美學、思想、文化的變化關係最密切的一次。它不只是詩歌史的一大轉捩點，即葉燮所謂的"百代之中"，更是中國思想、文化的重要轉型期，日本學者内藤湖南關於唐宋轉型的假説已得到愈來愈多的認同，並被從各種角度加以詮釋和印證。就詩歌史來説，清初詩論家馮班即斷言："詩至貞元、長慶，古今一大變……大略六朝舊格至此盡矣。"①六朝舊格指什麽呢？除了修辭、造句方面的特徵，我想就是詩中情景配置的自然狀態。情景交融的意象結構及在此基礎上形成的意象化抒情方式，正是詩歌在上述大背景下發生演變的結果，它使古典詩歌的審美特徵最終得以定型。

　　長期以來，這一重大詩學問題始終未得到認真的探討，純粹是因爲學界對情景交融這一傳統詩學概念缺乏清晰、一致的認識。只要我們抛開對"情景交融"的分歧理解，檢點古人對中唐詩歌變異的認識，就會看到前代詩論中其實已有情景交融形成於中唐的朦朧認識。比如方回説"詩體源流，陳隋多是前六句述景，末句乃以情終之"②，又説"唐律詩之初，前六句叙景物，末後二句以情致繳之，周伯弢四實四虛之説遂窮焉"③，就是對初盛唐詩歌範式的初步總結。《瀛奎律髓》卷一選杜審言《登襄陽城》，方回評："中四句似皆言景，然後聯寓感慨，不但張大形勢，舉里、臺二名，而錯以新、舊二字，無刻削痕。"馮舒補充道："言景言情，前人不如此，只是大曆以後體，江西遂刊定詩法矣。"馮班也説："審言詩不必如此論，此蓋後世詩法耳。"④二馮言下已認識到大曆詩開始自覺營造情景的結構關係。

　　在另一處評白居易《和春深》時，方回又觸及象與詩歌虛構的關係，説："依次押韻，至此而盛，詩之趣小貶矣。虛空想像，無是景而爲是語，騁才馳思，則亦可喜矣。"⑤馮班《鈍吟雜録》的一段話與之參看，就很值得玩味："古

---

① 馮班：《鈍吟雜録》卷七，叢書集成初編本，第 93 頁。
② 李慶甲集評校點：《瀛奎律髓彙評》卷一二唐太宗《秋日二首》評，上册，第 421 頁。
③ 李慶甲集評校點：《瀛奎律髓彙評》卷四七王勃《遊梵宇三覺寺》評，下册，第 1626 頁。
④ 李慶甲集評校點：《瀛奎律髓彙評》卷一，上册，第 3 頁。
⑤ 李慶甲集評校點：《瀛奎律髓彙評》，上册，第 336 頁。

人比興都用物,至漢猶然。後人比興都用事,至唐而盛。"①這等於是説六朝到唐詩歌中的景物都與比興無關,只是寫實而已,這雖然與我們的認識不盡合,但有助於我們認識詩中寫景的功能轉變。事實上,詩學的關注點從取象轉移到取境,是與佛教學説的影響有直接關係的。借助於佛學的認知方式和觀念,詩歌所涉及的客觀世界開始有了"象"、"景"、"境"的區別,詩論中也出現宇文所安説的新認識,即"承認在誘發詩興的經驗和詩歌的寫作之間有一段間隔。詩歌創作與經驗之間的關係被描繪成事情過後的重新回味。到了九世紀初期,原先所設定的詩外的經驗與創作間的有機聯絡已不再是想當然的了"②。於是就有了皎然《詩式》的"取境"説和戴叔倫"詩家之景"的幻象説③,與司空圖超越景物、意象概念、追求"象外之景"、"景外之景"、"韻外之致"、"味外之旨"的趣向,一道成爲情景交融成立於中唐詩歌的理論標誌。

　　日本前輩學者小川環樹先生早就注意到,"景"這個詞在六朝文學中指放射的光輝或光照亮的某個範圍的空間、場所,這一義涵一直沿用到初盛唐時代。中唐時期"風景"乃至"景"的含義出現了變化,雍陶、姚合、朱慶餘等一批詩人的作品中出現了"詩景"、"景思"等詞。如雍陶《韋處士郊居》(《全唐詩》卷五一八)云:"滿庭詩景飄紅葉,繞砌琴聲滴暗泉。門外晚晴秋色老,萬條寒玉一溪煙。"這裏的"詩景"已成爲一個專有名詞,意味著有詩意的風景或適宜入詩的風景。"詩景"也有版本作"詩境",小川先生解釋他所以將詩境譯作詩的環境或詩的世界,是因爲"它意味著完全脱離了外界,是一個獨立的、純粹的詩的世界。這裏所説的外界,是指政治的世界、俗世的世界。詩人把自己封閉在這個獨立的,不,應該説孤獨的世界時,其心靈的視窗與其説面對人類社會,不如説更多是面向自然,他們直接從自然界的事物那兒選取自己心儀的'景'(scenery),並只是用這些景,去謀篇佈局,構思詩篇。在這些詩人愛用的詞語裏,有'清景'、'幽景'等等,雖然這些詞語六朝時期就有,但那時只是指清澄的光,或者指這樣的光所照射到的場所。只有在他們的詩裏,這些老詞語纔有了全新的意義。"④他以唐

---

① 馮班:《鈍吟雜録》卷四"讀古淺説",叢書集成初編本,第64頁。
② 宇文所安著,陳引馳、陳磊譯:《中國"中世紀"的終結》,北京:生活·讀書·新知三聯書店2006年版,第4—5頁。
③ 戴叔倫"詩家之景"之説,見司空圖《與極浦書》:"戴容州云:詩家之景,如藍田日暖,良玉生煙,可望而不可置於眉睫之前也。"
④ 小川環樹著,周先民譯:《"風景"在中國文學裏的語義嬗變》,載於《風與雲——中國詩文論集》,北京:中華書局2005年版,第36頁。

代畫論的材料相印證,指出"景"在 scenery 的意義上成爲畫題正是中唐以後之事,隨即就在宋代與詩學中的情景説融合起來。小川先生的論述無疑是很有啟發意義的,而且正可與戴叔倫的"詩家之景"相印證。只是他忽略了宋代詩學尚意的主流。姜夔論詩不是講情景關係,而是講"意中有景,景中有意",清代詩論家喬億補充道:"意中有景固妙,無景亦不害爲好詩。若景中斷須有意,無意便是死景。"因而他誡人"勿寫無意之景"①。這種對寫意化傾向的刻意強調,與傳統詩學的比興説相結合,就很容易導致賦筆的合理性被壓抑,從而使中國詩歌中純粹的風景描寫大爲減少,正像中國古代美術中寫實性的純粹風景畫很少一樣。

或許與此相關,以南宋周弼《三體唐詩》爲導引,詩學對情景關係的探討走向了將情景作爲要素來分配,以求在機械意義上取得平衡的方向。當情景問題被這種蒙學詩法的模式化思維主導之後,唐代詩學對意象、情境關係的探討反而令人惋惜地被擱置起來。直到清初王夫之細緻辨析情景事理的複雜關係,提出"於景得景易,於事得景難,於情得景尤難"的假説②,纔將情景關係的考察引向抒情本位的方向。同時代的侯玄汸也主張"詩中著景物,雖興賦必兼比,方有義味"③,雖然説的不是一個問題,但立足點是相同的。紀昀指出:"初唐人新創格律,即陳、杜、沈、宋亦未能出奇盡變,不過情景相生,取其工穩而已。"④無疑是對初唐詩情景關係處於自然狀態的最好概括,有此成識在胸,無怪他能清楚地辨析唐詩範式的分界,同時體會到情景交融的意味,成爲首先使用這個概念的先知。今天我們在習慣了使用情景交融的概念之後,不能再停留在前人不求甚解的籠統把握上,必須剝開其無縫的外殼,將情景關係的複雜肌理重新作一番剖析,這纔能將我們對古典詩歌藝術特徵的理解提升到較爲理性的、清晰的境地。本文的論述雖積多年思索之功,但受能力和視野的局限,一定存在不少謭陋疏誤之處,希望學界同道不吝批評權正。

(作者單位:華南師範大學文學院)

---

① 喬億:《劍溪説詩》卷下,載於郭紹虞輯:《清詩話續編》,第 2 册,第 1097 頁。
② 王夫之:《古詩評選》卷一,第 25 頁。
③ 侯玄汸:《月蟬筆露》卷上引,民國二十一年黄天白上海排印本,第 27 頁。
④ 李慶甲集評校點:《瀛奎律髓彙評》卷一,上册,第 2 頁。

Qing jing jiaorong (Fusion of Scene and Emotion) and the Formation of an Image Paradigm in Classical Chinese Poetry

Jiang Yin

Qing jing jiaorong 情景交融 (fusion of scene and emotion) has been widely used in the area of Chinese studies, but it is an extremely ambiguous concept that has been understood in various ways. Aside from indicating the effect of an abstract condition, it does not provide any clues for interpretation or theoretical extension, insofar as its definition has stagnated at trite expressions such as "feeing merging with the scene" or vice versa. This paper postulates the concept, "fusion of scene and emotion," is not only an aesthetic development that marks the maturity of the lyrical art in classical Chinese poetry, but also a paradigm of forming the poetic context that poets self-consciously followed and practiced on the theoretical level under the guidance of certain aesthetic consciousness and writing strategy. Analogue to "fusion of scene and emotion" are concepts such as "projecting emotion into the scene," "expressing emotion through the scene," "transforming the scene into emotion," and "connecting the scene to emotion," which reflect many generations of theorists' concern with scene and emotion in poetry. This paper conducts a comprehensive review of these concepts. Through a diachronic investigation on the relationship between scene and emotion in classical Chinese poetry, this paper argues that the "fusion of scene and emotion" paradigm of forming the structure of the image gradually developed alongside the shaping of the imagistic expression in the mid-Tang dynasty poetry.

Keywords: Fusion of Scene and Emotion, Image, Paradigm, Mid-Tang Dynasty Poetry

徵引書目

1. 丁福保輯：《清詩話》，上海：上海古籍出版社，1978年。
2. 丁福保輯：《歷代詩話續編》，北京：中華書局，1983年。
3. 小川環樹著，周先民譯：《風與雲——中國詩文論集》，北京：中華書局，2005年。
4. 中國唐代文學學會等主編：《唐代文學研究年鑒(1995—1996年合輯)》，桂林：廣西師範大學出版社，1997年。
5. 仇兆鰲：《杜詩詳注》，北京：中華書局，1979年。
6. 方東樹：《昭昧詹言》，北京：人民文學出版社，1961年。
7. 王力堅：《由山水到宮體——南朝的唯美詩風》，臺北：臺灣商務印書館，1997年。
8. 王夫之：《古詩評選》，北京：文化藝術出版社，1997年。
9. 王夫之：《唐詩評選》，北京：文化藝術出版社，1997年。
10. 王夫之：《船山全書》，長沙：嶽麓書社，1996年。
11. 王可平：《"情景交融"與山水文學——我國古代山水文學發達原因初探之一》，載於《古代文學理論研究》第11輯，上海：上海古籍出版社，1986年。
12. 王利器：《文鏡秘府論校注》，北京：中國社會科學出版社，1983年。
13. 王氣中：《藝概箋注》，貴陽：貴州人民出版社，1986年。
14. 王德明：《走向情景交融的認識歷程》，載於《江西師範大學學報》2004年第4期。
15. 王禮培：《小招隱館談藝錄》，民國二十六年湖南船山學社排印本。
16. 市川桃子著，蔣寅譯：《古典詩歌中的荷》，載於《古典文學知識》1993年第5、6期。
17. 宇文所安著，陳引馳、陳磊譯：《中國"中世紀"的終結》，北京：生活·讀書·新知三聯書店，2006年。
18. 宇文所安著，賈晉華譯：《初唐詩》，北京：生活·讀書·新知三聯書店，2004年。
19. 何文焕輯：《歷代詩話》，北京：中華書局，1981年。
20. 吳宏一：《清代文學批評論集》，臺北：聯經事業出版公司，1998年。
21. 李慶甲集評校點：《瀛奎律髓彙評》，上海：上海古籍出版社，1986年。
22. 汪曰楨：《荔牆詞》，咸豐九年刊趙棻《濾月軒集》附刊本。
23. 沈德潛：《古詩源》，北京：中華書局，1963年。
24. 侯玄泞：《月蟬筆露》，民國二十一年黃天白上海排印本。
25. 紀昀：《紀曉嵐文集》，石家莊：河北教育出版社，1991年。
26. 胡承諾：《石莊先生詩集》，民國五年沈觀齋重刊本。
27. 胡雪岡：《試論"意象"》，載於《古代文學理論研究》第7輯，上海：上海古籍出版社，1982年。
28. 夏承燾：《詞源注》，北京：人民文學出版社，1963年。
29. 浦起龍：《讀杜心解》，北京：中華書局，1961年。
30. 高山杉：《檢讀〈談藝錄〉所引"二西"之書》，載於《東方早報·上海書評》2009年8月23日第10版。
31. 高步瀛：《唐宋詩舉要》，上海：上海古籍出版社，1978年。
32. 張一南：《漢賦體物因素的消長軌跡——以唐詩爲參照》，載於《甘肅社會科學》

2016 年第 2 期。
33. 張海沙：《初盛唐佛教禪學與詩歌研究》，北京：中國社會科學出版社，2001 年。
34. 張國慶輯：《雲南古代詩文論著輯要》，北京：中華書局，2001 年。
35. 郭紹虞輯：《清詩話續編》，上海：上海古籍出版社，1983 年。
36. 陳允衡輯：《詩慰初集》，康熙刊本。
37. 陳伯海：《從"無我之境"到"有我之境"——兼探大曆詩風演進的一個側面》，載於《社會科學》2013 年第 11 期。
38. 陳祚明：《采菽堂古詩選》，上海：上海古籍出版社，2008 年。
39. 陳鐵民：《情景交融與王維對詩歌藝術的貢獻》，載於《中國文化研究》2001 年秋之卷。
40. 斯蒂芬·歐文著，賈晉華譯：《初唐詩》，桂林：廣西人民出版社，1987 年。
41. 湯一介：《論"情景合一"》，載於《北京大學學報》2008 年第 2 期。
42. 湯瑪斯·庫恩著，金吾倫、胡新和譯：《科學革命的結構》，北京：北京大學出版社，2003 年。
43. 馮班：《鈍吟雜錄》，《叢書集成初編》本。
44. 黃永武：《中國詩學·設計篇》，臺北：巨流圖書公司，1976 年。
45. 黃生：《杜詩說》，合肥：黃山書社，1994 年。
46. 黃宗羲輯：《明文海》，影印文淵閣《四庫全書》本。
47. 黃維樑：《論情景交融》，載於《幼獅文藝》第 43 卷第 5 期，1976 年 5 月。
48. 楊世文、王蓉貴校點：《張栻全集》，長春：長春出版社，1999 年。
49. 維柯著，朱光潛譯：《新科學》，北京：人民出版社，1986 年。
50. 趙汸：《杜律五言注》，康熙間查弘道亦山草堂刊本。
51. 趙昌平：《趙昌平自選集》，桂林：廣西師範大學出版社，1997 年。
52. 趙昌平：《謝靈運與山水詩起源》，載於《中國社會科學》1990 年第 4 期。
53. 蔡英俊：《比興物色與情景交融》，臺北：大安出版社，1986 年。
54. 蔣寅：《大曆詩風》，南京：鳳凰出版社，2009 年。
55. 蔣寅：《賈島與中晚唐詩歌的意象化進程》，載於《文學遺產》2008 年第 5 期。
56. 黎靖德編：《朱子語類》，北京：中華書局，1986 年。
57. 蕭滌非：《讀詩三劄記》，北京：作家出版社，1957 年。
58. 錢謙益：《列朝詩集小傳》，上海：上海古籍出版社，1983 年。
59. 錢鍾書：《中國固有的文學批評的一個特點》，載於《文學雜誌》第 1 卷第 4 期，1937 年。
60. 戴鴻森：《薑齋詩話箋注》，北京：人民文學出版社，1981 年。
61. 羅大經：《鶴林玉露》，北京：中華書局，1981 年。

北京大學藏西漢竹書
《妄稽》釋讀斠正[*]

許云和　鄭晴心

【摘　要】北京大學藏西漢竹書《妄稽》是漢代形成的文學作品,釋讀難度較大,2015年整理發佈以來備受學界關注,成爲近年來簡帛研究的一個聚焦之點。本文踵事續貂,勉爲考釋,所得六十八例。一是糾正過去文字釋讀存在的一些錯誤或偏差,二是對未及釋讀或疑不能明的字句作進一步的考察和研究,三是對一些句子的句讀問題重新作出研判,使之趨於合理。所做的工作基本覆蓋了全篇,希望能夠對一個可供閲讀的文本的形成有所推進。

【關鍵詞】北京大學藏西漢竹書　《妄稽》　釋讀　斠正

　　北京大學藏西漢竹書《妄稽》一文,是西漢時期創作的大型散體賦,經北京大學出土文獻研究所整理後共得簡107枚,其中62枚完整,45枚有缺字,全文約3 000字。該文最早由北京大學何晉先生作出釋讀,釋讀文字發表於《北京大學藏西漢竹書(肆)》(上海古籍出版社2015年)。嗣後在學者間引起了廣泛的熱議,復旦大學出土文獻與古文字研究中心網站、武漢大學簡帛網均發表了商討的專文,不少學者也積極參與討論,提出了一些很有見地的看法,大大推進了簡文釋讀工作的進程。然此簡出之遠古,缺簡少字,且借字較多,綴接困難,釋讀不易,目前仍存在很多有待於解決的問題。因是之故,筆者不揣固陋,復檢讀勘正,得數十條,冀有以裨補焉。

---

[*] 本文爲國家社會科學基金一般項目"漢魏六朝總集編撰與文學批評"(項目編號17BZW005)階段性成果。

兹即按簡次將《妄稽》整理者何晉先生的釋文迻録於前①,斠正如下。

1. 第一簡：俗節理羛（義）。

整理者注："理",言行舉止。《禮記·祭義》："理發乎外,而衆莫不承順。"鄭玄注："理,謂言行也。"又《樂記》"理發諸外而民莫不承順",鄭玄注："理,容貌之進止也。""羛"即"義",通"宜",合宜。

案,"理義",《易·説卦》："和順於道德而理於義,窮理盡性以至於命。"《周易集解》："虞翻曰：'謂立人之道曰仁與義。和順謂坤,道德謂乾。以乾通坤,謂之理義也。'"②《禮記·曲禮上》："道德仁義,非禮不成。"孔穎達疏："仁是施恩及物,義是裁斷合宜。"③《禮記·喪服四制》："恩者仁也,理者義也,節者禮也,權者知也,仁義禮知,人道具矣。"孔穎達疏："言門内主恩,若於門外,則變而行義。"④可見"理義"是知變通,能夠裁斷合宜之義,具體指君子的立人之道。

2. 第二簡：不肯淫議。

整理者注："淫議",猶"淫言",言語過度,不當。《逸周書·酆保》："淫言流説以服之。"朱右曾《校釋》："淫言,巧言。"

案,《釋名·釋言語》："淫,浸也,浸淫旁人之言也。"⑤《説文》："淫,浸淫隨理也,從水,㸒聲。一曰久雨曰淫。"⑥《墨子·大取》："故浸淫之辭,其類在鼓栗。"孫詒讓《墨子間詁》："《文選·洞簫賦》李注云：'浸淫,猶漸冉,相親附之意也。'"⑦"淫"雖有過度、過分之意,但此句應取"浸淫"之意,謂"浸淫旁人之言"。"議"則如釋讀者所言,與"言"字義同,《廣雅·釋詁》："誦、譯、語、議、話、詁、吡、曰,言也。"⑧此其證也。那麽,"浸淫旁人之言"是什麽意思呢？《論語·顔淵》："子張問明。子曰：'浸潤之譖,膚受之愬,不行焉,可謂明也已矣。"注："鄭曰：'譖人之言如水之浸潤,漸以成之。'馬

---

① 本文所用《妄稽》釋讀文字均來源於北京大學出土文獻研究所編《北京大學藏西漢竹書（肆）》（上海：上海古籍出版社 2015 年版）。
② 李鼎祚著,陳德述整理：《周易集解》,成都：巴蜀書社 1991 年版,卷一七,第 330 頁。
③ 鄭玄注,孔穎達疏：《禮記正義》,《十三經注疏》,北京：中華書局 1980 年版,卷一,第 1231 頁。
④ 鄭玄注,孔穎達疏：《禮記正義》,卷六三,第 1694—1695 頁。
⑤ 劉熙：《釋名》,收入《叢書集成初編》,上海：商務印書館民國二十八年初版,卷四,第 59 頁。
⑥ 許慎撰,段玉裁注：《説文解字注》,上海：上海古籍出版社 1981 年版,卷一一上二,第 551 頁。
⑦ 孫詒讓著,孫以楷點校：《墨子間詁》,收入《新編諸子集成》,北京：中華書局 1986 年版,下册,卷一一,第 377 頁。
⑧ 王念孫：《廣雅疏證》,收入《小學名著六種》,北京：中華書局 1998 年版,卷四上,第 81 頁。

曰:'膚受之愬,皮膚外語,非其内實。'"又云:"浸潤之譖,膚受之愬,不行焉,可謂遠也已矣。"注:"馬曰:'無此二者,非但爲明,其德行高遠,人莫能及。'"①按此,則"浸淫旁人之言"就是指"浸潤之譖"也即讒言,形容"譖人之言如水之浸潤,漸以成之"。而"不肯淫議",就是指周春德行高遠,不爲讒言所動。

3. 第三簡:力勁夬觡,不好手抚。

整理者注:"夬"同"決",裂開,分裂。觡,鉤。《方言》卷五:"鉤,宋楚陳魏之間謂之鹿觡,或謂之鉤格,自關而西謂之鉤。"《淮南子·主術訓》:"桀之力,制(折)觡伸鉤,索鐵歙金。""抚"疑通"夭",《説文》:"夭,屈也。"

案,"夬"應讀若原字。《説文》:"夬,分決也。"②《釋名·釋言語》:"夬,決,有所破壞,決裂之於終始也。"③"抚"即"拔"之俗字,《班馬字類》:"《史記·魏世家》:'秦抚我襄城。'讀作拔。"④《巴郡守張納功德碑》:"抽抚孤(闕五字)。"⑤"抚"即"拔"字。"拔"與"舉"同義,"手抚"即"手舉",引申爲用力之意。《論衡·效力篇》曰:"孔子能舉北門之關,不以力自章;知夫筋骨之力,不如仁義之力榮也。"⑥"力勁夬觡,不好手抚"即用此意,是説周春有聖人風範,雖"力勁夬觡",卻不喜以力自章,深知筋骨之力,不如仁義之力榮也。

4. 第四簡:敦次忠篤,善養父母。

整理者注:次,處。敦次猶敦處,謹慎處世。或"次",序。敦次猶敦序,蓋同《尚書·皋陶謨》"惇叙九族"之"惇叙",謂依次親厚族人。

案,"次"音亦叶"慈",是"次"可釋作"慈"。古"次"與"兹"同,《吕氏春秋·知分》:"荆有次非者。"《漢書·宣帝紀》如淳注引"次非"作"兹非"⑧。"兹"又與"慈"通,《左傳·僖公四年》:"公孫兹帥師會齊人、宋人、

---

① 何晏注,邢昺疏:《論語注疏》,《十三經注疏》,北京:中華書局1980年版,卷一二,第2503頁。
② 《説文解字注》卷三下,第115頁。
③ 劉熙:《釋名》卷四,第57頁。
④ 婁機:《班馬字類》,收入《四部叢刊》三編,上海:上海書店1984年版,第5册,卷五,第14頁。
⑤ 洪适:《隸釋》,收入《四部叢刊》三編,上海:上海書店1985年版,第30册,卷五,第11頁。
⑥ 王充:《論衡》,收入《諸子集成》,上海:上海書店,1986年版,第7册,卷一三《效力篇》,第130頁。
⑦ 陳奇猷:《吕氏春秋校釋》,上海:學林出版社1984年版,卷二〇《知分》,第1346頁。
⑧ 班固撰,顔師古注:《漢書》,北京:中華書局1962年版,第1册,卷八《宣帝紀》,第261頁。

衛人、鄭人、許人、曹人侵陳。"①《公羊傳》"公孫兹"作"公孫慈"②。是"次"、"兹"、"慈"可通。"敦慈"爲古之常用語，《巴郡守張納功德碑》："繇是辭疾闔閣，委政中閒，敦慈養之（闕七字）。"③

5. 第四—五簡：親戚皆説（悦），語及子私。

整理者注："私"，私親，親屬。

案，"私"謂連襟，《釋名·釋親屬》："姊妹互相謂夫曰私，言於其夫兄弟之中，此人與己姊妹有恩私也。"④"語及子私"謂在連襟之間談到了周春的婚事。

6. 第六簡：垂顙折骼（額）。

整理者注：顙，額頭。

案，"垂顙"，同椎顙。《太平御覽》引《吕氏春秋》曰："陳有惡人曰敦洽雔㮈，椎顙，色如漆也。"⑤"椎"又作"碓"、"推"、"雄"、"頢"、"魋"、"頯"，並爲"椎"形誤字。"骼"字當釋作"頞"，"頞"，指人之鼻莖。《急就篇》："頭領頞頣眉目耳。"師古曰："頭者，首之總名也。領，顙也。頞，鼻莖也。"⑥椎顙折頞爲古之慣用語，古代文獻中所在皆是，揚子雲《解嘲》："蔡澤，山東之匹夫也，鎮頤折頞，涕唾流沫。"⑦《後漢書·周爕傳》："爕生而欽頤折頞，醜狀駭人。"⑧劉思真《醜婦賦》："椎額復出口，折頞齈樓鼻。"⑨此言妄稽突額曲鼻。

7. 第六—七簡：曊殄領亦（腋），食既相澤。

整理者注："曊"讀作"蔑"，無。"殄"讀作"畛"，界限。"領"，頸項。

---

① 杜預注，孔穎達疏：《春秋左傳正義》，《十三經注疏》，北京：中華書局 1980 年版，卷一二，第 1792 頁。
② 何休解詁，徐彦疏：《春秋公羊傳注疏》，《十三經注疏》，北京：中華書局 1980 年版，卷一〇，第 2250 頁。
③ 洪适：《隸釋》卷五，第 11 頁。
④ 劉熙：《釋名》卷三，第 47 頁。
⑤ 李昉等撰：《太平御覽》，收入《四部叢刊》三編，上海：上海書店 1985 年版，第 44 册，卷三八二《人事部二十三》，第 4 頁。
⑥ 史游撰，顔師古注：《急就篇》，收入《四部叢刊》續編，上海：上海書店 1984 年版，第 11 册，卷三，第 44 頁。
⑦ 《漢書》，第 11 册，卷八七下《揚雄傳下》，第 3572 頁。
⑧ 范曄撰，李賢等注：《後漢書》，北京：中華書局 1965 年版，第 6 册，卷五三《周黃徐姜申屠列傳》，第 1741 頁。
⑨ 李昉等撰：《太平御覽》，卷三八二《人事部二十三》，第 10 頁。

案，"矇"應讀如本字，"㾕"則當釋爲"胗"，宋玉《風賦》："中脣爲胗，得目爲矇，啗齰嗽獲。"李善注："《説文》曰：'胗，脣瘍也。'《吕氏春秋》曰：'氣鬱處目則爲蔑爲盲。'高誘曰：'蔑，眊也。'蔑與矇古字通。"①"領"通"零"，《吕氏春秋·離俗》："自投於蒼領之淵。"注："蒼領或作青令。"②"令"又與"零"同，《漢書·傅常鄭甘陳段傳》："郅支由是遂西破呼偈、堅昆、丁令。"師古曰："令與零同。"③"洂"當釋爲"洂"，"洂"與"液"通。液，《集韻》："或作洂。"④故"領洂"即"零液"。此言妄稽胗脣傷矇，吃東西時與食物相濡，令人噁心。

8. 第七簡：尻若冣笱，塼（髆）膌（瘠）格格。

整理者注："尻"，臀部。"冣"，收聚。《説文·冂部》："冣，積也。""笱"，竹笱，竹製捕魚之具，其口魚可入而不可出。"尻若冣笱"蓋謂臀部像收聚的竹笱。"塼"通"髆"，股骨。"膌"即"瘠"，瘦。"格格"，形容無肉而尖突抵觸的樣子。

案，"冣"當釋如"聚"字，張家山漢簡《二年律令》："賊燔城、官府及縣官積冣（聚），棄市。"⑤"冣"即"聚"字。"髆"，小腿肚，《六書故》："《饋食禮》'升羊豕肩臂臑髆胳'，蓋髀下爲髆，猶前足之臂；髆下爲胳，猶前足之臑也。"⑥"格格"，《詩·斯干》："約之閣閣，椓之橐橐。"傳："閣閣猶歷歷也。"⑦"約之閣閣"《周禮》注作"約之格格"，是"閣閣"與"格格"古通。此言妄稽小腿無肉，腿骨歷歷然可見。

9. 第八簡：身若蝟棘，必好抱區。口臭腐鼠，必欲鉗須。

整理者釋云："區"，通"軀"。"抱軀"，與人擁抱。"鉗須"，疑謂與人貼面親近。

按，此解恐未得其義。"刺蝟"之形貌習性，《證類本草》卷二十一引

---

① 蕭統編，李善等注：宋本《六臣注文選》，北京：廣文書局1964年版，卷一三，第247頁。
② 陳奇猷：《吕氏春秋校釋》，卷一九《離俗》，第1238頁。
③ 《漢書》，第9冊，卷七〇《傅常鄭甘陳段傳》，第3009頁。
④ 丁度：《集韻》，收入《小學名著六種》，北京：中華書局1998年版，卷一〇，第171頁。
⑤ 張家山七號漢墓竹簡整理小組：《張家山漢墓竹簡（二四七號墓）》，北京：文物出版社2006年版，第8頁。
⑥ 戴侗：《六書故》，收入《温州文獻叢書》，上海：上海社會科學院出版社2006年版，卷一二，第296頁。
⑦ 毛亨傳，鄭玄箋，孔穎達疏：《毛詩正義》，《十三經注疏》，北京：中華書局1980年版，卷一一，第437頁。

《圖經》曰：""狀類端狁，腳短多刺，尾長寸餘，人觸近便藏頭足，外皆刺，不可嚮爾。""①可見刺蝟毛皆外刺乃是其藏頭足於腹所致。""抱""，揚雄《方言》第八曰：""北燕、朝鮮、洌水之間謂伏雞曰抱。""②又，蔡邕《爲陳留太守上孝子狀》曰：""（程末）祖父叔病殁，未抱伏叔尸，號泣悲哀，口乾氣少，喘息纔屬。""③是""抱""字可用于形容人或動物的蜷縮之狀。""區""則如整理者所言，通""軀""。《釋名·釋形體》：""軀，區也。是衆名之大總，若區域也。""④如此，則""抱區""就是身體蜷縮之意，猶今言""身體抱成一團""，形容刺蝟在人犯近時藏頭足於腹的情狀。此言妄稽脾氣刁鑽古怪，對人就像刺蝟身上長滿了刺一樣，讓人不敢接近。""腐鼠""，《文子》卷上曰：""腐鼠在阼，燒薰於堂。入水而憎濡，懷臭而求芳，雖善者不能爲工。""⑤杜道堅《文子纘義》卷六引舊注云：""腐鼠猶姦佞也，言君暱近佞人，而求國之治，猶入水致溺，挾臭求芳，熏鼠燒堂，其禍不小也。""⑥可見""腐鼠""在古代是用來比喻奸佞讒邪之人。按此，其用""口臭腐鼠""形容妄稽，就是説她心性邪僻嫉妒，工於讒言。""必欲鉗須""，《後漢書》卷三十四《梁統列傳》云：""（孫）壽性鉗忌，能制御（梁）冀，冀甚寵憚之。""章懷注：""鉗，鉏也。言性忌害，如鉗之鉏物也。""⑦""鉗須""正是""鉗忌""之義，是説妄稽心性忌害，如鉗之鉏須也。以""鉗""喻口惡，古多有之。《荀子》卷十五《解蔽篇》：""彊鉗而利口，厚顔而忍詬。""楊倞注：""彊，彊服人。鉗，鉗人口也。""⑧又，《方言》卷十：""鉗、疲、憋，惡也。南楚凡人殘罵謂之鉗。""郭璞注：""鉗，害，又惡也。""⑨此形容妄稽心性邪僻嫉妒，常口出惡言，不肯饒人。

10. 第八—九簡：曾弗賓視。

整理者注：""賓""即""頻""，多。

----

① 唐慎微撰，曹孝忠校，寇宗奭衍義：《證類本草》，景印文淵閣《四庫全書》，臺北：臺灣商務印書館1983年版，第七四〇册，卷二一《蟲部中品》，第859頁。
② 揚雄撰，郭璞注：《方言》，北京：中華書局2016年版，卷八，第96頁。
③ 蔡邕撰，林紓選評：《蔡中郎集》，上海：商務印書館民國十三年版，第60頁。
④ 劉熙：《釋名》卷二，第26頁。
⑤ 王利器：《文子疏義》，北京：中華書局2000年版，卷六《上德》，第267頁。
⑥ 杜道堅：《文子纘義》，收入《叢書集成》初編，上海：商務印書館民國二十八年初版，卷六《上德》，第65頁。
⑦ 《後漢書》，第5册，卷三四《梁統列傳》，第1180頁。
⑧ 王先謙撰，沈嘯寰、王星賢點校：《荀子集解》，收入《新編諸子集成》，北京：中華書局1988年版，卷一五，第408頁。
⑨ 揚雄撰，郭璞注：《方言》卷一〇，第120頁。

案,此説非,"賔",《管子·形勢第二》:"飛蓬之閒,不在所賔。"注:"蓬飛因風動揺不定,喻二三之聲問,明主所不賔敬。"①"賔視"即"敬視"、"正視",《文選》張銑注班固《典引》曰:"賔監謂光武封殷後曰紹嘉公,周後曰承休公,以賔客禮之,所以敬視此二代之禮樂,渙然盛揚於天下也。"②《列女傳》:"妻每進食,舉案齊眉,不敢正視,以禮修身,所在敬而慕之。"③此言妄稽面目可憎,周春不肯正視。

11. 第十一簡:雞鳴善式,乃尚(當)人閒(諫)。

整理者注:"雞鳴",雞鳴之時,於十二時辰中在夜半之後、平旦之前,於今爲深夜一至三點。"式"疑同"飾",打扮。

案,"善式"釋作"善飾"是。善,多,好也。《詩·載馳》:"女子善懷。"箋:"善猶多也。"④《禮記·文王世子》:"嘗饌善,則世子亦能食。"注:"善,謂多于前。"⑤意爲妄稽雞鳴時善爲打扮。

12. 第十三簡:君固察吾言,毋及(急)求勝。

案,勝,《爾雅·釋詁》:"犯、奢、果、毅、尅、捷、功、肩、堪,勝也。"注:"陵、犯、誇、奢、果、毅,皆得勝也。"⑥《吕氏春秋·決勝》:"必託於卑微隱蔽,此所以成勝。"⑦"求勝"即"求功"之意。

13. 第十五—十六簡:庶人有言:"謀毋失庨子。"若人言不行,民稱將止。

整理者注:"庨"同"夥",其義爲"衆"。司馬相如《上林賦》:"魚鱉讙聲,萬物衆夥。""不行",此謂不聽從。"民稱",民之稱譽。

案,"庨"與"庬"同,又與"朋"通。《莊子·徐无鬼》:"張若謵朋前馬。"⑧《經典釋文》"朋"作"庨",云:"崔本作庨,本亦作朋。"⑨《尚書·益

---

① 黎翔鳳撰,梁運華整理:《管子校注》,北京:中華書局2004年版,卷一,第25頁。
② 宋本《六臣注文選》卷四八,第922頁。
③ 劉向:《列女傳》,《景印文淵閣四庫全書》,臺北:臺灣商務印書館1983年版,第448册,卷八,第81—82頁。
④ 《毛詩正義》卷三,第320頁。
⑤ 《禮記正義》卷二〇,第1411頁。
⑥ 郭璞注,邢昺疏:《爾雅注疏》,《十三經注疏》,北京:中華書局1980年版,卷一,第2570頁。
⑦ 《吕氏春秋校釋》卷八《決勝》,第452頁。
⑧ 郭慶藩輯,王孝魚整理:《莊子集釋》,收入《新編諸子集成》,北京:中華書局1961年版,卷八中《徐无鬼第二十四》,第830頁。
⑨ 陸德明:《經典釋文》,上海:上海古籍出版社2013年版,下册,卷二八《莊子音義下·徐无鬼第二十四》,第1539頁。

《稷》:"朋淫于家。"傳:"朋,羣也。"①此句意思是謀多不失,遇事要聽取衆人的意見。

14. 第十八簡:蕭(議)買妾,乃稱殷王。

整理者注:"王",疑此讀作"旺",多,與"殷"同義。

案,"殷王",王寧讀爲原字,王説是②。第十六簡中妾稽有言:"殷紂大亂,用被(彼)亶(妲)已。"此"殷王"即指所稱引之殷紂王。

15. 第十八簡:小妾不微(嬍),陵且(祖)微父,猷有與賁。

整理者注:"微"同"嬍",好,善。"陵",辱。"微",小看,輕賤。"賁"同"憤",怨恨。

案:整理者説是。"賁",《集韻》與"憤"同③。《禮記·樂記》:"粗厲猛起、奮末廣賁之音作,而民剛毅。"注:"賁讀爲憤,憤怒氣充實也。《春秋傳》曰:'血氣狡憤。'"④這句的意思是,我雖然不好,但對於有辱於長輩的行爲,也同樣感到憤怒。

16. 第二十簡:長髪誘紿。

整理者注:"誘"疑同"秀",美。《淮南子·繆稱訓》:"善生乎君子,誘然與日月爭光。"高誘注:"誘,美稱也。""紿",此蓋謂頭髪細密纏繞。

案,整理者説是,唯引《説文》"絲勞即紿"以解"紿",不足爲訓。"絲勞"意爲染而又染,非謂細密纏繞。"紿"之細密纏繞義,《廣雅·釋詁》有説,"綦、綄、繚、繞、綢、繆、紿、絡、繁,纏也。"⑤以此類字形容女子頭髪細密,古代詩文中嘗有之,如《詩·都人士》曰:"彼君子女,綢直如髪。"傳:"密直如髪也。"箋:"彼君子女者,謂都人之家女也,其情性密緻,操行正直,如髪之本末無隆殺也。"⑥"紿"即"綢"義。此句是説虞士長髪秀美細密。

17. 第二十一簡:□澤比麗,甚善行步。

案,"比麗",江淹《傷友人賦》:"帶荊玉而爭光,握隨珠而比麗。"⑦"行

---

① 孔安國傳,孔穎達疏:《尚書正義》,《十三經注疏》,北京:中華書局1980年版,卷五,第143頁。
② 王寧:《讀北大簡四妾稽零識》,武漢大學簡帛網2016年7月14日首發。
③ 《集韻》卷五,第84頁。
④ 《禮記正義》卷三八,第1535頁。
⑤ 《廣雅疏證》卷四,第81頁。
⑥ 《毛詩正義》卷一五,第493頁。
⑦ 胡之驥注,李長路、趙威點校:《江文通集彙注》,北京:中華書局1984年版,卷二,第70頁。

步",《西京雜記》:"趙后體輕腰弱,善行步進退,女弟昭儀不能及也。"①

18. 第二十二簡:手若陰逢(蓬),足若揣(踹)卵。

整理者注:"逢"同"蓬",蓬草。此蓋謂手指若蓬草一樣。"揣"讀作"踹",踩。"足若踹卵"謂行步柔軟輕盈。

案,《詩·騶虞》:"彼茁者蓬。"傳:"茁,出也。蓬,草名也。"②"陰"通"蔭",《説文》:"艸陰地。"③謂草始生庇地也。《詩·碩人》:"手如柔荑。"傳:"如荑之新生。"④"手若陰逢(蓬)"意與此句相類,意謂其手指若蓬草初生庇地一樣美麗。"揣"當釋如原字,意爲懷、握。《韓詩外傳》:"掌若握卵。"⑤

19. 第二十二簡:廉不籤籤,教不勉兌。

整理者釋云:"廉",廉隅方正。"籤籤",形容有鋭刺的樣子。"兌"當即"兌","勉兌"爲疊韻連綿字,形容勉强的樣子。

案,此解恐未達其本意。"廉不籤籤",《莊子·齊物論》曰:"大廉不嗛。"郭象注:"夫至足者,物之去來,非我也,故無所容其嗛盈。補:嗛,滿也。《猴藏物》曰:'嗛以廉爲廉,則有自滿之意。'《國語》曰:'嗛嗛之德,不足就也。'言其自小,即此嗛字。"⑥成玄英疏:"夫玄悟之人,鑒達空有,知萬境虚幻,無一可貪,物我俱空,何所遜讓。"⑦焦竑《莊子翼》引《莊子循本》曰:"大廉不嗛。嗛音慊,口銜物也,爲心有所銜之義,有銜其快與足者,有銜其恨與少者,此言不嗛,大廉者不以廉自足也。"⑧意思是真正廉潔的人是不以廉爲意的,他們從不自矜伐其廉,其廉是發乎天性,出於自然。"廉不籤籤"一語應本於此而言。"籤籤"即"嗛嗛",系同音相借,"廉不籤籤"即是"廉不嗛嗛",乃是説虞士天生貞廉,不以貞廉爲貞廉,而自然貞廉,得天然之致。"教不勉兌"之言,蓋亦出於《莊子·天下》曰:"選則不徧。"郭象

---

① 葛洪:《西京雜記》,收入《諸子集成補編》,成都:四川人民出版社1997年版,第10册,卷一,第717頁。
② 《毛詩正義》卷二,第294頁。
③ 《説文解字注》卷一下,第39頁。
④ 《毛詩正義》卷三,第322頁。
⑤ 《韓詩外傳集釋》卷八,第298頁。
⑥ 郭象:《莊子注》,景印文淵閣《四庫全書》,臺北:臺灣商務印書館1983年版,第1056册,卷一《齊物論第二》,第15頁。
⑦ 《莊子集釋》卷一下《齊物論第二》,第87頁。
⑧ 焦竑:《莊子翼》,《景印文淵閣四庫全書》,臺北:臺灣商務印書館1983年版,第1058册,卷一《齊物論第二》,第28頁。

注:"都用乃周。"①又曰:"教則不至。"注:"性其性乃至。"②又曰:"田駢亦然,學于彭蒙,得不教焉。"注:"得自任之道也。"③《莊子口義》申其義曰:"言彭蒙之徒,以此見訝於世也。得不教者,言其初學之時自相契合,不待教之而後能也。"④意思是彭蒙之徒得自然之道,皆不待教而後獲其能,此即"教不勉兌"所本。按,"兌"當是"免"字,因形近而訛。"教不勉兌"即是"教不勉免","勉"與"免"古通,《漢書·谷永杜鄴傳》:"閔免遁樂。"師古曰:"閔免猶黽勉也。"⑤故"教不勉免"當是"教不勉勉"。"勉勉",《經典釋文》:"黽勉猶勉勉也。"⑥此言虞士之貞廉,皆得之於自然天性,不待勉強而諄諄訓誨於其間也。

20. 第二十三簡:厭(靨)父(輔)之有巽(選)。

整理者注:"厭父"即"靨輔",頰邊酒窩。"巽"同"選","有選",猶言最善。

案,整理者説是,唯"有選"解爲"最善"似未盡其意。《春秋繁露·官制象天》:"天地之理,分一歲之變以爲四時,四時亦天之四選已,是故春者少陽之選也,夏者太陽之選也,秋者少陰之選也,冬者太陰之選也。四選之中,各有孟、仲、季,是選之中有選,故一歲之中有四時,一時之中有三長,天之節也。"⑦"有選",猶言其"靨輔"如天造地設,生得恰到好處。

21. 第二十四簡:教(姣)美佳好,致(至)京(諒)以子(慈)。

整理者注:"致"同"至"。"京"即"諒",同"良"。"子"通"慈","子"爲精母之部,"慈"爲從母之部,二字韻同而精、從皆齒頭音,故"子"可讀爲"慈"。"以",而。《禮記·樂記》:"致樂以治心,則易、直、子、諒之心,油然生矣。"孫希旦《集解》:"朱子云'子、諒',當從《韓詩外傳》作'慈、良。'"亦或"諒"字仍用本義,義爲誠信。孔穎達《疏》:"則和易、正直、子愛、誠信之心油油然從内而生矣。"

---

① 《莊子集釋》卷一〇下《天下第三十三》,第 1086—1087 頁。
② 《莊子集釋》卷一〇下《天下第三十三》,第 1086—1087 頁。
③ 《莊子集釋》卷一〇下《天下第三十三》,第 1091 頁。
④ 林希逸:《莊子口義》,景印文淵閣《四庫全書》,臺北:臺灣商務印書館 1983 年版,第 1056 册,卷一〇《雜篇天下第三十三》,第 660 頁。
⑤ 《漢書》,第 8 册,卷五五《谷永杜鄴傳》,第 3461 頁。
⑥ 《經典釋文》,上册,卷五《毛詩音義上》,第 225 頁。
⑦ 董仲舒撰,凌曙注:《春秋繁露注》,收入《諸子集成補編》,成都:四川人民出版社 1997 年版,第 1 册,卷七《官制象天》,第 680 頁。

案,整理者引《禮記·樂記》爲據,甚得文義,唯"致"字不得釋爲"至"。"致京以子"四字,當依《樂記》釋作"直諒易子",如此,方與"教(姣)美佳好"四字相對。這裏之所以寫作"直諒易子",乃是作者創作時因押韻的需要顛倒了《樂記》"易、直、子、諒"四字的原有順序。"致"字當是"直"字之誤。

22. 第二十五—第二十六簡:鮡(鱗)若陵(鯪)鯉,色若腐衃。

整理者注:"色若腐衃",面色暗黑如腐血。

案,"腐衃",《黄帝内經素問》:"赤如衃血者死。"注:"衃血,謂敗惡凝聚之血,色赤黑也。"①

23. 第二十七簡:大(太)息歌訦,謬謬爰恤。

整理者注:歌,言説。《玉篇》:"訦,善言。"

案,"歌訦"當釋如本字。歌,《玉篇》:"謌,葛羅切,長言也。亦作歌。"②"訦"謂話多,通諵,或作喃。喃,呢喃,《玉篇》:"呢喃,小聲多言也。"③"歌訦"二字均是話多之意。"大息歌訦"形容妄稽長吁短歎,話語囉嗦,喋喋不休。

24. 第二十七—二十八簡:星(腥)腐臊簫(鱐),芳芳蛇變。

整理者注:簫,讀作鱐。《禮記·内則》鄭注:"鱐,乾魚。"此謂乾魚之臭。芳芳,疑即"栗栗",戰抖貌。

案,蕭旭以爲,"簫"讀爲"焦"④。此説是也。《黄帝内經素問》:"故生化之别,有五氣五味五色五類五宜也。"王冰注:"五氣謂臊、焦、香、腥、腐也。"⑤"變"字圖版作"▆",何有祖指出應釋作"臭"⑥,此説是。"芳芳",黔之菜讀爲"烈烈"⑦,指氣味濃烈熏人,可從。《詩·四月》:"冬日烈烈。"箋:"烈烈猶栗烈也。"⑧謂寒氣之强烈,此用以形容氣味之濃烈。

---

① 王冰注,林億等校補:《重廣補注黄帝内經素問》,收入《諸子集成補編》,成都:四川人民出版社,1997年版,第4册,卷三《五藏生成篇》,第365頁。
② 顧野王:《玉篇》,收入《小學名著六種》,北京:中華書局1998年版,卷九,第35頁。
③ 《玉篇》卷五,第22頁。
④ 蕭旭:《北大漢簡(四)妄稽校補》,復旦大學出土文獻與古文字研究中心網站2016年7月4日首發。
⑤ 《重廣補注黄帝内經素問》卷二〇《五常政大論篇》,第494頁。
⑥ 何有祖:《讀北大簡妄稽條記(一)》,武漢大學簡帛網2016年6月5日首發。
⑦ 黔之菜:《讀北大漢簡妄稽小札一則》,復旦大學出土文獻與古文字研究中心網站2016年6月22日首發。
⑧ 《毛詩正義》卷一三,第462頁。

25. 第二十八簡：丈夫新諧,錯我美彼(彼)。

整理者注："諧",通"措",二字均莊母鐸部,音同可通。"措"有"置"意,此謂置妾。

案,"諧"當是"諧"字,系形近而訛。"新諧"即另覓新歡。《詩·關雎》："關關雎鳩,在河之洲。"傳："后妃説樂君子之德,無不和諧。"①錯,《集韻》："乖也。"②《韻會》："《增韻》：'又舛也,誤也。'"③《漢書·五行志》："宣、元之後,劉向治《穀梁春秋》,數其禍福,傳以《洪范》,與仲舒錯。"注："錯,互不同也。"④美,《廣韻》："好色。"⑤《詩·静女》："匪女之爲美。"傳："非爲其徒説美色而已。"⑥此謂周春悦虞士美色,置妾稽於不顧。

26. 第二十九簡：我今與女(汝)處,訾孰之瘣者。

整理者注："訾",衡量。……"瘣"疑同"媿",羞愧,慚愧。

案,何有祖以爲"處"字乃"虜"字誤釋⑦,此説是。《説文》："虜,鬭相丮不解也。從豕虍,豕虎之鬭不相捨。"⑧此即簡所用義。"訾",毁也。"瘣"同"媿",整理者説是,然義不當解爲"羞愧,慚愧",應是"醜"的意思。《武梁祠堂畫象》："無鹽媿女鍾離春。"⑨此即以"媿女"爲"醜女",《集韻》："醜,古作媿。"⑩

27. 第二十九簡：妾稽因新製踵緒之衣,縠帛之常(裳)。

整理者注："踵緒"即"踵續",蓋謂衣服拖曳連續不斷。

案,"踵"當釋作"緟","緟"今作"重"。《玉篇》："緟,除恭切,增也,疊也,益也,複也,或作褈,今作重。"⑪

28. 第二十九—三十簡：流項□有,璣狗桀袑,馬躍往來之裴。

整理者注：璣狗,珠璣狗馬,謂珍寶玩好之類,此處所指未詳。桀,高大。袑,褲子。此"桀袑"蓋即"大袑"。裴,長衣。《玉篇》："裴,長衣貌。"

---

① 《毛詩正義》卷一,第 273 頁。
② 《集韻》卷一〇,第 167 頁。
③ 《古今韻會舉要》卷二八,第 456 頁。
④ 《漢書》,第五册,卷二七《五行志》,第 1318 頁。
⑤ 陳彭年等重修：《廣韻》,收入《小學名著六種》,北京：中華書局 1998 年版,卷三,第 62 頁。
⑥ 《毛詩正義》卷二,第 311 頁。
⑦ 何有祖：《讀北大簡妾稽條記(一)》,武漢大學簡帛網 2016 年 6 月 5 日首發。
⑧ 《説文解字注》卷九下,第 456 頁。
⑨ 《隸釋》卷一六,第 2 頁。
⑩ 《集韻》卷六,第 100 頁。
⑪ 《玉篇》卷二七,第 101 頁。

案,"裴"下有重文符。此一節當斷句爲:"流項□有,璣狗桀,袑馬躍,往來之裴裴。"有網友指出,"流項"下之字圖版作"▆",與簡文"之"字多作"▆"同①,此說是。"流項"當釋作"游巷","流"通"游",《史記·項羽本紀》:"必居上游。"集解:"文穎曰:游或作流。"②"項"與"巷"音同,可通。《大戴禮記·曾子立事》:"嗜酣酒,好謳歌,巷游而鄉居者乎!"③這幾句寫妄稽盛飾狗馬之玩,《後漢書·宦者列傳》:"狗馬飾雕文,土木被緹繡。"李賢注:"前書東方朔曰:土木衣綺繡,狗馬被繢罽。"④"璣狗",謂狗皆戴珠璣。"桀",磔也,兇暴之貌。"袑",《說文》:"絝上也。"⑤"袑馬",謂馬皆衣人衣。躍,音逖,跳貌,同趯。《詩·草蟲》:"趯趯阜螽。"傳:"趯趯,躍也。"⑥裴裴,讀爲"斐斐"。《說文》:"斐,往來斐斐也。"⑦此言狗馬驅馳之狀。《漢書·淮南衡山濟北王傳》:"不喜弋獵狗馬馳騁。"⑧

29. 第三十簡:簀嫂之絟,夏暴短常(裳)。

整理者注:簀讀作臾,拖曳。"嫂"同"婁",穿戴。《詩·山有樞》:"子有衣裳,弗曳弗婁。"毛傳:"婁亦曳也。"絟,縫合之衣。《詩·羔羊》:"羔羊之皮,素絲五絟。"孔疏:"然則縫合羔羊皮爲裘,縫即皮之界緎,因名裘縫爲緎。五緎既爲縫,則五絟、五緫亦爲縫也,視之見其五,故皆云五焉。"夏,大。"暴"同"襮",衣領。

案,"簀嫂"當釋爲"績縷","績",《說文》:"織餘也。"段玉裁注:"上文機縷爲機頭,此織餘爲機尾。績之言遺也,故訓爲織餘。織餘,今亦呼爲機頭,可用系物及飾物。"⑨《急就篇》師古注:"績,亦絛組之屬,似纂而色赤。"⑩可見"績"是指加工縫製衣服剩下的邊角料。縷,《說文》:"綫也。"段玉裁注:"此本爲布縷,引申之絲也,名縷。"⑪顯見"縷"也是縫製衣服剩下

---

① 網友"落葉掃秋風"發言,見武漢大學簡帛網2016年6月5日發佈。
② 《史記》,第1冊,卷七《項羽本紀》,第320頁。
③ 王聘珍撰,王文錦點校:《大戴禮記解詁》,《十三經注疏》,北京:中華書局1983年版,卷四《曾子立事第四十九》,第75頁。
④ 《後漢書》,第9冊,卷七八《宦者列傳》,第2511頁。
⑤ 《說文解字注》卷八上,第393頁。
⑥ 《毛詩正義》卷一,第286頁。
⑦ 《說文解字注》卷一二下,第625頁。
⑧ 《漢書》,第7冊,卷四四《淮南衡山濟北王傳》,第2145頁。
⑨ 《說文解字注》卷一三上,第645頁。
⑩ 《急就篇》卷三,第40頁。
⑪ 《說文解字注》卷一三上,第656頁。

的邊角料。紽,絲的數量詞。"纘縷之紽",就是一紽一紽的布條。暴,《説文》:"晞也。"①《玉篇》:"曬也。"②《周禮·考工記·㡛氏》:"㡛氏涑絲,以涚水漚其絲,七日,去地尺,暴之。晝暴諸日,夜宿諸井,七日七夜,是謂水涑。"③"暴"指曬絲。"常"與"裳"同,音裳,《説文》:"下帬也。"④

30. 第三十簡:純以靈光。

整理者注:"純",鑲邊。《儀禮·士冠禮》:"屨夏用葛,玄端黑屨,青絇繶純,純博寸。"鄭玄注:"純,緣也。"賈公彥疏:"云純緣也者,謂繞口緣邊也。"

案,整理者説是。"靈光",《論衡·宣漢篇》:"明年祭后土,靈光復至。"⑤"靈光"也稱"神光"。《漢書·武帝紀》:"祭后土,神光三燭。"⑥王逸《九思》:"神光兮熲熲,鬼火兮熒熒。"注:"神光,山川之精能爲光者也。"⑦此言以山川神靈爲緣邊圖案。

31. 第三十一簡:脾(髀)若枍版,少肉骨多。

整理者注:"脾"同"髀","版",木板。

案,"枍"意爲木葉,釋爲"梣"字方合文義。"梣",《説文》曰:"青皮木,從木,岑聲。"⑧

32. 第三十一簡:腹若抱曳,傑(犖)脅膺波。

整理者注:"傑"讀若"犖","傑"從"樂"得聲,"樂"爲來母樂部,"犖"亦來母樂部。"犖",嶙岣突露。"傑脅"即"犖脅",謂肋骨嶙岣突露堅硬。"波"同"陂",坡起,不平。膺波,謂胸向前隆起不平,疑即雞胸。

案,蕭旭以爲,"曳"字圖版作**串**,疑爲"臾"形譌⑨,此説是。"臾"同蕢,《説文》:"草器也。"復引《論語》曰:"有荷臾而過孔氏之門。"⑩《論語》

---

① 《説文解字注》卷七上,第 307 頁。
② 《玉篇》卷二〇,第 76 頁。
③ 《周禮注疏》卷四〇,第 919 頁。
④ 《説文解字注》卷七下,第 358 頁。
⑤ 《論衡》卷一九《宣漢篇》,第 190 頁。
⑥ 《漢書》,第 1 册,卷六《武帝紀》,第 198 頁。
⑦ 洪興祖撰,白化文等點校:《楚辭補注》,北京:中華書局 1983 年版,卷一七《九思章句第十七》,第 326 頁。
⑧ 《説文解字注》,六篇上,第 241 頁。
⑨ 蕭旭:《北大漢簡(四)妄稽校補》,復旦大學出土文獻與古文字研究中心網站 2016 年 7 月 4 日首發。
⑩ 《説文解字注》卷一下,第 44 頁。

今作"賣"。此言妄稽的腹部鼓出,活像抱著一個土筐。"傑",當釋爲"牢",大也。系同音相借。《本草綱目·獸之一》:"許慎云:牛,件也,牛爲大牲,可以件事分理也。《周禮》謂之大牢,牢乃豢畜之室,牛牢大,故名大牢。"①"牢脅"即大脅,謂腹大脅張。"膺"與"抱"相對,皆是抱、持之意。《禮記·少儀》:"執箕膺揭。"注:"膺,親也。揭,舌也,持箕將去糞者以舌自鄉。"②"波"當釋爲"簸",簸箕。《莊子》:"鼓筴播精。"③"簸"即作"播",而"波"又與"播"通,《尚書·禹貢》:"滎波既豬。"疏:"馬鄭王本皆作滎播。"④故"波"與"簸"可互通。此謂妄稽腹大脅張,似持簸箕以箕舌自鄉。

33. 第三十一簡:髮若龜尾,宿(縮)宿(縮)必施(拕)。

整理者注:"宿"同"縮"。《說文》:"縮,亂也。"縮縮,頭髮長短不整紛亂的樣子。施讀爲拕,拖曳。

案,"宿宿"當如字讀,《論語·鄉黨》:"足蹜蹜如有循。""蹜蹜"古通作"宿宿",足迫也。邢昺疏:"案《玉藻》云:'執龜玉,舉前曳踵,蹜蹜如也。'踵謂足後跟也。謂將行之時,初舉足前後曳足跟行,不離地,蹜蹜如也,言舉足狹數,蹜蹜如也。"⑤"施"也當如字讀,"施"通作"弛",《後漢書·光武紀》:"遣驃騎大將軍杜茂將衆郡施刑屯北邊。"注:"施讀曰弛,弛,解也。"⑥這句的意思是,妄稽頭髮稀少,挽起的髮髻細小,有如龜尾,走起路來顫動不止,好像要鬆開一樣。

34. 第三十四簡:嫖蒦(紗)便圜(旋)。

整理者注:"圜"同"旋","便旋",回旋。

案,"圜"同"嬛",司馬相如《上林賦》:"靚莊刻飾,便嬛綽約。"郭璞曰:"便嬛,輕麗也。"⑦

35. 第三十四簡:䎱(捏)命(領)騫(褰)衣,齊阿之常(裳)。

整理者注:"䎱"通"捏",《玉篇·手部》:"捏,舉也。""命"即"令",讀作"領",衣領。"騫"通"褰"。"褰",提起。齊,齊地。阿,地名,屬齊。

案,"䎱"不當釋作"捏",當作"挏","挏"爲"引"的古文。"引領"、"褰

---

① 李時珍:《本草綱目》,北京:中國書店1988年版,卷五〇下《獸部》,第64頁。
② 《禮記正義》卷三五,第1511頁。
③ 《莊子集釋》卷二中《人世間第四》,第180頁。
④ 《尚書正義》卷六,第149—150頁。
⑤ 《論語注疏》卷一〇,第2494頁。
⑥ 《後漢書》,第1冊,卷一下《光武紀》,第60頁。
⑦ 《漢書》,第8冊,卷五七上《司馬相如傳》,第2571頁。

衣"皆古之常用語。《古詩十九首》:"引領還入房,淚下沾裳衣。"①《思美人》:"因芙蓉而爲媒兮,憚褰裳而濡足。"②齊阿,《春秋·莊公十三年》:"冬,公會齊侯,盟于柯。"《集解》杜預注:"此柯今濟北東阿,齊之阿邑,猶祝柯今爲祝阿。"③

36. 第三十五簡:韱(纖)費繢(繪)純,裏以鄭黃。

整理者注:纖,小、細。費,疑通"紕",裳幅之緣飾。"繢"同"繪",彩繪。純,鑲邊。鄭黃,鄭地的黃色衣料。

案,"韱費"當釋作"玄紛",系同音相借。《尚書·顧命》:"西夾南嚮,敷重筍席、玄紛純,漆仍几。"玄紛純,蔡沈注:"以玄黑之繒,雜爲之緣。"④"繢"當讀如本字,"繢純",《周禮·春官宗伯》:"諸侯祭祀席,蒲筵繢純,加莞席紛純,右雕几。昨席,莞筵紛純,加繅席畫純。"⑤可見玄紛純、繢純皆爲席之飾物。"黃",流黃,綵也。古詞《相逢狹路間》:"中婦織流黃。"⑥張載《四愁詩》:"佳人遺我筒中布,何以報之流黃素。"⑦《廣雅·釋器》作"留黃"⑧。

37. 第三十六簡:絺緒(赭)緹黃。

整理者注:絺,細葛布。"緒"同"赭",赭紅色。緹,紅黃色的絲織物。

案,絺緒,當如字讀,張家山漢簡《二年律令》:"販賣繒布幅不盈二尺二寸者,没入之。能捕告者,以畀之。絺緒、縞繙、纕緣、朱縷、(屬)、布、(穀)、荃葽,不用此律。(簡259)"⑨此即其證。絺緒,謂細葛布絲條。緹黃,《急就篇》:"絳緹絓紬絲絮綿。"師古曰:"緹,黃赤色也。"⑩指黃赤色絲織品。

38. 第三十六簡:絳熏(纁)贊茈(紫),丸(紈)冰絹霜。

整理者注:"絳",深紅色,"纁",淺絳色。"贊",佐,助。"茈"同"紫",紫色。

① 宋本《六臣注文選》卷二九,第 544 頁。
② 《楚辭補注》卷四《九章章句第四》,第 131 頁。
③ 《春秋左傳正義》卷九,第 1770 頁。
④ 蔡沈:《書經集傳》,北京:中國書店 1994 年版,卷六《周書》,第 191 頁。
⑤ 《周禮注疏》卷二〇,第 773 頁。
⑥ 徐陵編,吳兆宜注,陳琰删補,穆克宏點校:《玉臺新詠》,北京:中華書局 1985 年版,卷一,第 10 頁。
⑦ 歐陽詢撰,汪紹楹校:《藝文類聚》,上海:上海古籍出版社 1965 年版,卷三五《人部十九》,第 619 頁。
⑧ 《廣雅疏證》卷七下,第 159 頁。
⑨ 《張家山漢墓竹簡(二四七號墓)》,第 44 頁。
⑩ 《急就篇》卷二,第 28 頁。

案，"絳熏"釋爲"絳纁"，"贇玭"則當釋爲"皁緇"。《周禮·考工記》："三入爲纁，五入爲緅，七入爲緇。"注："染纁者三入而成，又再染以黑則爲緅，緅今禮俗文作爵，言如爵頭色也。又復再染以黑乃成緇矣。"①《爾雅·釋器》："三染謂之纁。"注："纁，絳也。"②《廣雅·釋器》："纁謂之絳，緇謂之皁。"③

39. 第三十六簡：邯鄲直美，鄭庫（褲）繒（鄫）帶，翡翠爲當（璫）。

整理者注："直"，義同"特"，獨。郝懿行《爾雅義疏·釋詁下》"梏，直也"下云："直者，特然獨立之貌。特與直亦音近字通。"

案，"直"是"黹"之借字。《爾雅》："黹，紩也。"疏："鄭注《司服》云：'黼黻絺繡爲黹'，希讀爲黹，謂刺繡也。"④《周禮·春官司服》："祭社稷五祀，則希冕。"注："希讀爲絺，或作黹，字之誤也。"⑤江淹《梁王兔園賦》："邯鄲之女，蕙色玉質。命知其麗，攢連映日。綺裳下見，錦衣上出。"⑥張率《繡賦》："若乃邯鄲之女，宛洛少年。顧影自媚，窺鏡自憐。極車馬之光飾，盡衣裳之妖妍。"⑦皆謂邯鄲刺繡之美。

40. 第三十七簡：户（扈）佩淮珠，飭（飾）八漢光（珖）。

案，"八"字當釋爲"以"字，形誤。

41. 第三十七簡：玉瑤（爪）玦印，色若秋包（苞）之英。

整理者注："瑤"同"爪"。玉瑤，謂以玉飾手。"印"疑讀作"玄"，蓋同"懸"，懸佩。

案，"瑤"不當釋爲"爪"，"玉瑤"爲車蓋之名。《說文》："瑤，車蓋玉瑤。從玉，蚤聲，側絞切。"⑧《新論》："譚謂揚子曰：君之爲黃門郎，居殿中，數見輿輦玉蚤華芝及鳳凰三蓋之屬，皆玄黃五色，飾以金玉翠羽珠絡錦繡茵席者也。"⑨因車蓋形似爪，故曰"玉瑤"。"玦"指玦珮。《孔叢子》："子產死，

---

① 《周禮注疏》卷四〇，第 919 頁。
② 《爾雅注疏》卷五，第 2601 頁。
③ 《廣雅疏證》卷八上，第 188 頁。
④ 《爾雅注疏》卷三，第 2584 頁。
⑤ 《周禮注疏》卷二一，第 781 頁。
⑥ 《江文通集彙注》卷二，第 97 頁。
⑦ 嚴可均輯：《全梁文》，北京：商務印書館 1999 年版，卷五四，第 587 頁。
⑧ 《説文解字注》卷一上，第 14 頁。
⑨ 桓譚撰，嚴可均校輯：《桓子新論》，收入《諸子集成補編》，成都：四川人民出版 1997 年版，第 2 册，第 234 頁。

鄭人丈夫舍玦珮，婦女舍珠瑱。"①"印"指印韍，《漢書·王莽傳》："備和嬪、美御、和人三位，視公；嬪人九，視卿；美人二十七，視大夫；御人八十一，視元士。凡百二十人皆佩印韍，執弓鞴。"②

42. 第三十七—三十八簡：高朐（珣）大綦（璂），翡翠讙式。

整理者注："朐"同"珣"，玉名。"綦"同"璂"，玉名。《廣雅》："讙，就也。"王念孫《疏證》："謂相依就也。""式"疑同"飾"。

案，"讙"，王挺斌指出，當是"謹"字之誤釋③，此說是。"謹"當讀爲"環"，系同音相借，"式"則如整理者所言，爲"飾"之借字，"謹式"即"環飾"，謂以翡翠環飾之。《漢書·外戚列傳》："壁帶往往爲黄金釭，函藍田璧，明珠、翠羽飾之。"晉灼曰："以金環飾之也。"④

43. 第三十八簡：桃支（枝）象答，鑑蔚粉墨。

整理者注：象答，象牙裝飾的盛具。《説文》："答，桮答也。"鑑，鏡。"蔚"同"熨"，熨斗。

案，"桃支"也作"桃枝"，《爾雅·釋草》："桃枝四寸有節。"疏："相去四寸有節者名桃枝。"⑤《竹譜》："桃枝皮赤，編之滑勁，可以爲席。《顧命篇》所謂篾席者也。"⑥《尚書·顧命》："牖間南嚮，敷重篾席，黼純，華玉仍几。"傳："篾，桃枝竹，白黑雜繪緣之，華，彩色，華玉以飾憑几。"⑦此"桃枝"即指白黑雜繪而緣之的桃枝竹篾席。答，《玉篇》："答，力各切，籠答也。"⑧鑑，《廣韻》："照也。"⑨《左傳·昭二十八年》："昔有仍氏生女黰黑，而甚美，光可以鑑。"注："髮膚光色可以照人。"⑩"蔚"當釋如本字，《廣雅·釋訓》云："茂也。"⑪《説文》作"斐"⑫。《揚子法言》卷二："君子豹別，其文蔚也。"注：

---

① 孔鮒撰，宋咸注：《孔叢子》，收入《諸子集成補編》，成都：四川人民出版社1997年版，第1册，卷二《雜訓》，第85—86頁。
② 《漢書》，第12册，卷九九下《王莽傳》，第4180頁。
③ 王挺斌：《北大簡安稽與反淫研讀札記》，武漢大學簡帛網2016年6月9日首發。
④ 《漢書》，第12册，卷九七下《外戚列傳》，第3989頁。
⑤ 《爾雅注疏》，卷八，第2629頁。
⑥ 戴凱之撰：《竹譜》，收入《叢書集成新編》，臺北：新文豐出版社2008年版，第44册，第7頁。
⑦ 《尚書正義》卷一八，第239頁。
⑧ 《玉篇》卷一四，第57頁。
⑨ 《廣韻》卷四，第113頁。
⑩ 《春秋左傳正義》卷五二，第2118頁。
⑪ 《廣雅疏證》卷六上，第128頁。
⑫ 《説文解字注》九篇上，第425頁。

"蔚有文章而次虎者。祕曰：別，辨別也。聖人文之大者，其文炳煥也；君子次之，其文蔚盛也。"①是"蔚"意爲文采煥然，與"斐"、"爛"義同。"鑑蔚"猶言"照爛"。《子虛賦》："衆色炫燿，照爛龍鱗。"師古曰："言采色相燿，若龍鱗之間雜也。"②"鑑蔚粉墨"謂桃枝筬席、象牙熏籠色彩炳然如施粉墨，文采相間。

44. 第三十九簡：馮（憑）吸皆願，七旬爲夜。

案，"皆"與"偕"通。《詩·豐年》："以洽百禮，降福孔皆。"傳："皆，徧也。"③荀勖《食舉樂東西廂歌》作"降福孔偕"④，是"皆願"當釋作"偕願"。此句謂二人相見，喟然舒憤懣之心，感歎得償心願。"七旬爲夜"，謂二人親昵歡樂，不知日夜。《呂氏春秋·先識》："中山之俗，以晝爲夜，以夜繼日，男女切倚，固無休息。"⑤

45. 第三十九簡：潭潭哀哀，誠審思故。

案，誠，確實。審，審思也。《漢書·谷永杜鄴傳》："誠審思治人之術。"⑥故，《廣韻》："事也。"⑦《易·繫辭》："是故知幽明之故。"疏："故謂事也。"⑧此指二人之事。

46. 第四十簡：鬼（魌）獲（顡）氐（低）凖（準），堅根隱（殷）軫。

整理者注："鬼獲"即"魌顡"，疑即《史記·范雎蔡澤列傳》之"魋顔"，《索隱》云："魋顔謂顔貌魋回，若魋梧然也。""堅根"，義不詳，疑謂牙齒。"隱軫"，或作"殷軫"，衆盛貌。《淮南子·兵略訓》："蓄積給足，士卒殷軫。"高誘注："殷，衆也；軫，乘輪多盛貌。"此指會聚、湊集在一起。揚雄《蜀都賦》："方轅齊轂，隱軫幽輵。"

案，"堅根"當釋爲"堅頸"，《欽定盛京通志》卷二十八釋"根河"云："國語，根，領頸也。"⑨《釋名·釋形體》："項，确也。堅确，受枕之處也。"⑩可見

---

① 李軌、柳宗元注，宋咸、吳祕、司馬光重添注：《揚子法言》，景印文淵閣《四庫全書》，臺北：臺灣商務印書館1983年版，第696冊，卷二，第283頁。
② 《漢書》，第8冊，卷五七上《司馬相如傳》，第2536頁。
③ 《毛詩正義》卷第一九，第594頁。
④ 房玄齡等撰：《晉書》，北京：中華書局1974年版，卷二二《樂志》，第688頁。
⑤ 《呂氏春秋校釋》，卷一六《先識》，第946頁。
⑥ 《漢書》，第11冊，卷八五《谷永杜鄴傳》，第3448頁。
⑦ 《廣韻》卷四，第94頁。
⑧ 《周易正義》卷七，第77頁。
⑨ 《欽定盛京通志》，收入景印文淵閣《四庫全書》，第501冊，卷二八，第553頁。
⑩ 《釋名》卷二，第30頁。

"根"有"脖頸"之義。"堅頸"意即"堅确"。"隱軫","隱軫"當釋爲"癮胗",《廣韻》:"癮胗,皮外小起。"①此謂妄稽脖頸處皮膚長滿癮胗。

47. 第四十一簡:……瞻諸,前龜後痱,曲指躅踝,穜(腫)胐廢瘖。

整理者注:"躅"疑同"屬",連屬。胐,腳彎曲。《廣雅》:"胐,曲腳也。""廢瘖"疑即"瘖俳"。《素問·脉解篇》:"内奪而厥,則爲瘖俳,此腎虚也。"王冰注:"俳,廢也……腎氣内奪而不順,則舌瘖足廢,故云此腎虚也。"

案,瞻諸,即蟾蜍,一作詹諸。痱,蕭旭讀爲痱②,此説是也。《證類本草》引《圖經》曰:"且蟾蜍形大,背上多痱,行極遲緩,不能跳躍,亦不解鳴。"③"前龜後痱"即是説蟾蜍的頭(前)像龜頭,身上(後)長滿了痱瘡。"躅"同"屬",連屬。整理者説是。"曲指躅踝"形容蟾蜍的腳,是説蟾蜍没有腳掌,腳趾直接腳踝。"穜(腫)胐"形容蟾蜍腿腫大踡縮。"廢",失也。"瘖"當讀爲"喑",《説文》:"宋、齊謂兒泣不止曰喑。"④《集韻》:"一曰大呼。"⑤《史記·淮陰侯列傳》:"項王喑噁叱咤,千人皆廢。"⑥"廢喑"指蟾蜍失聲,即《圖經》所謂"不解鳴"之意。

48. 第四十三簡:見富不爲變,見美不爲嫈(榮)。

整理者注:"嫈"同"榮",棄,見《列子·周穆王》"榮汝之糧"張湛注。

案,"見富不爲變",蕭旭以爲義同《晏子春秋·外篇上》"不爲大利變"⑦,此説是也。"嫈"同"榮",整理者説是,然"榮"不得解爲"棄"。"榮"通"營",《易·否卦》:"不可榮以禄。"《集解》"榮"作"營",引虞翻曰:"營,或作榮。"⑧《大戴禮記·文王官人》:"煩亂之而志不營。"注:"營,猶亂也。"⑨此即"營"之義。《新書·將志》:"見利不貪,見美不淫。"⑩簡之文義與此二句相同。

---

① 《廣韻》卷三,第 69 頁。
② 蕭旭:《北大漢簡(四)妄稽校補》。
③ 《證類本草》,第 740 册,卷二二《蟲部下品》,第 891 頁。
④ 《説文解字注》卷二上,第 55 頁。
⑤ 《集韻》卷四,第 66 頁。
⑥ 司馬遷:《史記》,北京:中華書局 1959 年版,第 8 册,卷九二《淮陰侯列傳》,第 2612 頁。
⑦ 蕭旭:《北大漢簡(四)妄稽校補》。
⑧ 《周易集解》卷四,第 67—68 頁。
⑨ 《大戴禮記解詁》卷一〇《文王官人第七十二》,第 189 頁。
⑩ 諸葛亮:《新書》,收入陶宗儀《説郛三種》,上海:上海古籍出版社 1988 年版,第 3 册,《將志第七》,第 422 頁。

49. 第四十五簡：吾遫(速)殺女(汝)，善也爲我不利！

整理者注："爲我不利"，對我做不好的事。

案，此句斷句有誤，應爲："吾遫(速)殺女(汝)善也，爲我不利！"意爲：我馬上把你殺了算了，以免對我不利。

50. 第四十九簡：鳶肩傑胅，蕭(肅)蕭(肅)洭洭。

整理者注："鳶肩"，兩肩上聳，像鷗鳥棲止時的樣子。"傑胅"疑同前"傑脅"。"蕭蕭"同"肅肅"，《爾雅·釋訓》："肅肅，敬也。"又《詩·兔罝》："肅肅兔罝。"毛傳："肅肅，敬也。""洭洭"，疑同"唯唯"，"洭"爲匣母微部，"唯"謂餘母微部。"唯唯"，恭順貌，唯唯諾諾。

案，"傑"，與第三十一簡"傑脅"之"傑"相同，當釋爲"牟"，大也。"胅"，《廣韻》："胅，謙琰切，腹下也。"①"傑胅"即"牟胅"，大腹也。《國語·晉語》："鳶肩而牛腹。"韋昭注："鳶肩，肩井斗出，牛腹，脅張。"②"鳶肩牟胅"即"鳶肩大腹"。"蕭蕭"同"索索"、"縮縮"，《周易鄭康成注》："上六索索，猶縮縮，足不正也。"③"洭洭"同"徊徊"，止不前也。《甘泉賦》："徒徊徊以徨徨兮，魂眇眇而昏亂。"④《淮南子·墬形訓》："東方，川谷之所注，日月之所出，其人兊形小頭，隆鼻大口，鳶肩企行。"⑤"縮縮徊徊"即是描寫"鳶肩牟胅"者的"企行"之貌。

51. 第五十一簡：慮聞一里，遫(速)若建鼓。

整理者注：《廣雅》："慮，廣也。"

案，慮，計也。《漢書·馮奉世傳》："今反虜無慮三萬人，法當倍用六萬人。"師古曰："無慮，舉凡之言也，無小思慮而大計也。"⑥此"慮"即"無慮"之意，猶言大約、差不多。建鼓，《漢書·蓋諸葛劉鄭孫毋將何傳》："拔刀剥其建鼓。"師古曰："諸官曹之所通呼爲寺，建鼓一名植鼓。建，立也，謂植木而旁懸鼓焉。縣有此鼓者，所以召集號令，爲開閉之時。"⑦這句是說虞士哀叫聲不絕，若建鼓聲之速，在一里之外差不多都能聽見。

---

① 《廣韻》卷三，第 84 頁。
② 左丘明：《國語》，上海：上海古籍出版社 1978 年版，卷一四《晉語八》，第 453 頁。
③ 王應麟：《周易鄭康成注》，收入《四部叢刊三編》，上海：上海書店 1985 年版，第 2 冊，第 18 頁。
④ 宋本《六臣注文選》卷七，第 141 頁。
⑤ 何寧撰：《淮南子集釋》，收入《新編諸子集成》，北京：中華書局 1998 年版，上冊，卷四《墬形訓》，第 352 頁。
⑥ 《漢書》，第 10 冊，卷七九《馮奉世傳》，第 3297 頁。
⑦ 《漢書》，第 10 冊，卷七七《蓋諸葛劉鄭孫毋將何傳》，第 3267 頁。

52. 第五十一簡：朝嶙聲聲，當門塞户。

整理者注：嶙，象聲詞。

案，蕭旭謂："注説無據，'嶙'同'吟'，《集韻》引《埤倉》：'吟吟，語也。'"①二説皆不可從。嶙，《集韻》："䚩嶙，䚲䚩，言不正，或作嶙。"②是"嶙"與"䚩"同，言人痛苦時聲音异於尋常。此謂虞士呻吟不止，聲音充滿整個屋子。

53. 第五十二簡：勇士五伓（倍）。

案，"伓"不當釋爲"倍"，應釋爲"坯"，《爾雅·釋山》："一成，坯。"注："成，重也。"③"坯"或作"伾"、"伓"。是"伓"爲"重"之意。"勇士五伓"即是"勇士五重"之謂，形容防守嚴密。

54. 第五十四簡：適得其耳，究絜而起。

案，窺其文意，"究"當釋爲"揫"，"絜"疑爲"挈"之借字，縣持也。"揫挈而起"，謂揪著耳朵提起來。

55. 第五十五簡：疏齘鉗錯，疾齷筮（噬）之。

整理者注："疏齘鉗錯"，蓋謂張口咬牙切齒。"疏"，分開。"齘"同"頜"，上下頜。

案，"疏"，《釋名·釋首飾》："梳言其齒疏也。數言比，比於疎其齒差數也，比言細相此也。"④"齘"當如字讀，《莊子·天運》："今取猨狙而衣以周公之服，彼必齕齧挽裂，盡去而後慊。"⑤"疏齘"謂張牙嚙齒。"鉗"、"錯"爲打磨工具，這裏指磨牙齒。"齷"當釋作"惡"，"疾齷"即"疾惡"，《汉書·王莽傳》："有不同心并力，疾惡黜賊，而妄曰饑寒所爲，輒捕繫，請其罪。"⑥此言妄稽咬牙切齒，惡狠狠地像要把虞士吃了一樣。

56. 第五十九簡：誶（捽）拔緄（混）緄（混）。

整理者注："誶"蓋通"捽"，揪，抓。《廣韻·没韻》："捽，手捽也。""緄緄"同"混混"，即"滚滚"，連續不斷。

---

① 蕭旭，《北大漢簡（四）妄稽校補》。
② 《集韻》卷三，第39頁。
③ 《爾雅注疏》卷七，第2617頁。
④ 《釋名》卷四，第74頁。
⑤ 《莊子集釋》卷五下《天運第十四》，第515頁。
⑥ 《漢書》，第12册，卷九九下《王莽傳》，第4171頁。

案:"誶"當讀如原字,《說文》:"讓也。"①《玉篇》:"罵也。"②"抌"當是"扰"字之誤。扰,《玉篇》:"擾也。"③《廣韻》:"訬也。"④謂吵鬧、煩擾。此句言妄稽對虞士辱罵不停,與上句"笞擊怀(伾)怀(伾)"相對,一言打,一言罵。

57. 第五十九—六十簡:計女來猶賓(頻)言虖(呼)。

案,"賓"當如原字讀,意爲敬。"虖"當讀如"乎",此爲問句,應讀爲:"計女來,猶賓言乎?"

58. 第六十三簡:妾直敝之,不言其請(情)。

整理者注:"敝"同"弊",厭惡,討厭。王羲之《鵝等帖》:"鵝等不佳,令人弊見此輩。"又或弊訓斷定、判定,謂定罪。

案,第六十四簡尚有"妾直敝之,不言其惡"之句,窺其意,"敝"似不得釋爲"弊",當釋爲"蔽"。蔽,《廣韻》:"掩也。"⑤《禮記·月令》:"是察阿黨,則罪無有掩蔽。"⑥直,徑直,直接。這句的意思是:我直接把這件事隱瞞下來,不說出其具體情狀。

59. 第六十五簡:毋羈大顧。

整理者注:"羈",留。"顧",停止。

案,毋羈,意爲不要停留,《史記·越王句踐世家》:"可疾去矣,慎毋留!"⑦"大",多、過。"大顧",多所顧念。

60. 第六十五—六十六簡:一小婦人,亦甚易伓(負)。

整理者注:易伓,義不詳。

案,"伓"當釋作"仳",系同音相借。《詩·中谷有蓷》:"有女仳離,嘅其嘆矣。"傳:"仳,別也。"箋:"有女遇凶年而見棄,與其君子別離,嘅然而嘆,傷已見棄,其恩薄。"⑧

61. 第六十八簡:陰象簪,尌(駐)觭(奇)牙,步蘭(闌)下。

整理者注:陰,隱於陰影之中。象簪,象牙之簪,此代指美人虞士。

---

① 《說文解字注》卷三上,第100頁。
② 《玉篇》卷九,第35頁。
③ 《玉篇》卷六,第26頁。
④ 《廣韻》卷四,第98頁。
⑤ 《廣韻》卷四,第96頁。
⑥ 《禮記正義》卷一七,第1381頁。
⑦ 《史記》,第5冊,卷四十一《越王句踐世家》,第1754頁。
⑧ 《毛詩正義》卷四,第332頁。

"尌"同"駐",停步駐留。"觭牙"即"奇牙",漂亮牙齒,此亦代指美人虞士。

案,"陰"同"蔭",覆戴之義。《釋名·釋形體》:"陰,蔭也,言所在蔭翳也。"①此謂虞士頭戴象簪。"尌"疑作"出",《淮南子·脩務訓》:"奇牙出,靨酺搖。"高誘注:"冒若將笑,故好齒出。"②

62. 第六十九簡:日日短歲昭,命毋衆辭。

整理者注:"昭"疑同"迢",長久。"命毋衆辭",謂命其不向衆人告辭。

案,"命毋衆辭"不當作如是解,這裏的"辭"非告辭的意思,而是推辭、不受之意。這句的意思是:命其不要推辭面見衆人。

63. 第六十九簡:遂之廣室,七日不疑。

整理者注:"廣",大屋。《説文·广部》:"廣,殿之大屋也。"

案,"疑",《儀禮·士昏禮》:"婦疑立于席西。"注:"疑,正立自定之貌。"③此句是説虞士立於廣室,因受傷驚駭,七天都不能正立自定。

64. 第七十二簡:妾稽大越,纖纖(噭噭)哭極。

整理者注:"越",怨恨。《大戴禮記·曾子事父母》"則是越之也",王聘珍《大戴禮記解詁》:"越,疾也。""纖"同"噭",哀歎聲。《集韻·微韻》:"噭,唏也。"

整理者説是。"越"字當與"怴"字同,《類篇》:"怴,《字林》'譓兒',一曰怒兒。"④又作"怴",《龍龕手鑑》:"怴,正許聿反,怒也。"⑤"哭極",《方言》:"哭極音絶亦謂之咣。"⑥

65. 第七十三簡:妾稽大病,音若搚搚。

整理者注:搚,掐住,扼住。疑"搚"下句讀符號當爲重文符號,句爲"音若搚搚"。

案,整理者説是。"搚搚",當釋作"搚挖",《漢書·酈陸朱劉叔孫傳》:"夫與人鬭,不搚其亢,拊其背,未能全勝。"師古曰:"搚與挖同,謂捉持之也。"⑦此言妾稽大病,喉嚨像被扼住一樣説不出話來。

---

① 《釋名》卷二,第 32 頁。
② 《淮南子》,下册,卷一九《脩務訓》,第 1366 頁。
③ 鄭玄注,賈公彥疏:《儀禮注疏》,《十三經注疏》,北京:中華書局 1980 年版,卷五,第 968 頁。
④ 司馬光等撰:《類篇》,上海:上海古籍出版社 1984 年版,卷三〇,第 24 頁。
⑤ 釋行均:《龍龕手鑑》,收入《四部叢刊續編》,上海:上海書店 1984 年版,第 12 册,卷一,第 22 頁。
⑥ 戴震:《方言疏證》,收入《小學名著六種》,北京:中華書局 1998 年版,卷一,第 4 頁。
⑦ 《漢書》,第 7 册,卷四三《酈陸朱劉叔孫傳》,第 2121 頁。

66. 第七十三簡：魋㬥(皺)㿃詄，臨勺疥腸。

整理者注："魋"疑同"瘄"，陰部病。"㬥"同"皺"，鼓起，突出。"㿃"同"癃"，小便不通。"詄"疑同"癈"，癈疾。《廣雅》："臨，大也。""臨勺"蓋謂腦勺隆大突起。疥，疥疾。

案，"魋"同"椎"，脊椎。"椎㬥"指脊椎隆起。"㿃"同"癃"，又作"癃"，罷病也。《史記·平原君虞卿列傳》："臣不幸有罷癃之病。"索隱："罷癃謂背疾，言腰曲而背隆高也。"①"詄"通沛，偃仆也。《詩·蕩》："顛沛之揭。"傳："沛，拔也。"疏："忽遽離本之言。"②此言妄稽背弓腰曲。"臨"通"隆"，《詩·皇矣》："以爾鈎援，與爾臨衝，以伐崇墉。"陸德明《音義》謂"臨"《韓詩》作"隆"③，"臨勺"即"隆勺"，"隆勺"猶今言"腦勺"。"腸"，當釋爲"瘍"，《說文》："頭創也。"④《左傳·襄十九年》："荀偃癉疽，生瘍於頭。"⑤

67. 第七十三—七十五簡：妄稽將死，乃召吏……而遺言曰："淮北有惡人焉，中淮踆(蹲)。洇則入口，淫則入鼻；鞠(掬)李(理)而投之面，李(理)盡不棄。暱(安)可攬而譖。女(汝)固羞父兄，計何子？"

整理者注："鞠李"蓋即"鞫理"，鞫治審理。面，面頰。"暱"即"暱"，《集韻·霰韻》："暱，'《博雅》：視也。'或作'暱'。""暱"通"宴"，《詩·邶風·新臺》"燕婉之求"，《齊詩》作"暱"，王先謙《詩三家義集疏》云："暱亦宴假借字。"暱、宴二字均影母元部，此假借爲"安"（亦影母元部）。譖，詆毀、誣陷。

案，"鞠李"不當釋作"鞫理"，王曉明云："'鞠'在此應讀爲'掬'，掬，兩手捧物也。"⑥此説是。"鞠李"即捧起李子。"譖"當釋作"摺"，《類篇》："摘也。"⑦《初學記》引《本草》曰："(李)不可合雀肉食，又不可臨水上噉之。"⑧《普濟方》："臨水食令人發痰瘧。"⑨此蓋以惡人食李爲喻，批評妄稽不懂得

---

① 《史記》，第 7 册，卷七六《平原君虞卿列傳》，第 2366 頁。
② 《毛詩正義》卷一八，第 554 頁。
③ 《毛詩正義》卷一六，第 522 頁。
④ 《說文解字注》卷七下，第 349 頁。
⑤ 《春秋左傳正義》卷三四，第 1968 頁。
⑥ 王曉明：《北大簡妄稽校讀簡記（四）》，復旦大學出土文獻與古文字研究中心網站，2013 年 6 月 13 日首發。
⑦ 《類篇》卷三四，第 2 頁。
⑧ 徐堅撰，司義祖點校：《初學記》，北京：中華書局 1962 年版，卷二八《果木部》，第 671 頁。
⑨ 朱橚：《普濟方》，景印文淵閣《四庫全書》，臺北：臺灣商務印書館 1983 年版，第 757 册，卷三百三十一《婦人諸疾門》，第 724 頁。

夫妻生活中的禁忌，一味妒忌，不曉其中利害，自食惡果，終致大病。

68. 第七十六簡：我妇也，疾躊（墮）纍瓦毁襲杯，解擇（釋）成索別瓶橘（桔），而離卑李，晝肖（宵）不瞑（眠）。

案，此句王寧讀作："我妇也疾，墮纍瓦，毁襲杯（坯），解擇（釋）成索，[分]別瓶橘（繘），而離卑李，晝肖（宵）不瞑（眠）。"①頗合文義，唯"別瓶橘"前不得加"分"字，可與其後的"而離卑李"合成一句，作"別瓶橘而離卑李"，"別瓶橘"與"離卑李"明顯是一個語義相承的句子。尋繹其義，"別瓶橘而離卑李"一句疑用《周易·井卦》之義。《井卦》云："羸其瓶，凶。"虞翻曰："羸，鈎羅也。艮爲手，巽爲繘，離爲瓶，手繘折其中，故'羸其瓶'。體兌毁缺，瓶缺漏，凶矣。"②《井卦》又云："九二，井谷射鮒，甕敝漏。"虞翻曰："離爲甕。甕瓶毁缺，羸其瓶凶，故'甕敝漏'也。"③"離卑李"當即"甕敝漏"。"甕"，《説文》作"甕"④，寫本、宋本十行本及閩監本《經典釋文》作"雍"⑤、馬王堆帛書《周易》作"唯"⑥，蓋"甕"、"甕"、"雍"、"唯"皆以"隹"而成，形近互通，而"離"字也以"隹"而成形，是其同類，自可互通。"卑"通"敝"，《列子·楊朱》："卑宫室。"《經典釋文》"卑"作"蔽"，⑦"敝"又"通作蔽"⑧，故"卑"與"敝"可通。"李"通"漏"，"漏"，馬王堆帛書《周易》作"句"⑨，《古易音訓》："漏，晁氏曰：陸希聲作'屢'。"⑩是"漏"、"句"、"屢"與"李"音近可通。妄稽用"別瓶橘而離卑李"説明自己爲人的失敗。

（作者單位：中山大學中國語言文學系、清華大學中國語言文學系）

---

① 王寧：《讀北大簡四妄稽零識》。
② 《周易集解》卷一〇，第196頁。
③ 《周易集解》卷一〇，第198頁。
④ 《説文解字注》卷五下，第225頁。
⑤ 陸德明著，黄焯重輯：《經典釋文彙校》，北京：中華書局2006年版，卷二《周易音義》，第52頁。
⑥ 張政烺：《馬王堆帛書〈周易〉經傳校讀》，北京：中華書局2008年版，第52頁。
⑦ 楊伯峻：《列子集釋》，北京：龍門聯合書局1958年版，卷七《楊朱篇》，第147頁。
⑧ 《集韻》卷七，第119頁。
⑨ 《馬王堆帛書〈周易〉經傳校讀》，第52頁。
⑩ 吕祖謙：《古易音訓》，收入黄靈庚、吴戰壘主編：《吕祖謙全集》，杭州：浙江古籍出版社2008年版，第2册，卷上，第23頁。

Emendations to the Annotated Edition of *Wangji*, a Bamboo Slip Manuscript of Western Han Collected by Peking University

Xu Yunhe and Zheng Qingxin

Wangji 妄稽 is a bamboo slip manuscript of Western Han collected by Peking University. It is a difficult literary text from the Han dynasty and has become a focal point in the area of bamboo and silk manuscripts studies since it was first published in 2015. This paper makes sixty-eight emendations to the annotated edition of *Wangji* from three perspectives: (1) they correct the mistakes in the character recognition made in the past; (2) they further investigate and study the characters and sentences that are yet to be recognized or seemly unrecognizable; (3) they revise the punctuations of some sentences to enhance their readability. The emendations in this paper basically cover the entire *Wangji* in the hope that they advance a readable text.

Keywords: Bamboo Slip Manuscript, Western Han, *Wangji*, character recognition, emendation

徵引書目
（一）紙質文獻
1. 丁度：《集韻》，收入《小學名著六種》，北京：中華書局，1998 年版。
2. 卜子夏：《子夏易傳》，景印文淵閣《四庫全書》，臺北：臺灣商務印書館，1983 年版。
3. 王先謙撰，沈嘯寰、王星賢點校：《荀子集解》，收入《新編諸子集成》，北京：中華書局，1988 年版。
4. 王冰注，林億等校補：《重廣補注黃帝內經素問》，收入《諸子集成補編》，成都：四川人民出版社，1997 年版。
5. 王充：《論衡》，收入《諸子集成》，上海：上海書店，1986 年版。
6. 王利器：《文子疏義》，收入《新編諸子集成》，北京：中華書局，2000 年版。
7. 王念孫：《廣雅疏證》，收入《小學名著六種》，北京：中華書局，1998 年版。
8. 王聘珍撰，王文錦點校：《大戴禮記解詁》，《十三經注疏》，北京：中華書局，1983 年版。
9. 王應麟：《周易鄭康成注》，收入《四部叢刊三編》，上海：上海書店，1985 年版。
10. 毛亨傳，鄭玄箋，孔穎達疏：《毛詩正義》，《十三經注疏》，北京：中華書局，1980 年版。
11. 孔安國傳，孔穎達疏：《尚書正義》，《十三經注疏》，北京：中華書局，1980 年版。
12. 孔鮒撰，宋咸注：《孔叢子》，收入《諸子集成補編》，成都：四川人民出版社，1997 年版。
13. 左丘明：《國語》，上海：上海古籍出版社，1978 年版。
14. 北京大學出土文獻研究所編：《北京大學藏西漢竹書（肆）》，上海：上海古籍出版社，2015 年版。
15. 史游撰，顏師古注：《急就篇》，收入《四部叢刊》續編，上海：上海書店，1984 年版。
16. 司馬光等撰：《類篇》，上海：上海古籍出版社，1984 年版。
17. 司馬遷：《史記》，北京：中華書局，1959 年版。
18. 朱橚：《普濟方》，景印文淵閣《四庫全書》，臺北：臺灣商務印書館，1983 年版。
19. 杜道堅：《文子纘義》，收入《叢書集成》初編，上海：商務印書館民國二十八年初版。
20. 杜預注，孔穎達疏：《春秋左傳正義》，《十三經注疏》，北京：中華書局，1980 年版。
21. 李昉等撰：《太平御覽》，收入《四部叢刊》三編，上海：上海書店，1985 年版。
22. 李軌、柳宗元注，宋咸、吳祕、司馬光重添注：《揚子法言》，景印文淵閣《四庫全書》，臺北：臺灣商務印書館，1983 年版。
23. 李時珍：《本草綱目》，北京：中國書店，1988 年版。
24. 李鼎祚撰，陳德述整理：《周易集解》，成都：巴蜀書社，1991 年版。
25. 呂祖謙：《古易音訓》，收入黃靈庚、吳戰壘主編：《呂祖謙全集》，杭州：浙江古籍出版社，2008 年版。
26. 何休解詁，徐彥疏：《春秋公羊傳注疏》，《十三經注疏》，北京：中華書局，1980 年版。
27. 何晏注，邢昺疏：《論語注疏》，《十三經注疏》，北京：中華書局，1980 年版。

28. 何寧撰：《淮南子集釋》，收入《新編諸子集成》，北京：中華書局，1998年版。
29. 范曄撰，李賢等注：《後漢書》，北京：中華書局，1965年版。
30. 林希逸：《莊子口義》，景印文淵閣《四庫全書》，臺北：臺灣商務印書館，1983年版。
31. 房玄齡等撰：《晉書》，北京：中華書局，1974年版。
32. 胡之驥注，李長路、趙威點校：《江文通集彙注》，北京：中華書局，1984年版。
33. 洪适：《隸釋》，收入《四部叢刊》三編，上海：上海書店，1985年版。
34. 洪興祖撰，白化文等點校：《楚辭補注》，北京：中華書局，1983年版。
35. 班固撰，顏師古注：《漢書》，北京：中華書局，1962年版。
36. 桓譚撰，嚴可均校輯：《桓子新論》，收入《諸子集成補編》，成都：四川人民出版社，1997年版。
37. 徐陵編，吳兆宜注，陳琰刪補，穆克宏點校：《玉臺新詠》，北京：中華書局，1985年版。
38. 徐堅撰，司義祖點校：《初學記》，北京：中華書局，1962年版。
39. 郭象：《莊子注》，景印文淵閣《四庫全書》，臺北：臺灣商務印書館，1983年版。
40. 郭慶藩輯，王孝魚整理：《莊子集釋》，收入《新編諸子集成》，北京：中華書局，1961年版。
41. 郭璞注，邢昺疏：《爾雅注疏》，《十三經注疏》，北京：中華書局，1980年版。
42. 唐慎微撰，曹孝忠校，寇宗奭衍義：《證類本草》，景印文淵閣《四庫全書》，臺北：臺灣商務印書館，1983年版。
43. 陸德明：《經典釋文》，上海：上海古籍出版社，2013年版。
44. 陸德明著，黃焯重輯：《經典釋文彙校》，北京：中華書局，2006年版。
45. 陳奇猷：《呂氏春秋校釋》，上海：學林出版社，1984年版。
46. 陳彭年等重修：《廣韻》，收入《小學名著六種》，北京：中華書局，1998年版。
47. 孫詒讓著，孫以楷點校：《墨子間詁》，收入《新編諸子集成》，北京：中華書局，1986年版。
48. 黃公紹、熊忠：《古今韻會舉要》，北京：中華書局，2000年版。
49. 婁機：《班馬字類》，收入《四部叢刊》三編，上海：上海書店，1984年版。
50. 許慎撰，段玉裁注：《說文解字注》，上海：上海古籍出版社，1981年版。
51. 許維遹：《韓詩外傳集釋》，北京：中華書局，1980年版。
52. 張政烺：《馬王堆帛書〈周易〉經傳校讀》，北京：中華書局，2008年版。
53. 張家山七號漢墓竹簡整理小組：《張家山漢墓竹簡（二四七號墓）》，北京：文物出版社，2006年版。
54. 揚雄撰，郭璞注：《方言》，北京：中華書局，2016年版。
55. 葛洪：《西京雜記》，收入《諸子集成補編》，成都：四川人民出版社，1997年版。
56. 董仲舒撰，凌曙注：《春秋繁露注》，收入《諸子集成補編》，成都：四川人民出版社，1997年版。
57. 焦竑：《莊子翼》，景印文淵閣《四庫全書》，臺北：臺灣商務印書館，1983年版。
58. 楊伯峻：《列子集釋》，北京：龍門聯合書局，1958年版。
59. 蔡沈：《書經集傳》，北京：中國書店，1994年版。

60. 蔡邕撰,林紓選評:《蔡中郎集》,上海:商務印書館民國十三年版。
61. 鄭玄注,孔穎達疏:《禮記正義》,《十三經注疏》,北京:中華書局,1980年版。
62. 鄭玄注,賈公彦疏:《儀禮注疏》,《十三經注疏》,北京:中華書局,1980年版。
63. 歐陽詢撰,汪紹楹校:《藝文類聚》,上海:上海古籍出版社,1965年版。
64. 黎翔鳳撰,梁運華整理:《管子校注》,北京:中華書局,2004年版。
65. 劉向:《古列女傳》,景印文淵閣《四庫全書》,臺北:臺灣商務印書館,1983年版。
66. 劉向:《說苑》,收入《諸子集成補編》,成都:四川人民出版社,1997年版。
67. 劉熙:《釋名》,收入《叢書集成》初編,上海:商務印書館民國二十八年初版。
68. 諸葛亮:《新書》,收入陶宗儀《說郛三種》,上海:上海古籍出版社,1988年版。
69. 蕭統編,李善等注:宋本《六臣注文選》,北京:廣文書局,1964年版。
70. 戴侗:《六書故》,收入《溫州文獻叢書》,上海:上海社會科學院出版社,2006年版。
71. 戴凱之撰:《竹譜》,收入《叢書集成新編》,臺北:新文豐出版社,2008年版。
72. 戴震:《方言疏證》,收入《小學名著六種》,北京:中華書局,1998年版。
73. 嚴可均輯:《全梁文》,北京:商務印書館,1999年版。
74. 釋行均:《龍龕手鑑》,收入《四部叢刊》續編,上海:上海書店,1984年版。
75. 顧野王:《玉篇》,收入《小學名著六種》,北京:中華書局,1998年版。

(二) 網絡文獻
1. 王挺斌:《北大簡妄稽與反淫研讀札記》,武漢大學簡帛網2016年6月9日首發。
2. 王寧:《讀北大簡四妄稽零識》,武漢大學簡帛網2016年7月14日首發。
3. 王曉明:《北大簡妄稽校讀簡記(四)》,復旦大學出土文獻與古文字研究中心網站,2013年6月13日首發。
4. 何有祖:《讀北大簡妄稽條記(一)》,武漢大學簡帛網2016年6月5日首發。
5. 網友"落葉掃秋風"發言,見武漢大學簡帛網2016年6月5日發佈。
6. 蕭旭:《北大漢簡(四)妄稽校補》,復旦大學出土文獻與古文字研究中心網站2016年7月4日首發。
7. 黔之菜:《讀北大漢簡妄稽小札一則》,復旦大學出土文獻與古文字研究中心網站2016年6月22日首發。

"詭辭"以見義
——論《太史公自序》的書寫策略

程蘇東

【摘 要】司馬遷通過一系列特別的書寫策略，將恢國、致孝、繼聖與發憤這四種表達意圖同時注入《太史公自序》之中，這當中既包括對《國語·楚語》、《孝經》等援據文獻的微妙改寫，也包括對"五百年"這一神秘數字的刻意渲染，在與壺遂的對話中呈現出的前後矛盾，以及對《春秋》、《吕氏春秋》、《孤憤》等文本生成背景的時空重塑。這一書寫方式源於《春秋》公羊學所強調的"詭辭"以見義的表現方式，對於這一書寫策略的梳理，有利於我們進一步理解《太史公自序》，乃至《史記》全書的立場與語言風格。

【關鍵詞】《史記》 司馬遷 《太史公自序》《春秋》

《太史公自序》歷來是《史記》評點與研究者看重的篇目，圍繞其篇章結構、行文體例、史料真僞及其所見司馬遷家族背景、個人經歷、著述動機、思想傾向等問題展開的研究甚爲全面[1]，而20世紀以來高步瀛、來新夏等學者先後爲該序加以箋證、講疏[2]，更爲我們研讀此序廓清了諸多疑惑。不過，如同多數經典文本一樣，《太史公自序》的問題似乎是言說不盡的。作

---

[1] 相關研究可參（清）程餘慶：《歷代名家評注史記集說》，西安：三秦出版社2011年版，第1477—1497頁；張新科等主編：《史記研究資料萃編》，西安：三秦出版社2011年版，第684—688頁。
[2] 高步瀛：《史記太史公自序箋證》，載於《女師大學術季刊》，第1期（1930年）；來新夏：《太史公自序講義》，載於《中國典籍與文化論叢》，第15輯（2013年），第135—189頁。

爲一篇題名爲"自序"的文本,序文何以不採用第一人稱的寫法,而是以"太史公"這種第三人稱的方式進行敘述?這裏的"太史公"究竟是對父親的尊稱?是出自後人改筆?還是司馬遷有意爲之?與司馬遷在多數傳記中表現出的流暢、貫通的敘事風格不同,《太史公自序》頗存前後重複、矛盾、割裂之處,至有學者認爲今本《自序》係由兩篇文本拼接而成①。至於序文對於《春秋》、《國語》、《孫子兵法》、《吕氏春秋》等成書時間、背景的描述,則梁玉繩在《史記志疑》中已據《史記》本傳逐一加以辯誤②。此外,如果將《自序》與其所援據的《國語》、《孝經》等文本作細緻比對,可以發現序文不乏重要的删改,有的已經改變了其原始材料的意旨。作爲提挈全書的綱領,這些文本現象究竟是後人改竄所致③,還是司馬遷本人的疏漏,亦或是他有意爲之的"譎辭"④,這顯然關係到我們對《史記》書寫立場和語言風格的把握。事實上,對於《史記》的閱讀者而言,如何界定這一文本的性質是常常引起學界爭議的問題,甚至"太史公書"與"史記"的不同題名,本身已經揭示出《史記》的生成與傳播、書寫意趣與"期待視野"(horizon of expectation)之間的微妙差異⑤。《史記》經歷了司馬氏父子兩代人數十年的醖釀與修撰,期間二人命運也發生了巨大的變化,這一切都使得《史記》的撰述動機顯然不可簡單歸爲一體。此外,儘管私家著述之風在戰國中後期已然開啓,但在秦漢帝國的文化制度與輿論氛圍中,私人書寫仍然是一種頗具風險而易招謗的行爲,更何況是對於"國史"的書寫。司馬遷將如何爲其著述贏得合法性,這也是值得關注的問題。總之,《自序》内部及其與傳記、書表之間的差異顯示出司馬氏對於國家、歷史、聖統、家族、個人等多個問題複雜甚至矛盾的看法,在漢帝國的文化氛圍中,司馬遷將如何在《自序》中塑造《史記》的文化價值,他又是從何處借鑒這種書寫方式,這些即是本文嘗試討論的問題。

---

① (清)方苞:《又書太史公自序後》,《方苞集》卷二《讀子史》,上海:上海古籍出版社1983年版,第60頁;梅顯懋:《〈史記·太史公自序〉中當有東方朔代撰〈序略〉考論》,載於《古籍整理研究學刊》,2013年第2期,第1—6頁。
② (清)梁玉繩:《史記志疑》卷三六,北京:中華書局1981年版,第1472頁。
③ 此說崔適推舉最力,可參氏著:《史記探源》卷八,北京:中華書局1986年版,第224—229頁。
④ 李笠:《史記訂補》卷八,民國十三年(1924)瑞安李氏刻本。
⑤ 可參李紀祥:《〈史記〉之"家言"與"史書"性質論》,《史記五論》,臺北:文津出版社2007年版,第93—107頁。

一、"世典周史": 史官家族的自我認知與塑造

　　司馬遷在《自序》的第一部分著重叙述了其"世典周史"的家族傳統,這使得其著述行爲常被置於這一背景中進行理解①。不過,王國維、徐朔方等通過對周、漢職官制度的考察已經指出②,周代"太史"的核心職能本非史策的撰述,西漢官制中的"太史令"也無著史之責,甚至後代負責國史撰修的職務在西漢根本尚未産生③,因此,《史記》並非官修史書,而是一部典型的私人著述④,所謂"司馬氏世典周史"不是一般的事實陳述,而是司馬氏父子對於其家族傳統的一種自我認知,是司馬遷爲其撰述動機確立的第一個立足點。但問題在於,一方面,先秦以來文獻中有關"司馬"一職的記述似乎從來與書寫事務毫無關聯;另一方面,就《自序》而言,除了其父司馬談以外,司馬遷也無法舉出哪怕一位曾經典史的家族祖先。顯然,無論這一說法是否有據,對於司馬遷來說,其真正掌握的可以佐證此說的史料是非常有限的。在這樣的情勢下,司馬遷爲何仍反復强調其史官家族的身份,他又如何在"文獻不足徵"的情況下實現這種身份塑造,則是我們感興趣的問題。《自序》中相關叙述如下:

　　昔在顓頊,命南正重以司天,火正黎以司地。唐虞之際,紹重、黎之後,使復典之,至於夏商,故重黎氏世序天地。其在周,程伯休甫其後也。當周宣王時,失其守而爲司馬氏。司馬氏世典周史。惠襄之間,司馬氏去周適晉。晉中軍隨會奔秦,而司馬氏入少梁。自司馬氏去周適晉,分散,或在衛,或在趙,或在秦。其在衛者,相中山。在趙

---

① 可參《史通・外篇・史官建置》,(唐) 劉知幾著、(清) 浦起龍通釋:《史通通釋》卷一一,上海:上海古籍出版社 2009 年版,第 284 頁;(唐) 司馬貞:《補史記序》,《史記》,北京:中華書局 2013 年版,第 4019 頁。
② 王國維:《太史公行年考》,《觀堂集林》卷一一,《王國維全集・第八卷》,浙江教育出版社、廣東教育出版社 2009 年版,第 331 頁;徐朔方:《司馬遷不是史官,也不是世襲史官的後嗣》,《史漢論稿》,南京:江蘇古籍出版社 1984 年版,第 76 頁;亦可參李紀祥:《〈太史公書〉由"子"之"史"考》,《史記五論》,第 8—14 頁。
③ 朱希祖:《史官名稱議》,《中國史學通論　史館論議》,北京:中華書局 2012 年版,第 180 頁。
④ 可參錢穆:《太史公考釋》,《中國學術思想史論叢(三)》,北京:三聯書店 2009 年版,第 32 頁。

者,以傳劍論顯,蒯聵其後也。在秦者名錯,與張儀爭論,於是惠王使錯將伐蜀,遂拔,因而守之。錯孫靳,事武安君白起。而少梁更名曰夏陽。靳與武安君阬趙長平軍,還而與之俱賜死杜郵,葬於華池。靳孫昌,昌爲秦主鐵官,當始皇之時。蒯聵玄孫卬爲武信君將而徇朝歌。諸侯之相王,王卬於殷。漢之伐楚,卬歸漢,以其地爲河內郡。昌生無澤,無澤爲漢市長。無澤生喜,喜爲五大夫,卒,皆葬高門。喜生談,談爲太史公。①

這段材料顯然分爲兩個部分,以"司馬氏世典周史"爲界,前一部分主要援據《國語·楚語》,又見於《史記·曆書》②,屬於戰國秦漢時期流傳較廣的公共性史料。通過下文的論述可以知道,這種直溯至五帝的族源叙述屬於春秋、戰國時期流行的古史重構的一部分,本身並非可靠的譜牒文獻;後一部分則是距離司馬遷時代較近的家族史料,應當具有一定的私密性和較強的可靠性。這兩段叙述在時間上存在較大的跨度,前者彰顯出家族輝煌的早期歷史,但重點皆在司馬氏命氏之前,到西周中後期命氏之後反而變得籠統模糊,甚至不能舉出哪怕一個具體的人物。後者則詳細可靠,但在時間上已入戰國後期,二者之間的時間空檔顯示出司馬遷掌握的這份家族譜牒顯然已經無法追溯到其命氏之初,包括司馬談在內,入漢以後的司馬氏族人對於家族早期歷史的記憶顯然已經非常有限,因此不得不依賴於《楚語》中觀射父的一段叙述,而這段叙述原本非但不是爲了梳理司馬氏的家族源流而作,甚至叙述者對其家族祖先的部分行爲還頗加揶揄。對於特別強調史料的可靠性,同時着意渲染其史官家族輝煌傳統的司馬遷來說,這種文本取材上的拮据感是可以想見的。不過,無奈於近世可考的家族祖先擔任的均是與書寫事務毫無關聯的軍職或其它低級事務性職官,《楚語》中的這段材料仍成爲司馬遷塑造其家族文化傳統的唯一依據:

> 昭王問於觀射父,曰:"《周書》所謂重、黎實使天地不通者何也?若無然,民將能登天乎?"對曰:"非此之謂也。古者民神不雜。民之精

---

① 《史記》卷一三〇《太史公自序》,北京:中華書局 2013 年版,第 3961—3962 頁。
② 《史記》卷二六《曆書》,第 1495—1496 頁。

爽不攜貳者……在男曰覡,在女曰巫。……於是乎有天地神民類物之官,是謂五官,各司其序,不相亂也。……及少皞之衰也,九黎亂德,民神雜糅,不可方物。夫人作享,家爲巫史,無有要質。民匱於祀,而不知其福。烝享無度,民神同位。民瀆齊盟,無有嚴威。神狎民則,不蠲其爲。嘉生不降,無物以享。禍災荐臻,莫盡其氣。顓頊受之,乃命南正重司天以屬神,命火正黎司地以屬民,使復舊常,無相侵瀆,是謂絶地天通。其後三苗復九黎之德,堯復育重、黎之後不忘舊者,使復典之。以至於夏、商,故重、黎氏世叙天地,而別其分主者也。其在周,程伯休父其後也,當宣王時,失其官守而爲司馬氏。寵神其祖,以取威於民,曰:'重寔上天,黎寔下地。'遭世之亂,而莫之能禦也。不然,夫天地成而不變,何比之有?"①

觀射父的整段論述旨在解釋《周書·吕刑》"乃命重、黎,絶地天通,罔有降格"句,核心目的則是爲了消除楚昭王對於"民能登天"的困惑。觀射父的論述圍繞"民神不雜"這一主線展開,在上古時期,具有神性的巫祝事務與人間的民政事務由不同的職官分別掌理,這一傳統隨著九黎亂德而崩壞,所謂"民神雜糅",不僅狎污之人玷染神職,普通的民政事務也與巫祝禱祠糾纏不清。正是基於這一亂象,顓頊乃重新確立了"政教分離"的管理體制,由重典天官而掌神務,由黎任地官而掌民事,這就是所謂的"絶地天通"。但這一傳統在三苗之亂中再度衰絶,直至以堯舜爲代表的華夏中央政權重新建立,這一制度纔得以恢復。可以説,如何處理"民神"關係,成爲區分華夏與蠻夷的一個重要標誌,而"各司其序"、"無相侵瀆"、"別其分主"等正是觀射父對華夏政治傳統最精要的概括。

在論述了"絶地天通"的實際内涵後,觀射父又對昭王所謂"民能登天"之説的產生過程進行了梳理,正是在這一語境中,司馬氏作爲這一"謠言"的始作俑者被提及,所謂"重寔上天,黎寔下地"之説不過是失其官守後的司馬氏爲了自神其祖而編造的神話。值得注意的是,在觀射父的語境中,司馬氏出自重氏還是黎氏本無關緊要,因此他在叙述中也未言及,但對於援用這段材料的司馬遷而言,司馬氏的族源實爲最關鍵的問題。《自序》引司馬談之説,以爲其家族"自上世嘗顯功名於虞夏,典天官事",而司馬遷在

---

① (清)徐元誥:《國語集解·楚語下第十八》,北京:中華書局 2009 年版,第 512—516 頁。

叙述中也呼應了觀射父所謂"民神不雜"的政治傳統："太史公既掌天官,不治民"。顯然在《自序》的叙事邏輯中,司馬氏家族只能源出司天的重氏一支,而非司民的黎氏一支,對此司馬氏父子亦應有自覺的認知。但在《自序》對於《國語》的援引中,我們卻看到司馬遷似乎有意模糊重、黎二氏分掌天、地的職務劃分,在觀射父的叙述中頗爲關鍵的"無相侵瀆"、"别其分主"兩句均被删去,而《史記·天官書》在梳理"昔之傳天數者"時也一反《國語》之文,明確將"重、黎"二氏並舉①。司馬貞《史記索隱》認爲這是司馬遷有意爲之：

> 重司天而黎司地,是代序天地也。據《左氏》,重是少昊之子,黎乃顓頊之胤,二氏二正,所出各别,而史遷意欲合二氏爲一,故總云"在周,程伯休甫其後",非也。然後按彪之序及干寶皆云司馬氏,黎之後是也,今總稱伯休甫是重黎之後者,凡言地即舉天,稱黎則兼重,自是相對之文,其實二官亦通職。然休甫則黎之後也,亦是太史公欲以史爲已任,故言先代天官,所以兼稱重耳。②

所謂司馬氏爲黎氏之后的説法始見於司馬彪《續漢書·天文志》："司馬談,談子遷,以世黎氏之後,爲太史令。"③這一説法頗爲可怪,"以世黎氏之後,爲太史令"的説法似乎顯示"世黎氏之後"與"爲太史令"之間存在某種因果關聯,但前文已言,即便司馬氏父子擔任太史令與其家族早期守官有某種關聯,這種關聯也應當指嚮司天的重氏,《續漢書》的説法顯然是無法成立的。實際上,司馬遷在叙述其族姓起源時只能援據《國語·楚語》這樣的語類文獻,難以想象到司馬彪、干寶的時代會有新的文獻來證明司馬氏實爲黎氏之後。因此,司馬遷合言重、黎的做法應非明知其源出黎氏而攀附重氏,而是對於司馬氏究竟出於重、黎之中的哪一支根本無法確定。按照司馬談"司馬氏世主天官"的説法,司馬氏只能源出重氏,但司馬遷無法在缺少文獻依據的情況下妄造族史,如此,在叙述中有意模糊重、黎二支官守的寫法也就成爲司馬遷近乎唯一的選擇了。

---

① 《史記》卷二七《天官書》,第1594頁。
② 《史記》卷一三〇《太史公自序》司馬貞《索引》,第3961—3962頁。
③ 《後漢書》志十,北京：中華書局1980年版,第3214頁。

那麽,司馬遷何以特別强調其史官家族的傳統呢? 我們認爲,這需要將其置於秦漢時期文本書寫的歷史背景中加以理解。學者在討論《史記》中"太史公曰"的體例時,常感到"太史公"這一尊稱似非司馬遷本人聲吻,故不少學者認爲除《太史公自序》中以"太史公"尊稱司馬談者以外,其餘指司馬遷本人的"太史公曰"都是東方朔、楊惲或褚少孫所補①,但一方面這些説法大多晚出,且在《史記》的行文中也頗存反例,此錢大昕、王國維、朱希祖、錢穆等均已考定者②,另一方面更忽略了西漢前期私人著述這一行爲所面臨的壓力。筆者在《書寫文化的新變與士人文學的興起》一文中曾經梳理過先秦時期從以宮廷爲中心的公共書寫到私學中的"語録"書寫③,再到士人個體著述的發展歷程。在這一過程中,私人著述的萌發處於一種緊張的文化氛圍之中,其壓力一方面來源於以官方爲中心的公共書寫傳統——孟子在描述孔子作《春秋》時已經提出所謂"《春秋》,天子之事"的問題④,傳統的書寫屬於國家行政管理體制的一部分,無論是各種數據、信息的記録與保存,還是高級貴族言行的記録編輯,抑或國家史事的整理,以及詔册、訓誥、盟誓等儀式性文本的書寫,都是王權政治的重要實現方式。在這種背景之下,不僅私人著述缺少其政治上的合法性,在實際的文本複製與流通過程中也缺乏相應的渠道。另一方面,由於孔子倡導"述而不作",這也在儒家傳統中塑造出了"慎言""不作"的文化氣氛,孟子對於"好辯"的自我開解,荀子在《正名》篇中對於"辯説"之必要性的反復申述⑤,實際上都意在塑造個人言説與書寫的合法性。這種文化氣氛在戰國後期曾一度鬆弛,一方面王權已無力限制私人著述的展開,另一方面諸子學派的興盛也爲私人著述的傳播提供了便利的渠道,但這一傳統在秦帝國保守的文化

---

① 桓譚以爲"太史公"之題署出自東方朔,韋昭認爲《史記》之稱"太史公"者爲楊惲所加,方苞則認爲"太史公"爲褚少孫所補。《史記》卷一二《孝武本紀》引裴駰《集解》、司馬貞《索隱》,第581頁;(清) 方苞:《又書太史公自序後》,《方苞集》卷二《讀子史》,上海:上海古籍出版社1983年版,第60頁。
② (清) 錢大昕:《與友人書》,《潛研堂文集》卷三三,上海:上海古籍出版社1989年版,第608—609頁;王國維:《太史公行年考》,《觀堂集林》卷一一,《王國維全集·第八卷》,第331頁;朱希祖:《太史公解》,《中國史學通論 史館論議》,第60—65頁;錢穆:《太史公考釋》,《中國學術思想史論叢(三)》,第31—32頁。
③ 可參拙文《書寫文化的新變與士人文學的興起——以〈春秋〉及其早期闡釋爲中心》,載於《中國社會科學》,2018年第6期,第137—143頁。
④ (清) 焦循:《孟子正義》卷一三《滕文公下》,北京:中華書局1987年版,第446—461頁。
⑤ (清) 王先謙:《荀子集解》卷一六《正名》,北京:中華書局1988年版,第422頁。

管理制度下再度受到打擊，而漢初"尊儒""尊孔"的一系列行爲也重新加強了孔子"述而不作"的文化影響力，這一點在東漢王充的《論衡·對作》中仍然有鮮明的體現："聖人作，賢者述，以賢而作者，非也。"①"作"是聖人的特權，自賢人以下只有闡述聖經的權力，沒有獨立書寫的權力，而爲了給自己的著述贏得合法性，王充一方面強調其書是"論"而非"作"，另一方面則採用兩種比附的方式來闡明其書寫並非妄作，一是將其比附爲解經之章句，即所謂"祖經章句之説，先師奇説之類"，二則是將其比附爲官方文書："上書奏記，陳列便宜，皆欲輔政。今作書者，猶上書奏記，文成手中，其實一也。"②由於官方文書具有毋庸置疑的書寫合法性，因此，通過將私人論著比附於官書，王充試圖爲其個人著述贏得生機。

瞭解了秦漢時期的這種文化政策與氛圍，我們對於司馬遷特別強調其"史官家族"的背景，及其在敘述中反復強調職官與書寫之間的關係就有了新的理解角度。除了在整個文本書寫中均使用"太史公"這一職銜發聲以外，《自序》還多次提及職官與著述之間的關係：

> 余爲太史而弗論載，廢天下之史文，余甚懼焉！
> 主上明聖而德不布聞，有司之過也。且余嘗掌其官，廢明聖盛德不載，滅功臣世家賢大夫之業不述，墮先人所言，罪莫大焉！
> 百年之間，天下遺文古事靡不畢集太史公。③

這裏司馬遷特別使用了"有司之過"這一説法，強調其職務與著述之間的密切聯繫，而"天下遺文古事靡不畢集太史公"的説法也進一步強化了其整理、著述的必要性和迫切性，儘管這一説法本身也是一種誇張與自飾。此外，在"書"的部分，《天官書》也一反《禮書》、《封禪書》等書表均以事類命名的通例，將其塑造爲一種職務性的書寫。這些"官書化"的自我形塑某種程度上也可以被視作早期私人著述對於傳統宮廷文本的一種模仿——對於《史記》的書寫來説尤其如此，畢竟與諸子論説不同，《史記》並非司馬遷的個人議論，而是關於國家歷史的一種敘述，毫無疑問將介入國家意識形

---

① 黃暉：《論衡校釋》卷二九《對作篇》，北京：中華書局 1990 年版，第 1180 頁。
② 黃暉：《論衡校釋》卷二九《對作篇》，第 1181、1182 頁。
③ 《史記》卷一三〇《太史公自序》，第 3973、3977、3998 頁。

態的形塑。因此,儘管撰寫史書並非"太史令"的職守,但司馬遷卻有意藉助這一身份爲其著述贏得合法性。

事實上,在司馬遷之前的文本書寫歷史中,似乎從未出現所謂"自序"的體例①。作爲一種旨在貫通全書的文章體式,"序"顯然是在"書"這一文本層級初步建立起來之後纔得以出現的,其目的在於將主題各異、體裁不同、甚至原本獨立流傳的"篇"整合爲有機的統一體。這種文體在春秋晚期至戰國時期出現,最初的代表便是相傳出自孔子的《書序》、《序卦》等,王充《論衡·須頌》言:

> 問説《書》者;"'欽明文思'以下,誰所言也?"曰:"'篇家也。''篇家誰也?''孔子也。'然則孔子鴻筆之人也。'自衛反魯,然後樂正,《雅》《頌》各得其所也。'"鴻筆之奮,蓋斯時也。……②

這裏王充所謂"篇家",應是指綴篇成書之人,即言孔子作《書序》正有連綴諸篇而成一書之意。《書序》共百篇,這一數目本身也具有一定的象徵性,顯示《書序》確實是伴隨《書》文本的整理而出現的。不過,《書序》、《詩序》、《序卦》等都是後人對前人典籍整理時所加,真正具有"自序"性質的文本似始於《吕氏春秋·序意》,若將其與《太史公自序》相比,可以看出兩個文本之間具有一個重要的共同點,那就是二者均以第三人稱的方式進行書寫:在《吕氏春秋·序意》中,著述者始終是"文信侯"而非"我",除了直接引語以外,兩篇序言都完全不見任何第一人稱的口吻,而這種"他者化"的自序書寫方式在兩漢文本中十分普遍,例如《淮南鴻烈·要略》中的"劉氏"、《漢書·叙傳》中的"班固"、《論衡·自紀》中的"王充",這些序言的書寫者似乎都有意將自己與文本中的言説主體加以區分。更進一步,《史記》中"太史公曰"的體例顯然受到《左傳》中"君子曰"的影響,而在後代的文化語境中,一個書寫者自稱爲"君子"似乎也顯得不夠謙遜,但在《左傳》的書寫時代,如果不是借助於"君子"之口,書寫者本人又將以何種身份、姿態參與到文本的表達之中呢?簡言之,在戰國秦漢的文化環境中,"作者"雖

---

① 關於司馬遷之前書序的歷史,可參車行健:《從司馬遷〈史記·太史公自序〉看"漢代書序"的體制——以"作者自序"爲中心》,載於《中國文哲研究集刊》,第 17 期(2009 年),第 265—268 頁。
② 黄暉:《論衡校釋》卷二〇《須頌篇》,第 847 頁。

然已經出現①,但在當時的文化語境中仍然不具有足夠的合法性,"作者"尚不具有足夠的自信在其私人著述中以"我"的名義陳述己見,從"君子"到"太史公",事實上都是書寫者塑造的一種面具,是早期私人著述"公共化"的一種嘗試。

　　司馬談在遺囑中特别强調漢武帝封禪的歷史性意義——"今天子接千歲之統,封泰山"——顯示出其對於漢朝恢弘帝業的期許,而司馬遷在回應壺遂質疑時,也再次强調了其所處歷史時代的特殊性:"獲符瑞,封禪,改正朔,易服色,受命於穆清,澤流罔極,海外殊俗,重譯款塞,請來獻見者,不可勝道。"在這樣的認知中,《史記》的撰述也就不僅是所謂"有司"的日常職守,更是以文本的形式成就大漢盛世的必要途徑,用王充《論衡》中的概念,是可謂"恢國"②。總之,《自序》對於司馬氏史官家族傳統的塑造,既展現了《史記》撰述的合法性,更凸顯出這一行爲與新興帝國的建立之間的内在聯繫,正是在這個意義上,《史記》纔有可能在正統史學觀念建立之後被追溯爲"正史"之祖。

二、"揚名於後世":書以致孝

　　在論述了"恢國"的著述理想之後,司馬遷又借助於其父的臨終囑託引出了《史記》著述的又一意旨,那就是關於"致孝"的問題:

　　　　且夫孝始於事親,中於事君,終於立身。揚名於後世,以顯父母,此孝之大者。夫天下稱誦周公,言其能論歌文武之德,宣周邵之風,達太王王季之思慮,爰及公劉,以尊后稷也。③

這段話顯然化用自《孝經》中的兩章:

　　　　子曰:夫孝,德之本也,教之所由生也。復坐,吾語汝。身體髮膚,

---

① 可參拙文《也談戰國秦漢時期"作者"問題的出現》,載於《文藝評論》,2017年第8期,第4—10頁。
② 黄暉:《論衡校釋》卷一九《恢國篇》,第824頁。
③ 《史記》卷一三〇《太史公自序》,第3973頁。

受之父母，不敢毁伤，孝之始也；立身行道，扬名於後世，以顯父母，孝之終也。夫孝，始於事親，中於事君，終於立身。（《孝經·開宗明義章第一》）

子曰：天地之性人爲貴。人之行莫大於孝，孝莫大於嚴父，嚴父莫大於配天，則周公其人也。昔者周公郊祀后稷以配天，宗祀文王於明堂以配上帝。是以四海之内各以其職來祭，夫聖人之德又何以加於孝乎？（《孝經·聖治章第九》）①

《自序》中"且夫孝"至"孝之大者"係直接援據《孝經·開宗明義章》，強調"揚名"爲孝之大者，這一點也是《孝經》的核心立意之一——"孝"不僅體現爲對於父母的贍養與順從，更體現爲人子自我價值的實現，只有真正實現自我價值，名垂千古，使父母顯揚於後世，纔是最大的"孝"德。這裏對於"孝"的理解顯然已經較傳統基於家庭内部倫理的"孝德"有了明顯的拓寬，反映出《孝經》試圖以"孝"統攝整個儒學義理的一種嘗試。關於這一問題，《孝經·廣揚名章》也有進一步論述："君子之事親孝，故忠可移於君；事兄悌，故順可移於長；居家理，故治可移於官。是以行成於内，而名立於後世矣。"②通過將"孝德"與"忠""順"的勾連，不僅"孝"成爲貫穿家國天下的一體化道德，忠臣孝子也可由此獲得不朽的名聲，而《聖治章》則具體舉出周公的例子來論證"立身行道"與"孝"之間的密切關係。我們注意到，如果説《金縢》塑造出周公作爲武王之弟的"悌"德的話，那麼，在《孝經》以外的戰國秦漢文獻中，幾乎没有以"周公"爲"孝子"的論述，甚至有關周公與文王之間父子關係的記述也非常有限，在儒家聖人譜系之中最具"孝"德者，歷來非虞舜莫屬，但《孝經》恰恰推周公爲至孝，顯然其對於"孝"的理解與傳統孝道有所不同，這就是所謂"嚴父莫大於配天"的命題。《孝經》認爲，由於周公建立起一整套禮樂祭祀制度，並在其郊祀、宗祀制度中以始祖后稷配天，以父親文王配上帝，其父、祖由此獲得至高無上的尊榮，而周公也就自然成爲至孝之典範。類似的説法又見於《禮記·中庸》：

子曰：武王、周公，其達孝矣乎！夫孝者善繼人之志，善述人之事

---

① 《孝經注疏》，上海：上海古籍出版社2009年版，卷一，第3—5頁；卷五，第43—44頁。
② 《孝經注疏》卷七，第69頁。

者也。春秋脩其祖廟，陳其宗器，設其裳衣，薦其時食。宗廟之禮，所以序昭穆也；序爵，所以辨貴賤也；序事，所以辨賢也；旅酬下爲上，所以逮賤也；燕毛，所以序齒也。踐其位，行其禮，奏其樂，敬其所尊，愛其所親，事死如事生，事亡如事存，孝之至也。郊社之禮，所以事上帝也；宗廟之禮，所以祀乎其先也。明乎郊社之禮，禘嘗之義，治國其如示諸掌乎！①

這段論述雖然没有提及"嚴父"，但其通過將禮樂祭祀與"孝"相勾連，從而論證"孝治天下"這一觀念的思路則與《孝經》如出一轍，漢儒平當在解釋《孝經·聖治》時即將《中庸》的這段論述加以融會，以爲："夫孝子善述人之志。周公既成文武之業而制作禮樂，修嚴父配天之事，知文王不欲以子臨父，故推而序之上，極於后稷而以配天。"②總之，《中庸》與《孝經》對於周公"孝"德的塑造均立足於他建立禮樂祭祀制度的偉業。

有趣的是，《自序》在化用《孝經》文本時，一方面沿用其以"周公"爲孝德典範的叙述，但其對於周公孝德的具體論述卻與《孝經》大爲不同。司馬談避而不談《孝經》中强調的"嚴父莫大於配天"，轉而强調周公"歌文武之德，宣周邵之風，達太王、王季之思慮，爰及公劉，以尊后稷"的成就。從"文武之德"、"周邵之風"等説法可知，這裏司馬談所言顯然是圍繞《詩經》展開的，鄭玄《詩譜序》曾經勾勒出《詩經》"正經"所見周人早期歷史：

  周自后稷播種百谷，黎民阻飢，兹時乃粒，自傳於此名也。陶唐之末，中葉公劉，亦世脩其業，以明民共財。至於大王、王季，克堪顧天，文武之德，光熙前緒，以集大命於厥身，遂爲天下父母，使民有政有居。其時《詩》，風有《周南》、《召南》，雅有《鹿鳴》、《文王》之屬。及成王、周公致大平，制禮作樂，而有頌聲興焉，盛之至也。本之由此風雅而來，故皆録之，謂之詩之正經。③

從后稷到公劉、太王、王季，再到文、武之德，以及"《周南》、《召南》"，鄭玄

---

① 《禮記正義》卷五二，《十三經注疏》，北京：中華書局1980年版，第1629頁上欄。
② 《漢書》卷七一《平當傳》，北京：中華書局1962年版，第3049頁。
③ 《毛詩正義·詩譜序》，《十三經注疏》，第262—263頁。

所言周人先公先王譜系與司馬談所言驚人一致，原因正在於二者都是基於《生民》、《公劉》、《緜》、《皇矣》、《文王》、《下武》以及《周南》、《召南》等一系列詩篇勾勒而成的。由於周公被視爲"制禮作樂"之人，這裏的"作樂"自然也包括了《詩》文本的最初編定，因此，司馬談完成了對於周公"孝之大者"的論證，而周公的"孝德"也就從《中庸》、《孝經》中的"制禮"變爲這裏的"歌詩"，究其實而言，也就是"著述"。這樣一來，對於司馬遷而言，"著述"不僅是實現其"史官家族"傳統的義務，更是其身爲人子成就孝德的必由之路了。總之，這段論說看似只是對《孝經》的援用，但實際上卻蘊含了精妙的文本改造策略，值得關注。

此外，這裏司馬談特別提到"揚名"的問題。章學誠和余嘉錫在論及戰國之前無私家著述時，都涉及到著述以"顯名"的問題①，二者對此均持批評性的態度，認爲戰國以前士人並無顯名的觀念，因此在著述中也並無題名之俗，至漢人始欲借著述以顯名，故私家著述於是蜂起，而騁詞臆說之弊亦由此而生。不過，我們注意到，《左傳》中已經有"太上有立德，其次有立功，最下有立言"的說法②，此所謂"立"者，正是立其名於後世也，可見至晚在春秋時期，已經出現了借言說以顯名的觀念，而據筆者管見，明確提出"著述"以"顯名"者，似乎正是《史記》。司馬遷述及孔子"作《春秋》"的心理動機時，特別強調其對於"沒世而名不稱"的憂慮：

> 子曰："弗乎弗乎，君子病沒世而名不稱焉。吾道不行矣，吾何以自見於後世哉？"乃因史記作《春秋》……③

我們知道，《孟子》、《公羊傳》、《春秋繁露》等戰國、漢初文獻都曾言及孔子"作《春秋》"的動機問題，其中懼亂世而作《春秋》、"道窮"而作《春秋》均是流傳較廣的說法，但在司馬遷的敘述中，"作《春秋》"又與"顯名"聯繫起來。事實上，孔子"沒世而名不稱"的感歎見於《論語·衛靈公》，並無具體語境，而司馬遷將其置於孔子晚年撰述《春秋》之際，這顯然是有意

---

① （清）章學誠著、葉瑛校注：《文史通義校注·言公下》，北京：中華書局1985年版，第194頁；余嘉錫：《古書通例》卷1《案著錄第一》，《目錄學發微　古書通例》，北京：中華書局2009年版，第201頁。
② 《春秋左傳正義》卷三五，《十三經注疏》，第1979頁中欄。
③ 《史記》卷四七《孔子世家》，第2340頁。

進一步豐富孔子作《春秋》的動機。類似的叙述又見於《伯夷列傳》,但係從反面切入:

> "君子疾没世而名不稱焉。"賈子曰:"貪夫徇財,烈士徇名,夸者死權,衆庶馮生。""同明相照,同類相求。""雲從龍,風從虎,聖人作而萬物睹。"伯夷、叔齊雖賢,得夫子而名益彰。顔淵雖篤學,附驥尾而行益顯。巖穴之士,趣舍有時若此,類名堙滅而不稱,悲夫!閭巷之人,欲砥行立名者,非附青雲之士,惡能施於後世哉?①

孔子關於"稱名"的話在這裏再次被援據,而司馬遷由此揭示出一個令人頗感悲劇的事實:儘管伯夷、叔齊、顔淵等窮士高潔自守,但這些都不足以讓他們名垂千古,真正讓他們得以顯名的,是他們得到了孔子的稱許。而更進一步,孔子的稱許之所以被後人所銘記,除了因爲他聖人的身份,也是因爲這些言語被弟子所記録、整理,傳於後世。司馬遷由此認識到著述與顯名之間的密切關係,而這一點在王充《論衡·書解》中同樣有所體現:

> 周公制禮樂,名垂而不滅;孔子作《春秋》,聞傳而不絶。周公、孔子,難以論言。漢世文章之徒,陸賈、司馬遷、劉子政、楊子雲,其材能若奇,其稱不由人。世傳《詩》家魯申公、《書》家千乘歐陽、公孫,不遭太史公,世人不聞。夫以業自顯,孰與須人乃顯?夫能紀百人。孰與廑能顯其名?②

司馬遷與王充對於"顯名"的熱衷,符合漢代士人文化的基本特點。而通過對於《孝經》的改造,《自序》成功地將"著述"與"揚名"、進而與"孝"結合起來,在這一邏輯關係中,"著述"不僅是司馬遷對於他熱衷國史的父親未盡事業的繼承,甚至也成爲了普遍意義上的孝子對於其父祖、家族應盡的一種義務,是人子致孝的一種重要方式。可以想象,在注重孝德的漢代,這樣的論述無疑將進一步爲司馬遷的著述行爲贏得合法性。

---

① 《史記》卷六一《伯夷列傳》,第 2574 頁。
② 黄暉:《論衡校釋》卷二八《書解篇》,第 1151—1152 頁。

三、"唯唯否否": 難言的聖統

《太史公自序》對於"繼聖"的書寫同樣令人印象深刻。邊家珍認爲司馬遷在敘述其早期經歷時已經顯示出對於孔子的比附[1],"戹困鄱、薛、彭城"的叙述很容易讓讀者聯想起孔子"厄於陳蔡"的著名經歷,有關這一問題的明確闡述,見於其父子對"五百年"這一特殊時間節點的關注中。在序文中,這一話題首先由司馬談引出:

> 幽厲之後,王道缺,禮樂衰,孔子脩舊起廢,論《詩》《書》,作《春秋》,則學者至今則之。自獲麟以來四百有餘歲,而諸侯相兼,史記放絶。[2]

這與其前文關於"揚名於後世"的論述看起來稍顯脱節,話題又回到了其史官家族的著史傳統中。這裏司馬談提到"自獲麟以來四百有餘歲"的説法,而裴駰已經指出,從西狩獲麟的哀公十四年(BC481)至司馬談去世的元封元年(BC110),實際上僅隔三百七十一年[3],司馬談精於天算,顯然不可能犯如此低級的算術錯誤,這裏的"四百有餘歲"顯然是有意牽合所謂的天數"五百"。而僅僅過了三年,在太初改曆這個特殊的時間點上,司馬遷又以復述的口吻再次援引父親的遺囑,而在言及孔子至今的年歲時,司馬遷再次作了微妙的調整:

> 太史公曰:"先人有言:'自周公卒五百歲而有孔子。孔子卒後至於今五百歲,有能紹明世,正《易》傳,繼《春秋》,本《詩》、《書》、禮、樂之際?'"[4]

與前文相比,司馬遷將計時的起始點改爲孔子去世之年,這就比獲麟

---

[1] 邊家珍:《論司馬遷〈史記〉創作與〈春秋〉學之關係》,載於《浙江學刊》,2014年第1期,第89頁。
[2] 《史記》卷一三〇《太史公自序》,第3973頁。
[3] 《史記》卷一三〇《太史公自序》裴駰集解,第3973頁。
[4] 《史記》卷一三〇《太史公自序》,第3974頁。

又晚了兩年,當公元前479年,而司馬遷説這句話的時間點是太初元年（BC104）,二者相隔375年,仍然遠遠不足所謂"五百"之數。但正如崔適所言,這是"所謂斷章取義,不必以實數求也"①。司馬遷在《天官書》中説道:"夫天運,三十歲一小變,百年中變,五百載大變……爲國者必貴三五。"②既然《史記》的撰述在時間上被置於孔子没後五百歲這一特殊的時間節點上,司馬遷對於其著述動機的描述也就由司馬談本人所強調的"史記放絶"進一步提升爲"紹明世,正《易》傳,繼《春秋》,本《詩》、《書》、禮、樂之際"。我們知道,司馬談的儒學背景主要來自楊何《易》學,其對於《春秋》似無專門研習,而司馬遷本人受到董仲舒《春秋》公羊學的深刻影響,因此司馬氏父子對於孔子"作《春秋》"之文化内涵的認知應是相當不同的。我們不清楚司馬遷是否有意保留其父本人遺囑與其復述之間的差異,故此不避重複,先後兩次援引這段話,但從他最終呈現的文本來看,顯然司馬談只是希望司馬遷繼承孔子"著史"的傳統,而司馬遷則將這種鼓勵進一步提升爲對於孔子"六藝"之學的全面繼承,而這一點在他與壺遂的對話中得到了明確體現。

壺遂雖然實有其人,但《自序》中"太史公"與"壺遂"的這段對話在形式上頗具有賦體的意味,壺遂具有挑戰性的提問與司馬遷洋洋灑灑的回應,與漢賦中典型的問對形式非常相似,而這段問對中最精彩的筆法出現於"唯唯否否"這一節。關於此處的"唯唯",晉灼解釋爲"謙應也",也就是表示接受,但錢鍾書先生認爲,這裏的"謙應"實爲虚應,所謂"不欲遽否其説,姑以'唯'先之,聊減峻損之語氣"③,來新夏先生用其説④。但"唯唯"在《史記》及漢代文獻中所見頗多,均表示應承之意,除《自序》以外,並無承接"否否"的用例,而在戰國秦漢文獻中表示否定的用例中,也没有見到先以"唯唯"加以虚應者,錢氏所舉郭象注、《儒林外史》文例則與西漢相隔懸遠,恐不足爲據。結合整段問對,筆者認爲,《自序》的這種寫法並非爲了顯出司馬遷對於壺遂的"禮貌",相反是爲了塑造太史公在聽到壺遂提問後的一種尷尬與窘迫。在"不然"之後的迴護之詞中,我們看到至少有兩處表述令人困惑,其一是所謂《春秋》采善貶惡,推三代之德,褒周室,非獨刺譏而已

---

① （清）崔適：《史記探源》卷八,第226頁。
② 《史記》卷二七《天官書》,第1595頁。
③ 錢鍾書：《管錐編》,北京：中華書局1986年版,第1册,第393頁。
④ 來新夏：《太史公自序講義》,載於《中國典籍與文化論叢》,第15輯（2013年）,第159頁。

也",《春秋》固然不僅只有譏刺,但無論是公羊學,還是穀梁學、左氏學,都找不到所謂"褒周室"的文例,以司馬遷本人最爲熟悉的公羊學而言,《春秋》本有新周、王魯之意,故其所褒者,或爲霸主而能代王行仁義之事,或爲親魯、尊魯之與國,司馬遷所謂"褒周室"之説無法在公羊學中找到依據,反倒是"上無明天子,下無賢方伯"的説法屢見於《公羊傳》,而《史記·孔子世家》在概括《春秋》大義時也明確稱"推此類以繩當世。貶損之義"①。其二則是所謂"君比之於《春秋》,謬矣"一句,據上文可知,將《史記》與《春秋》相比、有所謂"繼《春秋》"之説者原本不是壺遂而正是太史公本人,而《自序》述其作《十二諸侯年表》之旨時亦云:"幽厲之後,周室衰微,諸侯專政,《春秋》有所不紀;而譜牒經略,五霸更盛衰,欲睹周世相先後之意,作《十二諸侯年表》第二。"②作年表以補《春秋》所未紀者,這不正是"繼《春秋》"的體現嗎? 因此,這裏司馬遷對於《春秋》的切割與其上文對於《春秋》大義滔滔不絶的陳述形成了鮮明的反差,頗讓人忍俊不禁。在這樣的問對中,太史公顯得唐突、窘迫,甚至略顯圓滑,但值得思考的是,這一切恰恰是司馬遷刻意呈現出來的③。

　　孔子、《春秋》對於《史記》具有全面的影響,司馬遷在《自序》篇末談到這部書的讀者——"俟後世聖人君子",似乎他並不希求當世的知音,而將這種期待指向後世,這顯然是受到《公羊傳·哀公十四年》傳文的影響:"制《春秋》之義,以俟後聖。"④而從《史記》全書的結構來看,無論是"十二本紀"與"春秋十二公"之間的刻意比附,還是在"十二本紀"的框架下對於《項羽本紀》、《吕后本紀》的設計,乃至《陳涉世家》、《孔子世家》的體例安排,以及全書記事截止時間點的設定("至於麟止"),都只有在"繼《春秋》"這一意旨之下纔可以得到理解:司馬遷顯然不是簡單的陳述歷史、編撰史文⑤,他將著述理解爲一種高度個人化的行爲——就如同孔子作《春秋》而

---

① 《史記》卷四七《孔子世家》,第 2340 頁。
② 《史記》卷一三〇《太史公自序》,第 3981—3982 頁。
③ 可參陳正宏:《史記精讀》,上海:復旦大學出版社 2005 年版,第 214 頁。
④ 《春秋公羊傳注疏》卷二八,《十三經注疏》,第 2354 頁中欄。
⑤ 劉知幾即對司馬遷《項羽本紀》、《陳涉世家》等的設置頗存質疑:"項羽僭盜而死,未得爲君,求之於古,則齊無知、衛州吁之類也。安得諱其名字,呼之曰王者乎? ……諸侯而稱本紀,求名責實,再三乖謬。""世家之爲義也,豈不以開國承家,世代相續? 至如陳勝起自群盜,稱王六月而死,子孫不嗣,社稷靡聞,無世可傳,無家可宅,而以世家爲稱,豈當然乎? 夫史之篇目,皆遷所創,豈以我作故,而名實無準。"(唐)劉知幾著、(清)浦起龍通釋:《史通通釋》卷二,第 34、38 頁。

"子夏之徒不能贊一辭"①,無論這一文本最終給他帶來聲譽還是毁謗,這都是完全反應司馬遷個人歷史觀、價值觀的文本。在壺遂的逼問下,司馬遷最終又回到了其父親所言的"恢國"主題,但學者已經指出,這不過是"懼謗"之辭②。事實上,漢初士人還常常處在對於"聖人"的懷想之中,但在儒家所塑造的"聖人"譜系中,聖人的出現同時也意味著巨大的危機與變革,身處帝國盛世,這樣的變革顯然是諱莫如深的話題,因此,"聖統"雖令人神往,但在現實制度中已經成爲禁臠。《自序》用一種自我揶揄的方式巧妙地揭示出西漢初期士人對於這一問題的矛盾心態,着實令人玩味。

四、"發憤之所爲作"

隨著太史公與壺遂問對的結束,司馬遷已經完整地介紹了其文本撰述的基本意圖,儘管"恢國"與"繼聖"是存在矛盾的一對立意,但通過時間上的先後安排,以及"太史公曰"與"壺遂"之間的問對,司馬遷將二者巧妙地並置於文本之中。"恢國"是文本合法性的來源,而"繼聖"則成爲作者"欲蓋彌彰"的内心嚮往③,在這之後,"於是論次其文"的叙述顯示序文對於書寫動機的記述至此將告一段落了。但令人意外的是,就是在《史記》的編撰過程中,司馬遷遭遇了人生中最大的困境,促使他再次爲《自序》注入一種特別的表達訴求——一種"鬱結"後的憤怒。《自序》中最初提到這種情緒是在司馬談臨死之前——"發憤且卒"——當然,司馬遷在那裏並未將其與"著述"結合起來,而在經歷宮刑之辱后,司馬遷對於"著述"的功能又有了另一番理解,他再次列舉了一系列的經典文本,包括《詩》、《書》、《易》、《春秋》四經,以及《離騷》、《國語》、《孫子兵法》、《吕氏春秋》、《韓非子》五種個人著述。而在這裏,司馬遷再次展現出其不同尋常的書寫策略,與前文稱"伏羲至純厚,作《易》八卦。堯舜之盛,《尚書》載之,禮樂作焉。湯武之隆,詩人歌之。《春秋》采善貶惡,推三代之德,襃周室"不同,這些經典被賦予了另一番面貌:"夫《詩》、《書》隱約者,欲遂其志之思也。昔西伯拘羑

---

① 《史記》卷四七《孔子世家》,第 2341 頁。
② （清）程餘慶:《歷代名家評注史記集説》,第 1483 頁。
③ "欲蓋彌彰"係來新夏先生語,見來新夏:《太史公自序講義》,第 158 頁。

里,演《周易》;孔子戹陳蔡,作《春秋》……《詩》三百篇,大抵賢聖發憤之所爲作也。"關於聖賢"發憤"作詩,《自序》在述及《魯周公世家》之旨時言:"依之違之,周公綏之;憤發文德,天下和之。"①這裏的"憤發文德"似是《金縢》篇所載周公被謗而作《鴟鴞》之事,而漢代《詩》學中流行的"美刺"説也的確將大量風、雅詩視爲譏刺之作②。不過,學者也注意到,除了《離騷》以外,這裏司馬遷對於幾部個人著述成書時間的記述與其在相關人物本傳中所言有所不同,對此梁玉繩在《史記志疑》中已一一駁正③,但正如李笠所言:"此以困扼著書之意運事連類,多屬詭辭。如左丘失明,不韋遷蜀,韓非囚秦,皆以意匠爲之,非實録也。"④高步瀛、來新夏均贊同其説。顯然,又見於《報任安書》的這段叙述並非司馬遷的無意疏漏,而是他嘗試通過一種個性化的叙述方式來重新塑造"書寫"的文化内涵。這一點學者已有深入論述,本文不再贅論。

五、結　語

《太史公自序》以時間爲序結構全篇,通過十年的跨度將恢國、致孝、繼聖與發憤這四種完全不同的著述意圖串聯在一起,在這四個部分,司馬遷選擇了完全不同的叙述方式,但其共同點則是對於既有文獻或史事高度個人化的運用,而這一點也與《史記》全書的書寫風格相一致。《史記》中雖然有大量的"依賴性文本"(高本漢語),但這些文本同樣豐富、精彩地體現出司馬遷的書寫藝術與個人魅力,這也給我們帶來一個問題——司馬遷爲何敢於如此大膽地剪裁史料,甚至不惜犧牲史料的真實性來達成其表達訴求呢? 考慮到司馬遷著述的文化背景,筆者認爲這與其所受《春秋》公羊學的影響有關。與傳統的史策書寫強調"直書"不同,在戰國以來關於"孔子作《春秋》"一事的闡釋中,逐漸發展出一種看重書寫者個人表達意圖的路向。

---

① 《史記》卷一三〇《太史公自序》,第3986頁。
② 此説亦與《史記·孔子世家》中"删詩"之説略合:"及至孔子,去其重,取可施於禮義,上采契后稷,中述殷周之盛,至幽厲之缺,始於衽席。"《史記》卷四七,第2333頁。關於漢代《詩》學的"美刺説",可參張毅:《説"美刺"——兼談魯、齊、韓、毛四家詩之異同》,載於《南開學報》,2002年第6期,第65—71頁。
③ (清)梁玉繩:《史記志疑》卷三六,北京:中華書局1981年版,第1470頁。
④ 李笠:《史記訂補》卷八,民國十三年瑞安李氏刻本。

在《孟子》論及孔子與《春秋》之關係時，認爲"其事則齊桓晉文，其文則史"，"其義則丘竊取之"①，似乎孔子只是文本的截取者和闡釋者，文本本身仍是由史官書寫而成，但在《公羊傳》中，"其詞則丘有罪焉耳"②，孔子已經成爲《春秋》文本的書寫者，而這一點在戰國至漢初公羊學中得到了進一步的發展，以至於出現了"史"與"義"之間關係的顛覆，書寫者不再是據"史"而取"義"，而是據"義"以書"史"。《春秋繁露·俞序》在描述《春秋》的書寫方式時，特別指出孔子"假其位號以正人倫，因其成敗以明順逆，故其所善，則桓文行之而遂，其所惡，則亂國行之終以敗"③。這一表述非常有趣，不是孔子根據歷史事件的成敗來表達他的好惡，反而是孔子依照他對歷史人物、事件善惡性質的判定來決定他們最終的成敗，甚至當史事與書寫者的表達意圖存在差異或矛盾時，居於文本中心的書寫者也有權利借助於特定的書寫技巧（"辭"）來重塑史事，這就是《春秋繁露》所言的"詭辭"之法：

> 難紀季曰："《春秋》之法，大夫不得用地。又曰：公子無去國之義。又曰：君子不避外難。紀季犯此三者，何以爲賢？賢臣故盜地以下敵，棄君以避患乎？"曰："賢者不爲是。是故托賢於紀季，以見季之弗爲也。紀季弗爲而紀侯使之可知矣。《春秋》之書事時，詭其實以有避也；其書人時，易其名以有諱也。故詭晉文得志之實，以代諱避致王也。詭莒子號謂之人，避隱公也；易慶父之名謂之仲孫，變盛謂之成，諱大惡也。然則説《春秋》者，入則詭辭，隨其委曲而後得之。"④

《公羊傳·莊公三年》："秋，紀季以酅入於齊。紀季者何？紀侯之弟也。何以不名？賢也。何賢乎紀季？服罪也。"⑤以紀季爲賢者，能服罪而存宗廟，故不書其名。然而《繁露》中問難者認爲，紀季以大夫之位、公子之尊、君子之號而擅以酅入齊，似不合《春秋》大義，故對其賢名有所質疑。對此，《玉英》指出，經中所書"紀季"實爲詭辭，能以酅入齊，保紀之宗廟不毀

---

① （清）焦循：《孟子正義》卷一六《離婁下》，北京：中華書局1987年版，第574頁。
② 《春秋公羊傳注疏》卷二二，《十三經注疏》，第2320頁中欄。
③ （清）蘇輿：《春秋繁露義證》卷六《俞序》，北京：中華書局2011年版，第163頁。
④ （清）蘇輿：《春秋繁露義證》卷三《玉英》，第82—83頁。
⑤ 《春秋公羊傳注疏》卷六，《十三經注疏》，第2225頁下欄。

者,非紀侯而不能爲。然而欲存宗廟,則不得不服罪;服罪,則不能不蒙辱。《春秋》欲貴紀侯之能存宗廟,又欲免其蒙辱,故易其辭而書"紀季",這就是所謂"詭其實以有避"。在解釋了這一個案之後,《玉英》進一步系統地提出了《春秋》尚"詭辭"的書寫特點。在公羊學的闡釋體系中,無論是史事本身,還是其中涉及的人物,均可以通過諱筆、移辭等書寫方式的運用予以改變,甚至這種"詭辭"的書寫方法正是孔子"因史記作《春秋》"的精妙所在。《春秋繁露・竹林》在論及《春秋》讀法時即言:"辭不能及,皆在於指,非精心達思者,其庸能知之。……見其指者,不任其辭,不任其辭,然後可與適道矣。"①從根本上說,"辭"只是"指"的載體,當"指"的表達訴求高於"辭"時,不僅書寫者不必爲"辭"所拘,閱讀者也不應執辭而索義,這與孟子提出讀《詩》應"以意逆志"的思路頗有相近之處。作爲早期私人著述的典範,公羊學關於"因史記作《春秋》"②的一系列闡釋不僅在取義的層面深刻影響了司馬遷③,而且在書寫方式的層面對司馬遷產生了直接的影響④。《自序》中對於司馬氏"世典周史"、"世守天官"等家族傳統的塑造,對於《孝經》所言周公孝道的重塑、"五百年"之數的提出,以及對於《春秋》、《吕氏春秋》、《韓非子》等撰述動機的重塑,都是"詭辭"以見義的典型書例,這些也應當成爲我們理解《自序》乃至《史記》全書時需加以留意的⑤。

(作者單位: 北京大學中國語言文學系)

---

① (清)蘇輿:《春秋繁露義證》卷二《竹林》,第50—51頁。
② 《史記》卷四七《孔子世家》,第2340頁。
③ 邵晉涵《史記提要》認爲:"今考之,其叙事多本《左氏春秋》,所謂古文也,秦漢以來故事,次第增叙焉。其義則取諸《公羊》……其文章體例則參諸《吕氏春秋》而稍爲通變。"(清)邵晉涵:《南江詩文鈔・文鈔》卷一二,道光十二年(1832)胡敬刻本。關於《史記》與公羊學之關係,亦可參阮芝生:《論史記中的孔子與春秋》,載於《臺大歷史學報》,第23期(1999年),第38—40頁;陳桐生:《〈史記〉與春秋公羊學》,載於《文史哲》,2002年第5期,第53—57頁。
④ 關於《史記》對於《公羊傳》叙事手法的借鑒,可參李秋蘭:《〈史記〉叙事與〈公羊〉書法之繼承與新變》,載於《國文學報》(臺北),第16期(1987),第82—95頁;邊家珍:《論司馬遷〈史記〉創作與《春秋》學之關係》,載於《浙江學刊》,2014年第1期,第89—91頁。
⑤ 關於司馬遷"詭辭"以見義的書寫方式,亦可參伍振勛:《聖人叙事與神聖典範:〈史記・孔子世家〉析論》,載於《清華學報》(新竹),新三九卷第2期(2009年),第227—259頁;汪春泓《〈史記・越王句踐世家〉疏證——兼論〈史記〉"實録"與"尚奇"之矛盾》,載於《華東師範大學學報》,2018年第1期,第79—88頁。

"Sophism" for Righteousness—A Study on the Writing Strategy of "Taishigong zixu" (The Autobiography of the Senior Archivist) in *Shiji* (*Records of the Grand Historian*)

Cheng Sudong

This paper argues that Sima Qian 司馬遷, author of *Shiji* 史記 (Records of the Grand Historian) implanted various expressive intentions into his autobiographic writing "Taishigong zixu" 太史公自序 (The Autobiography of the Senior Archivist) by applying a series of special writing techniques, including the delicate rewriting of *Guoyu* 國語 (*Discourses of the States*) and *Xiaojing* 孝經 (*Book of Filial Piety*), deliberate rendering of the mysterious number "five hundred years", contradictions within his dialogue with Hu Sui, and reconstructions of the temporal and spatial backgrounds of *Chunqiu* 春秋 (Spring and Autumn Annals), *Lüshi chunqiu* 呂氏春秋 (Master Lü's Spring and Autumn Annals), *Gufen* 孤憤 (Solitary Indignation) and other historical texts. This writing strategy originated from the Gongyang School, a commentary of *Spring and Autumn Annals* emphasizing *guibian yi jianyi* 詭辯以見義 "sophism for righteousness," a way of manifestation allows writers to violate the facts for a better presentation of certain righteousness of the text generated from individualized writing. To examine this writing strategy will shed light on the authorial stance and language style of *The Autobiography of the Senior Archivist* and even the entire *Records of the Grand Historian*.

Keywords: *Records of the Grand Historian*, Sima Qian, *Spring and Autumn Annals*, writing strategy

徵引書目

1. 方苞:《方苞集》,上海:上海古籍出版社,1983 年。
2. 王先謙:《荀子集解》,北京:中華書局,1988 年。
3. 王國維:《觀堂集林》,收入《王國維全集》第八卷,浙江教育出版社、廣東教育出版社,2009 年。
4. 司馬遷:《史記》,北京:中華書局,2013 年。
5. 伍振勛:《聖人叙事與神聖典範:〈史記·孔子世家〉析論》,載於《清華學報》(新竹),新 39 卷第 2 期(2009 年),第 227—259 頁。
6. 朱希祖:《中國史學通論 史館論議》,北京:中華書局,2012 年。
7. 何休解詁、徐彦疏:《春秋公羊傳注疏》,收入《十三經注疏》,北京:中華書局,1980 年。
8. 余嘉錫:《目録學發微 古書通例》,北京:中華書局,2009 年。
9. 李秋蘭:《〈史記〉叙事與〈公羊〉書法之繼承與新變》,載於《國文學報》(臺北),第 16 期(1987 年),第 82—95 頁。
10. 李紀祥:《史記五論》,臺北:文津出版社,2007 年。
11. 李笠:《史記訂補》,民國十三年瑞安李氏刻本,1924 年。
12. 李隆基注、邢昺疏:《孝經注疏》,上海:上海古籍出版社,2009 年。
13. 杜預注、孔穎達疏:《春秋左傳正義》,收入《十三經注疏》,北京:中華書局,1980 年。
14. 汪春泓:《〈史記·越王句踐世家〉疏證——兼論〈史記〉"實録"與"尚奇"之矛盾》,載於《華東師範大學學報》,2018 年第 1 期,第 79—88 頁。
15. 車行健:《從司馬遷〈史記·太史公自序〉看"漢代書序"的體制——以"作者自序"爲中心》,載於《中國文哲研究集刊》,第 17 期(2009 年),第 265—268 頁。
16. 阮芝生:《論史記中的孔子與春秋》,載於《臺大歷史學報》,第 23 期(1999 年),第 38—40 頁。
17. 來新夏:《太史公自序講義》,載於《中國典籍與文化論叢》第 15 輯,2013 年,第 135—189 頁。
18. 邵晉涵:《南江詩文鈔》,道光十二年胡敬刻本,1832 年。
19. 范曄:《後漢書》,北京:中華書局,1980 年。
20. 徐元誥:《國語集解》,北京:中華書局,2009 年。
21. 徐朔方:《史漢論稿》,南京:江蘇古籍出版社,1984 年。
22. 高步瀛:《史記太史公自序箋證》,載於《女師大學術季刊》第 1 期,1930 年。
23. 崔適:《史記探源》,北京:中華書局,1986 年。
24. 張新科等主編:《史記研究資料萃編》,西安:三秦出版社,2011 年。
25. 張毅:《説"美刺"——兼談魯、齊、韓、毛四家詩之異同》,載於《南開學報》,2002 年第 6 期,第 65—71 頁。
26. 梁玉繩:《史記志疑》,北京:中華書局,1981 年。
27. 梅顯懋:《〈史記·太史公自序〉中當有東方朔代撰〈序略〉考論》,載於《古籍整理研究學刊》,2013 年第 2 期,第 1—6 頁。
28. 章學誠著、葉瑛校注:《文史通義校注》,北京:中華書局,1985 年。
29. 陳正宏:《史記精讀》,上海:復旦大學出版社,2005 年。
30. 陳桐生:《〈史記〉與春秋公羊學》,載於《文史哲》,2002 年第 5 期,第 53—57 頁。
31. 焦循:《孟子正義》,北京:中華書局,1987 年。
32. 程餘慶:《歷代名家評注史記集説》,西安:三秦出版社,2011 年。
33. 程蘇東:《也談戰國秦漢時期"作者"問題的出現》,載於《文藝評論》,2017 年第 8 期,第 4—10 頁。
34. 程蘇東:《書寫文化的新變與士人文學的興起——以〈春秋〉及其早期闡釋爲中心》,載於《中國社會科學》,2018 年第 6 期,第 137—143 頁。
35. 黄暉:《論衡校釋》,北京:中華書局,1990 年。
36. 劉知幾著、浦起龍通釋:《史通通釋》,上海:上海古籍出版社,2009 年。
37. 鄭玄注、孔穎達疏:《禮記正義》,收入《十三經注疏》,北京:中華書局,1980 年。
38. 鄭玄箋、孔穎達疏:《毛詩正義》,收入《十三經注疏》,北京:中華書局,1980 年。
39. 錢大昕:《潛研堂文集》,上海:上海古籍出版社,1989 年。
40. 錢穆:《中國學術思想史論叢(三)》,北京:三聯書店,2009 年。
41. 錢鍾書:《管錐編》,北京:中華書局,1986 年。
42. 邊家珍:《論司馬遷〈史記〉創作與〈春秋〉學之關係》,載於《浙江學刊》,2014 年第 1 期,第 87—93 頁。
43. 蘇輿:《春秋繁露義證》,北京:中華書局,2011 年。

韋孟、韋玄成詩背景考及以經爲詩論

胡　旭　劉美惠

【摘　要】韋孟和韋玄成是西漢《魯詩》學的著名代表，其傳世之作也每每體現了他們的經學家身份，研究者往往將二者互證。然考察韋孟《在鄒詩》之"我之退征，請於天子"後，容易發現這個說法與漢初諸侯國之官制多有齟齬，故該詩可能並非韋孟所作。《諷諫詩》究竟是否韋孟所作，自班固起已有懷疑，除了詩中塑造韋孟的忠謇形象與史實並不相符外，該詩與韋玄成《自劾詩》、《戒示子孫詩》某些方面的高相似度，也遠非模仿與借鑒所能解釋。尤可注意者，《自劾詩》與《諷諫詩》中多次化用《尚書》、《周易》等經典之句，可見諸經被確立崇高地位後，内部形成了一個封閉的體系。詩人的目的並非單純地言志抒情，而是要重新組合經典爲己所用。在此過程中，文本有了新的指向並獲得了新的生命力。

【關鍵詞】韋孟　韋玄成　經學　詩

衆所周知，元帝好儒。皮錫瑞在《經學歷史》中說，元、成爲經學極盛時代，"元帝尤好儒生，韋、匡、貢、薛，並致輔相。自後公卿之位，未有不從經術進者"[1]。而諸經之中，元帝對《詩》頗爲偏愛。其在位十六年，丞相有三，除宣帝任用的于定國出身法吏外，韋玄成與匡衡以及欲倚爲丞相未果的蕭望之，均爲一流的《詩》學家，元帝在詔書中也多引《詩》，這與他受到的教育密切相關。宣帝時的太子太傅蕭望之"治《齊詩》"[2]，此外還有《魯詩》

---

[1]（清）皮錫瑞著，周予同注：《經學歷史》，北京：中華書局1981年版，第101頁。
[2]（漢）班固撰，（唐）顔師古注：《漢書》，北京：中華書局1962年版，第10册，第3271頁。

系統的張游卿"以《詩》授元帝"①、高嘉"以《魯詩》授元帝"②等。韋玄成正是《魯詩》家的代表學者。

值得注意的是，韋玄成不僅傳習章句，也參與到詩歌創作中。他的《自劾詩》與《戒示子孫詩》以及傳爲其祖韋孟所作的《諷諫詩》和《在鄒詩》，是僅存的西漢四言雅頌體文人詩。與同樣有四言章節的《安世房中歌》不同，這四首詩呈現出純粹的《詩經》風格，並無雜言或騷體賦的變音，且其中有詩人自己的面目，與宏大叙事的官方頌詩相距甚遠。

韋氏之後，兩漢效仿《詩經》體進行四言詩創作、且作品存留至今的，只有班固《兩都賦》中的三首短詩與傅毅的《迪志詩》。至漢魏之際，四言詩所展現的面貌則更近於樂府歌謠而非《詩經》。

因此，這四首詩一方面是漢代《詩經》學者流傳下來僅有的創作，可爲瞭解當時經學研究提供上佳的切入點；另一方面，它們也是西漢文學創作中較爲小衆的《詩經》體作品，是獨具特性的詩歌文本。

前人對四詩的研究多爲文辭分析。許結在《西漢韋氏家學詩義考》中指出其特色有五：四言體、《詩經》體、學者體、家族體和雅頌體③。張侃《韋孟、韋玄成詩之雅頌餘風與賦化傾向》一文指出《諷諫詩》體現出由於君臣不再有宗法關係，自述祖先功德與勸諫間就產生了斷裂；而《戒示子孫詩》將叙先烈、述祖德的内容轉换爲對當代皇權的歌頌④。這些論述雖點明了詩意，尚缺乏更深入的考辨。因此，下文將從具體詞句入手，對其作者歸屬與文本性質進行分析。

一、《在鄒詩》非韋孟所作考

《漢書·韋賢傳》於篇首介紹韋賢五世祖韋孟時，稱其爲楚元王傅，後傅元王之子夷王與孫劉戊。因劉戊荒淫，他作詩諷諫，去位後由彭城舉家遷徙至鄒，又作一詩。

---

① 《漢書》，第11册，第3610頁。
② （南朝宋）范曄撰，（唐）李賢等注：《後漢書》，北京：中華書局，1973年版，第9册，第2569頁。
③ 許結：《西漢韋氏家學詩義考》，載於《文學遺産》2012年第4期，第5—6頁。
④ 張侃：《韋孟韋玄成詩之雅頌餘風與賦化傾向》，載於《蘭州大學學報（社會科學版）》2001年第29期，第68—69頁。

雖不能否認當時其他《詩經》體作品存在的可能性，但這兩首四言詩在漢初盛行的騷體楚歌中顯得格外突兀。哪怕以百餘年後韋賢之子韋玄成的《自劾詩》爲例，對比年代略早於他的楊惲，同樣是寫遭貶後的際遇，在給孫會宗書信中的詩作風格也與韋氏詩迥異。

田彼南山，蕪穢不治，種一頃豆，落而爲萁。人生行樂耳，須富貴何時！①

治、萁、耳、時四字，上古皆爲之部字，可見其偶數句押韻。四五言參差，結構鬆散、曉暢如口語，所表達的及時行樂思想也與民謠樂府相近。流傳至今的兩漢四言詩本就稀少，以四言表達莊重嚴肅的政教倫理者更爲罕見。劉熙載在《藝概》中說："質而文，直而婉，《雅》之善也。漢詩《風》與《頌》多，而《雅》少。《雅》之義，非韋傅《諷諫》，其孰存之？"②點明的正是韋孟詩的獨特性。

因其在西漢詩壇的挺出獨秀，韋孟詩被歷代論者視作四言詩發展歷史上的重要一環。劉勰《文心雕龍·明詩》稱："漢初四言，韋孟首唱，匡諫之義，繼軌周人。"③嚴羽《滄浪詩話·詩體》更說："四言起於漢楚王傅韋孟。"④將其追認爲這種詩體的發端⑤。

這兩首詩與韋玄成所作的《自劾詩》和《戒示子孫詩》幾乎難以區分，無論是結構還是遣詞造句都如出一轍。故前人論及時往往將四首並提，視作整體。如王世貞《藝苑卮言》卷二言："韋孟、玄成，《雅》、《頌》之後，不失前規，繁而能整，故未易及。"⑥

也正因此，早有學者懷疑傳爲韋孟所作詩實出自後人之手。如梁啟超就說"怕四首都是玄成作的，因爲氣息體格完全相同"⑦。

但是僅僅從"氣息體格"是無法確切判定二詩歸屬的。畢竟四首作品皆追摹《雅》、《頌》，體現出高度的相似性也十分正常。然而《在鄒詩》中流

---

① 《漢書》，第9冊，第2896頁。
② （清）劉熙載：《藝概》，上海：上海古籍出版社1978年版，第52頁。
③ （南朝梁）劉勰著，周振甫注：《文心雕龍注釋》，北京：人民文學出版社1981年版，第48頁。
④ （宋）嚴羽著，郭紹虞校釋：《滄浪詩話校釋》，北京：人民文學出版社1983年版，第48頁。
⑤ 其說或來自傳爲南朝梁任昉《文章緣起》中的"四言詩，前漢楚王傅韋孟諫楚夷王戊詩"（見王水照編：《歷代文話·文章緣起注》，上海：復旦大學出版社2007年版，第3冊，第2519頁）。但由於《文章緣起》是否爲任昉所作仍存疑，此處並不提及。
⑥ （明）王世貞著，羅仲鼎校注：《藝苑卮言校注》，濟南：齊魯書社1992年版，第72頁。
⑦ 梁啟超：《中國之美文及其歷史》，北京：東方出版社1996年版，第116頁。

露出的蛛絲馬跡表明了它幾乎不可能爲韋孟所作。

> 微微小子,既犾且陋,豈不牽位,穢我王朝。王朝肅清,唯俊之庭,顧瞻余躬,懼穢此征。
> 我之退征,請于天子,天子我恤,矜我髮齒。赫赫天子,明悊且仁,懸車之義,以洎小臣。嗟我小子,豈不懷土? 庶我王寤,越遷于魯。
> 既去禰祖,惟懷惟顧,祁祁我徒,載負盈路。爰戾于鄒,鬋茅作堂,我徒我環,築室于牆。
> 我既卷壞,心存我舊,夢我潰上,立于王朝。其夢如何? 夢爭王室。其爭如何? 夢王我弼。寤其外邦,歎其喟然,念我祖考,泣涕其漣。微微老夫,咨既遷絕,洋洋仲尼,視我遺烈。濟濟鄒魯,禮義唯恭,誦習弦歌,于異他邦。我雖鄙耇,心其好而,我徒侃爾,樂亦在而。①

這是一首典型的效仿《雅》中諷諫詩的作品。正如明代許學夷在《詩源辯體》中所說:"韋孟四言《諷諫》,韋玄成四言《自劾》等詩,其體全出《大雅》。"②謝榛也指出:"韋孟詩,《雅》之變也。"③

全詩可以分作兩部分,前半部分講未去之時的種種唏噓感慨,後半部分寫已去後的懷念不舍。一位憂國憂民的賢人無法在污濁的朝堂立足,被衆多小人驅逐,卻依舊掛念著王朝的興衰。從詩意可推知,所述情形必在劉戊參與七國叛亂以前。

但一個在《大雅》中並不成爲問題的細節,在這首詩中卻顯得非常突兀:"王"和"天子",所指到底是一人還是兩人?

毫無疑問,《詩經》中的"天子"與"王"指的都是周天子,然而在"皇帝"尊號出現後的漢代,這兩個人稱就不能混同起來,"天子"用於中央的皇帝,"王"則指地方的諸侯王。難道是詩人因循《詩經》的表達傳統,忽視了它們之間的區別嗎? 恐怕他不僅不是没有意識到,反而對二者間的張力有清楚的認知。在同樣繫名於韋孟的《諷諫詩》中,用"王"指稱的有元王、夷王和"我王"劉戊。但"天子"只出現了一次。

---

① 《漢書》,第 10 册,第 3105—3106 頁。
② (明)許學夷,杜維沫校點:《詩源辯體》,北京:人民文學出版社 1987 年版,第 55 頁。
③ (明)謝榛著,宛平校點:《四溟詩話》,北京:人民文學出版社 1961 年版,第 16 頁。

嗟嗟我王,漢之睦親,曾不夙夜,以休令聞!穆穆天子,臨爾下土,明明群司,執憲靡顧。正遐繇近,殆其怙茲,嗟嗟我王,曷不此思!①

"我王"作爲昏聵荒亂的負面典型,與"天子"的莊嚴勤勉、臨視四方形成了鮮明的對比。這裏的"穆穆天子"與《大雅·文王》中的"穆穆文王"有著某種同構性,都是"令聞不已"的受命之君,猶如天命在人間的具體化身,正所謂"明明在下,赫赫在上"②(《大雅·大明》),濟濟下臣執天子之法,公允平正,罔顧私情。

"我王"卻是一個劣跡斑斑、不思悔改的形象,依仗著宗室身份肆意妄爲,因此令詩人發出了嚴厲的質問和憂慮的歎息。"天子"無疑是一個無論在政治層級還是道德上都高於"王"的存在,他如同《詩經》中的"上帝","臨下有赫,監視四方"③(《大雅·皇矣》),監視的對象當然也包括"王"。倘若"王"不能幡然悔悟、回歸正途,"天子"就會像天轉移天命一樣,將自己的恩惠從"王"身上轉移走。詩人巧妙地借用了《詩經》中上帝與天子的授命關係,將其轉化爲"天子"與"王"的關係,這種類比暗示著天子不容置疑的最高權威。

那麼回頭看《在鄒詩》,其中的"天子"與"王"也必是兩個人稱。

前半部分出現的"天子"與"王"的形象不同。詩人稱如果自己在位不去,只會"穢我王朝",因爲"我王"的朝廷中都是遠勝於己的俊逸之士。此言顯然並非實情,而近乎"爲尊者諱"。倘若當真如此,他也不必像屈原一樣"庶我王寤",期待"我王"意識到逐走賢臣的過錯④。與之相反,"天子"

---

① 《漢書》,第10冊,第3104頁。
② (漢)毛亨傳,(漢)鄭玄箋,(唐)孔穎達疏:《毛詩正義》,載於《十三經注疏》,北京:中華書局2000年版,第1132頁。
③ 《十三經注疏·毛詩正義》,第1195頁。
④ 漢人有時將賦的傳統追源至《詩》。如班固《兩都賦·序》:"賦者,古《詩》之流也……抑亦《雅》《頌》之亞也。"屈原的騷體賦自然也是如此。《離騷傳》云:"屈平之作《離騷》,蓋自怨生也。《國風》好色而不淫,《小雅》怨誹而不亂。若《離騷》者,可謂兼之矣。"尤其在諷諫類型的作品中,這一相似性更爲明顯。如《漢書·藝文志》:"大儒孫卿及楚臣屈原離讒憂國,皆作賦以風,咸有惻隱古《詩》之義。"反過來,騷賦又對漢代四言詩有著深刻的影響。與郊廟歌辭的直接效仿不同,韋氏詩文本身並不能看出和騷賦的關係。但《史記·屈原列傳》中所說的"屈平既嫉之,雖放流,眷顧楚國,系心懷王,不忘欲反。冀幸君之一悟,俗之一改也。其存君興國,而欲反復之,一篇之中,三致志焉。然終無可奈何,故不可以反。卒以此見懷王之終不悟也",幾乎可以完全平移到《諷諫詩》的背景中來。也就是說,雖然《楚辭》並未直接影響到韋氏詩作的內容,卻成爲隱藏的前文本,以同構的方式形成了"賢臣——昏君"的指涉。

則是禮賢下士、"明愨且仁"的形象,體恤他年歲已高,允其致仕。形容"天子"的"赫赫"一詞,在韋玄成《自劾詩》中亦見,是形容自己祖先的襃揚之語,絕非隨便使用。

然而,若"天子"與"王"並非一人,打算從"王"處離開的詩人,爲何要"請于天子"呢？這就要梳理漢初地方與中央關於諸侯國官員任免的角力過程。

漢初諸侯國與中央有同構的行政系統和職官體系,王在其封國內的權力很大。《漢書·高五王傳》贊語云:"時諸侯得自除御史大夫群卿以下衆官,如漢朝,漢獨爲置丞相。自吴、楚誅後,稍奪諸侯權,左官附益阿黨之法設。"①可見直到七國之亂後,也就是楚王劉戊死後,中央纔收緊對諸侯國的控制,武帝更頒所謂"左官法",令諸侯國之官皆卑於朝廷之官。在此之前,諸侯國內由王任命之官與中央官員爵禄等級相同,對王負責而與中央無涉。

漢初,諸侯國官中只有丞相是由中央直接指派的。《史記·曹相國世家》云:"孝惠帝元年,除諸侯相國法,更以參爲齊丞相。"②這一設置是爲了加强對地方的監察,然而就算是丞相,也很有可能由王安插私人。薄昭在勸誡淮南厲王劉長的書信中寫道:"漢法,二千石缺,輒言漢補,大王逐漢所置,而請自置相、二千石。"③劉長爲人驕恣,依仗文帝的縱容無所不爲,雖爲不守法度的特例,然亦可見中央對諸侯國的實際掌控力度不盡如人意。

文帝時,諸侯王太傅亦有中央指派者。賈誼就曾任長沙王與梁懷王太傅。他在《論治安策》中説:"大國之王幼弱未壯,漢之所置傅、相方握其事。數年之後,諸侯之王大抵皆冠,血氣方剛,漢之傅、相稱病而賜罷,彼自丞尉以上遍置私人。"④

《漢書·百官公卿表》云:"諸侯王,高帝初置,金璽盭綬,掌治其國。有太傅輔王,內史治國民,中尉掌武職,丞相統衆官,群卿大夫都官如漢朝。"⑤諸侯國二千石官包括太傅、丞相、中尉、內史、郎中令(武帝時減爲千石)和太僕(武帝時減爲千石)。所謂"彼自丞尉以上遍置私人"説的正是中央所

---

① 《漢書》,第 7 册,第 2002 頁。
② (漢)司馬遷:《史記》,北京:中華書局 1963 年版,第 6 册,第 2028 頁。
③ 《漢書》,第 7 册,第 2137 頁。
④ 《漢書》,第 8 册,第 2233 頁。
⑤ 《漢書》,第 3 册,第 741 頁。

置的太傅、丞相失去實權，要職皆被王安插親信。傅、相尚且如此，便可推知非中央指派之官的任免都是由王決定的。

韋孟所任楚元王之傅，與中央所派之太傅的情況並不相同，正如賈誼所説，被派太傅的諸侯王大多是"幼弱未壯"。如賈誼所傅之長沙靖王，其祖爲吳芮，後長房一系傳吳臣、吳回、吳右至靖王，據《漢書·異姓諸侯王表》推知，就算假設他們皆十五歲有子，傳至靖王於文帝二年（公元前178年）嗣位時，也不過三歲。賈誼於文帝四年外放，其時長沙王尚在幼沖。梁懷王爲文帝少子，年歲必然小於景帝。景帝生於惠帝七年（公元前188年），懷王於文帝二年（公元前178年）封王，立十年卒，去世時不過十餘歲。可見賈誼前後所傅之王年歲皆幼。

而韋孟之傅楚元王，並非是中央派官輔佐少主的情況。《漢書·楚元王傳》記載，劉交年少時曾和申公等向浮丘伯學《詩》，等到秦焚書後纔各自離去。秦之焚書在始皇帝三十四年（公元前213年），此時劉交至少應已十餘歲。劉交獲封於高祖六年（公元前201年），是爲元王，此時至少已近三十。

韋孟所任的傅職，更像是和申公等人一樣的咨詢顧問。劉交敬重儒生，廣爲延聘。《漢書·楚元王傳》載："元王既至楚，以穆生、白生、申公爲中大夫。"①中大夫一職，據《漢書·百官公卿表》："屬官有大夫、郎、謁者，皆秦官。……大夫掌論議，有太中大夫、中大夫、諫大夫，皆無員，多至數十人。武帝元狩五年初置諫大夫，秩比八百石，太初元年更名中大夫爲光禄大夫，秩比二千石，太中大夫秩比千石如故。"②中大夫在武帝更名爲光禄大夫之前，應爲低於太中大夫而高於諫大夫的官職，即在秩比千石與秩比八百石之間。《史記·汲鄭列傳》云："（汲黯）遷爲滎陽令。黯恥爲令，病歸田里。上聞，乃召拜爲中大夫。以數切諫，不得久留内，遷爲東海太守。"③縣萬户以上爲令，秩千石至六百石，太守秩二千石。中大夫介於二者之間，也應低於二千石。

也就是説，與韋孟差不多知識背景與地位的申公等人，在楚國並非實際掌握權力的二千石高官，只是以備顧問的侍從之臣。又《史記·儒林列

① 《漢書》，第7册，第1922頁。
② 《漢書》，第3册，第727頁。
③ 《史記》，第10册，第3105頁。

傅》云:"吕太后時,申公游學長安,與劉郢同師。已而郢爲楚王,令申公傅其太子戊。"①可見申公之"傅"乃夷王所命。以例推之,韋孟之"傅"恐怕也不同於諸侯王的"太傅",非經由中央任命,而是出自劉交的延攬。

刘戊即位後不敬申公等人,穆生打算離去。《楚元王傳》這樣記述:

> (穆生)稱疾卧。申公、白生強起之曰:"獨不念先王之德與？今王一旦失小禮,何足至此！"穆生曰:"《易》稱'知幾其神乎！幾者動之微,吉凶之先見者也。君子見幾而作,不俟終日'。先王之所以禮吾三人者,爲道之存故也；今而忽之,是忘道也。忘道之人,胡可與久處！豈爲區區之禮哉？"遂謝病去。②

類似的還有《儒林列傳》:"戊立爲楚王,胥靡申公。申公恥之,歸魯,退居家教,終身不出門,復謝絕賓客,獨王命召之乃往。"③可見穆生、申公並没有向中央報備,來去只對王負責。再看傳爲韋孟作的《在鄒詩》,就會發現"我之退征,請于天子",不僅是毫無必要的,甚至是怪異的。一個並非由天子任命的、在諸侯國内級别不高的官員,請退居然要向天子求得應允,在當時的背景下是不可能出現的事情。

而出現了這種描寫,只能説明作詩的人距離這個時代頗爲遥遠。已經不瞭解這種地方官僚體系的運作方式。自七國之亂平定後,中央對諸侯國的控制日趨緊嚴。景帝中元五年(公元前 145 年)"令諸侯王不得復治國,天子爲置吏,改丞相曰相,省御史大夫、廷尉、少府、宗正、博士官,大夫、謁者、郎諸官長丞皆損其員"④。此時距離劉戊去世已有九年。此後,諸侯國内的官員由天子任命,故離職也當經過天子的批准。

至此,結論呼之欲出:一位明顯晚於韋孟所處時代的、具有高超文學水準的韋氏族人(可能是韋玄成),出於對自己時代諸侯國官員任免制度的瞭解,用代言擬作的方式,創作了《在鄒詩》。他可能並未故意將作品歸給先祖,否則班固大概也不會聽到"或曰其子孫好事"的説法。但後人出於追尊四言體源頭的心理,或韋氏族人欲揚祖先之美,則忽視了其中的漏洞,將這

---

① 《史記》,第 10 册,第 3121 頁。
② 《漢書》,第 7 册,第 1923 頁。
③ 《史記》,第 10 册,第 3121 頁。
④ 《漢書》,第 3 册,第 741 頁。

首詩"變成"了韋孟的作品。

二、《諷諫詩》的創作目的及以諸經爲詩

上文已指出,韋孟在楚國所任之傅不太可能是中央委任的太傅。但《諷諫詩》中稱"乃命厥弟,建侯於楚,俾我小臣,惟傅是輔"。"俾我小臣"的主語正是"乃命厥弟"的漢家天子。這首詩的作者認爲韋孟就是朝廷所派的楚王太傅。那麼,《諷諫詩》的作者真的會是這樣的身份嗎?

《諷諫詩》的創作時間,據《漢書》記載與詩意推測,乃是在劉戊接到削書後到響應吳王起兵之間,即《史記》"冬,坐爲薄太后服私奸,削東海郡"到"春,戊與吳王合謀反"[①]間短暫的數月。在這段時間內,"其相張尚、太傅趙夷吾諫,不聽"[②]。雖然不能完全排除趙夷吾在韋孟離去後繼任太傅的可能性,但很難想象韋孟勸諫、未從而去、趙夷吾繼任、繼續勸諫、而後被殺等一系列事件會發生在這樣短的時間內。更爲合理的解釋是:正如《漢書·韋賢傳》中記述的那樣,韋孟並非當時劉戊的太傅,只是顧問之"傅",而《諷諫詩》中強調他太傅的身份,更像是後世子孫有意爲先祖美飾。

此外,《漢書》在記錄此段歷史時增述了休侯劉富與申公、白生的勸諫,唯獨沒有提及韋孟,照錄《諷諫詩》後,又謹慎地加上了一句"或曰其子孫好事,述先人之志而作是詩也"[③]。可見班固對於韋孟在當時起了什麼樣的作用也是存疑的。

韋孟到底有沒有勸諫劉戊已不可考,有沒有寫《諷諫詩》更是值得懷疑,但用《詩》作爲規勸君主的武器,在西漢更有明例。

> 式爲昌邑王師。昭帝崩,昌邑王嗣立,以行淫亂廢,昌邑群臣皆下獄誅,唯中尉王吉、郎中令龔遂以數諫減死論。式繫獄當死,治事使者責問曰:"師何以亡諫書?"式對曰:"臣以《詩》三百五篇朝夕授王,至於忠臣孝子之篇,未嘗不爲王反復誦之也;至於危亡失道之君,未嘗不

---

① 《史記》,第6册,第1988頁。
② 《史記》,第6册,第1988頁。
③ 《漢書》,第10册,第3107頁。

流涕爲王深陳之也。臣以三百五篇諫,是以亡諫書。"使者以聞,亦得減死論,歸家不教授。①

此事遠在七國之亂後,卻在韋玄成所處時代之前。韋玄成作爲精研《魯詩》的學者,對這一故實必然極爲熟稔。在韋孟所處的時代,或許一個謀反諸侯王的臣子見微知著、提前離去就可以全身避禍,但在七國之亂後,尤其是武帝推恩削藩之後,恐怕一個謀反諸侯王的"傅"就很難輕易逃脱責任了。韋孟作爲三代楚王之傅,竟教出劉戊這樣的國君,輕則可稱爲失職,重則如昌邑王之師王式一樣,"繫獄當死"。

所以,後人在塑造韋孟忠臣良傅的形象時,就面臨一個尷尬的事實:韋孟作爲負有教導之責的傅,没有如太傅趙夷吾直諫而死,而是悄然離去,顯得不甚忠切。韋孟或許没有寫出《諷諫詩》的必要,但後人若想爲韋孟正名,則很有必要借助《諷諫詩》來完成其目的。既有王式之例在前,塑造出一個以詩勸諫的故事就更加具有説服力了。在《諷諫詩》中,作者一直在反復強調韋孟已經完全盡到了勸諫的義務。

    瞻瞻諗夫,咢咢黄髮,如何我王,曾不是察!既藐下臣,追欲從逸,嫚彼顯祖,輕兹削黜。……非思非鑒,嗣其罔則,彌彌其失,岌岌其國。……我王如何,曾不斯覽!黄髮不近,胡不時監!②

《諷諫詩》中塑造的韋孟形象,比王式更加懇切而直接。他直言斥責"我王"的昏聵行徑,而非借由《詩經》婉言相勸。倘若没有留下諫書的王式可以"減死",留下了這首長詩的韋孟就更加可以被原諒了。詩人似乎在暗示讀者,劉戊因不能聽從黄髮老臣的良諫而走向滅亡實屬咎由自取,並非韋孟的過失疏忽。或許正出於洗清嫌疑的目的,詩人的口吻顯得急切嚴厲,在這種背景下,它被後人批評"忠鯁有餘,温厚不足"③也就容易理解了。

值得注意的是,《諷諫詩》與韋玄成的《自劾詩》在表達方式、叙述内容、遣詞造句乃至所體現的知識背景等方面,都呈現出驚人的相似性。

---

① 《漢書》,第 11 册,第 3610 頁。
② 《漢書》,第 10 册,第 3103—3104 頁。
③ (明)謝榛:《四溟詩話》,第 16 頁。

肅肅我祖，國自豕韋，黼衣朱紱，四牡龍旂。彤弓斯征，撫寧遐荒，總齊群邦，以翼大商，迭彼大彭，勳績惟光。至于有周，歷世會同。王赧聽譖，寔絕我邦。我邦既絕，厥政斯逸，賞罰之行，非繇王室。庶尹群后，靡扶靡衛，五服崩離，宗周以隊。我祖斯微，遷于彭城，在予小子，勤誒厥生，阸此嫚秦，耒耜以耕。悠悠嫚秦，上天不寧，乃眷南顧，授漢于京。

於赫有漢，四方是征，靡適不懷，萬國逌平。乃命厥弟，建侯於楚，俾我小臣，惟傅是輔。兢兢元王，恭儉淨壹，惠此黎民，納彼輔弼。饗國漸世，垂烈于後，乃及夷王，克奉厥緒。咨命不永，唯王統祀，左右陪臣，此惟皇士。

如何我王，不思守保，不惟履冰，以繼祖考！邦事是廢，逸游是娛，犬馬繇繇，是放是驅。務彼鳥獸，忽此稼苗，烝民以匱，我王以媮。所弘非德，所親非俊，唯囿是恢，唯諛是信。瞿瞿諂夫，諤諤黃髮，如何我王，曾不是察！既藐下臣，追欲從逸，嫚彼顯祖，輕茲削黜。

嗟嗟我王，漢之睦親，曾不夙夜，以休令聞！穆穆天子，臨爾下土，明明群司，執憲靡顧。正遐繇近，殆其怙茲，嗟嗟我王，曷不此思！

非思非鑒，嗣其罔則，彌彌其失，岌岌其國。致冰匪霜，致隊靡嫚，瞻惟我王，昔靡不練。興國救顛，孰違悔過，追思黃髮，秦繆以霸。歲月其徂，年其逮耇，於昔君子，庶顯于後。我王如何，曾不斯覽！黃髮不近，胡不時監！

（《諷諫詩》）[1]

赫矣我祖，侯于豕韋，賜命建伯，有殷以綏。厥績既昭，車服有常，朝宗商邑，四牡翔翔，德之令顯，慶流于裔，宗周至漢，群后歷世。

肅肅楚傅，輔翼元、夷，厥駟有庸，惟慎惟祇。嗣王孔佚，越遷于鄒，五世壙僚，至我節侯。

惟我節侯，顯德遐聞，左右昭、宣，五品以訓。既耇致位，惟懿惟奐，厥賜祁祁，百金洎館。國彼扶陽，在京之東，惟帝是留，政謀是從。繹繹六轡，是列是理，威儀濟濟，朝享天子。天子穆穆，是宗是師，四方遐爾，觀國之煇。

茅土之繼，在我俊兄，惟我俊兄，是讓是形。於休厥德，於赫有聲，

---

[1] 《漢書》，第10册，第3101—3104頁。

致我小子,越留於京。惟我小子,不肅會同,媠彼車服,黜此附庸。

　　赫赫顯爵,自我隊之;微微附庸,自我招之。誰能忍媿,寄之我顔;誰將遄征,從之夷蠻。於赫三事,匪儁匪作,於戲小子,終焉其度。誰謂華高,企其齊而;誰謂德難,屬其庶而。嗟我小子,于貳其尤,隊彼令聲,申此擇辭。四方群后,我監我視,威儀車服,唯肅是履!

(《自劾詩》)①

比對二詩,可得下表:

（傳）韋孟《諷諫詩》	韋玄成《自劾詩》
肅肅我祖,國自豕韋。	赫矣我祖,侯于豕韋。
黼衣朱紱,四牡龍旂。	車服有常。
彤弓斯征,撫寧遐荒,總齊群邦,以翼大商。	賜命建伯,有殷以綏。
勳績惟光。	厥績既昭。
至于有周,歷世會同。	宗周至漢,群后歷世。
乃命厥弟,建侯於楚,俾我小臣,惟傅是輔。兢兢元王,恭儉浄壹……乃及夷王,克奉厥緒。	肅肅楚傅,輔翼元、夷。
如何我王,不思守保……邦事是廢,逸游是娱。	嗣王孔佚。
[附]《在鄒詩》:越遷于魯。	越遷于鄒。

　　可以看出,《自劾詩》與《諷諫詩》歌頌祖先的前半部分,只在叙述的繁簡程度上有差別,幾乎句句對應,一者如同對另一者的縮寫或擴寫。

　　此外,有些句式有明顯借鑒的痕跡。如《戒示子孫詩》的"荒嫚以隊"和《諷諫詩》的"致隊靡嫚"等,其餘雷同的用詞不勝枚舉,如"穆穆"、"赫赫"、"於赫"等等,均多次出現。

　　如果以上只是字詞的相近,那麽詩作所展現出作者知識範圍的近似,則更能説明問題。

　　韋氏除家傳《魯詩》外,其他經典也頗有傳習。《漢書·儒林傳》説:"韋賢治《詩》,事大江公及許生,又治《禮》,至丞相。傳子玄成,以淮陽中

---

① 《漢書》,第10册,第3110—3112頁。

尉論石渠，後亦至丞相。……由是《魯詩》有韋氏學。"①《韋賢傳》則云："賢爲人質樸少欲，篤志於學，兼通《禮》、《尚書》，以《詩》教授，號稱鄒魯大儒……玄成字少翁……少好學，修父業。"②可見韋賢至少通習《詩》、《書》、《禮》三經，而修父業且"文采過之"的玄成，也必然熟知這些經典。

在《自劾詩》與《諷諫詩》兩首長詩中，可以明顯地看出《尚書》與他經的化用痕跡。

《尚書》中的詞句如"群后歷世"、"四方群后"和"庶尹群后"中的"群后"，不見於《詩經》，但在《尚書》中爲成詞，如《舜典》："乃日覲四嶽群牧，班瑞於群后……群后四朝。敷奏以言。"③《益稷》："群后德讓。"④等等，皆指四方諸侯。在《諷諫詩》中，轉用以指在朝公卿。

《自劾詩》中的"五品"、《諷諫詩》的"五服"，亦來自《尚書》。《舜典》："百姓不親，五品不遜。"⑤據孔疏，五品即父、母、兄、弟、子，對應義、慈、友、恭、孝五常之教。《益稷》："弼成五服，至於五千。"⑥五服即《禹貢》所說的侯、甸、綏、要、荒服，各五百里。二詩中詞義皆與《尚書》原用法相同。

《自劾詩》中的"茅土"，出自《禹貢》："厥貢惟土五色。"孔穎達疏："王者封五色土以爲社，若封建諸侯則各割其方色土與之……其割土與之時，苴以白茅，用白茅裹土與之。必用白茅者，取其潔清也。"⑦故分封諸侯又稱"列土分茅"。

《自劾詩》中的"媠彼車服"，《戒示子孫詩》中的"供事靡憜"、"無媠爾儀"，都對"惰"十分戒慎，這與《尚書》的精神一脈相承。《盤庚》言："惰農自安，不昏作勞，不服田畝，越其罔有黍稷。"⑧《益稷》："元首叢脞哉，股肱惰哉，萬事墮哉！"⑨強調群臣必須勤勉，否則萬事難成。"墜（隊）"也頻繁出現在玄成二詩與《諷諫詩》中，如"赫赫顯爵，自我隊之"、"隊彼令聲"、

---

① 《漢書》，第 11 冊，第 3609 頁。
② 《漢書》，第 10 冊，第 3107—3108 頁。
③ （漢）孔安國傳，（唐）孔穎達疏：《尚書正義》，載於《十三經注疏》，北京：北京大學出版社 2000 年版，第 65 頁。
④ 《十三經注疏·尚書正義》，第 152 頁。
⑤ 《十三經注疏·尚書正義》，第 89 頁。
⑥ 《十三經注疏·尚書正義》，第 147 頁。
⑦ 《十三經注疏·尚書正義》，第 172 頁。
⑧ 《十三經注疏·尚書正義》，第 273 頁。
⑨ 《十三經注疏·尚書正義》，第 155 頁。

"荒嫚以隊"、"顧我傷隊"、"致隊靡嫚"等等。倘若瞭解韋玄成所具有的《尚書》背景，就會明白這一"隊"字並非僅指爵位降低，更暗示著某種精神性的隕落。正是這種道德上的墮落感讓他無比驚懼難安，從而時時自警，且以自己作爲反面例證，告誡同僚與子孫務必勤慎。

《諷諫詩》中"追思黃髮，秦繆以霸"的用典，指《秦誓》中秦穆公所説的："雖則云然，尚猷詢兹黃髮，則罔所愆。"①《尚書》裏多次强調任用"老成人"和"耉"的必要性。詩人自稱"微微小子，既耉且陋"，其用意不在於説自己老而無能，而是承襲了《尚書》的語境，暗示著自己正是應該被尊重的老人，王倘若不聽不用，就是對傳統的背棄。

玄成因侍祀時不駕車、騎馬至惠帝廟下而被劾削爵，故詩中頻繁出現對"車服"的强調，表面上看來，這只是一次無心之失，但"車服"絕非簡單器物而已，二者相配以彰顯用者的身份地位，是等級秩序的象徵。《逸周書·謚法解》言："車服者，位之章也。"②《考工記》云："有虞氏上陶，夏後氏上匠，殷人上梓，周人上輿。"③周代禮儀注重乘輿可見一斑。考《周禮·春官·司服》與《巾車》，天子朝則皮弁服、乘象路，祀則六冕服、乘玉路，戎則韋弁服、乘革路，獵則冠弁服、乘木路④，各有適用場合。尊卑不同者使用的車服更有所差別。《周禮·典命》云："王之三公八命，其卿六命，其大夫四命……車旗、衣服、禮儀亦如之。"⑤不可上下淆亂。天子可將其賜予有功之臣以示表彰，如《尚書·舜典》："敷奏以言，明試以功，車服以庸"。孔傳："功成則賜車服以表顯其能用。"⑥又《益稷》："敷納以言，明庶以功，車服以庸。"⑦同。考慮到修《禮》的家學背景，玄成的這一疏忽喪失了應有的威儀，是對禮法的嚴重冒犯，也就可以理解他對此事的反復申説。如許結所言："韋氏詩主孝敬，在於尊德循禮，因爲只有保德守禮，纔能保身、保家、保

---

① 《十三經注疏·尚書正義》，第670頁。
② 黃懷信等撰：《逸周書彙校集注》，上海：上海古籍出版社1995年版，第668頁。
③ （漢）鄭玄注，（唐）賈公彥疏：《周禮注疏》，載於《十三經注疏》，北京：北京大學出版社2000年版，第1248頁。
④ 《十三經注疏·周禮注疏》，第646—651、838—842頁。《周禮》雖屬古文經藏於中秘，但未必時人所未見。如《漢書·藝文志》云："六國之君，魏文侯最爲好古，孝文時得其樂人竇公獻其書，乃《周官·大宗伯》之《大司樂》章也。"其中基本的禮法思想應可視爲習《禮》者所共知。
⑤ 《十三經注疏·周禮注疏》，第642頁。
⑥ 《十三經注疏·尚書正義》，第72頁。
⑦ 《十三經注疏·尚書正義》，第146頁。

族。"①失儀的舉止會招來禍患，必須徹底反省，這正是寫作本詩的出發點之一。

從化用的頻率與熟稔程度來看，玄成顯然對《書》、《禮》極爲瞭解，無愧於"通"之名。《諷諫詩》與《在鄒詩》雖難以確定歸屬，但就其展現的知識背景來看，作者是韋玄成的可能性相當大。

不僅《尚書》多次被作爲引用的來源，《易》也是如此。《自劾詩》"四方遐爾，觀國之輝"正出自《觀》："觀國之光，利用賓于王。"②《諷諫詩》的"致冰匪霜"則令人想起《坤》中的"履霜，堅冰至"③。

應當指出，這種自覺或不自覺化用他經以爲詩的手法，並不完全等同於後世的用典，只把文辭故事當做詩文點綴，而更像是以經解經、以經證經。具有同等崇高地位的經文，在詩人的眼裏，纔有資格相互嵌入，從而組合成新的文本以闡述自己的想法。與漢代經學家在奏議中博引衆經類似，在引用與拼湊的過程中，文本有了新的指向並獲得了新的生命力。

《書》與《詩》歷來被相提並稱，它們之間的共通處多、互文性也強，因此，四首詩中處處可見《書》的痕跡也就順理成章。王世貞早已指出："《詩》中有《書》，《書》中有《詩》也……《易》亦自有《詩》也。"並舉出一些《書》、《易》中的四言押韻句爲例，稱"以入《詩》，誰能辨也！"④但他僅僅點明了諸經間語言形式的相似性。事實上，在經文被確立了至高的地位後，這些文本內部形成一個封閉的體系。對四詩的作者而言，他的目的並非如後世讀者所熟悉的那樣展現自己的內心、抒發自己的情感。也正因如此，一些前輩學者著眼於缺失的"文學性"，對韋孟、韋玄成詩評價不高。如鄭賓于在《中國文學流變史》中説："像這種'廟堂文學'，本來已經失卻文學的原素。不過徒具形式而已。"⑤梁啟超則説："這些詩完全摹仿三百篇，一點沒有變化，而徒得其糟粕，頗覺可厭。"⑥

然而，單單以抒情言志、務求新奇的純文學標準衡量這四首詩恐怕是

---

① 許結：《西漢韋氏家學詩義考》，第9頁。
② （魏）王弼注，（唐）孔穎達疏：《周易正義》，載於《十三經注疏》，北京：北京大學出版社2000年版，第117頁。
③ 《十三經注疏·周易正義》，第32頁。
④ （明）王世貞著，羅仲鼎校注：《藝苑卮言校注》，第45頁。
⑤ 鄭賓于：《中國文學流變史》，上海：北新書局1936年版，第225—226頁。
⑥ 梁啟超：《中國之美文及其歷史》，第116頁。

有失公允的。因爲詩人既不打算鑽研字句文辭以脱去陳言,也不希求通過詩歌袒露情志,他想要傳達的訓誡和哲理只有借助經典的詞彙纔能獲得相似的神聖性。無論是勸諫失德之王還是勸誡同僚與後人不要仿效自己,其間的邏輯都是一致的:因爲文本形式與語詞來自經典,改述後所賦予的新内容也必須敬而慎重地加以對待。

如果更爲大膽些,或許可以這樣説,純文學的評價體系在中國詩歌中的適用範圍大概值得重新考量。正如鄔積意在《經典的批判》中指出的那樣,武帝后,"學術權威、道德權威、政治權威三方面在新時代下的統一"局面逐步形成①。西漢經學家們研究的《詩經》不只是詩而已,仿效之作其實也不僅僅是詩歌,而是作者造的新"經"。個人的情志讓位於更高層次的、具有某種普遍價值的勸誡或美刺。其中被強調與尊重的,除了自己祖先的榮光,更重要的還有皇權的無上地位。

綜上所述,通過對詩中所體現的時代背景和作者知識背景兩部分的考察,可以發現《在鄒詩》中有與韋孟所在的西漢初年不符的諸侯國官制,故應非其所作。《諷諫詩》中出現的過於戇直的斥責或許出自後人急於爲韋孟洗清失職罪名的目的。而在極爲相似的《諷諫詩》與《自劾詩》中,表面似乎全爲《詩》之體式,實則化用了很多《書》、《禮》乃至《易》之成句文意。瞭解時人兼通數經的背景就會發現,諸經間並無涇渭分明的壁壘。在經學家眼中,"詩"絕非簡單的詩歌而已,而是具有"經"的地位和效力的崇高文本。爲了達到諫君、勸僚、自警的多重效果,必須也只能援引其他地位同樣崇高、具有不證自明正確性的經文。寫詩不是一種文學創作,而是組合經典資源,使之爲己所用的過程,這與漢人援引經書以論時事的方法別無二致,利用采自諸經的金屬熔鑄指向現實的新劍。在這種意義上,與其説這是"創作",不如説是"改寫"也許更爲貼切。

(作者單位:廈門大學中文系、北京大學中文系)

---

① 鄔積意:《經典的批判:西漢文學思想研究》,北京:東方出版社 2000 年版,第 106 頁。

The Background of Wei Meng's and Wei Xuancheng's Poetry and Treating Chinese Classics as Poems
Hu Xu and Liu Meihui

Wei Meng 韋孟 and Wei Xuancheng 韋玄 are well-regarded *Lu shi* 魯詩 scholars from the Western Han dynasty. Their poems also demonstrate their identity as classicists. In later scholarship, Wei Meng and Wei Xuancheng are often juxtaposed to highlight these achievements. An examination of "Zai zou shi" 在鄒詩 (Poem Written in Zou), a poem commonly attributed to Wei Meng, however, will reveal that Wei's reputation of being a classicist and a poet has to do with the bureaucracy of Han dynasty principalities and consequently testifies against his authorship. Furthermore, the authorship of "Fengjian shi" 諷諫詩 (An Irony Poem), another poem famously attributed to Wei Meng has also been questioned since Ban Gu 班固 in the Eastern Han dynasty. Wei's loyal figure depicted in the poem is different from historical records,, and this poem also shares a high degree of similarity with Wei Xuancheng's "Zihe shi" 自劾詩 (A Self-reflection Poem) and "Jie shi zisun shi" 戒示子孫詩 (A Poem of Admonishment to the Descendents), which is beyond the explanation of imitation. In particular, "A Self-reflection Poem" and "An Irony Poem" quoted classics *Shang shu* 尚書 (Book of Documents) and *Zhou yi* 周易 (Book of Change) frequently, which shows a closed system within the established classics. The purpose of a poet, I argue, is more than lyricism, but to recompose classics toward his own use in which texts are given new directions and new life.

Keywords: Wei Meng, Wei Xuancheng, Chinese classics, poetry

徵引書目

1. 孔安國傳,孔穎達疏:《尚書正義》,載於《十三經注疏》,北京:北京大學出版社,2000 年。
2. 毛亨傳,鄭玄箋,孔穎達疏:《毛詩正義》,載於《十三經注疏》,北京:中華書局,2000 年。
3. 王水照編:《歷代文話》,上海:復旦大學出版社,2007 年。
4. 王世貞著,羅仲鼎校注:《藝苑卮言校注》,濟南:齊魯書社,1992 年。
5. 王弼注,孔穎達疏:《周易正義》,載於《十三經注疏》,北京:北京大學出版社,2000 年。
6. 司馬遷:《史記》,北京:中華書局,1963 年。
7. 皮錫瑞著,周予同注:《經學歷史》,北京:中華書局,1981 年。
8. 范曄撰,李賢等注:《後漢書》,北京:中華書局,1973 年。
9. 班固撰,顏師古注:《漢書》,北京:中華書局,1964 年。
10. 郜積意:《經典的批判:西漢文學思想研究》,北京:東方出版社,2000 年。
11. 張侃:《韋孟·韋玄成詩之雅頌餘風與賦化傾向》,載於《蘭州大學學報(社會科學版)》2001 第 29 期,第 67—72 頁。
12. 梁啟超:《中國之美文及其歷史》,北京:東方出版社,1996 年。
13. 許結:《西漢韋氏家學詩義考》,載於《文學遺産》2012 年第 4 期,第 4—14 頁。
14. 許學夷,杜維沫校點:《詩源辯體》,北京:人民文學出版社,1987 年。
15. 黄懷信等撰:《逸周書匯校集注》,上海:上海古籍出版社,1995 年。
16. 劉熙載:《藝概》,上海:上海古籍出版社,1978 年。
17. 劉勰著,周振甫注:《文心雕龍注釋》,北京:人民文學出版社,1981 年。
18. 鄭玄注,賈公彦疏:《周禮注疏》,載於《十三經注疏》,北京:北京大學出版社,2000 年。
19. 鄭賓于:《中國文學流變史》,上海:北新書局,1936 年。
20. 謝榛著,宛平校點:《四溟詩話》,北京:人民文學出版社,1961 年。
21. 嚴羽著,郭紹虞校釋:《滄浪詩話校釋》,北京:人民文學出版社,1983 年。

《中論》引詩與漢魏之際的《詩經》學*

尹玉珊

【摘　要】《中論》引《詩》約47次，以《雅》、《頌》爲主。徐幹在書中發揚了荀子等儒家諸子"以《詩》爲教"的傳統，體現了他在漢魏之際的亂世中企圖借助《詩經》的美刺作用來光大自己傾注到《中論》中的經世致用理想。據今傳文本看，《中論》所用詩說以毛爲主，輔以韓、魯及其他雜說。《中論》引詩不主一家詩說，而陳喬樅、王先謙都以《中論》證《魯詩》義，馬瑞辰以爲《中論》引詩多出韓說，都不免失之偏頗。諸家詩說並用的現象也出現在東漢末年的其他幾部子書當中，既可見出諸子引詩用詩的開放態度，也可見漢魏之際《詩經》傳授的百家爭鳴盛況之一斑。

【關鍵詞】《中論》　引《詩》　以《詩》爲教　漢魏之際　《詩經》學

徐幹作爲"建安七子"之一，他的辭賦創作堪與王粲媲美，曹丕認爲他們的《初征》、《登樓》、《元猿》、《漏卮》等賦作"雖張蔡不過也"。他的爲人在"七子"中號稱最爲淡薄，因爲淡薄所以能擺脫"目前之務"，全心投入到不朽的《中論》著述中。曹丕對於徐幹《中論》的讚美向來不吝筆墨，筆者原以爲這僅出於曹丕本人借書傳名的價值認同，因爲以《中論》與《新論》、《論衡》、《潛夫論》等批判鋒芒犀利的子書相比，《中論》的風格可謂中庸平

---

* 本文爲作者主持的國家社會科學基金一般項目《魏晉南北朝子部文獻綜合研究》（項目批准號：17BZW086）的階段成果。

和,毫無張揚的個性。但在仔細揣摩《中論》引詩之後,我纔體會到其中的"微言大義",也明白了徐幹在《中論》文本中寄託的良苦用心。孫啟治在《中論解詁·前言》中的話:"《中論》的議論大多在述古諷今,依託論古以反襯當今。"①算是道出了徐幹的心聲。

相比王粲、陳琳等人與曹氏政權的親近關係,徐幹算是高蹈者,但他的高蹈不同於岩穴之士。他把經世致用的理想傾注於《中論》中,高舉儒家的德教大旗,希望借助它來挽大廈於將傾。關注其《詩》學思想的清代學者,認爲徐幹本習《魯詩》,因此以《中論》引《詩》之例來補充三家《詩》説。這種做法的武斷性已逐漸顯露出來,因此筆者也希望通過對《中論》引《詩》、用《詩》情況的考察,闡明徐幹的用《詩》態度和方法,並借此瞭解漢魏之際的《詩》學傳授情況。

一、《中論》引《詩》特點

據筆者統計,《中論》引用《詩經》約47次,包括引用詩句30次,單引詩旨17次。其中引用《周頌》2篇2次,在《周頌》中所占比率爲6.5%;引用《魯頌》2篇2次,在《魯頌》中所占比率爲50%;引用《大雅》7篇15次,在《大雅》中所占比率爲22%;引用《小雅》13篇14次,在《小雅》中所占比率爲18%;引用《國風》15篇15次,在《國風》中所占比率爲9.4%。統計資料表明,《中論》引用《雅》、《頌》的比率超過了《國風》。躍進師曾説過:"凡是涉及一些重大社會問題或嚴肅的事,他們(先秦説《詩》者)往往引用'雅'、'頌'以明理。……説《詩》者引用這類詩説明一些政治上的問題,不會有歧義,容易起到'正得失'的社會作用。"②根據躍進師的觀點,徐幹引《雅》、《頌》的目的與先秦説《詩》者無異。

春秋及前人的説《詩》引《詩》,一般存在"以《詩》爲史"和"以《詩》爲教"兩種不同的學術傳統③。就文獻著述論,前者以《左傳》、《國語》爲代

---

① 孫啟治解詁:《中論解詁》,北京:中華書局2014年版,第9頁。案:文中《中論》文本一般參照徐湘霖注本,只有徐注本與孫注本有異文,或徐注本標點不合理時纔引孫注本。
② 劉躍進:《古典文學文獻學叢稿》,北京:學苑出版社1999年版,第176頁。
③ 此處參考鄭傑文:《上博藏戰國楚竹書〈詩論〉作者試測》,載於《文學遺產》2002年第4期,第4—13頁。

表,後者以《孟子》、《荀子》等戰國時期的儒家子書爲代表。戰國子書中除儒家外,喜歡引《詩》的還有《墨子》、《韓非子》、《莊子》和《晏子春秋》等,唯有名家與陰陽家等書中不見引《詩》。但與儒家子書"以《詩》爲教"不同的是,莊、韓等人引《詩》或因文中涉及儒家人物的發言,或作爲自己批駁的靶子,或用於諷刺儒家思想的弊端。《中論》引《詩》則遵循儒家子書的引《詩》傳統,但"以《詩》爲史"的例子較少,他更偏愛"以《詩》爲教"。

"以《詩》爲史"的例子在《中論》中僅有 2 例,如《爵禄》篇云:"太公亮武王克商寧亂。"① 使用的就是《大雅·大明》篇所敘述的姜尚輔佐周武王伐紂的史實和表述方式;《審大臣》篇云:"帝者昧旦而視朝廷。"② 陳述的史實就是根據《鄭風·女曰雞鳴》"女曰雞鳴,士曰昧旦"③ 的詩句而來。

所謂"以《詩》爲教"或曰"正得失"在於《詩》的美刺作用,徐幹有欲借儒家的德教傳統以澄清社會混沌的美好願望,所以《中論》引《詩》主要在修身處世之道和治國爲政之方這兩方面發揮其指引作用。

《中論》引《詩》中的絕大部分爲指明修身處世之道,它們爲徐幹所重視的兩類人群服務:一類爲執政者,一類爲"君子"。這既展示出徐幹的精英社會思想,又能體現徐幹對儒家修、齊、治、平美好理想的汲汲追求。這類"以《詩》爲教"的方法也可分爲正面褒揚、鼓勵和負面批評、警戒兩種。

《中論》中引《詩》以教諭執政者的例子約有 12 個,分別見於《虛道》、《藝紀》、《審大臣》、《亡國》、《賞罰》、《復三年喪》等篇。《虛道》篇引《詩》達 5 次之多,最能體現徐幹借古諷今的用意。如他引《鄘風·干旄》:"彼姝者子,何以告之。"④ 旨在告誡君主如能"謙虛恭順,則人皆感應而樂告良言"⑤。緊接著又引《大雅·桑柔》:"匪言不能,胡斯畏忌。"⑥ 這是站在進諫者角度,説他們不言不是不能,而是懼怕得罪君主而獲罪。徐幹以換位思考來提高執政者的認識,提醒他們想聽真話、有用的話必須謙虛。行文至此似乎言有未盡,於是他又引衛武公爲執政者樹立典範,讚美他能虛以待人,並作《大雅·抑》以自我警示,因此衛國人民作《衛風·淇澳》歌頌他的

---

① 徐湘霖校注:《中論校注》,成都:巴蜀書社 2000 年版,第 141 頁。
② 徐湘霖校注:《中論校注》,第 237 頁。
③ 阮元校刻:《十三經注疏》,北京:中華書局 1980 年版,第 340 頁。
④ 徐湘霖校注:《中論校注》,第 55 頁。
⑤ 孫啟治解詁:《中論解詁》,第 64 頁。
⑥ 徐湘霖校注:《中論校注》,第 59 頁。

德行①。徐幹希望以衛武公聲名隨《詩經》傳唱而流芳百世的故事打動君主,引其謙虛上進,可謂用心良苦。但他還是放心不下,最後又引《大雅·抑》"誨爾諄諄,聽之藐藐,匪用爲教,覆用爲虐"②的詩句,以恐嚇、威脅的口吻告誡執政者千萬不要無視君子們苦口婆心的勸誡而一意孤行,這樣只能爲自己帶來亡國滅種的災難。徐幹在教諭君主虛心納諫時,通過引用不同類型的《詩經》篇章以取得甜棗加棍棒的綜合效果,真可謂苦心孤詣。

《藝紀》篇兩次引詩,表面是談論君子的修養,其實暗寓教諭執政者之意。如引《小雅·菁菁者莪》:"菁菁者莪,在彼中阿。既見君子,樂且有儀。"說明"美育人材"③的重要,顯然是對執政者的期許;再引《小雅·鹿鳴》"我有嘉賓,德音孔昭。視民不恌,君子是則是效。我有旨酒,嘉賓式宴以敖"以說明"此禮樂之所貴也"④,還是提醒君主要承擔起對"君子"型人才禮樂教化的使命。

又如他在《審大臣》篇説:"故《詩》曰:'山有扶蘇,隰有荷華,不見子都,乃見狂且。'言所謂好者非好,丑者非丑,亦由亂之所致也。治世則不然矣。"⑤引詩以說明在亂世,流俗的褒貶很容易失實,告誡君主選拔與考量大臣不能聽信流俗之言,而要親自考察,並且驗之以行事。他又在《亡國》篇説:"今不務明其義,而徒設其禄,可以獲小人,難以得君子。君子者,行不媮合,立不易方,不以天下枉道,不以樂生害仁,安可以禄誘哉?雖强搏執之而不獲已,亦杜口佯愚,苟免不暇,國之安危將何賴焉?故《詩》曰:'威儀卒迷,善人載尸。'此之謂也。"⑥此段引《大雅·板》的詩句作比,以神像的沉默不語,比喻君子緘口。他告誡執政者如果沒有求賢的真心並付諸行動,即使擁有賢人也得不到其相助。《賞罰》篇引《鄭風·大叔于田》:"執轡如組,兩驂如舞。"⑦以善御車比喻執政者長於使用賞罰以治國。

《中論》引《詩》作爲君子修身處世的依據,在戰國子書中也有此傳統。比如《論語·泰伯》篇載曾子引《小雅·小旻》詩句"戰戰兢兢,如臨深淵,

---

① 徐湘霖校注:《中論校注》,第62頁。
② 徐湘霖校注:《中論校注》,第62頁。
③ 孫啟治解詁:《中論解詁》,第115頁。案:徐湘霖校本作"美育群材"(第97頁),孫啟治考辨諸本後以爲作"人"。
④ 徐湘霖校注:《中論校注》,第102頁。
⑤ 徐湘霖校注:《中論校注》,第244頁。
⑥ 孫啟治解詁:《中論解詁》,第350頁。案:"媮",徐注本作"偷"。
⑦ 孫啟治解詁:《中論解詁》,第358頁。

如履薄冰"①,訓導弟子要好好愛護自己的身體。《孟子》引《詩》共三十幾次,其中二十幾處用作修身之教,少數幾條談政治。當然因爲談修身的對象大多爲君主,所以修身實爲治國。如《梁惠王章句上》中,孟子引《大雅·思齊》篇詩句"刑于寡妻,至于兄弟,以御于家邦"②,既是教齊宣王修身也是治國。引《詩》達八十多次(據筆者統計約有八十二次)的《荀子》,用詩句論證自己有關君子修身處世的例子多達一半以上,餘下的都是談治政。其他又如《孔叢子·記義》篇載子路以金贖顔讎的事,孔子回答質疑時就引《秦風·黄鳥》詩句"如可贖兮,人百其身"③,説明以金錢贖來顔讎生命符合義的要求。又如《曾子·曾子立孝》篇載曾子引述《邶風·凱風》詩句"有子七人,莫慰母心"和《小雅·小宛》"夙興夜寐,無忝爾所生"④,教諭君子親孝順雙親。另《曾子大孝》、《曾子制言中》、《仲尼閒居》、《明明德》等篇也有這樣的例子多達九個。這樣的例子在戰國子書中出現頻繁,就不一一枚舉了。

《中論》引《詩》教諭執政者的例子,在戰國子書中也比比皆是。《荀子》引《詩》的八十多例中接近一半是談治政,即爲教諭執政者。其他又如《曾子全書·仲尼閒居》篇載孔子闡述明王以孝齊家、治天下的道理,引述《大雅·抑》詩句"有覺德行,四國順之"⑤和《大雅·文王有聲》詩句"自東自西,自南自北,無思不服"⑥以論證。另《明明德》等篇也有這樣的例子多達六個。

徐幹引《詩》方式比較靈活,能够把詩句與篇旨穿插使用,而且注意詩篇情感表達的對比效果,這樣行文不拖遝,而且批評效果顯著。如《復三年喪》篇云:"《詩》曰:'爾之教矣,民胥放矣。'聖主若以遊宴之間,超然遠思,覽周公之舊章,諮顯宗之故事,感《蓼莪》之篤行,惡《素冠》之所刺,發復古之德音,改大宗之權令。事行之後,永爲典式,傳示萬代不刊之道也。"⑦他先是引《小雅·角弓》的詩句言上行下效,執政者需身爲世範的宗旨。又引

---

① 劉寶楠:《論語正義》,北京:中華書局1990年版,第291頁。
② 焦循:《孟子正義》,北京:中華書局1987年版,第87頁。
③ 傅亞庶:《孔叢子校釋》,北京:中華書局2011年版,第54頁。
④ 王永輝、高尚舉:《曾子輯校》,北京:中華書局2017年版,第32頁。
⑤ 王永輝、高尚舉:《曾子輯校》,第83頁。
⑥ 王永輝、高尚舉:《曾子輯校》,第90頁。
⑦ 孫啟治解詁:《中論解詁》,第379頁。

《蓼莪》以正面樹典,引《素冠》以負面警示,反復告誡君主不能重複幽王的覆轍。

《中論》"引《詩》以教"君子者多達二十幾例,分佈的篇目也較廣泛,以《法象》篇最具代表性。徐幹在篇中四次引用詩句,意在從正面爲君子指引修身的方向,如引《大雅·抑》"敬爾威儀,維民之則"①,強調君子形象對於民衆的典範作用;引《周南·兔罝》"肅肅兔罝,施于中林"②,説明獨處時也要謹慎;引《邶風·谷風》"就其深矣,方之舟之;就其淺矣,泳之游之"③,説明"君子處境無論險易吉凶,必重儀容"④;引《小雅·小明》"靖恭爾位,正直是與,神之聽之,式穀以汝"⑤,説明君子假如具備了謙、讓、莊、敬這"四德",就能受神鬼庇護而"福禄從之"。徐幹引用詩旨擅以褒貶對比,增强其説服力。如:"子圍以《大明》昭亂,蘧罷以《既醉》保禄;良霄以《鶉奔》喪家,子展以《草蟲》昌族。"⑥把這四篇詩旨穿插組合以示褒貶,强調"吉凶歷史之事以證君子處世作事,應以先王聖人的威儀爲法象"⑦這一結論,實現他勸慰君子行善棄惡的目的。

其他如:《修本》篇引《大雅·棫樸》"追琢其章,金玉其相。勉勉我王,綱紀四方"⑧,以總結君子在言行上要"時時改過遷善,以求仁德之純粹而歸於本真"⑨;再引《小雅·谷風》"習習谷風,惟山崔巍,何木不死,何草不萎"⑩,以説明人生可能會遭遇貧窮的境遇,但君子要保持"善道"而不變;最後以《大雅·卷阿》"顒顒卬卬,如珪如璋,令聞令望。愷悌君子,四方爲綱",釋義曰:"舉珪璋以喻其德,貴不變也"⑪,再次印證自己主張。

《治學》篇引《詩》兩次,一爲闡明篇旨大義——君子須"好學",而在文章前段引《小雅·車舝》"高山仰止,景行行止"⑫;一爲總結志於學而能"總

---

① 孫啟治解詁:《中論解詁》,第 21 頁。
② 徐湘霖校注:《中論校注》,第 23 頁。
③ 徐湘霖校注:《中論校注》,第 23 頁。
④ 孫啟治解詁:《中論解詁》,第 28 頁。
⑤ 孫啟治解詁:《中論解詁》,第 32 頁。
⑥ 孫啟治解詁:《中論解詁》,第 36 頁。
⑦ 徐湘霖校注:《中論校注》,第 37 頁。
⑧ 孫啟治解詁:《中論解詁》,第 48 頁。
⑨ 徐湘霖校注:《中論校注》,第 46 頁。
⑩ 徐湘霖校注:《中論校注》,第 51 頁。
⑪ 孫啟治解詁:《中論解詁》,第 59 頁。
⑫ 徐湘霖校注:《中論校注》,第 5 頁。

群道"之後可以抵達洞達世事、穿越古今的光明境界,在文章結尾處引用《周頌·敬之》"學有緝熙于光明"①。這兩處用《詩》,都能根據詩句大意,引用比較貼切。

《智行》篇:"故《大雅》貴'既明且哲,以保其身'。"②是借用《大雅·烝民》詩句,以印證自己重視權智的觀點:一味地向善可能會遭遇災禍,善於運用權智的人纔能化解災禍。完美的君子,應是蹈善而多智的人。《考僞》篇羅列出種種虛僞狡詐的假像,其中一種"卑屈其體,輯柔其顏,托之乎煴恭"③,爲化用《大雅·抑》篇的"視爾友君子,輯柔爾顏,不遐有愆"④,但徐幹改變了原詩中的褒揚之義,提醒君子要透過一些人溫和友善的外表看清其掩藏的詐心。

《譴交》篇云:"且夫交游者出也,或身殁於他邦,或長幼而不歸,父母懷煢獨之思,室人抱《東山》之哀,親戚隔絶,閨門分離,無罪無辜,而亡命是效。古者行役過時不反,猶作詩刺怨,故《四月》之篇稱'先祖匪人,胡寧忍予',又況無君命而自爲之者乎?以此論之,則交游乎外、久而不歸者,非仁人之情也。"⑤這是從所交之"友"因爲長久離家無法行孝和親而發的感慨。借用《豳風·東山》與《小雅·四月》兩詩説明交游給予分離雙方的痛苦,來譴責桓、靈衰世中以交游爲賢的不良風習。

《夭壽》篇云:"《詩》云:'萬有千歲,眉壽無有害',人豈有萬壽千歲者?皆令德之謂也。"⑥旨在引申孟子"捨生取義",説明人當重義輕死。強調追求道德精神上的不朽,而不是肉體的長生。舉《魯頌·閟宮》的例子澄清人們對於肉體不朽的誤解。後又舉《小雅·蓼蕭》中的"其德不爽,壽考不忘"⑦,作爲他總結的"聲聞之壽"。《藝紀》篇還有一處化用《大雅·既醉》的"威儀孔時,君子有孝子"⑧句而改爲"威儀孔時,藝之飾也"⑨,説明藝紀對於君子威儀具有不可替代的裝飾作用。

---

① 徐湘霖校注:《中論校注》,第10頁。
② 孫啟治解詁:《中論解詁》,第157頁。
③ 徐湘霖校注:《中論校注》,第156頁。
④ 阮元校刻:《十三經注疏》,第555頁。
⑤ 孫啟治解詁:《中論解詁》,第240頁。
⑥ 孫啟治解詁:《中論解詁》,第265頁。
⑦ 徐湘霖校注:《中論校注》,第210—211頁。
⑧ 阮元校刻:《十三經注疏》,第536頁。
⑨ 徐湘霖校注:《中論校注》,第102頁。

《貴驗》三次引《詩》，既可用於教化君子，亦寓教化執政者之意。如引《小雅·小宛》："相彼脊令，載飛載鳴。我日斯邁，而月斯征。"徐幹解釋爲"遷善不懈"①，用以説明道德追求的無止境；引《小雅·伐木》："伐木丁丁，鳥鳴嚶嚶，出自幽谷，遷于喬木。"徐幹用此説明作爲朋友"務在切直，以升於善道"②；引《小雅·正月》："無棄爾輔，員於爾輻，屢顧爾僕，不輸爾載。"③説明"親賢求助"是對君子的砥礪，更是君主治國的支柱，修身尚需如此，何況治國！

以上數十處引《詩》，表面上看全是針對"君子"修身進德而提的要求，但是聯繫"修、齊、治、平"這一思想體系，前者是後者的必要準備，徐幹的德教理想是隱含且深邃的。

從引《詩》多寡看，徐幹對於執政者進德的要求似乎不如對"君子"那麽細緻詳盡，但是他在教諭執政者時引詩多舉反面例證，雖是借《詩》説話，但暗含譏刺，説明他希冀執政者提升德智的願望是比較迫切的，這點多少暴露出他的不"淡泊"。

《中論》引《詩》以指明治國爲政之方的例子較少，少數聯繫時政的表達也比較隱晦，這與徐幹喜好談經説理、重視道德提升且後期與政治較爲疏遠有關。具體來説，正面頌揚以引導者共有三例，分別見於《爵禄》、《務本》兩篇。《爵禄》篇三次引《詩》以論證，兩處均爲正面引導。如引《周頌·賚》曰："'文王既勤止，我應受之。敷時繹思，我徂維求定。時周之命，於繹思。'由此觀之，爵禄者，先王之所重也，非所輕也。"④就是從正面引導當政者由尊士而貴位，由貴位而重爵禄。然後再引《秦風·終南》："君子至止，黻衣繡裳。佩玉鏘鏘，壽考不忘"⑤，以民美君子之服，反映出君子之位尊貴。這應該是徐幹對於漢魏之際文人地位低下，得不到執政者尊重的間接揭示。《務本》篇云："又《詩》陳文王之德曰：'惟此文王，帝度其心。貊其德音，其德克明。克明克類，克長克君。王此大邦，克順克比。比于文王，其德靡悔。既受帝祉，施于孫子。''心能制義曰度，德政應和曰貊，照監四方曰明，施勤無私曰類，教誨不倦曰長，賞慶刑威曰君，慈和徧服曰順，擇善

---

① 孫啟治解詁：《中論解詁》，第 84 頁。
② 孫啟治解詁：《中論解詁》，第 88 頁。
③ 徐湘霖校注：《中論校注》，第 78 頁。
④ 孫啟治解詁：《中論解詁》，第 167 頁。
⑤ 徐湘霖校注：《中論校注》，第 141 頁。

而從曰比,經緯天地曰文。'如此則爲九德之美,何技藝之尚哉。"①他引《詩》並以"九德"解詩,以此告訴君主當以周文王爲典範,以提煉道德爲本,以學習技藝爲末。聯繫漢魏之際的歷史狀況,徐幹所說的"技藝"包括文學、書畫、樂舞和雜技等,暗含著對自漢靈帝以來社會上層興起的文藝熱潮的指責。

還有兩例爲從負面指責以示警戒。如《爵祿》篇結尾處引《小雅·節南山》:"駕彼四牡,四牡項領。我瞻四方,蹙蹙靡所騁。"②借詩句描述了一個不遇於時的人淒涼無依的情景,抒發了士不遇的悲哀。這應該是對當時執政者不能用賢的委婉批評,詩中人的境況與曹操《短歌行》中"繞樹三匝,何枝可依"的烏鵲境況何其相似! 只是曹操說得坦率,徐幹說得含蓄。《務本》篇云:"魯莊公容貌美麗,且多技藝,然而無君才大智,不能以禮防正其母,使與齊侯淫亂不絕,驅馳道路,故《詩》刺之曰:'猗嗟名兮,美目清兮,儀既成兮,終日射侯,不出正兮,展我甥兮。'"③舉魯莊公這個反面典型,再次暗示以君主爲首的上層社會脫離社會現實的審美追求。

戰國儒家子書引《詩》著重正面引導的例子很多,如上所述,用在負面以示警戒的例子比較少。就筆者所見僅有的幾例,如《孟子·離婁章句上》引《大雅·桑柔》篇詩句"其何能淑,載胥及溺"④,警戒君王不要落入桀紂似的下場。再如《荀子·法行》篇曾子引逸《詩》"涓涓源水,不壅不塞。轂既破碎,乃大其輻。事以敗矣,乃重太息"⑤以效警戒之用。與《中論》引《詩》的靈活性相比較,《荀子》引《詩》的方法則顯得呆板,所引的八十多例詩句中有七十多句都居於段末,而且後以"此之謂也"結束,詩句基本可視作荀子文章的段落標誌。《孟子》引《詩》比《荀子》更靈活一些,不都是放在文段末尾,但也遠遠不如《中論》。

值得一提的是徐幹還喜歡使用《詩經》中的一些說法或稱謂,這些說法或稱謂在文中僅指向其字面意思。上文以"昧旦"指天明算一例,還有比較典型的例子如:《賞罰》云"天生烝民,其性一也"⑥,借用《大雅·烝民》語。

---

① 孫啟治解詁:《中論解詁》,第293—294頁。
② 徐湘霖校注:《中論校注》,第150頁。
③ 孫啟治解詁:《中論解詁》,第293頁。
④ 焦循:《孟子正義》,第506頁。
⑤ 王先謙:《荀子集解》,北京:中華書局2013年版,第631頁。
⑥ 徐湘霖校注:《中論校注》,第290頁。

烝民,即衆人,百姓。同篇還有:"則爲惡者輕其國法,而怙其所守"①,爲借用《小雅·蓼莪》的"無父何怙,無母何恃",以"怙其所守"指代父母親人。《譴交》篇云"自矜以下士,星言夙駕,送往迎來"②,借用《鄘風·定之方中》的"命彼倌人,星言夙駕",描繪出士人忙碌於交際的情形。有的帶點比喻意味,如《核辯》篇的"何異乎鵙之好鳴"③出自《豳風·七月》的"七月鳴鵙",借好鳴之鵙喻好辯之人。這些用《詩》方法只是追求表達上的一點趣味,或曰"《詩》味",無助於内容和思想。

這可能是徐幹發明的第三種引《詩》方法,不見於先秦子書。陶淵明的詩中也有一些模仿《詩經》中的常用句式或習慣稱謂,同樣不藴含什麽特殊深意。這樣的用《詩》非常隨意,游戲一樣地信手拈來,既能表明文人的雅趣,也能説明《詩經》文本在當時的普及程度。

二、《中論》引《詩》與漢魏之際的《詩》學傳統

清人著述多好據諸子學統以判別其書所引《詩》説,如陳喬樅《三家詩遺説考》④和王先謙《詩三家義集疏》⑤,皆以《中論》證《魯詩》説;馬瑞辰《毛詩傳箋通釋》卻以爲《中論》引《韓詩》。但是據筆者對《中論》引《詩》情況的分析,發現書中引用的《詩經》材料卻不限於一家之説。

首先,從《中論》引《詩》的文字看。《中論》引《詩》有 11 處與今本《毛詩》稍異,其中有的據陳、王兩人觀點,初步推斷爲《魯詩》。如《法象》篇引《大雅·抑》:"敬爾威儀,維民之則。"⑥《毛詩》曰:"敬慎威儀,維民之則。"⑦陳喬樅《三家詩遺説考》稱:"徐幹引《詩》'敬慎'作'敬爾',文義小異,當緣下文有'慎爾出話''敬爾威儀'句致誤耳。"(《魯説考》)⑧但王先

---

① 徐湘霖校注:《中論校注》,第 290 頁。
② 徐湘霖校注:《中論校注》,第 186 頁。
③ 徐湘霖校注:《中論校注》,第 112 頁。
④ 陳壽祺撰,陳喬樅述:《三家詩遺説考》,載於《續修四庫全書》第 76 册,上海:上海古籍出版社,1995 年。
⑤ 王先謙:《詩三家義集疏》(十三經清人注疏),北京:中華書局 1987 年版。
⑥ 孫啓治解詁:《中論解詁》,第 21 頁。
⑦ 阮元校刻:《十三經注疏》,第 554 頁。
⑧ 陳壽祺撰,陳喬樅述:《三家詩遺説考》,第 275 頁。

谦《詩三家義集疏》稱:"三家經文與毛皆同,惟'維'作'惟'。"①則與《中論》所引又不盡相同。又如《修本》篇引《小雅·谷風》:"習習谷風,惟山崔巍,何木不死,何草不萎。"②《毛詩》曰:"習習谷風,維山崔嵬,無草不死,無木不萎。"③陳喬樅與王先謙都認爲《中論》此詩爲《魯詩》,並説:《中論》引《詩》木、草字當互換,亦後人轉寫誤倒之。"④《貴驗》引《小雅·小宛》:"相彼脊令,載飛載鳴。我日斯邁,而月斯征。"⑤相,《毛詩》作"題"。陳喬樅、王先謙都以爲此條出自《魯詩》⑥。《爵禄》篇引《秦風·終南》:"君子至止,黻衣繡裳。佩玉鏘鏘,壽考不忘。"⑦鏘鏘,《毛詩》作"將將";不忘,《毛詩》作"不亡"。王先謙云:"'《魯》將作鏘、亡作忘者',《中論·藝紀篇》引《詩》'佩玉鏘鏘,壽考不忘',徐幹用《魯詩》也。"⑧他又云:"《韓詩》曰:'君子至止,紼衣繡裳。'"⑨他與陳喬樅兩人皆據《中論》以證《魯詩》,卻没有《魯詩》文本可證是否相符。

有的可以推斷爲《韓詩》。如《爵禄》篇云"太公亮武王克商寧亂"⑩,爲化用《大雅·大明》篇"維師尚父,時維鷹揚,涼彼武王,肆伐大商"⑪的語句。亮,《毛詩》作"涼"。馬瑞辰説:"《釋文》:'涼,本亦作諒。《韓詩》作亮,云:相也。'……是《韓詩》作亮爲正字,《毛詩》作涼,《釋文》引'本亦作諒'者,皆假借字。"⑫又如《務本》篇云:"惟此文王,帝度其心。"⑬《毛詩》作"維此王季"。孔穎達《疏》:"此云'維此王季',彼言'維此文王'者,經涉亂離,師有異讀,後人因即存之,不敢追改。今王肅注及《韓詩》亦作'文王',是異讀之驗。"⑭馬瑞辰説:"昭二十八年《左傳》引《詩》作'維此文王'……

---

① 王先謙:《詩三家義集疏》,第 931 頁。
② 徐湘霖校注:《中論校注》,第 51 頁。
③ 阮元校刻:《十三經注疏》,第 459 頁。
④ 陳壽祺撰,陳喬樅述:《三家詩遺説考》,第 220 頁。
⑤ 孫啟治解詁:《中論解詁》,第 84 頁。
⑥ 詳見陳壽祺撰,陳喬樅述:《三家詩遺説考》,第 211 頁;王先謙撰:《詩三家義集疏》,第 695 頁。
⑦ 徐湘霖校注:《中論校注》,第 141 頁。
⑧ 王先謙:《詩三家義集疏》,第 452 頁。
⑨ 王先謙:《詩三家義集疏》,第 452 頁。
⑩ 徐湘霖校注:《中論校注》,第 141 頁。
⑪ 阮元校刻:《十三經注疏》,第 508 頁。
⑫ 馬瑞辰:《毛詩傳箋通釋》,北京:中華書局 1989 年版,第 811 頁。
⑬ 孫啟治解詁:《中論解詁》,第 293—294 頁。
⑭ 阮元校刻:《十三經注疏》,第 520 頁。

又《樂記》引《詩》'莫其德音'十句，鄭注：'言文王之德皆能如此。'又徐幹《中論·務本》篇云：《詩》陳文王之德，曰'維此文王'。其説蓋皆本《韓詩》。"①據孔穎達和馬瑞辰説，知《中論》云"文王"與《韓詩》同。但是，這篇所引《皇矣》的詩句"貊其德音"，卻與《毛詩》同，而與《韓詩》異。據陸德明《音義》云："《左傳》作'莫'，音同。《韓詩》同，云：'莫，定也。'"②孔穎達《疏》云："《左傳》《樂記》《韓詩》'貊'皆作'莫'。"③馬國翰《玉函山房輯佚書》所輯《韓詩故》亦引《釋文》以證《韓詩》作"莫"④。而馬國翰據《楚辭章句》引《詩》所輯《魯詩故》又作"維師尚父，時維鷹揚"⑤，文本同《韓詩》。徐幹此處引《詩》，一句之中即摻雜了韓、毛或魯兩家《詩》説，説明了他酷愛雜取衆家，還是後人改寫了文本所致呢？

《中論》中更多的引《詩》不易判別屬於哪一家《詩》説。如《法象》篇引《小雅·小明》："靖恭爾位，正直是與，神之聽之，式穀以汝。"⑥《毛詩》曰："靖共爾位，正直是與，神之聽之，式穀以女。"⑦《韓詩外傳》云："《詩》曰：'静恭爾位，正直是與。神之聽之，式穀以女。'"⑧此處徐幹引《詩》也含有韓、毛兩家，但他所引詩句用"汝"不用"女"不知出自哪一家，亦或後人更改？又如《藝紀》篇引《小雅·鹿鳴》："我有嘉賓，德音孔昭。視民不佻，君子是則是效。我有旨酒，嘉賓式宴以敖。"⑨"佻"，《毛詩》作"恌"；"效"，《毛詩》作"傚"；"宴"，《毛詩》作"燕"。《虚道》篇云衛國人民做《衛風·淇澳》歌頌衛武公德行⑩，《毛詩》此篇名作《淇奥》，孫注本、徐注本均無注以解釋異文原因。《佚篇》一（案：孫啟治以爲應是《復三年喪》逸文。）引《小雅·角弓》云："爾之教矣，民胥放矣。"⑪放，《毛詩》作"傚"。《修本》篇《大雅·卷阿》："顒顒卬卬，如珪如璋，令聞令望，愷悌君子，四方爲綱。"⑫愷

---

① 馬瑞辰撰：《毛詩傳箋通釋》，第846頁。
② 陸德明撰：《經典釋文》，北京：中華書局1983年版，第92頁。
③ 阮元校刻：《十三經注疏》，第520頁。
④ 馬國翰輯：《玉函山房輯佚書》，上海：上海古籍出版社1990年版，第523頁。
⑤ 馬國翰輯：《玉函山房輯佚書》，第483頁。
⑥ 孫啟治解詁：《中論解詁》，第32頁。
⑦ 阮元校刻：《十三經注疏》，第464頁。
⑧ 許維遹校釋：《韓詩外傳集釋》，北京：中華書局1980年版，第137頁。
⑨ 徐湘霖校注：《中論校注》，第102頁。
⑩ 徐湘霖校注：《中論校注》，第62頁。
⑪ 孫啟治解詁：《中論解詁》，第379頁。
⑫ 孫啟治解詁：《中論解詁》，第59頁。

悌,《毛詩》作"豈弟"。顒顒卬卬,據阮元《三家詩補遺》云:"《韓詩外傳》作'顒顒盎盎'。"①顒,據陳喬樅云《爾雅·釋訓》、蔡邕《蔡邕集·與群臣上壽表》、徐幹《中論·修本篇》引《詩》作"禺禺"(《魯詩遺説考》)②,與今本《中論》引《詩》文本不同。而馬國翰《玉函山房輯佚書》所輯的《薛君韓詩章句》卻又作"顒顒卬卬"③。以上幾處引詩只能判別其與今本《毛詩》異,三家詩文本不得而知,少數詩句三家有文本卻也不相符,不能輕斷其引文所屬家法。但是《中論》引《詩》除去上述11處與今本《毛詩》稍異,其餘20處引用的詩句與《毛詩》完全一致。也就是説在《中論》引《詩》文本中,不能排除魯、韓、毛三家《詩》的影響。至於其中的原因,我想與《鹽鐵論》、《潛夫論》等書中的情況差不多④。

其次,從《中論》引《詩》體現的《詩經》解讀情況看。

有的據《韓詩》。如《賞罰》篇云:"賞罰之不明也,則非徒治亂之分也,至於滅國而喪身,可不慎乎!可不慎乎!故《詩》云:'執轡如組,兩驂如舞。'言善御之可以爲國也。"⑤申培《魯詩故》云:"織組者,動之於此而成文於彼;善御者,亦動於手而盡馬力也。"⑥毛《傳》云:"驂之與服,和諧中節。"⑦毛、魯兩家都只就駕車的本義而言。《韓詩外傳》云:"故御馬有法矣,御民有道矣。法得則馬和而歡,道得則民安而集。《詩》曰:'執轡如組,兩驂如舞。'此之謂也。"⑧引此詩而推衍至御民治國,和徐幹的理解一致。又如《法象》篇引《周南·兔罝》"肅肅兔罝,施于中林"⑨,陳喬樅云:"喬樅謹案:徐幹説《兔罝》詩,亦本《魯詩》之義。"⑩王先謙觀點同陳。孫啓治亦認爲徐幹此處用《韓詩》説,理由是:"以兔罝喻賢人,用《韓詩》説,與幹説

---

① 阮元:《三家詩補遺》,《續修四庫全書》第76册,第38頁。
② 詳見陳壽祺撰,陳喬樅述:《三家詩遺説考》,第268頁。
③ 馬國翰輯:《玉函山房輯佚書》,第539頁下。
④ 詳見龍文玲在《〈鹽鐵論〉引詩用詩與西漢昭宣時期〈詩經〉學》中總結其原因爲:"這有可能因四家詩均傳自先秦,故《鹽鐵論》引詩文字即使主要爲三家詩,也多與《毛詩》同;也可能因《鹽鐵論》在流傳過程中文字遭後人據《毛詩》校改;亦有可能因爲其中就有《毛詩》。"我以爲,這三個原因概括得非常全面,也能夠解釋《潛夫論》、《中論》等書中諸家詩並存的現象。
⑤ 孫啓治解詁:《中論解詁》,第358頁。
⑥ 馬國翰輯:《玉函山房輯佚書》,第466頁。
⑦ 阮元校刻:《十三經注疏》,第337頁。
⑧ 許維遹校釋:《韓詩外傳集釋》,第43頁。
⑨ 徐湘霖校注:《中論校注》,第23頁。
⑩ 陳壽祺撰,陳喬樅述:《三家詩遺説考》,第65頁。

略同。"①徐湘霖則以爲毛《傳》的解釋也就是徐幹的"慎獨"之意。衆説紛紜,只能存疑。又如《譴交》篇云:"古者行役過時不反,猶作詩刺怨,故《四月》之篇稱'先祖匪人,胡寧忍予',又況無君命而自爲之者乎?"②《毛詩》所云《四月》的詩旨爲:"大夫刺幽王。在位貪殘,下國構禍,怨亂並興焉。"③與《中論》所用不符。而韓嬰的《韓詩故》所言詩旨"歎征役也",卻與徐幹相近④。

對引《詩》的使用方法上,也可以看出《中論》與《韓詩》的聯繫。如徐幹在《治學》篇引《周頌·敬之》"學有緝熙于光明"⑤談學習的境界,而《韓詩外傳》也引這句來談學習境界⑥。

有的據《魯詩》。如《爵禄》篇結尾處引《小雅·節南山》:"駕彼四牡,四牡項領。我瞻四方,蹙蹙靡所騁。"⑦借詩句描述了一個不遇於時的人淒涼無依的情景,抒發了士不遇的悲哀。陳喬樅云:"《中論》語意與《新序》同,皆本《魯詩》之義。"(《魯説考》)⑧劉向所治確爲《魯詩》,但《新序》、《説苑》二書是劉向根據所見史料文獻編撰的,其書引《詩》來源比較複雜,不能見二書收録就斷爲《魯詩》義。因此以《中論》引《詩》與《新序》引《詩》是否相符,來判定是否出自《魯詩》不甚可靠。陳、王兩書中,舉《中論》引《詩》以證《魯詩》的例子太多,就不一一枚舉了。

有的與《毛詩》一致。如《藝紀》篇引《小雅·菁菁者莪》:"菁菁者莪,在彼中阿。既見君子,樂且有儀。"説明"美育人材"⑨。毛《序》曰:"菁菁者莪,樂育材也。"⑩徐幹對這首詩的解讀同毛《序》。但王先謙在《詩三家義集疏》中引徐幹此文,並以爲徐幹用《魯詩》説⑪。又如《藝紀》篇引《小雅·鹿鳴》:"我有嘉賓,德音孔昭。視民不恌,君子是則是效。我有

---

① 孫啟治解詁:《中論解詁》,第27頁。
② 孫啟治解詁:《中論解詁》,第240頁。
③ 阮元校刻:《十三經注疏》,第462頁。
④ 馬國翰輯:《玉函山房輯佚書》,第521頁上。
⑤ 徐湘霖校注:《中論校注》,第10頁。
⑥ 許維遹校釋:《韓詩外傳集釋》,第99頁。
⑦ 徐湘霖校注:《中論校注》,第150頁。
⑧ 陳壽祺撰,陳喬樅述:《三家詩遺説考》,第198頁。
⑨ 孫啟治解詁:《中論解詁》,第115頁。
⑩ 阮元校刻:《十三經注疏》,第422頁。
⑪ 王先謙撰:《詩三家義集疏》,第605頁。

旨酒,嘉賓式宴以敖。"以説明"此禮樂之所貴也"①。毛《序》曰:"燕群臣嘉賓也。"②孫啟治以爲徐幹引《鹿鳴》之意與毛《序》同③。《審大臣》篇引《鄭風·山有扶蘇》:"山有扶蘇,隰有荷華,不見子都,乃見狂且。"後云:"叔世之君生乎亂,求大臣、置宰相而信流俗之説,故不免乎《國風》之譏也。"④毛《序》云:"《山有扶蘇》,刺忽也。所美非美然。"⑤無論是詩句大意還是篇旨,徐幹的理解都和《毛詩》一致。又如《佚篇》一云:"感《蓼莪》之篤行,惡《素冠》之所刺,發復古之德音,改大宗之權令。"⑥徐幹以爲《蓼莪》篇記載了孝子敦厚之德,故謂之"篤行";《素冠》篇旨在"刺"。如果此篇確爲《中論·復三年喪》的佚文,那麼徐幹對這首詩意的理解與毛《序》所云"刺不能三年也"⑦的説法非常相符。《譴交》篇云:"且夫交游者出也,或身殁於他邦,或長幼而不歸,父母懷煢獨之思,室人抱《東山》之哀,親戚隔絶,閨門分離,無罪無辜,而亡命是效。"⑧《毛詩》論《東山》曰:"周公東征也。"又云:"序其情而憫其勞。"⑨與徐幹引《詩》大意相似,只不過叙述的角度不同。《務本》篇云:"魯莊公容貌美麗,且多技藝,然而無君才大智,不能以禮防正其母,使與齊侯淫亂不絶,驅馳道路,故《詩》刺之曰:'猗嗟名兮,美目清兮,儀既成兮,終日射侯,不出正兮,展我甥兮。'"⑩徐幹舉魯莊公這個反面典型,警戒君主不要嫻熟於末技而招來禍患。毛《序》曰:"刺魯莊公也。齊人傷魯莊公有威儀技藝,然而不能以禮防閑其母,失子之道,人以爲齊侯之子焉。"⑪徐幹雖没有毛《序》説得那麼具體,但大意是一致的。《虛道》篇記載衛國人民做《衛風·淇澳》歌頌衛武公德行⑫,毛《序》云:"《淇奧》,美武公之德也。有文章,又能聽其規諫,以禮自防,故能入相于周,美而作是

---

① 徐湘霖校注:《中論校注》,第 102 頁。
② 阮元校刻:《十三經注疏》,第 405 頁。
③ 詳見孫啟治解詁:《中論解詁》,第 129 頁。
④ 孫啟治解詁:《中論解詁》,第 312 頁。
⑤ 阮元校刻:《十三經注疏》,第 341 頁。
⑥ 孫啟治解詁:《中論解詁》,第 379 頁。
⑦ 阮元校刻:《十三經注疏》,第 382 頁。
⑧ 孫啟治解詁:《中論解詁》,第 240 頁。
⑨ 阮元校刻:《十三經注疏》,第 395 頁。
⑩ 孫啟治解詁:《中論解詁》,第 293 頁。
⑪ 阮元校刻:《十三經注疏》,第 354 頁。
⑫ 徐湘霖校注:《中論校注》,第 62 頁。

詩也。"①此處《中論》引詩題旨與毛《序》完全一致。

還有的引《詩》和《毛詩》理解不一致,卻也不知出自哪一家。如《貴驗》篇引《小雅·伐木》:"伐木丁丁,鳥鳴嚶嚶,出自幽谷,遷于喬木。"徐幹用此句說明作爲朋友"務在切直,以升於善道"②。毛《序》云:"燕朋友故舊也。"③申培《魯詩故》云:"周德始衰,頌聲既寢,《伐木》有鳥鳴之刺。"④韓嬰《韓詩故》云:"《伐木》廢,朋友之道缺。勞者歌其事,詩人伐木自苦,故以爲文。"⑤徐幹解讀與魯、韓、毛都不同。《爵祿》篇引《秦風·終南》"君子至止,黻衣繡裳。佩玉鏘鏘,壽考不忘"⑥,以民美君子之服,說明君子之位尊貴。與毛《序》所云"戒襄公也"⑦的題旨也不一致。三家《詩》此篇無考,不知是否相符,或者是四家《詩》之外的某一家,就如《阜詩》不屬於四家《詩》一樣⑧。

《中論》中除了沒有找到依據《齊詩》的確證,其他三家都有,(案:《魯詩》例證僅據陳喬樅、王先謙說法,也不能算確證;有的《齊詩》文本同《毛詩》,也無法判定《中論》所引是齊耶? 毛耶? 如《智行》篇:"故《大雅》貴'既明且哲,以保其身。'"⑨國翰據《漢書·司馬遷傳贊》引《詩》所輯后蒼《齊詩傳》亦作"既明且哲,以保其身。"⑩)且以《毛詩》最多。但陳喬樅、王先謙卻認爲徐幹本習《魯詩》,所以《中論》引《詩》理當出自《魯詩》說,但凡與《魯詩》不吻合的文字都爲後人更改或是文獻傳播中發生了訛誤。如《修本》篇引《大雅·棫樸》:"追琢其章,金玉其相。勉勉我王,綱紀四方。"⑪陳喬樅曰:"諸所引皆《魯詩》。追琢作雕琢,勉勉作亹亹。文並與《毛詩》

---

① 阮元校刻:《十三經注疏》,第 320 頁。
② 孫啟治解詁:《中論解詁》,第 88 頁。
③ 阮元校刻:《十三經注疏》,第 410 頁。
④ 馬國翰輯:《玉函山房輯佚書》,第 475 頁下。
⑤ 馬國翰輯:《玉函山房輯佚書》,第 519 頁上。
⑥ 徐湘霖校注:《中論校注》,第 141 頁。
⑦ 阮元校刻:《十三經注疏》,第 372 頁。
⑧ "我們只好推想它可能是未被《漢志》著錄而流傳於民間的另外一家。李學勤先生在《馬王堆帛書與楚文化的流傳》一文中,曾經提到過《阜詩》,他推測說《阜詩》也許是'楚國流傳下來的另一種本子'。這是很有可能的。"見胡平生、韓自強著:《阜陽漢簡詩經研究》,上海:上海古籍出版社 1988 年版,第 31 頁。
⑨ 孫啟治解詁:《中論解詁》,第 157 頁。
⑩ 馬國翰輯:《玉函山房輯佚書》,第 507 頁。
⑪ 孫啟治解詁:《中論解詁》,第 48 頁。

異。……《中論·修本》篇引《詩》與毛氏文同,疑後人順毛改之。"①他所説的文獻更改現象的確存在,但是如果這裏他所認定的"徐幹治《魯詩》,《中論》引《詩》必出《魯詩》"這一前提都值得懷疑的話,其結論也就要大打折扣了。

《中論》引《詩》能够綜合諸家《詩》説還有一些旁證。如無名氏《中論序》讚美徐幹"學'五經'悉載於口",後又説"君子之達也,學無常師","學無常師"②的意思當指他能學"五經"且不拘於一家經説。又如徐幹在《中論》中稱《左傳》爲"其《傳》","其"指《春秋》;稱《國語》爲《春秋外傳》,且對兩傳内容均有援引,也可見出徐幹取用《春秋》思想的融會態度。

《白虎通義》與《鹽鐵論》的引《詩》、用《詩》橫跨四家《詩》説③,因爲兩書所記録的都是群體論辯的會議,與會者人數衆多,其《詩》説傳承不同,援引的資料也不同。《中論》引《詩》只代表著者本人思想,説明徐幹本人不閾於某一家《詩》説。龍文玲在《〈鹽鐵論〉引詩用詩與西漢昭宣時期〈詩經〉學》一文中指出"《鹽鐵論》所據《詩》説以齊、魯、韓三家爲主,可能兼有《毛詩》",並對王先謙以《鹽鐵論》證《齊詩》義,阮元以《鹽鐵論》證《魯詩》義的做法表示異議④。白雲嬌在《〈潛夫論〉引〈詩〉考》⑤一文中,考證出王符《詩》學思想"突破四家《詩》説"。參照本文對於徐幹引《詩》的分析解讀,既可以看出《毛詩》影響在漢魏之際的擴大,也可以看出諸子引《詩》、用《詩》不閾於某一家《詩》説,其態度開放、方法靈活。因爲諸子學術思想上的融匯百家,必然會影響其對經學成果的取用態度,這是漢魏之際的學術潮流。作爲社會公知,漢魏諸子對於經學的開放的取用態度,影響必然會波及經學領域内。因此王肅在此時進行經學上的改造與創新不可僅看作他個人的主觀意願,也有他對時代思潮的回應。

(作者單位:南寧師範大學文學院)

---

① 陳壽祺撰,陳喬樅述:《三家詩遺説考》,第250頁。
② 孫啓治解詁:《中論解詁》,第393頁。
③ 詳見龍文玲《〈鹽鐵論〉引詩用詩與西漢昭宣時期〈詩經〉學》和關小彬《〈白虎通義〉引〈詩〉説〈詩〉考》。
④ 龍文玲:《〈鹽鐵論〉引詩用詩與西漢昭宣時期〈詩經〉學》,載於《河北師範大學學報(哲學社會科學版)》2011年第5期,第88—92頁。
⑤ 白雲嬌:《〈潛夫論〉引〈詩〉考》,載於《江漢大學學報(社會科學版)》2013年第3期,第78—80頁。

The Poetic Quotations in *Zhonglun* (Balanced Discourses) and the Study of *Shijing* (Book of Songs) during the Han and Wei Dynasties

Yin Yushan

Zhonglun 中論 (Balanced Discourses) quoted *Shijing* 詩經 (Book of Songs) about forty-seven times, mainly from Ya 雅 (hymns) and Song 頌 (eulogies). Xu Gan 徐幹, the author of *Balanced Discourses*, developed the tradition from Xunzi 荀子 and other Confucian thinkers in putting Confucian ideas into practice particularly during turbulent years. According to texts passed on to today, the study of poetry in *Balanced Discourses* mainly focused on *Mao Commentary*, accompanied by *Han* 韓, *Lu* 魯, and other texts. Previous studies, including Chen Qiaozong's 陳喬樅 and Wang Xianqian's 王先謙 examinations of *Balanced Discourses* for the meaning of *Lu*, and Ma Ruichen's 馬瑞辰 assertion that the poetry quotations in *Balanced Discourses* exceed those in *Han*, are all inevitably biased. The coexisting phenomenon of different commentary texts also appeared in several other masters-texts in the late Eastern Han dynasty, which shows the open attitude of Confucian masters in terms of poetry quotations, and further illustrates the diverse scholarship on *Book of Songs* in Wei and Han dynasties.

Keywords: *Balanced Discourses*, quotations from *Book of Songs*, cultivation with *Book of Songs*, turn of Han and Wei Dynasties, *Book of Songs* study

徵引書目

1. 王永輝、高尚舉：《曾子輯校》,北京：中華書局,2017 年。
2. 王先謙：《荀子集解》,北京：中華書局,2013 年。
3. 王先謙：《詩三家義集疏》(十三經清人注疏),北京：中華書局,1987 年。
4. 阮元校刻：《十三經注疏》,北京：中華書局,1980 年。
5. 胡平生、韓自强著：《阜陽漢簡詩經研究》,上海：上海古籍出版社,1988 年。
6. 孫啟治解詁：《中論解詁》,北京：中華書局,2014 年。
7. 徐湘霖校注：《中論校注》,成都：巴蜀書社,2000 年。
8. 馬國翰輯：《玉函山房輯佚書》,上海：上海古籍出版社,1990 年。
9. 馬瑞辰：《毛詩傳箋通釋》,北京：中華書局,1989 年。
10. 許維遹校釋：《韓詩外傳集釋》,北京：中華書局,1980 年。
11. 陳壽祺撰,陳喬樅述：《三家詩遺説考》,載於《續修四庫全書》第 76 册,上海：上海古籍出版社,1995 年。
12. 陸德明撰：《經典釋文》,北京：中華書局,1983 年。
13. 傅亞庶：《孔叢子校釋》,北京：中華書局,2011 年。
14. 焦循：《孟子正義》,北京：中華書局,1987 年。
15. 劉寶楠：《論語正義》,北京：中華書局,1990 年。
16. 劉躍進：《古典文學文獻學叢稿》,北京：學苑出版社,1999 年。
17. 鄭傑文：《上博藏戰國楚竹書〈詩論〉作者試測》,載於《文學遺産》2002 年第 4 期,第 4—13 頁。
18. 龍文玲：《〈鹽鐵論〉引詩用詩與西漢昭宣時期〈詩經〉學》,載於《河北師範大學學報》(哲學社會科學版)2011 年第 5 期,第 88—92 頁。
19. 關小彬：《〈白虎通義〉引〈詩〉説〈詩〉考》,載於《阜陽師範學院學報(社會科學版)》,2008 年第 6 期,第 33—36 頁。
20. 白雲嬌：《〈潛夫論〉引〈詩〉考》,載於《江漢大學學報(社會科學版)》2013 年第 3 期,第 78—80 頁。

開啟南北朝至唐代遊仙詩道教化的轉關

——上清經派道人楊羲的道教遊仙詩

張 宏

【摘 要】上清經派道人楊羲等在製作上清經的過程中，開創了以扶乩降筆之法創作道教遊仙詩的神秘創作方式。楊羲開創了女仙婚戀遊仙詩、煉丹奉道的遊仙詩等新的遊仙詩類型，以道教各種修煉方式和功法爲主要內容，變遊仙詩爲修道詩，使遊仙詩的整體風貌大變。在仙境的營構描寫上，楊羲詩歌濃墨重彩地鋪排渲染了道教神仙活動的繁華熱鬧世界，在詩歌中第一次形象生動地描寫了煉丹奉道活動的神奇景象，散發出濃郁的宗教神秘氣息，使得遊仙詩中的"龍虎之氣"從此生生不息，開啟了南北朝至唐代遊仙詩道教化的轉關。對後代詩人特別是李白等的煉丹類遊仙詩產生了深遠的影響。

【關鍵詞】道人楊羲 道教上清經派 仙女下凡婚配 煉丹奉道 道教遊仙詩

遊仙詩的創作在東晉之前主要是受社會上流傳的神仙思想的影響，而與道教的關係並不大。這與道教尚處在草創發展的初期階段有關。早期的五斗米道和太平道作爲宗教組織團體，主要在民間活動，而在上層社會的傳播組織，並不明顯和具有聲勢影響，因而像創作遊仙詩的著名文士如阮籍、嵇康和郭璞等，在生活中主要是同零散的采藥煉丹的高士交往，與神仙道教組織的關係就不得而知[1]。這裏當然不排除由於魏晉時期社會動

---

[1] 參見張宏：《道骨仙風》，北京：華文出版社1997年第1版。

盡,流傳下來的文獻資料不多的原因。魏晉時的成公綏作有《仙詩》,説:"那得赤松子,從學度世道? 西入華陰山,求得神芝草。"①可能比較典型地反映了當時人們渴望從采藥服食的個人行爲,跨越到找到神仙道教組織,以學度世之道的情形。"度世道"一詞帶有宗教氣息,在魏晉遊仙詩中僅見於此,從中透露出或許成公綏已耳聞有宗教性質的神仙道教組織,但由於處在初創的秘密階段,還難以接洽上。另外,從思想旨趣上看,道教還在廣泛吸收道家哲學思想和神仙思想,以及儒家倫理思想,尚未形成自己獨特鮮明的宗教思想,道教經典的製作和傳播在上層文士中也没有造成聲勢和影響。如太平道和五斗米道都奉爲道書經典的《太平經》,主要爲對話語録體散文,多記録民間口語,比較質樸簡單,因而對文士的文學創作影響不大。

直到東晉中葉,楊羲、許謐等造作一批上清經、創建上清派後,道教經書的製作和傳播纔在社會上形成高潮,並廣泛影響士人的思想和生活,成爲士人閱讀學習的對象,從而直接進入文人的文學創作領域,對遊仙詩的創作方式和思想藝術風貌產生巨大影響。後代喜讀道經、入道或常與道士交往的文人,如李白、李商隱、曹唐等,都化用《真誥》等道經遊仙詩的隱喻符號系統,創作了大量的遊仙詩。因此楊羲製作的上清經,特別是這些經典中的道教遊仙詩,開啟了南北朝至唐代遊仙詩道教化的轉關,很值得引起足夠的重視,並作認真的探討研究。

一、楊羲等道人開創了以扶乩降筆之法
創作道教遊仙詩的神秘創作方式

道教的早期道經《太平經》主要由巫祝以對話和讖語的形式寫成。如《太平經》卷五十《神祝文訣第七十五》説:

> 天上有常神聖要語,時下授人以言,用使神吏應氣而往來也。人民得之,謂爲神祝也。……祝是天上神本文傳經辭也。其祝有可使神炫爲除疾,皆聚十十中者,用之所向無不愈者也。但以言愈病,此天上

---

① 逯欽立:《先秦漢魏晉南北朝詩》,北京:中華書局1983年版,第584—585頁。

神讖語也。良師帝王所宜用也，集以爲卷，因名爲祝讖書也。是乃所以召群神使之，故十愈也。①

這種以巫祝之口傳達出神諭的話，源於原始宗教的通神巫術。巫作爲人神之間的媒介，在入神的恍惚狀態下，與神交接對話，接收神的指示，再由弟子將巫祝神靈附體時說的話記錄下來，即爲一種扶乩降筆之法。這多是道經的製作者神聖其道以使人崇信的神秘舉措。因此，透過其宗教巫術的神秘外衣，我們仍可以把握其思想內容和表現手法上的時代特點。如爲便於信徒們記憶傳頌，《太平經》中有很多用詩體寫成的口訣、歌謠，其中卷三十八的《師策文》說：師曰：

吾字十一明爲止，丙午丁巳爲祖始。四口治事萬物理，子巾用角治其右，潛龍勿用坎爲紀。人得見之壽長久，居天地間活而已。治百萬人仙可待，善治病者勿欺紿。樂莫樂乎長安市，使人壽若西王母，比若四時周反始，九十字策傳方士。

《太平經》卷三十九《解師策書訣》以真人請問神人、神人爲之講解的形式解釋說："師者，正謂皇天神人師也；……"②然而我們分明可見這實際上是一首以讖語、易辭和歌謠寫成的順口溜，表現修道治病長壽成仙的思想。其中"樂莫樂乎長安市，使人壽若西王母，比若四時周反始"，令人感到了漢樂府遊仙詩的味道。而其七言一句的表現形式，很接近曹丕的七言樂府詩《燕歌行》，可謂七言詩的雛形，因此成爲研究七言詩體從產生走向成熟的重要資料③。

後代道人製作道經都襲用了這套扶乩降筆的神秘創作方式。陶弘景的《真誥》就詳細地記載了東晉中葉楊羲等道人製作道教上清經的神秘情形。《真誥·叙錄》說：

伏尋《上清真經》出世之源，始於晉哀帝興寧二年（364）太歲甲子，

---

① 王明：《太平經合校》，北京：中華書局1992年版，第181頁。
② 王明：《太平經合校》，第62、64頁。
③ 詳論參見詹石窗：《道教文學史》，上海：上海文藝出版社1992年版，第27—28頁。

紫虛元君上真司命南嶽魏夫人(按即女仙魏華存)下降,授弟子琅琊王司徒公府舍人楊某(按即楊羲),使作隸字寫出,以傳護軍長史句容許某(按即許謐),並第三息上計掾某某(按即許謐第三子許翽)。二許又更起寫,修行得道。凡三君手書,今見在世者,經傳大小十餘篇,多掾(許翽)寫;《真授》四十餘卷,多楊書。①

所謂"降授",即是扶乩降筆。這裏說《上清真經》是魏夫人等神仙夜裏下降到楊羲家,叫楊羲用隸書寫出的。楊羲作爲神仙與人之間的媒介,具備了巫師通靈通神的本領,在一種類似於做夢的恍惚迷狂狀態中,産生種種幻覺而寫成的。《真誥》中託名爲神仙降授的誥語,實是上清經派道士如造作《太平經》的巫祝們一樣,爲自神其教的手法②。

據《真誥》、《茅山志》、《雲笈七籤》等載,楊羲是上清經派"第一代太師"魏華存女仙的弟子,被稱爲"上清第二代玄師"。生於晉成帝咸和五年(330),似爲吳人,居住在宗教氛圍極爲濃厚的句容,結交句容世家大族許邁、許謐兄弟,常在茅山叢山中雷平山許謐官廨從事奉道活動。曾受許謐推薦,爲晉簡文帝司馬昱稱帝前封琅琊王時的司徒公府舍人。"爲人潔白美姿容,善言笑,工書畫。少好學,讀書該涉經史。"(《真誥》卷二十《真胄世譜》)③各種傳記都特別稱讚他自幼好道,有仙真的資質,"性淵懿沈厚,幼有通靈之鑒"(《真胄世譜》)④。他也成爲文化水準頗高的巫師,20歲時(永和五年)受《中黃經》;21歲時從上清經派第一代玄師魏夫人的兒子劉璞學《靈寶五符經》;在36歲時,能夠夢見已死去升仙30年的魏夫人,接收她作爲神仙降授的誥語(隱奧的秘訣),並用優美的隸書加以記錄,製作出來上清經典《真誥》。《真誥·握真輔》第一至第二,卷十七至卷十八,專門記叙了楊羲的做夢記錄,即在接遇全書38位仙真的宗教情境中,進入一種精神恍惚的迷幻狀態,運用扶乩降筆之法制作《真誥》的情形。

由此可見,《真誥》所謂神仙口授的上清經典實主要出於楊羲之手。鍾

---

① (日)吉川忠夫、麥谷邦夫編,朱越利譯:《真誥校注》,北京:中國社會科學出版社2006年第1版,第572—573頁。
② 詳許地山:《扶箕迷信底研究》,臺北:商務印書館1969年版。又鍾肇鵬:《讖緯論略》,瀋陽:遼寧教育出版社1991年第1版,第229—240頁,論及扶乩與讖緯、求籤。
③ (日)吉川忠夫、麥谷邦夫編,朱越利譯:《真誥校注》,第592頁。
④ (日)吉川忠夫、麥谷邦夫編,朱越利譯:《真誥校注》,第592頁。

來因先生《長生不死的探求——道經〈真誥〉之謎》,在整理和譯解《真誥》內容上頗具開拓之功。本文即在鍾先生整理的基礎上作進一步的專題性研究①。《真誥》全書分七篇共二十卷,模仿《莊子》內七篇,每篇皆以三字爲題,在取題命篇上又受漢代流傳下來的七種緯書的影響,如《稽覽圖》、《運期授》等。前十六卷爲諸仙真降授楊羲、許謐的誥語,其中授許謐及許翽的誥語都是由楊羲轉達的。後四卷爲陶弘景所寫,記載楊羲、許謐等在世的生活,並介紹上清經派創始人的家譜及經典流傳過程。其中卷一至卷四爲《運象篇》,以諸仙真降授楊羲的方式,展開楊羲與九華安妃的人神之戀;卷五至卷八爲《甄命授》,以眾真訓誡的形式,"詮導行學,誡厲怠息",同時展開雲林夫人與許謐的人神之戀。《真誥》書中的這些所謂的仙真誥語,其實是當時以上清經派爲代表的社會宗教文化現象的反映。其中有很多降誥是用五言詩歌的形式表現出來。這些詩歌主要表現楊羲與女仙安妃、許謐與女仙雲林夫人二對人神戀愛的浪漫而神秘的故事,並藉以宣講修道成仙的宗教義理和方法,集遊仙詩、玄言詩等爲一體,具有典型的晉詩風格,數量多達八十多首②。下面便對它們作一簡要的分析。

如上所論,這些詩歌出於楊羲、二許之手。楊羲卒於晉孝武帝太元十一年(386),年五十七;許謐比楊羲長二十五六歲,卒於太元元年(376)(《真誥·翼政檢·真冑世譜》載許謐死於晉孝武帝甯康元年即373年),其兄許邁和王羲之父子交誼頗深;許翽爲許謐之子,早逝,死於晉廢帝太和五年(370)。他們都生活在東晉中葉,在游仙詩人郭璞之後,和玄言詩人許詢、孫綽同時或稍早。故這批仙詩應屬於東晉中期的作品。

二、《真誥》創造了描寫仙女下凡婚配的遊仙詩

傳爲戰國時代楚人宋玉所作的《高唐賦序》和《神女賦並序》,最早歌詠了巫山神女情事。《高唐賦序》説巫山神女介紹自己:"妾在巫山之陽,高丘之阻,旦爲朝雲,暮爲行雨。朝朝暮暮,陽臺之下。"③《神女賦序》寫楚襄王

---

① 鍾來因:《長生不死的探求——道經〈真誥〉之謎》,上海:文匯出版社1992年版。
② 逯欽立先生把楊羲的這些詩歌輯録在《先秦漢魏晉南北朝詩》中。
③ (戰國)宋玉:《高唐賦序》,《中國古典文學名著分類集成·7·散文卷·先秦卷》,天津:百花文藝出版社1994年版,第382頁。

夜夢與神女遇，《神女賦》淋漓盡致地描寫了神女楚楚動人的情態："望余帷而延視兮，若流波之將瀾。""意似近而既遠兮，若將來而復旋。""精交接以來往兮，心凱康以樂歡。神獨亨而未結兮，魂煢煢以無端。""目略微眄，精采相授。志態橫出，不可勝記。意離未絕，神心怖覆。"①生動地表現了楚襄王與神女失之交臂的黯然神傷，刻畫了一位奇美無比而又情志聖潔的神女形象。可以說宋玉筆下的神女形象，奠定了國人對仙女美女的審美理想範式。此後題詠神女的文學作品不絕如縷。

到曹植的《洛神賦並序》，主要描寫洛水之神宓妃，同時，又提到"感宋玉對楚王神女之事"，即巫山神女；提到"感交甫之棄言"，即《韓詩外傳》所載鄭交甫在漢水邊上遇見神女之事；又提到"從南湘之二妃，攜漢濱之遊女"，即湘水之神和漢水之神，劉向《列女傳》說舜帝南巡死在蒼梧，其二妃娥皇、女英投湘水而死。"漢濱之遊女"出自《詩經·周南·漢廣》"漢有遊女，不可求思"。此外，曹植該賦中還提到"詠牽牛之獨處"，即有關牽牛星與織女星隔天河相望的傳說；並描寫了"川後靜波，馮夷鳴鼓，女媧清歌"②等眾女神作樂的場面，可謂是各種神女傳說的集大成，對後代表現人神之戀的作品產生了巨大而深遠的影響。這在《真誥》描寫仙女下凡婚配的遊仙詩中也有表現。

而將宋玉《高唐賦序》和《神女賦並序》直至曹植的《洛神賦並序》描寫神女、表現人神相戀的題材移植到詩歌中，並創造性地改造成描寫飛仙形象的，是阮籍的《詠懷》十九題詠佳人：

西方有佳人，皎若白日光。被服纖羅衣，左右珮雙璜。修容耀姿美，順風振微芳。登高眺所思，舉袂當朝陽。寄顏雲霄間，揮袖凌虛翔。飄搖恍惚中，流盼顧我旁。悅懌未交接，晤言用感傷。③

但東晉之前的神仙思想在宣揚升仙遊樂的情景時，雖然出現了西王母、玉女及湘水之神和漢水之神等的形象，不過都只是點綴娛樂性的配角，很少有渲染人神之戀故事的。

---

① （戰國）宋玉：《神女賦並序》，《中國古典文學名著分類集成·7·散文卷·先秦卷》，第385頁。
② 參見黃節：《曹子建詩注》，北京：人民文學出版社1957年版。
③ 逯欽立：《先秦漢魏晉南北朝詩》，第496頁。

而東晉之後，受南方楚文化的影響，晉人好談鬼神，民間盛傳人神接遇相戀的奇幻故事。如干寶以"採訪近世之事"而寫成的《搜神記》，其卷一就記載了董永和天上下凡的織女（《董永》）、張傳和西王母的女兒杜蘭香（《杜蘭香》）、弦超和天上玉女成公知瓊（《弦超》）等人神戀愛的故事。當時的文人張敏在咸甯、太康作官時，就已採錄民間有關弦超接遇成公知瓊的傳聞，寫成《神女賦》①。又《晉書·曹毗傳》載曹毗曾因"桂陽張碩爲神女杜蘭香所降"之事，而"以二篇詩嘲之，並續杜蘭香歌詩十篇"。《藝文類聚》卷七九引有《杜蘭香別傳》，卷八一引文稱"曹毗《杜蘭香傳》"；《北堂書鈔》卷一四二和一四八有引文都稱"曹毗《神女杜蘭香傳》"。由此可見其時神女下凡傳說的風行②。

同時，隨著神仙鬼道的發展，民間有不少自稱通於鬼神的的女"天師"、女巫、女仙、女道士在活動。如《晉書·隱逸列傳·夏統》載，會稽永興人夏統的母親病了，宗親"迎女巫章丹、陳珠二人，並有國色，莊服甚麗，善歌舞，又能隱形匿影。甲夜之初，撞鐘擊鼓，間以絲竹，丹、珠乃拔刀破舌，吞刀吐火，雲霧杳冥，流光電發。……入門，忽見丹、珠在中庭，輕步逥儛，靈談鬼笑，飛觸挑株，酬酢翩翻"。夏統斥之爲："奈何諸君迎此妖物，夜與遊戲，放傲逸之情，縱奢淫之樂，亂男女之禮，破貞高之節。"③《宋書·二凶傳》也載："有女巫嚴道育，本吳興人，自言通靈，能役使鬼物……（元凶）劭等敬事，號曰天師。"④這成爲民間流行神女下凡傳說的生活原型和社會基礎。

另外，人神婚戀的故事可以追溯到有關牛郎織女的神話傳說。從《詩經·小雅·大東》篇到《古詩十九首·迢迢牽牛星》，再到東漢王逸的《九思》描寫"就傳說兮騎龍，與織女兮合婚"⑤的遊仙情景，顯示出牛郎織女的神話向神仙傳說轉化的軌跡，特別是織女日益成爲傳說的主角並向仙女轉化的趨向。到東晉時，已有不少題詠七夕織女的詩作。如蘇彥的《七月七日詠織女詩》，描寫了牛郎織女良宵歡會的情節：

---

① 另一說：《太平廣記》引爲張華所作。干寶《搜神記·弦超》結尾說"張茂先爲之作《神女賦》"，汪紹楹先生據《藝文類聚》卷七九作晉張敏《神女賦》，疑《法苑珠林》誤作張華（字茂先）。二說存疑待考。
② 詳參李豐楙：《魏晉神女傳說與道教神女降真傳說》，載於《誤入與謫降——六朝隋唐道教文學論集》，臺北：學生書局1996年初版。
③（唐）房玄齡等撰：《晉書》，北京：中華書局1974年版，第2423頁。
④（梁）沈約撰：《宋書》，北京：中華書局1974年版，第2428頁。
⑤（東漢）王逸撰，黃靈庚點校：《楚辭章句》，上海：上海古籍出版社2017年版，第369頁。

織女思北祉,牽牛歎南陽。時來嘉慶集……釋轡紫微庭,解衿碧琳堂。歡宴未及究,晨暉照扶桑。仙童唱清道,盤螭起騰驤。悵悵一宵促,遲遲別日長。①

　　值得注意的是在織女"解衿碧琳堂"的歡會中,不僅涉及到房中之歡,而且還有"仙童唱清道"的情形。這表明了織女已爲道教仙女的身份。這是道教在東晉發展的影響所致。同時也説明道教已經吸收了民間有關牛郎織女的傳説故事,並根據道教的需要作了改造,突出了織女作爲仙女的形象和地位。

　　東晉干寶的《搜神記》還記載了漢代流傳有織女下凡嫁給董永的故事。《搜神記·董永》説漢人董永"父亡,無以葬,乃自賣爲奴,以供喪事"。結果感動天上的織女下凡,"緣君至孝,天帝令我助君償債耳"②。

　　民間流傳的織女七夕相會的浪漫故事,以及下凡嫁人的民間傳説,對東晉楊羲等道人創造女仙下凡降誥授道、戀愛結婚的道教神仙故事,當有很大的影響。他的《九月二十五日夜雲林右英夫人授作》就描寫了"手攜織女舞,並伶瓠瓜庭"的情形。

　　另外,《搜神記·弦超》篇説:魏濟北郡從事掾弦超:"以嘉平中(249—253)夜獨宿,夢有神女來從之,自稱天上玉女,東郡人,姓成公,字知瓊。""一旦,顯然來遊,駕輜軿車,從八婢,服綾羅綺繡之衣,姿顔容體,狀若飛仙。"自我介紹説:"我,天上玉女。見遣下嫁,故來從君。不謂君德,宿時感運,宜爲夫婦。"點明爲宿命婚姻。並贈詩一篇:

　　飄搖浮勃蓬,敖曹雲石滋。芝英不須潤,至德與時期。神仙豈虚感,應運來相之。納我榮五族,逆我致禍災。③

　　值得注意的是在前四句描寫服食成仙之後,特地點明神女下凡完成宿命婚姻,這是前此的遊仙詩中没有過的内容。

　　同樣,在《搜神記·杜蘭香》篇中,一個主要的情節就是杜蘭香讓婢女

---

① 逯欽立:《先秦漢魏晉南北朝詩》,第924頁。
② (晉)干寶撰,馬銀琴譯注:《搜神記》,北京:中華書局2012年版,第26頁。
③ (晉)干寶撰,馬銀琴譯注:《搜神記》,第30頁。

告訴張傳:"阿母所生,遣受配君,可不敬從!"並作詩:

> 阿母處靈岳,時遊雲霄際。衆女侍羽儀,不出墉宮外。飄輪送我來,豈復耻塵穢。從我與福俱,嫌我與禍會。①

詩歌前四句描寫在西王母墉宮仙境遊樂的情景,靈岳、墉宮都指昆侖仙境。後四句則描寫下凡塵世完成遣配婚姻,表現了與《弦超》篇同樣的命中注定的強制性和宿命論色彩。

從這兩則表現仙女下凡婚配的民間傳説故事,可以見出神仙故事在魏晉時期的新發展,及其在遊仙詩題材内容上的新表現。

大約是受民間傳說的這類仙女故事的影響,楊羲在造作上清道派的經典時,也採用了女仙降誥、以戀愛婚配來誘導凡夫修道成仙的形式,來表達一種與神仙交接的宗教體驗和修煉方法,即上清經派的存思法和房中術修煉。

《真誥·運象篇》開篇即描寫升平三年(359)十一月間女仙萼緑華六次下降羊權的故事,表現人仙交接的情形,宣揚"順運隨會,背實反冥"(女仙九華安妃語),"玄遠冥分,使之然耳"(楊羲與九華安妃的媒人西王母第二十女紫微夫人語),"冥期數感,玄運相適,應分來聘,新構因緣,此攜真之善事也"(楊羲的導師南嶽夫人魏華存語),這種強調"冥期數感"、宿命相與的思想,形成命、緣、數的人生觀念,顯然與佛教思想的傳播有關,表現了道教在東晉之後的新發展,其影響之大,使得冥會因緣之説成爲國人解説男女婚姻關係的主要理論。

在萼緑華頻繁的下凡中,向羊權贈詩贈物,表現出一位多情、求婚的仙女形象。其贈詩爲(《萼緑華贈詩》三首)②:

> 神嶽排霄起,飛峰鬱千尋。寥籠靈谷虛,瓊林蔚蕭森。羊生標美秀,弱冠流清音。棲情在慧津,超形象魏林。揚彩朱門中,内有邁

---

① (晉)干寶《搜神記·杜蘭香》説爲漢人,"自稱南康人氏。以建業四年春,數詣張傳。"汪紹楹先生據《晉書·曹毗傳》:"時桂陽張碩,爲神女杜蘭香所降。因以二篇詩嘲之。"及《藝文類聚》的相關記載,校注説:"建業四年"當爲建興四年,即爲晉湣帝司馬鄴年號。可見《杜蘭香》爲晉人故事。詳參汪紹楹校注:《搜神記》,北京:中華書局 1979 年版,第 16 頁。
② (日)吉川忠夫、麥谷邦夫編,朱越利譯:《真誥校注》,第 1 頁。

俗心。

　　我與夫子族，源胄同淵池。宏宗分上業，於今各異枝。蘭金因好著，三益方覺彌。

　　静尋欣斯會，雅蹤彌齡祀。誰云幽鑒難，得之方寸裏。翹想籠樊外，俱爲山岩士。無令騰虚翰，中隨驚風起。遷化雖由人，蕃羊未易擬。所期豈朝華，歲暮於吾子。

這三首詩逯欽立先生標爲東晉人羊權作①。羊權，字道興，泰山南城人，簡文帝時爲黄門郎。從詩中"揚彩朱門中"、"宏宗分上業"等句可知他爲士族出身。不過從他無其他詩作和材料流傳下來的情形推測，懷疑這首詩乃楊羲代作。

　　詩歌描寫萼緑華生活的仙境之巍峨森蕭，又寫其愛上秉賦仙質的羊權："揚彩朱門中，内有邁俗心"句讚揚羊權出身高第卻心性高潔脱俗，大有郭璞《遊仙詩》其一"朱門何足榮，未若托蓬萊"的出世氣概。

　　第三首"翹想籠樊外，俱爲山岩士"等句，表現了女仙鼓勵羊權脱離塵俗樊籠，隱逸修煉仙道。魏晉時代的所謂"岩穴之士"，專指隱居深山修煉仙道的道人。"遷化雖由人，蕃羊未易擬"，以《周易》的卦爻之辭來闡發人生遷化的玄理。這裏"蕃羊"即"藩羊"，用得巧妙，既代指羊權，又具有郭璞《遊仙詩》其一"進則保龍見，退爲觸藩羝"的玄理，表現對人生進退出處的抉擇思考。這首詩熔遊仙、隱逸修道和闡發玄理於一爐，爲典型的東晉遊仙詩風貌，顯係受郭璞《遊仙詩》的影響。

　　這些詩發展了郭璞《遊仙詩》的地方，就在詩歌還表現了女仙向羊權表達羡慕求愛、共登仙界的浪漫微意。在萼緑華的降誥中曾説自己"本姓楊"，因而詩中説"我與夫子族，源胄同淵池。宏宗分上業，於今各異枝"，既點明同姓，而在講究出身門第的晉代，就又多了一層門當户對的意思，爲此她纔提出"蘭金因好著，三益方覺彌。静尋欣斯會，雅蹤彌齡祀"的通婚要求。這是她與前面所述的民間流傳的《杜蘭香》等仙女下嫁凡夫故事不同的地方，體現了上清道派發展道徒的要求標準。這也是道教在東晉後轉向上層社會的明證之一。

　　接下去《運象篇》和《甄命篇》以神仙獨降或衆仙真相偕齊降贈詩的方

---

① 逯欽立：《先秦漢魏晉南北朝詩》，第1096頁。

式,通過反復遊説促合楊羲與九華安妃、許謐和雲林右英夫人(西王母第十三女)的戀愛婚姻,宣講上清經派以隱逸無爲、房中術和存思術爲主的修道體系。這就爲遊仙詩的創作提供了新的神仙形象和神仙情事。

（一）《真誥》爲遊仙詩創作創造出了光彩奪目而又浪漫多情的女仙形象,使得女仙在遊仙詩中的作用和地位日益突出和重要。

《真誥》記載的神仙共有三十八位,其中女仙十五位。全書以南嶽魏夫人、紫微夫人、雲林夫人、九華安妃等爲主。我們且看女仙九華安妃的形象。《真誥·運象篇》卷一載:"興寧三年,歲在乙丑,六月二十五日夜,紫微王夫人降,又與一神女俱來。紫微夫人曰:'此是太虛上真元君,金台李夫人之少女也。太虛元君昔遣詣龜山學上清道,道成,受太上書,署爲紫清上宮九華真妃者也。於是賜姓安,名鬱嬪,字紫簫。"①接下去從楊羲通靈的夢幻感覺的角度,描寫了九華安妃豔麗生輝的形象:

> 神女著雲錦襦……衣服倏倏有光,照朗室內,如日中映視雲母形也。雲髮鬢鬢,整頓絕倫,作髻乃在頂中,又垂餘髮至腰許。指著金環,白珠約臂。視之,年可十三四許,左右又有兩侍女。……神女及侍者顏容瑩朗,鮮徹如玉,五香馥芬,如燒香嬰氣者也。②

特別是最後"顏容瑩朗,鮮徹如玉,五香馥芬,如燒香嬰氣者也"諸句,從色和氣兩方面將女仙的形象理想化到極致,成爲上清道派修煉成仙的房中道術的偶像。也爲後代遊仙詩人在遊仙詩中描寫仙女形象提供了可資幻想加工的豐富素材。

而且《真誥》中的這些天仙不僅美奐絕倫,同時還多情浪漫,願意接遇塵世凡夫,共結金蘭之好,同登上清,結成仙侶。這就使遊仙詩在表現遊仙之樂上更多了溫柔浪漫的氣息,展現了神仙世界中仙家眷侶的美好形象。並形成了以創作、贈送遊仙詩來示愛的新旨趣。

如《真誥·運象篇第一》寫九華安妃見了楊羲,便説:"今日得叙因緣,歡願於冥運之會。依然有松蘿之纏矣。"楊羲接話説:"沉涵下俗,塵染其

---

① （日）吉川忠夫、麥谷邦夫編,朱越利譯:《真誥校注》,第29—30頁。
② （日）吉川忠夫、麥谷邦夫編,朱越利譯:《真誥校注》,第30頁。

質,唯蒙啟訓,以去其暗。濟某兀兀,宿夜所願也。"真妃於是口授仙詩一首,楊羲以扶乩降筆記録下來,即《九華安妃見降口授作詩》:

> 雲闕竪空上,瓊臺聳鬱蘿。紫宫乘緑景,靈觀藹嵯峨。琅玕朱房内,上德焕絳霞。俯漱雲瓶津,仰掇碧柰花。濯足玉天池,鼓枻牽牛河。遂策景雲駕,落龍轡玄阿。振衣塵滓際,褰裳步濁波。願爲山澤結,剛柔順以和。相攜雙清内,上真道不邪。紫微會良謀,唱納享福多。①

同上面萼緑華贈羊權的遊仙詩一樣,這首詩開篇四句描寫仙境景觀,也是極其雄偉壯觀,令人頓生一種仰慕不已的崇高感。次四句寫服食琅玕、絳霞、雲瓶津、碧柰花等仙界長生不死之物。又次四句幻想在天河裏劃船(此處可見牛郎織女傳説的影響)、在玄山上駕著龍轡雲車飛馳遊樂。而"振衣塵滓際,褰裳步濁波"句則有左思"振衣千仞岡,濯足萬里流",去"高步追許由"的隱逸出世之志。"山澤結":《淮南子·地形篇》曰:"丘陵爲牡,溪谷爲牝","是故山氣多男,澤氣多女"。故"山澤結"隱指夫妻的交合。"上真道"即指上清道派的房中術。最後六句表達願結夫妻,同修上真道,以成仙享福的願望。

在九華安妃贈詩之後,作爲媒人的紫微夫人(西王母第二十女)在場也降誥贈詩一首,即《紫微夫人授詩》,歌頌楊羲與真妃的冥會因緣,其中説:

> 冥會不待駕,所期貴得真。……良德飛霞照,遂感靈霄人。乘飆儔衾寢,齊牢攜絳雲。悟欸天人際,數中自有緣。上道誠不邪,塵滓非所聞。同目咸恒象,高唱爲爾因。②

再如卷二《甄命授》中《七月二十八日夕右英夫人授(楊羲)書此詩以與許長史》詩説:

> 世珍芬馥交,道宗玄霄會。振衣尋冥疇,回軒風塵際。良德映靈

---

① (日)吉川忠夫、麥谷邦夫編,朱越利譯:《真誥校注》,第31頁。
② (日)吉川忠夫、麥谷邦夫編,朱越利譯:《真誥校注》,第31頁。

暉,穎根粲華蔚。密言多儻福,沖浄尚真貴。咸恒當象順,攜手同衾帶。何爲人事間,日焉生患害。①

這兩首詩都生動地表現了在遊仙之境(靈霄、玄霄)中互通咸恒之情,"攜手同衾帶"、以盡夫婦纏綿繾綣的快樂景象。詩中所謂的"咸恒象",出自《周易》。清代著名易學家陳夢雷解釋説:"咸卦,下艮上兑,取相感之義。兑:少女;艮:少男也。男女相感之深,莫如少者。又艮體篤實,兑體和説(悦),男以篤實下交,女心説(悦)而上應,感之至也,故名爲咸。……全卦取男女夫婦之義。"又曰:"恒卦,巽下震上,取有常能久之意。"咸恒象即喻常爲夫婦②。這也就是九華安妃自己所説的:

> 當相與結駟玉虛,偶行此玄,同掇絳實於玉圃,並採丹華於閬園;分飲於紫川之水,齊濯於碧河之濱。紫華毛帔,日冕蓉冠,逍遥上清,俱朝三元。……③

這種融昆侖神話仙境的意象和楚騷的清詞麗句爲一體的藝術表現形式,成爲上清經派用來表達自己高雅純潔的房中術的秘訣隱書。後來也成爲遊仙詩常用的情事和辭彙意象,表達對行房中術以成仙的浪漫幻想。如《真誥·運象篇第三》叙雲林夫人與許謐的人神之戀,雲林夫人有一首《二月九日作詩》:

> 轡景登霄晨,遊宴滄浪宮。彩雲繞丹霞,靈藹散八空。上真吟瓊室,高仙歌琳房。九鳳唱朱簫,虛節錯羽鐘。交頸金庭內,結我冥中朋。俱把玉醴津,倏欻已嬰童。④

詩歌表現了在雲林夫人所治的滄浪仙境行夫妻雙修之道,而得返老回童的浪漫幻想。

上清經派爲追求登仙長生而進行的夫妻雙修,既不同於天師道的黄赤

---

① (日)吉川忠夫、麥谷邦夫編,朱越利譯:《真誥校注》,第 73 頁。
② (清)陳夢雷:《周易淺述》卷四,上海:上海古籍出版社 1982 年版。
③ (日)吉川忠夫、麥谷邦夫編,朱越利譯:《真誥校注》,第 37 頁。
④ (日)吉川忠夫、麥谷邦夫編,朱越利譯:《真誥校注》,第 130 頁。

之術，也不同於世俗的夫婦關係和儒家的爲盡孝道而生兒育女，而是與上清經派創造的最主要的修煉之術——存思術結合起來，形成一種在静室之中存想接遇仙真，達致精神感應、以體驗陰陽二氣交媾的神秘法術。這種充滿了精神幻想的上真道更多地蒙上了虛無縹緲的宗教體驗色彩。因此也更加容易爲以表現精神神遊爲主的遊仙詩人所採用。

《真誥》書中這類"來尋冥中友，直攜侍帝晨"①（雲林夫人《響景落滄浪》）和"相遇皆歡樂"、"高會佳人寢"②的題材與情節，對唐代接遇謫仙類遊仙詩深具影響，成爲詩人筆下浪漫香豔的愛情隱喻典故，藉以喻托人間的奇特情事。如晚唐著名詩人李商隱就是擅用此類女仙題材和表現手法的行家。他二十歲時曾入玉陽山清都觀學道二年，並與靈都觀女冠宋真人熱戀，因懷孕事發而釀成悲劇。他便常用《真誥》中人神相戀的典故來抒寫這段情事。如：

白石岩扉碧蘚滋，上清淪謫得歸遲。一春夢雨常飄瓦，盡日靈風不滿旗。萼緑華來無定所，杜蘭香去未移時。玉郎會此通仙籍，憶向天階問紫芝。③（《重過聖女祠》）

聞道閶門萼緑華，昔年相望抵天涯。豈知一夜秦樓客，偷看吴王苑内花。④（《無題》二首之二）

絳節飄颻宫國來，中元朝拜上清迴。羊權雖得金條脱，温嶠終虚玉鏡臺。⑤（《中元作》）

另一位晚唐詩人曹唐創作了《大遊仙詩》和《小遊仙詩》，多詠人仙接遇戀愛的浪漫情事，在《大遊仙詩》中，還有萼緑華、杜蘭香等女仙專門爲仙女與凡間情郎作送情詩的情節。晚唐五代著名的道教學者和小説家杜光庭（850—933）總結道教史上的女仙傳記，撰成《墉城集仙録》，很多女仙材料即取材於《真誥》，成爲唐宋文人創作取材的直接對象。

---

① （日）吉川忠夫、麥谷邦夫編，朱越利譯：《真誥校注》，第68頁。
② （日）吉川忠夫、麥谷邦夫編，朱越利譯：《真誥校注》，第85頁。
③ 劉學楷、余恕誠：《李商隱詩歌集解》，北京：中華書局1988年版，第3册，第1330頁。
④ 劉學楷、余恕誠：《李商隱詩歌集解》，第2册，第390頁。
⑤ 劉學楷、余恕誠：《李商隱詩歌集解》，第4册，第1706頁。

（二）《真誥》在遊仙詩仙境的描寫上，創造出了以西王母爲中心的女仙世界，並表現了仙女淩空飄落人間的下凡情境。

早在東漢賦家張衡的《思玄賦》描寫昆侖仙境時，就將西王母和玉女們組合在一塊描寫：

> 聘王母於銀臺兮，羞玉芝以療飢。戴勝愁其既歡兮，又誚余之行遲。載太華之玉女兮，召洛浦之宓妃。①

但並沒有明確西王母與玉女們爲母子關係。可見東漢時這些女仙之間的譜系關係還沒有明確建立起來。後來經過道教神仙家們的整合加工，以西王母爲中心的女仙世界纔逐步建立起來。如上面曾説到的《搜神記·杜蘭香》中，西王母之女杜蘭香作的"阿母處靈嶽"詩②，就表現了"衆女侍羽儀"的女仙境界，以及"飆輪送我來"的下凡景象。

《真誥·運象篇》載西王母第十三女王媚蘭即滄浪雲林右英夫人對戀人許謐的贈詩：

> 駕欻敖八虛，徊宴東華房。阿母延軒觀，朗嘯躡靈風。我爲有待來，故乃越滄浪。③

詩中親切地稱西王母爲阿母，點明爲西王母之女的身份，詩歌開篇都要表現女仙在西王母所轄的仙境裏遊樂的情景，最後以奉西王母之命下凡塵世，度化有緣，共修上真仙道來結尾。雲林夫人還有二首詩歌生動地表現了這種"有待來"的情景：

> 鬱景落滄浪，騰躍青海津。絳煙亂太陽，羽蓋傾九天。雲輿浮空洞，倏忽風波間。來尋冥中友，相攜侍帝晨。王子協明德，齊首招玉賢。下眄八阿宫，上寢希林巔。漱此紫瓊腴，方知穢途辛。佳人將安在，勤之乃得親。④（《七月十八日授詩》）

---

① 參見費振剛等：《全漢賦》，北京：北京大學出版社1993年版。
② 參見（晉）干寶撰、汪紹楹校注：《搜神記·杜蘭香》。
③ （日）吉川忠夫、麥谷邦夫編，朱越利譯：《真誥校注》，第83頁。
④ （日）吉川忠夫、麥谷邦夫編，朱越利譯：《真誥校注》，第68頁。

仰眄太霞宮，金閣曜紫清。華房映太素，四軒皆朱瓊。擲輪空同津，總轡舞綠軿。玉華飛雲蓋，西妃運錦旌。翻然濁塵涯，倏忽佳人庭。宿感應期降，所招已在冥。乘風奏霄晨，共酣丹琳罍。公侯徒眇眇，安知真人靈！①（《十月二十日授二首》之一）

而且這類仙詩還將女仙下凡冥會的神情心態刻畫得栩栩如生，如《四月十四日夕右英夫人吟歌此曲》：

　　玄波振滄濤，洪津鼓萬流。駕景眄六虛，思與佳人遊。妙唱不我對，清音與誰投？雲中騁瓊輪，何爲塵中趨？②

詩歌生動地表現了雲林夫人從滄浪仙境不遠萬里下凡，來尋"佳人"許謐而受冷遇後的惶惑心情。"妙唱不我對，清音與誰投？"真可謂是知音難求啊！

雲林夫人另一首徘徊茅山、等待許謐歸山而不得、痛苦地"吟此再三"的詩作《右英吟》：

　　停駕望舒移，回輪反滄浪。未睹若人遊，偶想安得康。良因俟青春，以敘中懷忘。③

詩中"若人"指許謐。這首詩可謂是一首失戀情歌，生動地表現了雲林夫人興沖沖地下凡降誥，渴望與許謐同修夫婦之道，共遊上清仙境而不得的失望之態和焦躁之情。其抒情之婉弱窈緲，足與晉代江南抒寫男女情愛的民歌相媲美，也令我們仿佛又目睹了《楚辭·九歌》中諸神的復活。這反映出晉人對神與仙的態度較漢魏間人更親近，因而神與仙的形象和性情，也不再是那般的抽象、虛無、飄渺，而是有血有肉，充滿與人相同的七情六欲，從而顯得更加的活潑生動和親切可愛，以至搬演出一幕幕精采絕豔的人神戀愛的故事。像上面兩首詩歌表現的雲林夫人"有待"戀人而不得的幽怨悵惘和苦悶彷徨，成爲這類遊仙詩的典型。這一點從東晉後大量湧現的如

---

① （日）吉川忠夫、麥谷邦夫編，朱越利譯：《真誥校注》，第108頁。
② （日）吉川忠夫、麥谷邦夫編，朱越利譯：《真誥校注》，第134頁。
③ （日）吉川忠夫、麥谷邦夫編，朱越利譯：《真誥校注》，第90頁。

《搜神記》、《搜神後記》、《幽明録》、《續齊諧記》等談神説鬼的志怪小説中更可以看出①。這與晉室南渡，士人受南方楚文化浪漫遊仙精神的影響更大有關。

三、上清經派提倡隱遁山林，以專心勤修苦煉仙道，創作了不少表現隱逸修道生活的遊仙詩

《真誥》中，年已六十的許謐雖然虔誠地跟楊羲學道，但他夫人剛去世，正想納妾；又官爲護軍長史，要離開官場去隱居修道，存在著入仕與隱逸的矛盾。他一直徘徊在官場和山林之間，以至把官廨築到茅山，但仍未脱身官場，被女仙魏夫人定爲"内明真正，外混世業"，是個雖然沉滯流俗，胸心滓濁，精誠膚淺，俗累未拔，但卻可以度化的仙才。於是雲林夫人及衆真降誥贈詩給他的一個主要内容，就是敦促他辭官隱居山林，以專心修煉清静無爲的上清仙道。

如《甄命授》載興寧三年八月七日夜，雲林夫人誥諭許謐："玉醴金漿，交梨火棗，此則騰飛之藥，不比於金丹也。仁侯（指許謐）體未真正，穢念盈懷，恐此物輩不肯來也。苟真誠未一，道亦無私也，亦不當試問。"②雲林夫人的妹妹紫微夫人接著更加明確地降誥許謐："玉醴金漿，交生神梨。方丈火棗，玄光靈芝，我當與山中許道士，不以與人間許長史也。"③這裏"山中"與"人間"對舉，一如陶淵明的"静念園林好，人間良可辭"④（《庚子歲五月中從都還阻風於規林》）和"閒居三十載，遂與塵事冥。詩書敦宿好，林園無世情"⑤（《辛丑歲七月中赴假還江陵夜行塗口》），只不過陶淵明將"園林"從"人間"分離出來，隔絶、對立起來，是將隱逸"園林"視爲返歸玄學自然觀的自然之境，主要是指一種體玄（獲致自然意趣）生活。而上清經派道教則將"山中"視爲異於人間的方外仙境；將遠離塵世，隱居山林，視爲修煉仙道

---

① 曹道衡先生在《試論東晉文學的幾個問題》一文中論及東晉人較前人更好談鬼神精靈，故多志怪小説。詳參《社會科學戰線》1997年第2期。
② （日）吉川忠夫、麥谷邦夫編，朱越利譯：《真誥校注》，第74頁。
③ （日）吉川忠夫、麥谷邦夫編，朱越利譯：《真誥校注》，第74頁。
④ 袁行霈撰：《陶淵明集箋注》，北京：中華書局2003年版，第191頁。
⑤ 袁行霈撰：《陶淵明集箋注》，第193頁。

的必要先決條件。正如南嶽魏夫人教導許謐所説:"數遊心山澤,托景仙真者,靈氣將潛子之遠樂,山神將欣子之向化。"①在道人看來,山澤是"遊心"的場所,是"托景仙真"的對象,憑藉山神的護佑和山氣的托舉,就可修煉升仙遠遊。《真誥·稽神樞》卷十三有《郭四朝叩船歌》四首,其一就生動地表現了"遊心山澤"的生活情形:

  清池帶靈岫,長林鬱青蔥。玄鳥翔幽野,悟言出從容。鼓楫乘神波,稽首希晨風。未獲解脱期,逍遥丘林中。②

詩中的"解脱",即指得道升仙。這首詩明確地表述了晉人以幽野靈岫爲修道成仙之地的觀念。那麽如何在丘山之中獲得解脱呢? 魏夫人有一首《十二月一日南嶽夫人作與許長史》,對此作了形象的描寫:

  靈谷秀瀾榮,藏身棲岩京。被褐均袞龍,帶索齊玉鳴。形磐幽遼裏,擲神太霞庭。霄上有陞賢,空中有真聲。③

"太霞庭"即上清經派幻想的仙境。這些身著袞龍佩玉褐袍的"岩穴之士","形磐幽遼裏",卻"擲神太霞庭",以此達到"養形静東岑,七神自相通"④(《九月三日夕雲林王夫人喻作令示許長史》)的得道成仙境界。這非常典型地表現了晉人隱居岩穴修煉仙道的心態和幻想。

  魏夫人還傳授給許謐修煉的咒語:"静睹天地念(一種咒術)飛仙,静睹山川念飛仙,静睹萬物念覆載,慈心常執心如此,得道也。"⑤(又見《上清衆真教戒德行經》卷上第十條)這也就是《九月六日夕雲林喻作與許侯》中所寫的:

  清浄雲中視,眇眇躡景遷。吐納洞嶺秀,藏暉隱東山。⑥

---

① (日)吉川忠夫、麥谷邦夫編,朱越利譯:《真誥校注》,第213頁。
② (日)吉川忠夫、麥谷邦夫編,朱越利譯:《真誥校注》,第414頁。
③ (日)吉川忠夫、麥谷邦夫編,朱越利譯:《真誥校注》,第111頁。
④ (日)吉川忠夫、麥谷邦夫編,朱越利譯:《真誥校注》,第90頁。
⑤ (日)吉川忠夫、麥谷邦夫編,朱越利譯:《真誥校注》,第213頁。
⑥ (日)吉川忠夫、麥谷邦夫編,朱越利譯:《真誥校注》,第91頁。

郭璞《遊仙詩》其一説"靈溪可潛盤,安事登雲梯"①,視隱逸山林即爲遊仙方外,這種遊仙觀念可證道教發展到上清經派時神仙思想的變化及其影響。關於這一點,還可舉《真誥·握真符第一》中許玉斧的一首詩來看:

> 遊觀奇山岇,漱濯滄流清。遥觀蓬萊間,巘巘衝霄冥。五芝被絳岩,四階植琳瓊。紛紛靈華散,晃晃焕神庭。從容七覺外,任我攝天生。自足方寸裏,何用白龍榮!②

《真誥·握真符第一》載楊羲做夢登蓬萊山,會蓬萊仙公,仙公引見許玉斧等四位仙真,並要四人各作詩一首。其中仙真石慶安的詩説"乘飆駕白龍,相攜四賓人,東朝桑林公"③,仙真張誘世的詩也説"齊觀白龍邁,離世四人用"④,他們都頌揚白龍帶他們超脱塵世去遊仙。而輪到許玉斧作時,他卻一反石、張的説法,否定了白龍的作用,認爲"自足方寸裏"即能遊仙。這裏的"方寸"指人的心。他爲什麽這樣説呢？我們看他的詩,前八句描寫蓬萊奇山的景觀,實是表現他在茅山隱居修道的情形,"從容七覺外",即是我們上面説過的"養形静東岑,七神自相通";"任我攝天生",即是"形磐幽遼裏,擲神太霞庭"之意。所以"自足方寸裏",就是指通過隱居山林,"遊心山澤",修煉上清經派推崇的存思術,即可得道成仙,去神遊仙境。許玉斧是被上清經派目爲登真成仙的人物,在《真誥》中佔有重要的地位,並被《茅山志》封爲"上清第四代宗師"。他的這種强調通過隱居修道以成仙的觀點,可以説代表了上清經派的成仙思想,而這又正好與郭璞"靈溪可潛盤,安事登雲梯"的思想一致。二者相互參證,可見郭璞在避地江南後,當受到上清經派的影響。

到八月十六日,紫微夫人的弟子裴清靈也來授詩:

> 擬駕東岑人,停景招隱静。仁德乘波來,俱會三秀嶺。靈芝信可食,使爾無終永。噏真獻金漿,不待百丈井。⑤

---

① 逯欽立:《先秦漢魏晉南北朝詩》,第865頁。
② (日)吉川忠夫、麥谷邦夫編,朱越利譯:《真誥校注》,第524—525頁。
③ (日)吉川忠夫、麥谷邦夫編,朱越利譯:《真誥校注》,第524頁。
④ (日)吉川忠夫、麥谷邦夫編,朱越利譯:《真誥校注》,第524頁。
⑤ (日)吉川忠夫、麥谷邦夫編,朱越利譯:《真誥校注》,第76頁。

詩歌力勸許謐趕快脫離官場,隱静東岑。據《真誥·甄命授》"數著東山,鬱望三秀"句陶弘景注:"凡云三秀者,皆謂三茅山之峰,山頂爲秀,故呼三秀也。""仁德"指許謐。《真誥·運象篇》卷二中雲林夫人稱讚許謐心地仁慈,故稱他爲"仁侯"。"仁德乘波來,俱會三秀嶺"是要許謐與從滄浪治所來的雲林夫人相會於茅山,結爲夫婦,雙修上真仙道,共登仙界。這首詩寫得頗具晉代遊仙詩真趣。

在這些仙真的開導勸戒下,許謐終於表示:"自奉教以來,洗心自勵,沐浴思新","方將逍遥東山(按即茅山),考室(按即宫室建成時的祭禮)龍林,靈構蕭蕭,丘園沖深。庭延雲駕之奇友,堂列羽服之上真。句金(按即句容茅山)錫(賜)五芝之寶,滄浪(雲林夫人治滄浪山)施長年之珍。"①準備築官廨於茅山,清修苦煉上真仙道。於是《真誥·運象篇第三》有雲林夫人《閏月三日夜右英作示許長史》詩:

  清净願東山,蔭景棲靈穴。愔愔閒庭虚,翳薈青林室。圓曜映南軒,朱風扇幽室。拱袂閒房内,相期啟妙術。寥朗遠想玄,蕭條神心逸。②

詩歌表現了女仙雲林夫人幻想與許謐隱居茅山幽室,夫婦共修上真仙道(房中術)、共登仙境的神秘而浪漫的情景。開篇六句描寫炎夏茅山幽室的情景,"圓曜映南軒"之光亮灼熱與"朱風扇幽室"之幽暗清涼,在色彩、光線和構圖的明暗對比上,形成鮮明的反差,造成強烈的視覺衝擊力,儼然是一幅刻畫細緻入微的夏日風景油畫,令我們仿佛感到了青林蔭翳下的絲絲微風,帶著沁人心脾的幽幽涼意迎面而來。就在這茅山夏日静謐幽逸的神秘氛圍中,"拱袂閒房内,相期啟妙術",雲林夫人沉醉在渴盼與許謐雙修上真仙道的浪漫幻想裏,一想到夫婦雙修即可共登仙境,又叫她怎不"寥朗遠想玄,蕭條神心逸"呢!

這首詩雖然假託女仙雲林夫人的幻想,卻非常生動而真切地表現了夏日隱居山林、修煉仙道的情景。其寫景之工之妙,類於西晉詩人陸機、左思的寫景之作。而整首詩先寫景,再叙修道,結以玄言旨趣的構思方法和結

---

① (日)吉川忠夫、麥谷邦夫編,朱越利譯:《真誥校注》,第123頁。
② (日)吉川忠夫、麥谷邦夫編,朱越利譯:《真誥校注》,第140—141頁。

構形式,與郭璞描寫隱逸修道的一類遊仙詩相同,共同表現了東晉時代隱逸修道的岩穴之士的生活情景和追求閒適、超逸的思想趣味①。魏晉時代已有不少孫登似的"岩穴之士",晉代之後由於皇帝奉道,嘉賞嘉遁山林、修煉仙道的"岩穴之士",爲他們修建從事奉道活動的山林宮館。這首詩所説的茅山"靈穴"和"幽室"、"閒房",便是這種社會風氣的反映。據《真仙體道通鑑》卷二十一《許穆(按即許謐)傳》載,許穆"以第四兄遠遊(按即許邁,字遠遊)嘉遁不返,遂表辭榮。太宗不奪其志,穆乃宅於茅山,與楊羲遍該靈奥"。史載許邁於永和二年移入臨安西山而不返,大約在四年升天,其時許謐也辭官隱居,《真誥》説許謐在茅山築官廨,從當時的風氣看,很可能是太宗賞賜所建。

《真誥·闡幽微》是講道教譜系的。它將很多歷史名人如秦始皇、東漢光武帝、董仲舒、張衡、阮籍、嵇康等等都囊括進去了。其中曾任漢明帝時諫議大夫的辛玄子,因少好道,雖享年不永,也被列入道教譜系,並有《辛玄子贈詩三首》,主要表現了隱逸體道的玄思和幽趣,如:"蹀足吟幽唱,仰手玩鳴條。林室有逸歡,絶此軒外交。""蕭蕭研道子,和神契靈衿。委順浪世化,心標窈窕林。同期理外遊,相與静東岑。"②可與上面"清浄願東山"詩相參看,從中體會到晉代"岩穴之士"那種"長林真可静,岩中多自娱"(《十月十七日雲林夫人作與許侯》)的情趣。

另外,《六月二十三日夜中候夫人作》也值得重視:

> 登軿發東華,扇欻儛太玄。飛轡騰九萬,八落亦已均。蹔晤山水際,窈窕靈嶽間。同風自齊氣,道合理亦親。龍芝永遐齡,内觀攝天真。東岑可長浄,何爲物所纏?③

首四句寫神遊"太玄"仙境,極富靈動之勢。後八句寫隱逸茅山體玄求仙,既標示了超然物外的玄旨,又表現了對服食長生的幻想,很好地將遊仙、隱逸與體玄三者結合起來,水乳交融,渾然一體,可謂晉代表現隱逸修道遊仙詩的典範之作。

---

① 參見張宏:《秦漢魏晉遊仙詩的淵源流變論略》第15章《郭璞遊仙詩論略》,北京:宗教文化出版社2009年版,第306—331頁。
② 逯欽立:《先秦漢魏晉南北朝詩》,第1119頁。
③ (日)吉川忠夫、麥谷邦夫編,朱越利譯:《真誥校注》,第144頁。

四、將修煉内丹、外丹等各種奉道活動寫進遊仙詩中，創作了大量以道經隱語爲主的遊仙詩，"遊仙"即修煉仙道，使得遊仙詩變成了修道詩，使遊仙詩的整體風貌大變

（一）遊仙情事不再以表現古老樸素的神仙傳説爲主體，而是以道教各種修煉方式和功法爲主要内容，變遊仙爲修道，並表現出更加迷狂的宗教幻想。

這就改變了晉以前遊仙詩多表現神遊幻想以寓托個人思想情感和主體人格的創作旨趣，而多以單純的修道成仙爲目的，成爲信奉和宣揚道教長生不死的宗教信仰的表現。其語言多採自道經中的典故，大量運用道經的隱文秘訣，充滿隱喻、隱比，朦朧模糊，高雅深奥，刻意渲染宗教的神秘色彩和體驗。

如《真誥·運象篇》載紫微夫人作的十多首五言遊仙詩，就多表現修煉得道之後"飄飄步太空"的情景。如卷三的《玄壟之遊》：

　　超舉步絳霄，飛飆北壟庭。神華映仙臺，圓曜隨風傾。啟暉挹丹元，扉景餐月精。交袂雲林宇，皓鬢還童嬰。蕭蕭寄無宅，是非豈能營？陣上自擾競，安可語養生！①

詩中前八句描寫仙境情事，顯然已與三曹及阮籍、嵇康遊仙詩中的仙境迥然有别。這是典型的上清經派的仙境：天空是頗有道教色彩的"絳霄"，太陽也以佛典譯音神秘地呼爲"圓曜"，在這裏也可能指太陽花一類的花卉植物。"啟暉挹丹元，扉景餐月精"，是描寫服日月光芒的情形；"交袂雲林宇"，則寫上清經派進行夫婦雙修房中術；"皓鬢還童嬰"寫通過以上修煉仙道，達到了返老回童、長生不死的境界。

卷三的另一首《紫微夫人作》説：

---

① （日）吉川忠夫、麥谷邦夫編，朱越利譯：《真誥校注》，第91頁。

控景始暉津,飛飆登上清。雲臺鬱峨峨,閶闔秀玉城。晨風鼓丹霞,朱煙灑金庭。綠蕊粲玄峰,紫華岩下生。慶雲纏丹爐,煉玉飛八瓊。晏昒廣寒宮,萬椿愈童嬰。龍旂啟靈電,虎旗徵朱兵。高真回九曜,洞觀均潛明。誰能步幽道,尋我無窮齡。①

我們看詩中的"上清"仙境:雲臺閶闔巍峨壯觀,丹霞朱煙將金碧輝煌的金庭妝扮得五彩繽紛,而綠蕊紫華等仙草靈藥,又將仙境點綴得更加豔麗妖嬈,芬芳四溢。而最引人注目的是接下去展現了燒煉仙丹的景象:"慶雲纏丹爐,煉玉飛八瓊。"道教的煉丹家爲了神秘其術,給煉丹的原料都取了種種神奇的名字。如《大丹記》認爲:"汞,從砂中出,離南方母胎,歸東方甲乙木,震卦,爲龍也。銀,從鉛出,離北方母胎,歸西方庚辛金,兌卦,謂之白虎也。"而據《太清石壁記》(《道藏》洞神部衆術類)講,煉丹的原料都取自天地精華,如曾青,是"少陽歲星之精",屬東方木,爲青龍;丹砂,是"太陽熒惑之精",屬南方火,爲朱雀;慈石,是"太陰辰星之精",屬北方水,爲玄武;砉石,是"少陰太白之精",屬西方金,爲白虎;雄黃,是"後土鎮星之精",屬中央土,爲黃龍。因此"龍旂啟靈電,虎旗徵朱兵"句,就可以理解爲是描寫丹爐内瓊漿飛騰四濺,宛如龍騰虎躍一般。而丹爐外則雲蒸霞蔚,日月朗照,與爐內交相輝映。"晏昒廣寒宮,萬椿愈童嬰",這是月亮中的廣寒宮仙境第一次在詩歌中出現,暗喻丹爐中所煉丹藥是嫦娥仙子的不死之藥。全詩化用道教隱語,形象生動,色彩絢麗,想象瑰麗奇偉,直寫得如此的驚天動地,聲勢不凡,真可謂是人間壯舉,天地奇觀。這是在詩歌中第一次描寫煉丹景象。從此之後,遊仙詩中的龍虎之氣便再也揮之不去了。這在李白煉丹類遊仙詩中的表現尤其明顯。

(二)《真誥》中的遊仙詩在仙境的描寫上,都濃墨重彩,大肆鋪排渲染仙境的瑰麗奇譎與浪漫飄逸,宛如一幅幅金碧山水畫,又如一幅幅印象派風景畫,可謂"大開聲色",而且香豔撲鼻,給人強烈的感官衝擊力,使仙境浸染上了濃厚的女性色彩。這種女性化的仙境特徵,是此前的遊仙詩創作中沒出現過的。另外,在聲色和時空的組合流轉上,又如電影蒙太奇鏡頭一般,充滿了令人頭暈目眩的強烈動感。這既符合人在夢幻迷離中的感

---

① (日)吉川忠夫、麥谷邦夫編,朱越利譯:《真誥校注》,第133頁。

覺印象特徵，又成爲晉宋山水詩"大開聲色"轉關的嚮導。如：

  絳景浮玄晨，紫軒乘煙征。仰超緑闕内，俯眄朱火城。東霞啟廣暉，神光煥七靈。翳映泛三燭，流任自齊冥。風纏空洞宇，香音觸節生。手攜織女儛，並佮鮑瓜庭。左徊青羽旗，華蓋隨雲傾。……①(《九月二十五日夜雲林右英夫人授作》)

  仰眄太霞宫，金閣曜紫清。華房映太素，四軒皆朱瓊。擲輪空同津，總轡儛緑軿。玉華飛雲蓋，西妃運錦旌。……②(雲林夫人《十月二十日授二首》之二)

  紫空朗明景，玄宫帶絳河。濟濟上清房，雲臺焕嵯峨。八輿造朱池，羽蓋傾霄柯。震風回三辰，金鈴散玉華。③(《九月九日紫微夫人喻作因許(謐)示郁(音)》)

  騰躍雲景轅，浮觀霞上空。霄軿縱橫儛，紫蓋托靈方。朱煙纏旌旌，羽帔扇香風。④(《九月三日夕雲林王夫人喻作令示許長史》)

  晨闕太霞構，玉室起霄清。領略三奇觀，浮景翔絶冥。丹空中有真，金映育挺精。八風鼓錦被，碧樹曜四靈。華蓋陰蘭暉，紫轡策緑軿。⑤(《九月九日雲林右英夫人喻作》)

  隱芝秀鳳丘，逡巡瑶林畔。……琅華繁玉宫，結葩淩岩粲。⑥(《太微玄清左夫人北亭宫中歌曲》)

  紫桂植瑶園，朱華聲悽悽。月宫生蕊淵，日中有瓊池。左拔圓靈曜，右挈丹霞暉。流金焕絳庭，八景絶煙回。緑蓋浮明朗……⑦(《方諸宫東華上房靈妃歌曲》)

相對於曹操、曹植、阮籍、嵇康、郭璞、庾闡、陶淵明詩中的仙境而言，這裏描寫的仙境就要五彩繽紛，繁華喧鬧得多了，仿佛由此前樸野的原始鄉村，發展成爲氣象萬千的大都市了。這是由於東晉時期，神仙道教的蓬勃發展，

---

① (日)吉川忠夫、麥谷邦夫編，朱越利譯：《真誥校注》，第92頁。
② (日)吉川忠夫、麥谷邦夫編，朱越利譯：《真誥校注》，第108頁。
③ (日)吉川忠夫、麥谷邦夫編，朱越利譯：《真誥校注》，第92頁。
④ (日)吉川忠夫、麥谷邦夫編，朱越利譯：《真誥校注》，第90頁。
⑤ (日)吉川忠夫、麥谷邦夫編，朱越利譯：《真誥校注》，第92頁。
⑥ (日)吉川忠夫、麥谷邦夫編，朱越利譯：《真誥校注》，第118頁。
⑦ (日)吉川忠夫、麥谷邦夫編，朱越利譯：《真誥校注》，第118頁。

使得關於仙境的內容大大地豐富起來。如大約成書於晉代的《度人經》就根據古代的神仙思想資料,吸取佛教三界(欲界、色界、無色界)之説,提出了三十二天説。該經開篇即有一段描繪"天真大神、上聖高尊、妙行真人、無鞅數衆乘空而來"的情景,"飛雲丹霄,緑輿瓊輪,羽蓋垂蔭,流精玉光,五色鬱勃,洞煥太空"。正是這類道教道經的闡發增飾,使得天上仙境的圖畫變得日益繁富絢麗,蔚爲壯觀了。

另外,在描寫登仙神遊方面,這些詩歌也創造了一些爲後代遊仙詩人常用的表現方式,如:

> 丹雲浮高宸,逍遥任靈風。鼓翮乘素飆,竦眄瓊臺中。[1](《九月十八日夜雲林右英夫人作》)
>
> 縱心空同津,總轡策朱軿。[2](《右英吟》)
>
> 解輪太霞上,斂轡造紫丘。手把八空氣,縱身雲中浮。一眄造化綱,再視索高疇。道要既已足,可以解千憂。求真得真友,不去復何求
>
> 左把玉華蓋,飛景躡七元。三辰焕紫輝,竦眄撫明真。變踴期須臾,四面皆已神。[4](《十月十八日紫微夫人作》)

這些詩造語簡潔凝練,讀來琅琅上口。特別是動詞準確傳神,鏗鏘有力,動感强烈,將遊仙表現得如此的灑脱、縱逸,充溢著靈動的飛勢和超舉的豪氣,對以李白、吳筠爲代表的盛唐遊仙詩産生了深遠的影響。

五、小 結

綜上所述,《真誥》中楊羲的遊仙詩,創造出了以西王母爲中心的女仙世界,塑造了光彩奪目而又浪漫多情的女仙形象,使得女仙在遊仙詩中的地位和作用日益突出和重要,爲遊仙詩的創作提供了新的神仙形象和神仙

---

[1] (日)吉川忠夫、麥谷邦夫編,朱越利譯:《真誥校注》,第92頁。
[2] (日)吉川忠夫、麥谷邦夫編,朱越利譯:《真誥校注》,第141頁。
[3] (日)吉川忠夫、麥谷邦夫編,朱越利譯:《真誥校注》,第91頁。
[4] (日)吉川忠夫、麥谷邦夫編,朱越利譯:《真誥校注》,第107頁。

情事。

　　在遊仙詩的類型上，楊羲開創了女仙婚戀遊仙詩、煉丹奉道的遊仙詩等新的遊仙詩形式。他的描寫隱逸修道的遊仙詩與郭璞的同類遊仙詩，共同表現了東晉時代隱逸修道的岩穴之士的生活情景和追求閒適、超逸的思想趣味。他將修煉內丹、外丹等各種奉道活動寫進遊仙詩中，創作了大量以道經隱語爲主的遊仙詩，使得遊仙詩中的遊仙情事不再以表現古老樸素的神仙傳説爲主體，而是以道教各種修煉方式和功法爲主要内容，並表現出更加迷狂的宗教幻想，遊仙詩因此變成了修道詩，使遊仙詩的整體風貌大變。楊羲在詩歌中第一次形象生動地描寫了煉丹的神奇景象，使得遊仙詩中的"龍虎之氣"從此生生不息，對後代詩人特別是李白的煉丹類遊仙詩產生了深遠的影響。

　　在仙境的營構描寫上，楊羲吸收了道教三十二天説等關於神仙世界的學説內容，變原始的昆侖仙境、海上三神山仙境及由五行學説編織的周遊天界幻想，而爲道教衆神仙活動的繁華熱鬧世界，並濃墨重彩地大肆鋪排渲染了仙境的瑰麗奇譎與浪漫飄逸，特別在聲色和時空的組合流轉上，如電影蒙太奇鏡頭一般，充滿了令人頭暈目眩的強烈動感，可謂"大開聲色"，香豔撲鼻，給人強烈的感官衝擊力，藝術地表現了人在宗教夢幻迷離中的感覺印象特徵，散發出濃郁的宗教神秘氣息，開啓了南北朝至唐代遊仙詩道教化的轉關。

（作者單位：北京大學中國語言及文學系）

The Beginning of Daoist Transformation of Mystical Excursion Poetry from Southern and Northern to Tang Dynasties: On the Mystical Excursion Poetry of Yang Xi, A Shangqing School Daoist

Zhang Hong

During the process of constructing *Shangqing jing* 上清經 (Shangqing School Scripture), Daoist Yang Xi 楊羲 created a mystical method of writing Daoist mystical excursion poems through planchette writing. Yang initiated created mystical excursion poems about fairies coming down to earth for love and marriage and about Daoists alchemy. Focused on Daoist practices, these poems changed the style of mystical excursion poetry to Daoist cultivation. On the description of fairyland, he praised a lively and bustling world of Daoist immortals in gaudy colors, and for the first time, depicted vividly the magical scenes of how Daoist alchemists create pills of immortality with a strong sense of religious mysticism. In doing so, he highlighted and preserved the "dragon and tiger" spirit of mystical excursion poetry, and initiated the Daoist transformation of mystical excursion poetry from Southern and North to Tang dynasties. Furthermore, his poems left a profound influence on poems about the alchemy of later generation poets, including Li Bai.

Keywords: Daoist Yang Xi, Shangqing School of Daoism, fairies coming down to earth for love, pills of immortality, Daoist mystical excursion poetry

徵引書目

 1. 干寶著,汪紹楹校注:《搜神記》,北京:中華書局,1979 年。
 2. 中國天文學史整理研究小組編著:《中國天文學史》,北京:科學出版社,1981 年。
 3. 王明:《太平經合校》,北京:中華書局,1992 年。
 4. 王明:《道家和道教思想研究》,北京:中國社會科學出版社,1984 年。
 5. 王家葵:《陶弘景叢考》,濟南:齊魯書社,2003 年。
 6. 伍偉民、蔣見元:《道教文學三十談》,上海:上海社會科學院出版社,1993 年。
 7. 朱越利:《道經總論》,瀋陽:遼寧教育出版社,1991 年。
 8. 江曉原:《天學真原》,瀋陽:遼寧教育出版社,1991 年。
 9. 江曉原:《星占學與傳統文化》,上海:上海古籍出版社,1992 年。
10. 李存山:《中國氣論探源與發微》,北京:中國社會科學出版社,1990 年。
11. 李零:《中國方術考》,北京:人民中國出版社,1993 年。
12. 李劍國:《唐前志怪小説史》,天津:南開大學出版社,1984 年。
13. 李豐楙:《誤入與謫降——六朝隋唐道教文學論集》,臺北:學生書局,1996 年。
14. 李豐楙:《憂與遊——六朝隋唐遊仙詩論集》,臺北:學生書局,1996 年。
15. 周振錫等:《道教音樂》,北京:燕山出版社,1994 年。
16. 孟乃昌:《道教與中國煉丹術》,北京:燕山出版社,1993 年。
17. 胡孚琛:《魏晉神仙道教》,北京:人民出版社,1989 年。
18. 卿希泰主編:《中國道教史》,成都:四川人民出版社,1988 年。
19. 容肇祖:《魏晉的自然主義》,北京:東方出版社,1996 年。
20. 恩斯特·凱西爾:《神話思維》,北京:中國社會科學出版社,1992 年。
21. 郝勤:《龍虎丹道——道教内丹術》,成都:四川人民出版社,1994 年。
22. 張宏:《道骨仙風》,北京:華文出版社,1997 年。
23. 張宏:《魏晉南北朝美文選》,北京:九洲圖書出版社,1999 年。
24. 張松輝:《漢魏六朝道教與文學》,長沙:湖南師範大學出版社,1996 年。
25. 張覺人:《中國煉丹術與丹藥》,成都:四川人民出版社,1981 年。
26. 許地山:《扶箕迷信底研究》,臺北:商務印書館,1969 年。
27. 陳國符:《道藏源流考》,北京:中華書局,1963 年。
28. 陳夢雷:《周易淺述》,上海:上海古籍出版社,1982 年。
29. 陶弘景撰,吉川忠夫、麥谷邦夫編,朱越利譯:《真誥校注》,北京:中國社會科學出版社,2006 年。
30. 陶弘景撰,趙益點校:《真誥》,北京:中華書局,2011 年。
31. 湯一介:《魏晉南北朝時期的道教》,西安:陝西師範大學出版社,1988 年。
32. 葛兆光:《想像力的世界》,北京:現代出版社,1990 年。
33. 葛兆光:《道教與中國文化》,上海:上海人民出版社,1987 年。
34. 詹石窗:《道教文學史》,上海:上海文藝出版社,1992 年。
35. 詹鄞鑫:《神靈與祭祀——中國傳統宗教綜論》,南京:江蘇古籍出版社,1992 年。
36. 鍾來因:《長生不死的探求——道經〈真誥〉之謎》,上海:文匯出版社,1992 年。
37. 鍾肇鵬:《讖緯論略》,瀋陽:遼寧教育出版社,1991 年。
38. 顏進雄:《六朝服食風氣與詩歌》,臺北:文津出版社,1993 年。

北朝《漢書》學與北朝文學的漢代傳統

蔡丹君

【摘 要】 中古時期《漢書》學的發展,離不開十六國北朝時期北方地區的人們對《漢書》的闡釋、研究和利用。廣爲流行的《漢書》故事,重新構建了新時代所需要的漢代歷史,從而爲北朝《漢書》學奠定了社會基礎。在這個多民族融合的南北分裂時期,正統與華夷等觀念被不斷申明、强調,北方地區的政權紛紛向《漢書》尋求政治借鑒,《漢書》被作爲典章參考,進入實際的政治生活。北朝後期,北齊南來士人顏之推爲代表的《漢書》學研究,融合南北學術之長,是北朝《漢書》研究獲得新的學術成就。受時代影響,北朝《漢書》學對文學發展的影響同樣深遠,一方面,《漢書》學影響了北朝史傳文學的發展,崔鴻、魏收等史家皆以《漢書》爲標杆來撰史;另一方面,《漢書》學也引導了人們對漢代文學有所推崇和繼承。

【關鍵詞】 北朝　《漢書》　《漢書》故事　北朝文學

中古時期,《漢書》、漢代歷史與官制的相關著作佔有相當大的比例,它們共同建構起了當時人們有關漢代的歷史認識[1]。前人對此已經有很多研究,但研究著力之處,一般偏重東晉南朝[2]。這可能主要是因爲,北朝經籍散佚嚴重,傳世文獻中缺少記載。史書書志中,鮮能看到北人《漢書》學相

---

[1] 陳君:《政治文化視野中〈漢書〉文本的形成》,載於《文學遺産》2017年第5期,第27—38頁。
[2] 陳君:《〈漢書〉的中古傳播及其經典意義》,載於《上海大學學報》(社會科學版)2017年第2期,第54—72頁。

關記録。僅知《舊唐書·經籍志上》"史部"載有崔浩《漢書(當作"紀")音義》二卷①。另外,見載史書的還有西涼大儒劉昞删三史而作之《史略》②,是史抄性質的抄撰之作。南朝的《漢書》學著作,則要多於北朝,僅書志所録,就有:劉寶撰《漢書駁義》二卷、陸澄撰《漢書新注》一卷、孔文祥撰《孔氏漢書音義抄》二卷、韋稜撰《漢書續訓》二卷、姚察撰《漢書訓纂》三十卷等③。因此,瞭解北朝《漢書》學,可能要超越書志所録,不僅看到這些由字義推尋而知的學術著作,也要轉向對十六國北朝史的整體把握,看到《漢書》在政治與社會中實際發揮的作用。

《漢書》對十六國北朝時代的影響十分深遠。在相關史料中,討論漢代歷史人物、辨析漢代制度優劣的内容十分常見。"漢代故事"在各個階層都十分流行,且可能作爲重要的行事參考。十六國胡主對於自身政權的辨識,大多將自身的正溯源流推及到漢代。在北方地區,先後以"漢"爲國號或者自稱"漢王"的政權,有明文記載的就有五個,分别是并州匈奴劉淵、蜀地賨人李特、魏末佛教起義者法慶、魏末農民起義者邢杲和叛梁者侯景等。北魏遷平城後,改國號"代"爲"魏",有"漢魏交替"之意。北魏主張東漢滅亡後分爲"北夏"與"南夏",南夏指曹魏、司馬晉,北夏指拓跋氏,南夏和北夏都是"漢魏交替",北魏通過這樣的國號命名,來找到自身在中華歷史中的位置④。

北魏時期,在政治力量的推動下,《漢書》研究達到了高潮。人們在術數和禮樂、政治、法律、財政制度、外交、西域地理等多個方面,都直接引鑒《漢書》並加以討論。從現存史料來看,《漢書》在政治與學術討論中被引用和討論的頻率,超過了其他漢代相關的史著,比如《史記》、《後漢書》、《續漢書》等等。這些反映在史料中的内容,正是北朝《漢書》學成果的政治實踐。北朝《漢書》學的發展,對文學發展也產生了很大影響。北方少數民族政權尊崇漢代最根本的目的,是爲了肯定政治權力正統性。《漢書》學蓬勃發展所帶來的歷史感,導致了這一時期在對前代詩學傳統進行回溯時,目光常常落在漢代的一些文學現象和文學觀念上。受正統論的影響,史家撰

---

① (後晉)劉昫等撰:《舊唐書》卷四六《經籍志上》,北京:中華書局1975年版,第1966頁。
② (北齊)魏收撰:《魏書》卷五二《劉昞列傳》,北京:中華書局1974年版,第1160頁。
③ (宋)歐陽修、(宋)宋祁撰:《新唐書》卷五二《藝文志》,北京:中華書局1975年版,第1423頁。
④ 佐藤賢:《もうひとつの漢魏交替——北魏道武帝期における魏號制定問題をめぐって》,載於《東方學》第113輯(2007年),第15—33頁。

史、文學家撰詩文，多以漢代之文史爲取法對象。以下試聯繫史料，詳細證之。

一、"漢代故事"與北朝《漢書》傳承的社會基礎

從十六國時期以來，《漢書》常與"五經"並列，被列入鄉里士人的學習内容之中。鄉里士人幼年在鄉里私學中受學的内容，往往包括了五經與《史》、《漢》。在這一點上，甚至無有民族差異。如并州匈奴劉氏，其受學過程與一般漢族士人無異。"（劉元海）幼好學，師事上黨崔游，習《毛詩》、《京氏易》、《馬氏尚書》，尤好《春秋左氏傳》、《孫吳兵法》，略皆誦之，《史》、《漢》、諸子，無不綜覽。"①他的兒子劉宣，同樣受學於鄉里，"師事樂安孫炎"，好《毛詩》、《左氏傳》，而且也常讀《漢書》，並反復詠之②。永嘉之亂後，劉殷没於劉聰，累至侍中、太保、録尚書事，殷有七子，五子授以"五經"，"餘下二子則授以《史記》、《漢書》"③。錢穆評價説："劉淵父子皆粗知學問，淵師事上黨崔游，習毛《詩》、京氏《易》、馬氏《尚書》，皆是東漢的舊傳統。"④

劉淵所成立的漢政權（史稱漢趙或前趙），是歷史上第一個以"漢"命名的十六國民族政權。劉淵以此命名，除了是爲了追溯民族身份，自命"漢室之甥"以外，也是爲了區別於晉。當時，劉淵在北方所遇到的反抗力量，大多以晉爲名。直到劉聰之時，臣子仍然認爲"且愚人係漢之心未專，而思晉之懷猶盛"⑤。這種思晉之懷，首先就體現在涼州政權上，他們一直使用建興年號，以晉臣自居。而遼東的慕容氏政權，也建立了與南方的外交關係，接受東晉政權的封號。所以，劉淵稱"漢"，不僅僅是爲了追溯民族本源，以取得民族認同，同時也是宣揚對抗晉室的政治立場。

生逢亂世，《漢書》中的英雄故事在當時頗爲流行。劉氏家族長期閱讀、研究《漢書》，常以漢室自比。如劉宣"每讀《漢書》，至《蕭何》、《鄧禹

---

① （唐）房玄齡等撰：《晉書》卷一〇一《劉元海載記》，北京：中華書局 1974 年版，第 2645 頁。
② 《晉書》卷一〇一《劉元海載記附劉宣載記》，第 2653 頁。
③ 《晉書》卷八八《劉殷傳》，第 2289 頁。
④ 錢穆：《國史大綱》，北京：商務印書館 1990 年版，第 184 頁。
⑤ 《晉書》卷一〇二《劉聰載記》，第 2661 頁。

傳》，未曾不反覆詠之，曰：'大丈夫若遭二祖，終不令二公獨擅美於前矣。'"①劉淵族子劉曜，"常輕侮吴、鄧，而自比樂毅、蕭、曹，時人莫之許也"②。在《漢王令》中，劉淵歷數漢代歷史，以漢代之興亡作爲歷史參照，甚至"追尊劉禪爲孝懷皇帝，立漢高祖以下三祖五宗神主而祭之"③，而前趙對待劉淵，也將之視爲漢皇。劉聰之子劉約，重病幾死而後蘇，自稱夢見劉淵於不周山和昆侖山之間④。這其實也是將民間雜傳中的漢皇形象，進行了加工。石勒的寵臣張賓是自薦於胡主的，極有膽識。未遇石勒之前，他常謂昆弟曰："吾自言智算鑒識不後子房，但不遇高祖耳。"⑤在亂世之中，以成爲張良這樣的名臣爲理想，認可"獨胡將軍可與共成大事"。最後終獲成功，"勒甚重之，每朝，常爲之正容貌，簡辭令，呼曰'右侯'而不名之，勒朝莫與爲比也"⑥。東漢光武帝的中興故事，同樣在此時流傳極廣。"鈗曰：'舊海水無凌，自仁反已來，凍合者三矣。昔漢光武因滹沱之冰以濟大業，天其或者欲吾乘此而克之乎！吾計決矣，有沮謀者斬！'"⑦這些都反映了亂世之中，《漢書》故事中那些英雄草莽的一面被民間吸收、演義並且濃墨重彩地傳播開來。

在十六國時，《漢書》中的漢代故事大量出現在君臣之間的口頭對話中。一個常見的例子，是以《漢書》中的歷史掌故，來進行君臣勸諫。如劉聰的大臣們諷諫劉聰不可任用宦官，稱："故文王以多士基周，桓靈以群閹亡漢，國之興亡，未有不由此也。"⑧後趙建立者羯族石勒，不知書，他學習前代故事，主要依靠臣子口頭朗讀。而《漢書》是其主要參考對象，在聽取故事時，還會加以評價。"勒雅好文學，雖在軍旅，常令儒生讀史書而聽之，每以其意論古帝王善惡，朝賢儒士聽者莫不歸美焉。嘗使人讀《漢書》，聞酈食其勸立六國後，大驚曰：'此法當失，何得遂成天下！'至留侯諫，乃曰：'賴有此耳。'"⑨石勒又問臣子，將自己擬於古往今來哪位帝王，最後他評價了

---

① 《晉書》卷一〇一《劉元海載記附劉宣載記》，第 2653 頁。
② 《晉書》卷一〇三《劉曜載記》，第 2683 頁。
③ 《晉書》卷一〇一《劉元海載記》，第 2650 頁。
④ 《晉書》卷一〇二《劉聰載記》，第 2673 頁。
⑤ 《晉書》卷一〇五《石勒載記下》，第 2756 頁。
⑥ 《晉書》卷一〇五《石勒載記下》，第 2756 頁。
⑦ 《晉書》卷一〇九《慕容皝載記》，第 2816—2817 頁。
⑧ 《晉書》卷一〇二《劉聰載記》，第 2671 頁。
⑨ 《晉書》卷一〇五《石勒載記下》，第 2741 頁。

一番歷代帝王,自稱"朕當在二劉之間耳"①,"二劉"即劉邦與劉秀,同樣是以漢代帝王爲參照。而且,在他的評價中,漢代的歷史形象是最爲正當的:"朕若逢高皇,當北面而事之,與韓彭競鞭而爭先耳。脱遇光武,當並驅於中原,未知鹿死誰手。大丈夫行事當磊磊落落,如日月皎然,終不能如曹孟德、司馬仲達父子,欺他孤兒寡婦,狐媚以取天下也。"②

慕容氏前燕政權將漢代歷史故事上升爲歷史借鑒。在上表東晉的内容中,他們歷數漢代故事:"逮於漢武,推重田蚡,萬機之要,無不決之。及蚡死後,切齒追恨。成帝闇弱,不能自立,内惑嬖妻,外恣五舅,卒令王莽坐取帝位。每覽斯事,孰不痛惋!設使舅氏賢若穰侯、王鳳,則但聞有二臣,不聞有二主。若其不才,則有竇憲、梁冀之禍。凡此成敗,亦既然矣。苟能易軌,可無覆墜。'"③慕容儁時常燁上言,同樣引用漢代故事,"然禮貴適時,世或損益,是以高祖制三章之法,而秦人安之"。又説:"吴起、二陳之疇,終將無所展其才幹。漢祖何由免於平城之圍?郅支之首何以懸於漢關?謹案《戊辰詔書》,蕩清瑕穢,與天下更始,以明惟新之慶。"④這些都反映了漢代故事從民間而升至統治者政治視野的過程。

在十六國時期,復古漢代最爲明顯的地區,是關中地區。苻堅政權定都長安,以漢自比。他對漢代故事十分熟悉,且和石勒一樣善於評點,多引《漢書》。"(苻)堅南遊霸陵,顧謂群臣曰:'漢祖起自布衣,廓平四海,佐命功臣孰爲首乎?'權翼進曰:'《漢書》以蕭、曹爲功臣之冠。"⑤又,(苻)堅曰:"漢祖與項羽争天下,困於京索之間,身被七十餘創,通中六七,父母妻子爲楚所囚。平城之下,七日不火食,賴陳平之謀,太上、妻子克全,免匈奴之禍。二相何得獨高也!雖有人狗之喻,豈黄中之言乎!'於是酣飲極歡,命群臣賦詩。"⑥苻堅的西域政策,是以漢代爲標杆的,在獲得車師、鄯善等國臣服後,以吕光、姜飛等配兵七萬,以討定西域,自比兩漢伐匈奴⑦。

關中地區在前後秦時期進入安定階段,漢代的政治治理故事遂開始被

① 《晉書》卷一○五《石勒載記下》,第2749頁。
② 《晉書》卷一○五《石勒載記下》,第2749頁。
③ 《晉書》卷一○九《慕容皝載記》,第2819頁。
④ 《晉書》卷一一○《慕容儁載記》,第2838—2839頁。
⑤ 《晉書》卷一一三《苻堅載記上》,第2886頁。
⑥ 《晉書》卷一一三《苻堅載記上》,第2886—2887頁。
⑦ 《晉書》卷一一四《苻堅載記上》,第2911頁。

頻繁徵引。姚萇曾自我評價："吾之性也。吾於舜之美，未有片焉；漢祖之短，已收其一。若不聞讜言，安知過也！"①姚秦時代的名臣尹緯，同樣是"性剛簡清亮，慕張子布之爲人"。尹緯對姚萇的諷諫，也往往以漢代故事來作比。姚萇曾想引段鏗爲侍中，尹緯固諫以爲不可，並多次嘲諷段鏗。姚萇因此質問尹緯："'卿好不自知，每比蕭何，真何如也？'緯曰：'漢祖與蕭何俱起布衣，是以相貴。陛下起貴中，是以賤臣。'萇曰：'卿實不及，胡爲不也？'緯曰：'陛下何如漢祖？'萇曰：'朕實不如漢祖，卿遠蕭何，故不如甚也。'緯曰：'漢祖所以勝陛下者，以能遠段鏗之徒故耳。'"②這番論辯，最後以姚萇自慚告終。

當時對於漢代文化的崇尚是十分突出的。其中諸多與漢魏相同的器物，説明了當時的復古風尚。韋正《關中十六國考古的新收穫——讀咸陽十六國墓葬簡報劄記》指出，長方形果盒、雙耳託盤等是具有魏晉時代特色的陶器，也是判斷十六國墓葬的重要依據。這些器物之外的十六國普通陶器幾乎與魏晉時期没有多大變化。更有甚者，具有漢代特色而魏晉墓中尚未發現的一些器物在十六國墓中出現了，如多枝燈和陶倉，多枝燈在西安草場坡、長安縣韋曲、咸陽平陵墓中都有出土。咸陽文林社區前秦墓葬的陶器面貌似乎比魏晉時期還要原始，還要接近漢代。發掘出的牲畜、倉廚、明器與東漢魏晉幾乎完全相同。這些現象有力地説明關中地區漢魏十六國以來經濟生活的連貫性，世家大族的經濟基礎和生産方式没有因政權的更迭而發生劇烈的變化。關於西安北郊經濟技術開發區的 M217 可信爲一座北魏早期的墓葬，這座墓葬中既出土鮮卑裝束的騎馬鼓吹俑，又出土不見於咸陽平陵和草場坡墓的排簫俑和樂器難辨的伎樂俑，韋正談道："這種伎樂俑在關中地區存在一個世紀以上，貫穿整個十六國時期。在關中地區爲數不多的其他北魏墓和西魏北周墓葬中，再也没有發現這種伎樂俑。看來，北魏控制關中地區之後，這個地區的音樂文化發生了較大的變化。漢族音樂文化在北方地區的斷絶大概是從北魏開始的，北魏與十六國政權雖然都是少數民族，他們對待漢族音樂文化的態度看來存在較大的差異。"③這種差異即在於關中地區少數民族漢化程度較深，而北魏則是較晚來到中

---

① 《晉書》卷一一六《姚萇載記》，第 2970 頁。
② 《晉書》卷一一八《姚興載記下》，第 3004 頁。
③ 韋正：《關中十六國考古的新收穫——讀咸陽十六國墓葬簡報劄記》，載於《考古與文物》2006 年第 2 期，第 63 頁。

原的少數民族,漢化程度不如關中地區的少數民族,而在對待音樂的這種態度的基礎上,非常容易發起對歷史的追溯和新的復古。

"漢代故事"不斷發展,以至於被視爲"漢典"並加以執行,是在北魏以後。北魏初入中原時,將劉徹殺昭帝之母鉤弋夫人的故事,發展爲子貴母死的制度①。"初,帝母劉貴人賜死,太祖告帝曰:'昔漢武帝將立其子而殺其母,不令婦人後與國政,使外家爲亂。汝當繼統,故吾遠同漢武,爲長久之計。'"②《魏書》中"史臣曰"中云:"鉤弋年稚子幼,漢武所以行權,魏世遂爲常制。子貴母死,矯枉之義不亦過哉!"③此事影響十分深遠。孝文帝去世之前,對後宮也是極爲警惕的。"高祖疾甚,謂彭城王勰曰:'後宮久乖陰德,自絕於天。若不早爲之所,恐成漢末故事。吾死之後,可賜自盡別宮,葬以后禮,庶掩馮門之大過。'"④田餘慶認爲,此時的道武帝尚未達到可以隨意運用漢典創業垂統的文明程度,《魏書官氏志》中稱他還有溯古的傾向:"欲法古純質,每於制定官號,多不依周漢舊名……皆擬遠古雲鳥之意。"因此道武帝此時所謂的"遠同漢武",不能作爲他將立其子而殺其母的認識來源與直接依據⑤。事實上,"漢代故事"在整個北魏政治中被借用的情況,大多是表面承續漢代傳統,實則只是利用史書所載作爲政治掩飾用的。基本上,統治者需要什麼樣的漢代故事,什麼樣的漢代故事就會流行於君臣之間。

北魏孝文帝以後,漢武帝與汲黯之間的君臣故事頗爲流行。"(任城王)澄又謂(崔)亮曰:'昔汲黯於漢武前面折公孫食脫粟飯,卧布被,云其詐也。於時公孫謙讓下之。武帝歎汲黯至忠,公孫長者,二人稱賢。公既道均昔士,願思長者之言。'高祖笑曰:'任城欲自比汲黯也。且所言是公,未知得失所在,何便謝司空也。'駕遂南伐。"⑥漢武帝和金日磾之間的故事,也獲得了引用和讚頌。這些都反映了當時的人們對孝文帝改革的支持。"高祖引陸睿、元贊等於前曰:'北人每言北人何用知書,朕聞此,深用憮然。今知書者甚衆,豈皆聖人。朕自行禮九年,置官三載,正欲開導兆人,致之禮教。朕爲天子,何假中原,欲令卿等子孫,博見多知。若永居恒北,值不好

---

① 田餘慶:《北魏後宮子貴母死之制的形成與演變》,載於《拓跋史探》,北京:生活·讀書·新知三聯書店 2011 年版,第 2 頁。
② 《魏書》卷三《太宗紀第三》,第 49 頁。
③ 《魏書》卷一三《列傳第一》,第 341 頁。
④ 《魏書》卷一三《列傳第一》,第 334 頁。
⑤ 田餘慶:《北魏後宮子貴母死之制的形成與演變》,載於《拓跋史探》,第 4 頁。
⑥ 《魏書》卷一九中《列傳第七中任城王》,第 467 頁。

文主,卿等子孫,不免面牆也。'陸睿對曰:'實如明詔,金氏若不入仕漢朝,七世知名,亦不可得也。'高祖大悦。"①孝文帝很愛聽取一些漢興故事。"(太和)二十一年,高祖幸長安,囚以咸陽山河險固,秦漢舊部,古稱陸海,勸高祖去洛陽而都之。後高祖引見,笑而謂之曰:'卿一昨有啟,欲朕都此。昔婁敬一説,漢祖即日西駕。尚書今以西京説朕,仍使朕不廢東轅,當是獻可理殊,所以今古相反耳。'囚對曰:'昔漢高祖起於布衣,欲藉險以自固,婁敬之言,合於本旨。今陛下百世重光,德洽四海,事同隆周,均其職貢,是以愚臣獻説,不能上動。'高祖大悦。"②爲了迎合喜愛漢興故事的孝文帝,臣子力諫時,也會使用漢代故事,來引起孝文帝的重視。

處於盛世之際,普通士人喜歡談論的"漢代故事"也發生了一些變化,英雄起義故事逐漸退潮。在北魏後期,因爲選舉制度出現缺陷,導致了"失才"的局面。此時的鄉里士人,會利用相類似的漢代故事來表達自己的失意,例如:"(裴)宣家世以儒學爲業,常慕廉退。每歎曰:'以賈誼之才,仕漢文之世,不歷公卿,將非運也!'乃謂親賓曰:'吾本閭閻之士,素無當世之志,直隨牒推移,遂至於此。禄後養親,道不光國,瞻言往哲,可以言歸矣。'因表求解。世宗不許,乃作《懷田賦》以叙心焉。"③

至北魏末年,以"漢代故事"來掩飾政治的行爲就更多了,討論漢代興亡的故事也更多。靈太后欲以幛幔自鄣,觀三公行事,因此諮詢侍中崔光:"光便據漢和熹鄧后薦祭故事,太后大悦,遂攝行初祀。"④胡太后將爲家族起塋域門闕碑表,侍中崔光等奏:"案漢高祖母始謚曰昭靈夫人,後爲昭靈后,薄太后母曰靈文夫人,皆置園邑三百家,長丞奉守。今秦太上君未有尊謚,陵寢孤立,即秦君名,宜上終稱,兼設掃衛,以慰情典。請上尊謚曰孝穆,權置園邑三十户,立長丞奉守。"⑤崔光此處引用漢代故事,也是爲胡太后的行爲作出掩飾。對於外戚胡國珍權勢地位的上升,也是在崔光的幫助下獲得正當合法名義。"詔依漢車千秋、晉安平王故事,給步挽一乘,自掖門至於宣光殿得以出入,並備幾杖。後與侍中崔光俱授帝經,侍直禁中。"⑥

---

① 《魏書》卷二一上《獻文六王列傳第九上》,第551頁。
② 《魏書》卷三六《李順附李同傳》,第841—842頁。
③ 《魏書》卷四五《裴駿附裴宣傳》,第1023—1024頁。
④ 《魏書》卷一三《列傳第一》,第338頁。
⑤ 《魏書》卷八三下《胡國珍傳》,第1834頁。
⑥ 《魏書》卷八三下《胡國珍傳》,第1834頁。

清河王懌較早意識到北魏政權所面臨的危機,常在談論、上表中曾因侍宴酒酣,乃謂高肇曰:"天子兄弟,詎有幾人,而炎炎不息。昔王莽頭禿,亦藉渭陽之資,遂篡漢室,今君曲形見矣,恐復終成亂階。"①清河王懌還在諫胡太后時,提到了漢末故事:"臣聞律深惑衆之科,禮絕妖淫之禁,皆所以大明居正,防遏奸邪。昔在漢末,有張角者,亦以此術熒惑當時。論其所行,與今不異,遂能詃誘生人,致黃巾之禍,天下塗炭數十年間,角之由也。昔新垣奸,不登於明堂;五利僥,終婴於顯戮。"東魏静帝之死,"詔凶禮依漢大將軍霍光、東平王蒼故事"②。

北齊以後的相關史料中所反映的"漢代故事"仍然不少。諸多材料證明,當時對《漢書》的研習也十分常見。北齊孝昭皇帝高演,"篤志讀《漢書》,至《李陵傳》,恒壯其所爲焉。"③當時河間地區,仍以習《漢書》爲務。邢邵"少在洛陽,會天下無事,與時名勝專以山水遊宴爲娛,不暇勤業。嘗因霖雨,乃讀《漢書》,五日,略能遍記之。後因飲謔倦,方廣尋經史,五行俱下,一覽便記,無所遺忘。文章典麗,既贍且速"④。北齊君主暴虐,會從反面來利用漢代故事。"十年,太史奏云:'今年當除舊佈新。'文宣謂韶曰:'漢光武何故中興?'韶曰:'爲誅諸劉不盡。'於是乃誅諸元以厭之。"⑤祖珽與文宣帝之間的辯論,亦圍繞"漢代故事"來進行。"珽又曰:'陛下有一范增不能用,知可如何?'帝又怒曰:'爾自作范增,以我爲項羽邪!'珽曰:'項羽人身亦何由可及,但天命不至耳。項羽布衣,率烏合衆,五年而成霸王業。陛下藉父兄資,財得至此,臣以項羽未易可輕。臣何止方於范增,縱張良亦不能及。張良身傅太子,猶因四皓,方定漢嗣。臣位非輔弼,疏外之人,竭力盡忠,勸陛下禪位,使陛下尊爲太上,子居宸扆,於己及子,俱保休祚。蕞爾張良,何足可數。'帝愈恚,令以土塞其口,珽且吐且言,無所屈撓。乃鞭二百,配甲坊,尋徙於光州。"⑥

從以上內容可以看出,北方的人們研習《漢書》,熟悉漢代故事。這些構成了北朝《漢書》學的社會基礎。在當時的南方,同樣會流傳一些漢代故

---

① 《魏書》卷二二《清河王傳》,第 592 頁。
② 《魏書》卷二二《清河王傳》,第 592 頁。
③ (唐)李百藥撰:《北齊書》卷六《帝紀第六孝昭》,北京:中華書局 1972 年版,第 79 頁。
④ 《北齊書》卷二八《元韶傳》,第 388 頁。
⑤ 《北齊書》卷三六《邢紹傳》,第 475 頁。
⑥ 《北齊書》卷三九《祖珽傳》,第 517—518 頁。

事。以北齊陽休之在《陶淵明集》置入的《集聖賢群輔錄》爲例,其中所收錄的來自《漢書》的故事有數則。這些故事同樣是具有傳奇色彩的,但是沒有出現在北朝史料之中。這些故事,應是作爲"雜傳"存在的史抄資料,它們與北方正史中存在的漢代相關資料有很大的不同。錄之如下:

> 太子少傅留文成侯韓張良、相國鄭文終侯沛蕭何、楚王淮陰侯韓信。
> 右三傑。漢高祖曰:"此三人,人之傑也。"見《漢書》。

> 園公、綺里季、夏黃公、甪里先生。
> 右商山四皓。當秦之末,俱隱上洛商山。皇甫士安云:"並河內軹人。"見《漢書》及皇甫謐《高士傳》。

> 太子太傅疏廣,字仲翁。太子少傅疏受,字公子。
> 右二疏。東海人。宣帝時,並爲太子師傅,每朝,太傅在前,少傅在後。朝廷以爲榮。授太子《論語》、《孝經》,各以老疾告退。時人謂之二疏。見《漢書》。

> 龔勝,字君賓。龔舍,字君倩。
> 右並楚人,皆治清節,世號二龔。見《漢書》。

> 唐林,字子高。唐尊,字伯高。
> 右並沛人,亦以絜履著名於成哀之世,號爲二唐,比楚二龔。後皆仕王莽。見《漢書》。左思曰:"二唐絜己,乃點反汙。"

> 平阿侯王譚、成都侯王商、紅陽侯王章、曲陽侯王根、高平侯王逢時。
> 右並以元后弟同日受封,京師號曰五侯。並奢豪富侈,招賢下士。谷永、樓護,皆爲賓客。時人爲之語曰:"谷子雲之筆札,樓君卿之唇舌。"言出其門也。見《漢書》。張載詩曰:"富侈擬五侯。"①

那麼,究竟該如何理解"漢代故事"、尤其是來源於《漢書》的"漢代故

---

① 袁行霈:《陶淵明集箋注》,北京:中華書局 2011 年版,第 398—399 頁。

事"在十六國北朝的流行呢。一方面,這反映了北方地區長期以來的民族文化認同心理。十六國胡主並不在歷史文化的追根溯源方面強調自己的異族身份,而是認爲自己亦是身處中原歷史一脈之中。產生這種歷史感受的主要原因之一,應該是由於十六國時期政權動盪,國家亟盼統一,故而在歷史感受上偏向於集體比擬漢初歷史。而更有可能存在的一種原因是,漢代歷史此時在民間已經被"演義"化了,它們普遍存在於閭巷之間。人們對於漢代歷史的精神消費十分平常,人們對於"漢代故事"的理解已經不是存留於對其一般史實的瞭解,而是轉化爲一種文學層面的瞭解,即將歷史史實加以了故事化。而史實的故事化,是文化在底層社會流行之後的一種通俗狀態。一種對於歷史記憶的分享,既是屬於這個時期的歷史感覺,也是爲新的政權尋找政治依據。漢代故事在十六國北朝時期不斷爲統治者引用,作爲政治借鑒。這種借鑒,使得"故事"二字成爲一種施政方式。重複、模擬漢代曾經發生過的歷史事件,被視爲合法。這反映了《漢書》在人們心目中"等同五經"的地位,它所記載的內容,相對而言易於被接受和認可,類似於《春秋》故事被徵引的軌跡和邏輯那樣,逐漸從史書變成一種政治語言。

二、《漢書》研究與北魏政治改革

北朝《漢書》學,主要是指的北朝《漢書》研究。這一研究,首先指的是關於《漢書》字、義等方面的文本研究,其次是關於《漢書》思想、內容研究及其實踐。《漢書》能夠成爲十六國北朝政治語言中十分重要的內容,究其根本原因,是《漢書》被不斷納入到了政治實踐。尤其是北魏的政治改革,基本上是以《漢書》研究爲基礎的。從十六國時期開始,人們反覆利用《漢書》作爲施政之指導。這使得自十六國以後的《漢書》學發展具有深刻的政治烙印。漢代制度在此時的政治文化生活中獲得了充分的復現,甚至構成了北朝政治改革中的中心意識形態。

陳君研究並指出,在中古時期《漢書》的流行程度,超過了《史記》[1]。

---

[1] 陳君:《〈漢書〉的中古傳播及其經典意義》,載於《上海大學學報》(社會科學版)2017年第2期,第54—72頁。

《漢書》在北方地位的驟然升高，與易代之際的歷史認知有關。人們看到了西晉覆亡，希望"興邦復業"，建立漢代一樣的功業的心理有關。對比即將崩塌的西晉政權，漢代被渲染的"漢有天下世長，恩德結於人心"歷史形象，獲得追崇。從西晉末年至於隋代，北方就成立過多個以"漢"爲名的政權。自稱"漢氏之甥"的并州匈奴劉氏，建立了漢政權。李雄從弟壽殺期僭立，自號曰漢①。北魏時期發生的一宗佛教起義，起義者自號漢王："法慶以歸伯爲十住菩薩、平魔軍司、定漢王，自號'大乘'。"②北魏後期，"幽州平北府主簿河間邢杲，率河北流民十餘萬户反於青州之北海，自署漢王，號年天統"③。而侯景之亂爆發後，侯景僭僞位於建鄴，亦自稱曰漢。

《漢書》所録漢代制度，在此時已經廣受十六國胡主治國所取法。在慕容氏深耕遼東的諸多政績中，他們對於漢初土地政策的借鑒是很令人矚目的。慕容皝記室參軍封裕的上諫中説道："雖務農之令屢發，二千石令長莫有志勤在公、鋭盡地利者。故漢祖知其如此，以墾田不實，徵殺二千石以十數，是以明、章之際，號次升平。"④這對於安頓流亡而來的遼東大族，頗有休養生息之意味。慕容儁時期的給事黄門侍郎申胤上言恢復漢代的部分禮儀制度。這些聲音，可以視爲此後北魏所吸納的舊燕之地的漢族士人提倡從《漢書》中借鑒禮法的前奏。

北魏國號的改定，與北方地區的《漢書》研究最爲相關。而這一建議正是來自於慕容氏長期統治的河北地區，該地有研究《漢書》的傳統。北魏的國號，直接與"漢"相承。當時一部分人仍然希望是以"代"爲號，但是北魏道武帝堅持自己的看法，認爲自名爲魏，更能對"控制遐國""民俗雖殊，撫之在德"有利，因此，下詔曰"宜仍先號，以爲魏焉"⑤。道武帝篤定的意見，其實來自於崔玄伯。玄伯的建議裏，最爲觸動道武帝的，應是這段十分平易的文字："昔漢高祖以漢王定三秦，滅強楚，故遂以漢爲號。國家雖統北方廣漠之土，逮於陛下，應運龍飛，雖曰舊邦，受命惟新，是以登國之初，改代曰魏。又慕容永亦奉魏土。夫'魏'者大名，神州之上國，斯乃革命之徵

---

① 《晉書》卷一二〇《李特載記》，第 3021 頁。
② 《魏書》卷一九上《景穆十二王列傳》，第 445 頁。
③ 《魏書》卷一〇《孝莊紀》，第 258—259 頁。
④ 《晉書》卷一〇九《慕容皝載記》，第 2823—2825 頁。
⑤ 《魏書》卷二四《崔玄伯傳》，第 620—621 頁。

驗，利見之玄符也。臣愚以爲宜號爲魏。"①天興三年(400)十二月，道武帝所下《天命詔》，暗含了對這類以漢自比的政權的批判："世俗謂漢高起於布衣而有天下，此未達其故也。夫劉承堯統，曠世繼德，有蛇龍之徵，致雲彩之應，五緯上聚，天人俱協，明革命之主，大運所鍾，不可以非望求也。"②而他的帝王之業，是爲了恢復自吳楚以來斷絕的"《春秋》之義，大一統之美"③。崔玄伯同樣是河北地區的《漢書》學傳承者，曾陪侍高祖讀《漢書》，講述《漢書》中的"漢代故事"："太祖曾引玄伯講《漢書》，至婁敬說漢祖欲以魯元公主妻匈奴，善之，嗟歎者良久。是以諸公主皆釐降於賓附之國，朝臣子弟，雖名族美彥，不得尚焉。"④

崔玄伯之子崔浩，也是北魏《漢書》學的代表人物之一。崔浩對《漢書》的利用，主要是在讖緯術數方面："三年，彗星出天津，入太微，經北斗，絡紫微，犯天棓，八十餘日，至漢而滅。太宗復召諸儒術士問之曰：'今天下未一，四方嶽峙，災咎之應，將在何國？朕甚畏之，盡情以言，勿有所隱。'咸共推浩令對。浩曰：'古人有言，夫災異之生，由人而起。人無釁焉，妖不自作。故人失於下，則變見於上，天事恆象，百代不易。《漢書》載王莽篡位之前，彗星出入，正與今同。國家主尊臣卑，上下有序，民無異望。唯僭晉卑削，主弱臣強，累世陵遲，故桓玄逼奪，劉裕秉權。彗字者，惡氣之所生，是爲僭晉將滅，劉裕篡之之應也。'諸人莫能易浩言，太宗深然之。五年，裕果廢其主司馬德文而自立。"⑤崔浩經常與同僚談論《漢書》，曾在登高陵之時，"下臨河流、傍覽川域，慨然有感，遂與同僚論五等郡縣之是非，考秦始皇、漢武帝之違失。"崔浩在與其他人的爭辯過程中，也多次徵引《漢書》之具體内容。在與李順爭辯是否征伐河西時，崔浩引用過《漢書·地理志》："諸人不復餘言，唯曰：'彼無水草'。浩曰：'《漢書·地理志》稱："涼州之畜，爲天下饒。"若無水草，何以畜牧？又漢人爲居，終不於水草之地築城郭，立郡縣也。又雪之消液，絕不斂塵，何得通渠引漕，溉灌數百萬頃乎？此言大抵誣於人矣。'"⑥崔浩在處理北涼相關事務時，常引《漢書》，其《議

---

① 《魏書》卷二四《崔玄伯傳》，第621頁。
② 《魏書》卷二《太祖紀》，第37頁。
③ 《魏書》卷二《太祖紀》，第37頁。
④ 《魏書》卷二四《崔玄伯傳》，第621頁。
⑤ 《魏書》卷三五《崔浩傳》，第811—812頁。
⑥ 《魏書》卷三五《崔浩傳》，第814—815頁。

軍事表》談到了自漢代以來涼州的情況，建議不要遷徙其民："昔漢武帝患匈奴疆盛，故開涼州五郡，通西域，勸農積穀，爲滅賊之資。東西迭擊。故漢未疲而匈奴已敝，後遂入朝。昔平涼州，臣愚以爲北賊未平，征役不息，可不徙其民，案前世故事，計之長者。"①

北魏孝文帝的改革，全面建立在此前數代研究《漢書》的基礎之上。當時的人研習《漢書》的大有人在，如："伯尚弟仲尚，儀貌甚美。少以文學知名。二十著《前漢功臣序贊》及季父《司空沖誄》。"②參與到北魏政治改革中的著名學者，他們大多有傳習《漢書》的學養經歷。"劉芳、李彪諸人以經書進，崔光、邢巒之徒以文史達，其餘涉獵典章，關歷詞翰，莫不縻以好爵，動貽賞眷。於是斯文鬱然，比隆周漢。"③來自漢代的制度舊式，此時不斷獲得強調。如高閭所説："太古既遠，事難襲用，漢魏以來，據有成事。漢文繼高惠之蹤，斷獄四百，幾致刑措，猶垂三旬之禮。孝景承平，遵而不變。以此言之，不爲即位之際，有所逼懼也。良是君人之道，理自宜然。又漢稱文景，雖非聖君，亦中代明主。今遺册之旨，同於前式。伏願陛下述遵遺令，以副群庶之情。杜預晉之碩學，論自古天子無有行三年之喪者，以爲漢文之制，闇與古合。雖叔世所行，事可承踵，是以臣等慺慺干謁。"④

孝文帝巡遊洛陽，可以視爲一次對周漢歷史遺跡的巡覽。孝文帝發起向漢代歷史的全面回溯，並以制度爲之呼應，反映了他對自身正統性的定位和對大一統的期待。爲了證明北方是正統所在，孝文帝君臣引用漢代的地理概念："高祖曰：'由此桓公屈於管仲。荊揚未一，豈得如卿言也。'閭曰：'漢之名臣，皆不以江南爲中國。且三代之境，亦不能遠。'高祖曰：'淮海惟揚州，荊及衡陽惟荊州，此非近中國乎？'"⑤孝文帝改革一直被理解爲民族性的改革，而從歷史變遷視野的角度來看，他的改革更接近於向前代尤其是漢代發起的復古，以此"徑承漢統"⑥。

北魏政治改革幾乎涉及到了漢代制度的各個方面。例如，北魏恢復了漢代采詩制度和觀風俗制度。"夏四月丙辰，詔尚書長孫稚巡撫北藩，觀察

---

① 《魏書》卷三五《崔浩傳》，第823頁。
② 《魏書》卷三九《李寶傳》，第893頁。
③ 《魏書》卷八四《儒林傳》，第1842頁。
④ 《魏書》卷一〇八《禮志三》，第2781—2782頁。
⑤ 《魏書》卷五四《高閭傳》，第1208頁。
⑥ 劉浦江：《南北朝的歷史遺產與隋唐時代的正統論》，載於《正統與華夷：中國傳統政治文化研究》，北京：中華書局2017年版，第21—26頁。

風俗。"在禮樂方面,"漢禮"是北魏制定諸儀的主要參照。"博士曹褒睹詔也,知上有制作之意,乃上疏求定諸儀,以爲漢禮。終於休廢,寢而不行。及魏晉之日,修而不備。"①北魏恢復了漢代的俸禄之制。這是中古官僚制度上的一次重大變化,對此後影響深遠。平城時代,君臣無俸禄,高允一家,尚需躬耕。此外,人們根據《漢書》來確立度量衡②。甚至於錢幣制度,都參考漢制。

總之,北魏政治改革的過程中,《漢書》被視爲具有參考意義的典章。從史料內容看來,在改革的過程中,以典章來平息爭議,緩和民族衝突,是當時北魏諸帝對待拓跋鮮卑貴族異議的一種辦法。隨著北魏統治的日漸鞏固,這些討論和爭議並沒有減少,而是開始轉移到了學術層面,政治上的針鋒相對開始被隱晦起來。

三、北朝《漢書》學的學術特點及其歷史演進

北朝《漢書》學的學術成就,過去被討論得少。因爲幾乎沒有任何一部完整的北朝《漢書》學著作存世,相關的直接材料很少。北朝《漢書》學的成就,主要體現在零散的史料之中。北朝《漢書》學與時代政治需要緊密貼合,因此,其成就首先體現在對漢代制度的揣摩、討論和實踐等方面。尤其是在讖緯、術數和禮樂方面,有一些矚目的成果,爲史書所錄。而且,在北朝《漢書》學形成與傳播的過程中,受到整體回溯到漢代的時代氛圍影響,《漢書》學的周邊,也圍繞了其他漢代典籍的研究,關於這些典籍內容的討論,例如司馬彪《續漢書》、范曄《後漢書》、劉氏父子《洪範五行傳》③、《星傳》等,往往也與《漢書》學相呼應,這是值得注意的。《漢書》學在北魏到北齊發展的過程中,很多學術觀點形成之後,並非一成不變,而是引起了後代人對前代人的反思和再討論甚至否定。特別是關於禮樂的研究,在前人研究《漢書》的成果基礎上,又向縱深發展了很多,不斷推進北朝學術的進

---

① 《魏書》卷三八《刁雍傳》,第 870 頁。
② 《魏書》卷一九上《廣平王傳》,第 454 頁。
③ 程蘇東認爲:《洪範五行傳》的成篇年代宜在西漢初期,其作者雖難遽定,但其創作時代背景以及基本思想取向,皆可據傳文而得見。見程氏著《〈洪範五行傳〉的成篇問題與作者新證》,載於《國學研究》第三十七卷,北京:北京大學出版社 2016 年版,第 213 頁。

步。而到北齊以後，南朝學術北傳，北朝《漢書》學又出現了很多融合南朝《漢書》學的傾向，這主要體現在顏之推《顏氏家訓·書證》之中。以下詳細闡述北朝《漢書》學這四個主要的學術特點並分析其歷史演進過程。

崔浩對《漢書》的利用，主要是在讖緯術數方面："'《漢書》載王莽篡位之前，彗星出入，正與今同。國家主尊臣卑，上下有序，民無異望。唯僭晉卑削，主弱臣強，累世陵遲，故桓玄逼奪，劉裕秉權。彗字者，惡氣之所生，是爲僭晉將滅，劉裕篡之之應也。'諸人莫能易浩言，太宗深然之。五年，裕果廢其主司馬德文而自立。"①與崔浩並稱的高允，對《漢書》研究同樣極深。謹依《洪範傳》、《天文志》撮其事要，略其文辭，凡爲八篇②。高允所作魏曆，是針對漢曆修改而完成的："後詔允與司徒崔浩述成《國記》，以本官領著作郎。時浩集諸術士，考校漢元以來，日月薄蝕、五星行度，並讖前史之失，別爲魏曆，以示允。"③高允因此與崔浩產生爭論，高允舉例《星傳》所錄，爲衆所嘆服④。

李彪《表上封事七條》是一篇對"漢制"研究精深之作。這七條中有六條引用了漢代歷史、制度作爲言事依據。第一條反對奢侈靡費，文中強調"漢文時，賈誼上疏云'今之王政，可爲長太息者六'，此即是其一也"。第二條是言及嫡長之制，舉例光武時事："昔光武議爲太子置傅，以問其群臣，群臣望意，皆言太子舅執金吾、新陽侯陰就可。博士張佚正色曰：'今立太子，爲陰氏乎？爲天下乎？即爲陰氏，則陰侯可，爲天下，則固宜用天下之賢才。'光武稱善，曰：'置傅，以輔太子也。今博士不難正朕，況太子乎？'即拜佚爲太子太傅，漢明卒爲賢主。然則佚之傅漢明，非乃生之漸也，尚或有稱，而況乃生訓之以正道，其爲益也固以大矣。故《禮》曰：'太子生，因舉以禮，使士負之，有司齊肅端冕，見於南郊。'明塚嫡之重，見乎天也。'過闕則下，過廟則趨，'明孝敬之道也。然古之太子，'自爲赤子，而教固以行矣'。此則遠世之鏡也。"第三條是勸稼穡、擢人才："暨於漢家，以人食少，乃設常平以給之。""臣又聞前代明主，皆務懷遠人，禮賢引滯。故漢高過趙，求樂毅之胄；晉武廓定，旌吳蜀之彦。臣謂宜於河表七州人中，擢其門才，引令赴闕，依中州官比，隨能序之。一可以廣聖朝均新舊之義，二可以懷江漢歸

---

① 《魏書》卷三五《崔浩傳》，第811—812頁。
② 《魏書》卷四八《高允傳》，第1068頁。
③ 《魏書》卷四八《高允傳》，第1068頁。
④ 《魏書》卷四八《高允傳》，第1068頁。

有道之情。"第四條論刑罰:"至若行刑犯時,愚臣竊所未安。漢制,舊斷獄報重,常盡季冬,至孝章時,改盡十月,以育三微。"聯繫當時現實,認爲:"誠宜遠稽周典,近采漢制,天下斷獄,起自初秋,盡於孟冬,不於三統之春行斬絞之刑。如此,則道協幽顯,仁垂後昆矣。"第五條言及君臣之間,不宜使用酷刑酷獄,而應"行恩當時""著長世之制"同樣徵引漢代之事,"昔漢文時,人有告丞相周勃謀反者,逮繫長安獄,頓辱之與皂隸同。賈誼乃上書,極陳君臣之義,不宜如是"。第七條是建議臣子應有三年喪假,其中同樣列舉了漢代制度:"漢初,軍旅屢興,未能遵古。至宣帝時,民當從軍屯者,遭大父母、父母死,未滿三月,皆弗徭役,其朝臣喪制,未有定聞。至後漢元初中,大臣有重憂,始得去官終服。"①這篇上表,反映了李彪對漢代制度的熟悉。這些研究應該是建立在對漢代歷史的整體研究上,而除了主要引據《漢書》中漢初歷史的故實,也有《後漢書》、《續漢書》作爲思想基礎,如論及章帝即是。

　　北魏末年的崔光,適逢胡太后執政,因此多依漢典來應對政事,也反映了他對《漢書》的全面研究。正始元年夏,有典事史元顯獻四足四翼雞,詔散騎侍郎趙邕以問光,崔光上《答詔問雞禍表》,以《漢書·五行志》之記載爲準,羅列漢代有關故事,論證"上不改政,遂至天下大亂。今之雞狀,雖與漢不同,而其應頗相類矣。向、邕並博達之士,考物驗事,信而有證,誠可畏也"②。崔光關於靈太后及其家族的尊謚,同樣是借鑒《漢書》,反映了他對漢代王室的名號研究。《奏上太后母謚》云:"案漢高祖母始謚曰昭靈夫人,後爲昭靈后,薄太后母曰靈文夫人,皆置園邑三百家,長丞奉守。今秦太上君未有尊謚,陵寢孤立。即秦君名,宜上終稱,兼設埽衛,以慰情典。請上尊謚曰孝穆,權置園邑三十户,立長丞奉守。"③崔光對漢代的研究和理解,誠然同樣不限於《漢書》,他也經常引用《續漢書》。例如崔光《奏定五時朝服》中,引用了司馬彪《續漢書·輿服》及《祭祀志》,云:"自漢逮於魏晉,迎氣五郊,用幘從服,改色隨氣。斯制因循,相承不革,冠冕仍舊,未聞有變。今皇魏憲章前代,損益從宜。五時之冠,愚謂如漢晉用幘爲允。"④

　　長孫稚和祖瑩是向劉芳等傳統《漢書》學傳承者發起質疑的代表人物。

---

① 《魏書》卷六二《李彪傳》,第1383—1389頁。
② 《魏書》卷六七《崔光傳》,第1488頁。
③ 《魏書》卷八三下《胡國珍傳》,第1834頁。
④ 《魏書》卷一〇八《禮志四》,第2817頁。

他們對前人研究《漢書》成果的質疑,主要反映在禮樂方面。普泰中,前廢帝詔錄尚書長孫稚、太常卿祖瑩營理金石。永熙二年春,稚、瑩表《上表乞定樂舞名》,二人在表中反思了之前劉芳的禮樂改革:"時太常卿劉芳以崇所作體制差舛,不合古義,請更修營,被旨聽許。芳又釐綜,久而申呈,時故東平王元匡共相論駁,各樹朋黨,爭競紛綸,竟無底定。""芳久殂没,遺文銷毁,無可遵訪,臣等謹詳《周禮》,分樂而序之。"①在這篇上表中,長孫稚全面回顧了漢代禮樂的使用和對這些禮樂的定名,並提出了幾個漢代禮樂建設的關鍵節點。最後得出結論:"周存六代之樂,《雲門》、《咸池》、《韶夏》、《武》用於郊廟,各有所施,但世運遥緬,隨時亡缺。漢世唯有虞《韶》、周《武》,魏爲《武始》、《咸熙》,錯綜風聲,爲一代之禮。"同時認爲應該規定好樂舞使用的等級:"案今後宫饗會及五郊之祭,皆用兩懸之樂,詳攬先誥,大爲紕繆。古禮,天子宫懸,諸侯軒懸,大夫判懸,士特懸。皇后禮數,德合王者,名器所資,豈同於大夫哉。"②

　　南北文化交融,爲北朝《漢書》學帶來了一些新變化,逐步過渡到純學術研究中來。基於《漢書》的小學研究進入了新的發展階段。如《顔氏家訓》卷四《文章》、卷六《書證》所列的部分内容,皆是有關《漢書》之考證。關於這一部分内容,陳君已經有充分論證③。從顏之推的意思來看,他認爲北本《漢書》爲更優。然而很有趣的是,顔氏後人顏師古所用底本又是南朝本④。可以肯定的一點是,《漢書》學在北朝末年學術性增強,而在實際政治中的參考性質轉淡。

四、北朝文學的漢代傳統

　　《漢書》學之興的背後,是整個時代所嚮往的大一統之美。它已經上升爲民族政權賴以自立的正統觀,本質上是北朝時代的意識形態。十六國政

---

① 《魏書》卷一〇九《樂志》,第2831頁。
② 《魏書》卷一〇九《樂志》,第2836頁。
③ 陳君:《〈漢書〉的中古傳播及其經典意義》,載於《上海大學學報》(社會科學版),2017年第2期,第54—72頁。
④ 徐建委:《敦煌本〈漢書〉與晉唐之間的〈漢書〉傳本》,載於《中國典籍與文化論叢》第十輯,北京:北京大學出版社2008年版,第47—58頁。

權不斷向漢代復古和回溯,其本質是要確立本政權的正統身份,以及在北方地區的合法統治。這種觀念幾乎會滲透到當時所有的文學創作中去。北朝文學發展過程中所主動承續的傳統,是漢代傳統。從具體的方面來說,北朝《漢書》學對於北朝文學的影響,主要涉及到兩個層面:一方面是《漢書》本身對於史傳文學的影響;另一方面,是《漢書》所闡釋的漢代文學,這就包括《漢書》中所涵蓋的漢代文學家、文學作品等等。

　　從十六國時期到北朝前期,場合性文學和諷諫文學十分盛行,這與人們的思漢之心頗有關聯。後趙咸康八年(342)在青州發現一座石虎,被認爲是"天意欲使朕平蕩江南"的吉兆,於是群臣慶賀,"上《皇德頌》者一百七人"[1]。前秦時,梁熙遣使西域之後,朝獻者送來馬匹,"(苻)堅曰:'吾思漢文之返千里馬,咨嗟美詠。今所獻馬,其悉反之,庶克念前王,仿佛古人矣。'乃命群臣作《止馬詩》而遣之,示無欲也。其下以爲盛德之事,遠同漢文,於是獻詩者四百餘人"[2]。又如太元七年,"(苻)堅饗群臣於前殿,樂奏賦詩"[3]。漢儒曾經定義的箴、賦之文體功能,在十六國時期獲得了延續。苻堅時期的名臣趙整,擅作諷諫詩。"苻堅末年,寵惑鮮卑,惰於治政",趙整"援情作歌二章以諷":"不見燕雀來入室,但見浮雲蔽白日。"[4]趙整上《酒德歌》,諫止君臣飲酒[5]。其詩多爲四言、七言和雜言詩句,如果以西晉的藝術水準來分析,並非佳作,且語意質樸,所使用的諸如浮雲、白日、伯勞等意象,正是向魏晉時期詩歌特點的回溯。後秦也有諷諫之事,錄於史册。姚興"好遊田,頗損農要",京兆杜挻遂著《豐草詩》以箴之,馮翊作《德獵賦》以諷[6]。在蜀地的成漢,文人龔壯托名應璩作《百一詩》,是譏切時事之作,提醒統治者社會上存在"百慮一失"的情況[7]。十六國文人對漢代文學傳統的偏愛,當然也有別的因素,比如保守的經學思想等,以及南北外交並非十分頻繁,對於此時東晉發生的文學新變尚無真正瞭解。而對漢代歷史中君臣相處模式的想象,大概是一個非常重要的動因。而主於諷諫的詩學

---

[1]《晉書》卷一○六《石季龍載記上》,第2773頁。
[2]《晉書》卷一一四《苻堅載記下》,第2900頁。
[3]《晉書》卷一一四《苻堅載記下》,第2909頁。
[4]《諫歌》,見逯欽立編《先秦漢魏晉南北朝詩》,北京:中華書局1983年版,第926頁。
[5]《酒德歌》,見逯欽立編《先秦漢魏晉南北朝詩》,第925頁。
[6]《晉書》卷一一七《姚興載記上》,第2983頁。
[7] 曹道衡:《論江淹詩歌的幾個問題》,載於《中古文學史論文集》,北京:中華書局2002年版,第279頁。

傳統能夠在十六國詩文中獲得進一步傳承，有它十分積極的意義，那就是將詩學所傳遞的社會責任感繼承了下來，這也是構成此後北朝文學之"質"的重要因素。

於是，直到北魏前期，一些詩歌類型仍然都停滯在東漢詩學的傳統之中，與南方詩歌大異其趣。比如高允所寫的《詠貞婦彭城劉氏詩》八首，皆爲四言。詩中表彰曰"異哉貞婦，曠世靡儔"①。寫劉氏之情感，亦深有漢末詩歌寫法的痕跡，十分含蓄，情、禮諧和，其情狀並沒有逸出北人所能接受的範圍。高允又有樂府詩《羅敷行》，只是描寫羅敷之形貌。興膳宏認爲，高允學了南方的歌詠，不過內容上只是歌詠其美德、婦容而已，完全不像南方《桃葉歌》這種調情式情歌②。來自漢代的詩學，在十六國北朝前期相當一段時期內都是被充分認可的。即便是孝文帝遷都洛陽之後，開始學習南朝的詩學，也仍然充分認可並尊崇這種詩學立場。而它在關隴地區尤其是根基穩固，後來北周和隋代掀起的所謂"復古"運動，也仍然是爲了向這個傳統回溯。北朝政權的"復古措施"，不論是魏孝文帝或北周武帝，皆與其漢化歷程、國家發展密切相關，即胡族政權如何吸收漢人的歷史記憶與文化資源，建立國家體制。而對前代詩學偶像的選擇，也隸屬於這樣的易代之變。

在十六國北朝前期的人們向漢代詩學回溯時，東晉進入了詩學傳承意義上相對無序的時期：西晉時期的貴族式歌詠，在此時失去了它的土壤，能夠縱橫才氣、調遣辭藻的才士，已經消失在動亂之中。從《詩經》和建安以來的文學所樹立的諸多前代詩學典範，此時被玄言詩人漠視了。因此，東晉以玄言詩爲主的詩學，仿佛經歷了一次歷史脫軌。人們縱情山水，談玄說理，自由地開創著新的詩歌類型。這大概與東晉政權政治權力分散，偏安一隅，沒有借勢於易代劇變，從主觀意識形態上有意形成具有高度凝聚作用的集體歷史感有關。川本芳昭即提出，東晉是在爲劉裕所篡以後，纔開始強化北魏的正統主張，産生以自我爲中心的"中華意識"③。所以，正統論對詩學傳統的塑造之力，在這種反面的例子中也可以看出一二。

北魏前期文學，爲了潤色鴻業，有過一些應用文學和場合製作，但其文

---

① 《魏書》卷九二《列女傳·封卓妻劉氏傳》，第1979頁。
② 興膳宏著，彭恩華譯：《六朝文學論稿》，長沙：岳麓書社1980年版，第374頁。
③ 川本芳昭：《五胡十六國：北朝史における周禮の受容をめぐつて》，載於《魏晉南北朝時代の民族問題》，東京：汲古書院1998年版。

學水準不會高於十六國文學。從個人創作來看，更能看出此時文學發展的一些特點。在北魏前期，有一些詩歌類型的創作，幾乎停滯在東漢傳統之中，與南方詩歌大異其趣。高允所寫的《詠貞婦彭城劉氏詩》八首，皆爲四言。"渤海封卓妻劉氏，彭城人。成婚一夕，卓官於京師，以事見法。劉氏在家，忽形夢想。知卓已死，哀泣不止，經旬凶問果至，遂憤歎而終。時人比之秦嘉妻雲，高允念其義高而名不著，乃爲之詩……"①高允在詩中表彰曰"異哉貞婦，曠世靡儔"。其中寫劉氏之情感，寫法深有漢末詩歌的痕跡，十分含蓄，情、禮諧和，如："率我初冠，眷彼弱笄。形由禮比，情以趣諧。忻願難常，影跡易乖。悠悠言邁，戚戚長懷。"②這些語句並沒有逸出北人所能接受的範圍。高允又有樂府詩《羅敷行》，其中的語句，都是描寫羅敷之形貌："邑中有好女，姓秦字羅敷。巧笑美回盼，鬒髮復凝膚。腳著花文履，耳穿明月珠。頭作墮馬髻，倒枕象牙梳。姍姍善趨步，襜襜曳長裙。王侯爲之顧，駟馬自踟躕。"興膳宏認爲，這是學了南方的歌詠。但是從其內容來看，仍然是相對嚴肅的，也並不誇張。縱然是同爲歌詠婦女，其詩歌趣味與南朝同類詩歌中的趣味很不同。曹道衡曾分析說，北方作爲宗法社會，不會允許調情式的男女情歌出現，因爲那很可能造成對親族之間關係的刺激和破壞。在禮法爲大的北方鄉里宗族社會，是不可能以《桃葉歌》這類民歌背後的男女事件爲佳話的。北人歌詠婦女，仍然歌詠其美德、婦容而已。興膳宏在《北朝文學的先驅者——高允》中，分析了高允兩首詩的聲律之後，認爲它在聲律上受到了永明體的影響：這裏也可以看到在第一句句末與韻字聲調相同的字。由於傳世資料稀少，有所謂"管中窺豹"之難，但似乎可以說："高允相當自覺地避免了上尾之病。如果大膽地設想的話，在五世紀半南齊永明年間沈約、謝朓提倡'永明體'新風時，上了年紀的高允雖然遠在北地，卻也很快察知了動靜，並且表現了自己的關心。"③然而，從史實上看，來自鄉里社會的高允居住於平城，他似乎並沒有直接獲得來自於南方的消息。他如果在詩歌中確實有一些避免四聲八病之處，也很難說，這是一種"自覺"的行爲。

北朝時代，人們對班固及其《漢書》有著全面的新的體認。李彪上書請

---

① 《魏書》卷九二《列女傳·封卓妻劉氏傳》，第1979頁。
② 《魏書》卷九二《列女傳·封卓妻劉氏傳》，第1979頁。
③ （日）興膳宏著，彭恩華譯：《六朝文學論稿》，第374頁。

撰國史,接續《國記》,所請之辭中對班、馬尤爲推崇:"暨史、班之録,乃文窮於秦漢,事盡於哀平,懲勸兩書,華實兼載,文質彬彬,富哉言也。令大漢之風,美類三代,炎□□崇,道冠來事。降及華、馬、陳、干,咸有放焉。四敷贊弗遠,不可力致,豈虛也哉? 其餘率見而書,睹事而作者多矣,尋其本末,可往來焉。""竊尋先朝賜臣名彪者,遠則擬漢史之叔皮,近則準晉史之紹統,推名求義,欲罷不能,荷恩佩澤,死而後已。今求都下乞一静處,綜理國籍,以終前志,官給事力,以充所須。雖不能光啟大録,庶不爲飽食終日耳。近則期月可就,遠也三年有成,正本藴之麟閣,副貳藏之名山"①。至北齊,崔㥄吹捧魏收,"昔有班固,今則魏子"②。

北魏人對漢代文學家的體認和評價,可以常景爲代表。常景同樣是對《漢書》十分熟悉的:"時靈太后詔依漢世陰鄧二后故事,親奉廟祀,與帝交獻。景乃據正,以定儀注,朝廷是之。"在這種知識結構之下,他創作了幾首關於漢代文學家的詠史詩:

景淹滯門下,積歲不至顯官,以蜀司馬相如、王襃、嚴君平、揚子雲等四賢,皆有高才而無重位,乃托意以贊之。其贊司馬相如曰:"長卿有豔才,直致不群性。鬱若春煙舉,皎如秋月映。遊梁雖好仁,仕漢常稱病。清貞非我事,窮達委天命。"其贊王子淵曰:"王子挺秀質,逸氣干青雲。明珠既絶俗,白鵠信驚群。才世苟不合,遇否途自分。空枉碧雞命,徒獻金馬文。"其贊嚴君平曰:"嚴公體沉静,立志明霜雪。味道綜微言,端蓍演妙説。才屈羅仲口,位結李強舌。素尚邁金貞,清標陵玉徹。"其贊揚子雲曰:"蜀江導清流,揚子挹餘休。含光絶後彦,覃思邈前修。世輕久不賞,玄談物無求。當塗謝權寵,置酒獨閑遊。"

這幾首詠史詩的讀者,應該是當時北魏一個漢族官僚構成的文學群體:"景在樞密十有餘年,爲侍中崔光、盧昶、游肇、元暉尤所知賞"。③ 常景選擇這幾位西漢文學家加以歌詠,當是順應當時承襲漢代傳統的時代氛圍。

---

① 《魏書》卷六二《李彪傳》,第 1384 頁。
② 《北齊書》卷二三《崔㥄傳》,第 335 頁。
③ 以上常景相關資料,皆見於《魏書》卷八二《常景傳》,第 1800—1808 頁。

洛陽興起以後，這座故都再次成爲聚攏士人的平臺。這些士人，其實在一定程度上將開始重複漢代末年鄉里士子來到都城之後的心理過程。但是此時他們面對的洛陽，其實遠比漢代的洛陽要複雜得多。這表現爲洛陽此時處於一個南北對峙的歷史背景中，南北文化交流，以及洛陽城中的胡漢關係等等，都將參與重塑鄉里士人的文化價值觀念。而曾經長期身處"鄉論"社會中的文人，在此時則開始要面臨城市生活中文化價值觀念的巨大衝突①。這種衝突之下，產生了一些與這種矛盾相關的作品，這些作品往往是對於現實的深刻反思，深刻反映了當時鄉里士人的思想世界。魏末之後，洛陽再次成爲兵家反覆爭奪之地，政局動盪，戰爭衝突此起彼伏，"刑杲起義"、"河陰之亂"、"元顥入洛"等事件依次發生。文人在動盪時期的政治遭遇更爲撲朔迷離，對於人生進退，個人感受十分複雜。而他們所回溯的文學傳統，因於洛陽的故都性質，而頗有向東漢靠近的傾向。

　　李諧《述身賦》即建立在將洛陽生活擬於東漢洛陽的情懷之上。李諧的這篇賦作，全面總結了他在洛陽生活中的經歷和遭遇，全篇賦作的基調，頗類似漢末士人的失志之賦。這種"述身"賦，其實和後來顏之推的《觀我生賦》有一定的相似性，具有很強烈的自述性，其中也有較多反映當時社會實況的内容。而這篇賦在藝術上則反映了北魏末年賦作駢儷水準的提高，語言明白簡潔，無玄虛深奧之故實，文意貫通，句式多爲四六，非常工整。李騫的《釋情賦》，同樣提到了洛陽城中的文人群體生活，而他的寫作初衷，並不是爲了描寫個人在這種都城生活中的體驗，而是著眼於還原當時這座城市的繁華。其中提到的"各笑語而卒獲，傳禮義於不朽"就是指當時的禮樂制度改革之人才，對於洛陽禮樂文化的重建，這段文字顯示了當時洛陽文化的一片繁榮氣象。但是，在這篇賦作的結尾，同樣提到歸去之意，"思散發以抽簪，願全真而守樸"，"放言肆欲，無慮無思。何鵜鶘之可賦，鴻鵠之爲詩哉！"這種結尾和李諧《述身賦》中的結尾其實是不同的，它並不是基於身世之感，而更像是一種模式化的結尾。李騫對於洛陽的真正感情，可以在他的另外一首詩《贈親友》中得到參證。李騫離開洛陽之後，對於洛陽的一切仍然頗爲留戀，嘗贈親友盧元明、魏收詩。詩歌中提到自己在外地居官是："寒風率已厲，秋水寂無聲。層陰蔽長野，凍雨暗窮汀。侶浴浮還

---

① 拙論《"鄉論"社會與十六國時期的基本文學價值觀念》，載於《文藝理論研究》2014年第4期，第68—75頁。

没,孤飛息且驚。三襖俄終歲,一丸曾未營。"①這種情況在袁翻的《思歸賦》中同樣出現②。從今天的賞讀角度來說,文人描述自身政治遭遇之不平,似乎是十分常見的主題,但這種自覺的個人詠懷在魏末的出現,其實反映了當時文學發展的生機。在充滿矛盾感的現實背景之下,當時的文人能夠對個人遭際加以咀嚼並賦之於文學表達,這種行爲,其實遠遠超過了北魏前期文學承擔諷諫功能時候所表現出來的藝術水準。這種文學作品得益於文人在具有落差感的兩種社會環境中生活所獲得的基本經驗。曹道衡評價說:"袁翻的《思歸賦》則風格酷似南朝的鮑照和江淹,已有綺豔的色彩,音節也顯得和諧流暢,在北朝賦中較少見。但因爲過於模仿江、鮑,總不免使人感到缺乏獨創性,只是一種因襲模擬之作。"③曹道衡所說的"因襲模擬"指的正是此時的北朝文學仍然停留在一些舊傳統中。

結　　論

綜全文所述,從十六國至北朝,《漢書》在北方地區廣爲流行,影響深遠。《漢書》學的成果,浸潤在當時的政治實踐與社會生活之中。雖然史書所載的北朝《漢書》學著作數量不及南朝,但並不能以此否定北朝《漢書》學的地位。北朝《漢書》學參與了北魏以後大一統思想的塑造,而且也從各個方面豐富了孝文帝的漢化改革,是促進民族融合的重要學術力量之一。而且,北朝文學的發展,也隸屬於人們所主動選擇的漢代傳統。南北文學的特色區分,並不只是文學發展的客觀之力所形成的結果,其實也與北方地區人們在特定的歷史、政治環境下主動向漢代傳統的追溯有關。本文限於學力,從面上指出了這些情況,具體細節將來尚有待深入開掘。

(作者單位:中國人民大學文學院)

---

① 《魏書》卷三六《李順傳附希宗弟騫傳》,第840頁。
② 《魏書》卷六九《袁翻傳》,第1540頁。
③ 曹道衡:《南朝文學與北朝文學研究》,南京:江蘇古籍出版社版1999年版,第207頁。

Han shu (Book of the Former Han) Study in the Northern Dynasties and the Han-Dynasty Tradition of Northern Dynasties Literature

Cai Danjun

The development of *Han shu* 漢書 (Book of the Former Han) study in medieval China cannot be separated from the interpretations, research, and appropriations of *Book of the Former Han* in the northern areas of the Sixteen Kingdoms and Northern Dynasties. The popular stories from *Book of the Former Han* reconstructed the history of the Han dynasty needed in the new era then, thus laying a social foundation for the study of *Book of the Former Han* in the Northern Dynasties. In this period of multi-ethnic integration, the concepts of orthodoxy and Han-Yi (non-Han people, "barbaric") distinction were constantly affirmed and emphasized. The regimes in the north referred to *Book of the Former Han* as an example of law, which allowed *Book of Former Han* to enter political life. In late Northern Dynasties, *Book of the Former Han* study, with southern scholar Yan Zhitui 顏之推 as a chief example, combined academic advancement of both north and south, demonstrating a new scholarly achievement of *Book of the Former Han* study in the Northern Dynasties. Under the influence of the time, *Book of the Former Han* study in the Northern Dynasties had a lasting impact on the literary development of the era. On the one hand, *Book of the Former Han* study influenced the development of historical literature of Northern Dynasties. Historians such as Cui Hong 崔鴻 and Wei Shou 魏收 compiled historiographies according to *Book of the Former Han* as a standard reference. On the other hand, *Book of the Former Han* study has also led to the praises and carrying-on of Han dynasty literature.

Keywords: *Book of the Former Han*, Stories in *Book of the Former Han*, *Book of Former the Han* Study in Northern Dynasties, Northern Dynasties Literature

徵引書目

1. 川本芳昭:《魏晉南北朝時代の民族問題》,東京:汲古書院,1998 年。
2. 田餘慶:《拓跋史探》,北京:生活・讀書・新知三聯書店,2011 年。
3. 佐藤賢:《もうひとつの漢魏交替——北魏道武帝期における魏號制定問題をめぐって》,載於《東方學》第 113 輯(2007 年),第 15—33 頁。
4. 李百藥撰:《北齊書》,北京:中華書局,1972 年。
5. 房玄齡等撰:《晉書》,北京:中華書局,1974 年。
6. 韋正:《關中十六國考古的新收穫——讀咸陽十六國墓葬簡報劄記》,載於《考古與文物》2006 年第 2 期。
7. 徐建委:《敦煌本〈漢書〉與晉唐之間的〈漢書〉傳本》,載於《中國典籍與文化論叢》第十輯,北京:北京大學出版社 2008 年版。
8. 袁行霈:《陶淵明集箋注》,北京:中華書局,2011 年。
9. 曹道衡:《中古文學史論文集》,北京:中華書局,2002 年。
10. 曹道衡:《南朝文學與北朝文學研究》,南京:江蘇古籍出版社版,1999 年。
11. 陳君:《〈漢書〉的中古傳播及其經典意義》,載於《上海大學學報》(社會科學版)2017 年第 2 期。
12. 陳君:《政治文化視野中〈漢書〉文本的形成》,載於《文學遺產》2017 年第 5 期。
13. 程蘇東:《〈洪範五行傳〉的成篇問題與作者新證》,載於《國學研究》第三十七卷,北京:北京大學出版社,2016 年版。
14. 逯欽立編:《先秦漢魏晉南北朝詩》,北京:中華書局,1983 年。
15. 劉昫等撰:《舊唐書》,北京:中華書局,1975 年。
16. 劉浦江:《正統與華夷:中國傳統政治文化研究》,北京:中華書局,2017 年。
17. 歐陽修、宋祁撰:《新唐書》,北京:中華書局,1975 年。
18. 蔡丹君:《"鄉論"社會與十六國時期的基本文學價值觀念》,載於《文藝理論研究》2014 年第 4 期,第 68—75 頁。
19. 興膳宏著,彭恩華譯:《六朝文學論稿》,長沙:岳麓書社,1980 年。
20. 錢穆:《國史大綱》,北京:商務印書館,1990 年。
21. 魏收撰:《魏書》,北京:中華書局,1974 年。

唐詩詩題異名的類型、成因及性質闡論

咸曉婷

【摘　要】 唐詩在其流傳過程中,以及在各種不同的文獻載體中,經常被改題而出現多個題名。學界目前對於唐詩詩題異名進行綜合研究者甚少,本文從三個方面探討唐詩詩題的異名及其背後的成因,即別集總集編輯者改題、傳鈔中的他人改題以及唐詩入樂與改題。唐詩是中國古典詩歌藝術的高峰,它誕生於寫本時代,在唐代即被廣采入樂,又深受後世喜愛而廣爲流傳,流傳既廣則文本變異問題尤重。唐詩詩題異名問題是唐詩文本變異的一個重要組成部分。探討唐詩詩題異名的類型、過程、方式及其背後的成因,一方面有助於深化對唐詩以及唐詩詩題原貌的認識,另一方面,唐詩詩題異名的研究是唐詩接受史研究的重要内容,同時,以期通過對唐詩詩題異名進行深細的文本分析引發對寫本文本性質的反思。

【關鍵詞】 唐詩詩題　異名　寫本　別集　總集　接受

寫本學是近年來學界的研究熱點,而關於寫本的性質——"不穩定性"和"流動性"幾成爲流行語,其理由即寫本時代以鈔寫爲文本傳播的主要途徑,相比於宋元以後印刷文本的固化而較少被改寫的可能,寫本時代的文本在傳鈔中總是被各種各樣的傳鈔者或者有意或者無意地改寫,因此文本所呈現出來的早已並非創作者的原貌。唐詩是中國古典詩歌藝術的高峰,它誕生於寫本時代,在唐代即被廣采入樂,後世又深受推崇而廣爲流傳,流傳既廣則文本變異尤重。唐詩是研究文學寫本性質的最佳文本,更何況先唐文學原始寫本文獻大多不傳,而現存唐五代時期唐詩寫本文獻,包括敦煌詩歌寫本以及域外所藏唐詩寫本等爲我們提供了可靠的文獻基礎。唐詩詩題異名是唐詩文本變異的一個重要方面，唐詩在其流傳過程中，以及在各種不同的文獻載體中，譬如詩歌寫本、別集、選集、總集、詩話、筆記、小説等，經常被改題而出現多個題名。同一首詩而有不同的題名是唐詩的一種普遍現象。表面看來，唐詩詩題的異名也體現了寫本時代文本的不穩定性。但是，如果細究唐詩詩題異名的類型、成因和特徵就會發現，在種種看似雜亂無章的異名背後並非没有它書寫的規律性和文本的規制性。本文以唐詩詩題異名爲研究對象，從三個方面①探討唐詩詩題異名的類型、成因以及性質。唐詩詩題異名研究的意義在於，第一，深化對唐詩詩題原貌的認識；第二，唐詩詩題異名的研究是唐詩接受史研究的重要内容；第三，通過對詩題異名進行深細的文本分析以期引發對寫本文本性質的反思。

一、别集、總集編輯與詩題異名

唐詩由作者最初的創作形態，在編入别集、總集時題名被修改，這種情況最典型的是社會交往詩，包括唱和詩、應制詩等，因爲社會交往詩在創作時有其特定的書寫情景、對象和場合，而在被編入别集、總集時，讀者對象發生了變化，書寫體例發生了變化，詩題也往往需要相應改寫。

唱和詩改題如伯二四九二、俄藏 Дx.三八六五"唐詩文叢鈔"載白居易《寄元九微之》詩，詩後接鈔元稹《和樂天韻同前》，是白居易與元稹唱和的詩。元詩在《元氏長慶集》中詩題作《酬樂天書懷見寄》。《和樂天韻同前》是元稹與白居易最初唱和之時所擬題目，元稹和詩與白居易寄詩一起流傳，因此題爲"同前"不妨礙讀者的理解，而這首詩在編入别集時，元稹别集

---

① 本文研究唐詩詩題異名的類型，分别爲别集總集編輯者改題、寫本傳鈔中的他人改題、唐詩入樂和樂府詩改題、以及鈔寫者無意改題及其特徵。事實上，唐詩詩題異名的類型首先應該是作者自己改詩兼改題。唐人多有在自己已經流傳的詩稿基礎上修改舊作的情況。譬如王灣的《江南意》改爲《次北固山下》。儘管學界對這首詩是否爲王灣自己改詩爭議尚多，但是由詩人自己改詩而帶來的詩題異名無疑是一個客觀事實。許學夷《詩源辯體》卷十三云："古人爲詩不憚改削，故多可傳。杜子美有'新詩改罷自長吟'，韋端已有'卧對南山改舊詩'之句是也。嘗觀唐人諸選，字有不同，句有增損，正由前後竄削不一故耳。"（《詩源辯體》，北京：人民文學出版社1987年版，第150頁。）不過這一類型的詩題異名是否爲作者所改既難證實，而學界對王灣詩也多有探討，本文不再多論。

不收白居易詩，仍以《和樂天韻同前》爲題顯然不合適，因此在元稹集中該詩詩題被改爲《酬樂天書懷見寄》。這是由詩歌在不同場合、不同文獻載體中體例發生變化而引起的①。

應制詩在別集、總集中的改題，舉例言之。聖曆三年（698）武則天與群臣晏游於石淙山，賦七言四韻詩一首，命群臣和作，自太子李顯以下至通事舍人沈佺期，凡十六人，各一首。武后爲之序，敕左奉宸大夫薛曜書之，刻於北崖壁，題曰《夏日游石淙詩並序》。趙明誠《金石錄》、朱彝尊《金石文字考》、顧炎武《金石文字記》、畢沅《中州金石記》、盧文弨《抱經堂文集》、王士禎《香祖筆記》、王昶《金石萃編》等均有著錄。該詩石刻書寫體例，武則天詩題《七言》，其餘群臣詩均題爲《七言侍游應制》。清代《全唐詩》編撰時收錄，分編於各人之下，並云："時久視元年五月十九日也。按此事新舊《唐書》俱未之載，世所傳詩，亦缺而不全，今從碑刻補入各集中。"②《全唐詩》所改各詩詩題依原刻石順序如下：

《石淙》即平樂澗　則天皇后
《石淙》太子時作　中宗皇帝李顯
《石淙》相王時作　睿宗皇帝李旦
《奉和聖制夏日游石淙山》　武三思
《奉和聖制夏日游石淙山》　狄仁傑
《奉和聖制夏日游石淙山》　張易之
《奉和聖制夏日游石淙山》　張昌宗
《石淙》　李嶠
《嵩山石淙侍宴應制》　蘇味道
《奉和聖制夏日游石淙山》　姚元崇
《奉和聖制夏日游石淙山》　閻朝隱
《嵩山石淙侍宴應制》　崔融
《奉和聖制夏日游石淙山》　薛曜
《石淙》　徐彥伯

---

① 關於唱和詩改題，陳尚君先生有《唐詩的原題、改題和擬題》一文，可參看，載於陳致主編：《中國詩歌傳統及文本研究》，北京：中華書局2013年版，第313—355頁。
② 彭定求：《全唐詩》卷四六，北京：中華書局1960年版，第555頁。

《奉和聖制夏日游石淙山》　楊敬述
《奉和聖制夏日游石淙山》　于季子
《嵩山石淙侍宴應制》　沈佺期

　　《全唐詩》中的各石淙詩詩題均爲編輯者所改,方式没有統一,或僅稱《石淙》,或云《奉和聖制夏日游石淙山》,或稱《嵩山石淙侍宴應制》。在這些群臣唱和詩中,僅沈佺期有别集編輯傳世,其中該詩詩題爲《嵩山石淙侍宴應制》。

　　唐代應制詩詩題原始的書寫特點,是大多首二字爲"四言"、"五言"或者"七言",標明該詩爲四言詩、五言詩或者七言詩。上述"夏日游石淙詩"如此,日本尾張國真福寺所藏唐寫卷子本《翰林學士集》一卷也是如此。該集載初唐唐太宗君臣十八人唱和詩六十首,前四言後五言,無一例外均以"四言"、"五言"爲首二字。如唐太宗《五言行經破薛舉戰地》、褚遂良《五言春日侍宴望海應詔》、許敬宗《五言七夕侍宴賦得歸衣飛機一首應詔》、上官儀《五言奉和行經破薛舉應詔》等。敦煌伯3720、伯3886、斯4654拼合寫卷"悟真受牒及兩街大德贈答詩合鈔"爲沙州名僧悟真奉使朝京,受詔巡禮左右街諸寺,與兩街大德及諸朝官的贈答詩,共十七首,其中也有五首以"五言"或者"七言"爲首二字,即宗莅《七言美瓜沙僧獻款詩二首》、圓鑒《五言美瓜沙僧獻款詩一首》、彦楚《五言述瓜沙洲僧獻款詩一首》、沙門子言《五言美瓜沙僧獻款詩一首》、沙門太岑《五言四韻奉贈河西大德》。可見詩題首二字爲"五言"、"七言"等爲唐代宫廷應制詩常用體式。

　　《翰林學士集》保存了初唐君臣唱和詩書寫體例的原貌,陳尚君先生考證《翰林學士集》爲許敬宗别集,同時存録唐太宗詩以及其他群臣唱和詩以示尊榮,而在現在所見一般的唐人别集、總集中,包括唐人所編以及經過後人整理的,應制詩"五言"、"七言"二字均被删除。《翰林學士集》中唐太宗《五言中山宴詩》,《文苑英華》卷一六八、《全唐詩》卷一作《宴中山》,除删掉"五言"二字之外,内容也略有調整,改"中山宴"爲"宴中山",更合乎通常的表達方式;同書許敬宗《五言奉和行經薛舉戰地應詔》,《文苑英華》卷一七〇作《奉和行經薛舉戰地應詔》。

　　除宫廷唱和詩之外,唐人在詩題前常加"五言"、"七言"字眼的另一種情况是刻詩於石之時。上述武則天《夏日游石淙山》即爲刻石詩。又,胡聘之《山右石刻叢編》卷五載咸亨三年(672)唐高宗刻石詩一首,題《五言過棲岩寺》①。劉喜海《金石苑》載開元十九年(731)崔文邕刻石詩一首,題《五言千秋亭詠並序》②。王昶《金石萃編》卷五三載大曆七年(772)公孫杲刻石詩一首,題《五言贈諸法師》③。陸繼煇《八瓊室金石補正續編》卷三一載嚴武刻石詩一首,題《五言暮春題龍日寺西龕石壁一首》④。餘不多舉。刻詩於石態度鄭重,因此詩題之前加"五言"二字。詩題首二字爲"四言"或者"五言"爲六朝詩舊制,上海博物館藏初唐書法家陸柬之書晉代王羲之《蘭亭詩》即題爲《五言蘭亭詩》,應是保存了六朝詩詩題書寫舊貌。唐人應制詩與刻石詩詩題前書"四言"、"五言"二字有崇古以自重之意,具有儀式性,當然並非所有的應制詩、刻石詩均以"五言""七言"爲首字。而六朝別集以及初唐別集的編輯體例一般爲先四言詩後五言詩,因此編入別集時每首詩詩題前的"四言""五言"便被刪除,不需要再注明了。

選集總集編輯者改題的另外一個重要問題是組詩詩題之變,組詩分篇流傳或者單篇合爲組詩流傳。詩人所作組詩往往被分篇流傳,或者本爲單篇流傳,而後漸漸合爲組詩,或者本爲組詩,而選集僅選其中幾首,這些情況都會帶來詩題的變化。

分篇流傳後合爲組詩者如:

(一)《全唐詩》卷一四三王昌齡《長信秋詞五首》,敦煌寫本伯二五六七鈔其中第四首題《長信怨》,《河嶽英靈集》卷下收其中第三首,題作《長信秋》,《文苑英華》卷二〇四收其中第二、三首,並題作《長信宮》,注云:"一作長信怨二首。"這說明《全唐詩》中王昌齡的五首《長信秋詞》各詩均曾分篇單行,後歸併於一題之下。

(二)伯二五六七李白《瀑布水》,《文苑英華》卷一六四題《玩廬山瀑布》,另外一首"日照香爐生紫煙"詩分置別題作《廬山瀑布》。在宋蜀本《李太白文集》卷一九中兩首合併題作《望廬山瀑布二首(尋陽)》,《全唐詩》卷一八〇同《李太白全集》,並題《望廬山瀑布水二首》。

組詩分篇流傳者。如李白《宮中行樂詞》,《本事詩·高逸第三》載玄宗

---

① 胡聘之:《山右石刻叢編》卷五,清光緒刻本,第16頁。
② 劉喜海:《金石苑》第二卷,清道光刊本。
③ 王昶:《金石萃編》卷五三,北京:中國書店1985年版,第7頁。
④ 陸繼煇:《八瓊室金石補正續編》卷三一,載於《續修四庫全書》第900冊,上海:上海古籍出版社1995年版,第128頁。

召李白"命爲宮中行樂五言律詩十首……白取筆抒思,略不停綴,十篇立就"①,知原本作十首。宋蜀本《李太白文集》卷一五、《唐詩紀事》卷一八、《樂府詩集》卷八二、《全唐詩》卷一六四存八首,題《宮中行樂詞八首》;伯二五六七鈔《宮中行樂詞八首》中之前三首,題《宮中三章》;《才調集》卷六收第三、七、八首,題《宮中行樂》,收第一、二、四、五、六首,題《紫宮樂》;《文苑英華》卷一六九收"柳色黃金暖"一首,題作《醉中侍宴應制》。

　　亦有一首詩被拆分流傳者。伯二五四四佚名《老人相問嗟歎詩》,伯三六〇〇將此詩分作二首,分別題作《少年問老》、《老翁答曰》,斯一三三九題同伯三六〇〇,伯二一二九亦作二首,先後與伯三六〇〇、斯一三三九相反,題《老翁答少曰》、《少兒答老翁曰》。

二、從敦煌唐詩寫本看唐時詩歌
　　傳鈔中的詩題異名

　　在唐五代寫本時代,傳鈔是詩歌傳播的主要方式,一方面,傳鈔中的無意的文字訛誤在所難免,而另一面,諸多的傳鈔者其鈔寫目的不是爲了保存文本傳世而是爲了個人欣賞學習之用,在傳鈔中對詩題進行縮略等現象所在常見。詩歌傳鈔過程中的他人改題是唐詩異名的一個主要原因。而在唐時寫本傳鈔中的詩題異名,其特徵也不同於別集、總集編輯中的詩題異名和後人鈔寫、印刷過程中的詩題異名,具有詩歌創作時代當時人鈔寫的一些獨特特徵。現存敦煌唐詩寫本,多爲唐五代時期的鈔本,是研究唐時傳鈔中的唐詩詩題異名及其特徵的最佳文本。

　　在敦煌詩歌寫本中,當然不乏一首詩多個寫本詩題相同在傳鈔中從未被改寫的情況,如韋莊的《秦婦吟》,不過一首詩出現兩個以上不同詩題的也俯拾皆是。如伯二七四八《沙州敦煌二十詠並序》,此詩共有六個寫本,除伯二七四八之外尚有:伯三九二九,題作《敦煌古跡廿永(詠)並序》;伯二九八三存前六首,題作《敦煌貳拾詠並序》;伯三八七〇同斯六一六七,題《敦煌廿詠》;伯二六九〇無題。六個寫卷,至少有三個不同的題目。伯二五六七、伯二五五二拼合卷丘爲《傷河龕老大》,此詩又見伯二五四四,題作

---

① 孟棨:《本事詩》,上海:古典文學出版社1957年版,第16頁。

《老人篇》，兩個鈔卷，題目不同。伯二五六七、伯二五五二高適《宴郭校書因之有別》，此詩又見伯二九七六，題作《宴別郭校書》，兩個寫卷，題目不同。伯三八六二高適《九日酬顔少府》，此詩又見伯三六一九，題作《九月九日登高》，兩個寫卷，題目不同。

敦煌寫本唐詩詩題異名的第一種類型是**傳鈔訛誤**。傳鈔中的訛誤是後世詩歌鈔寫、印刷當中也常常會發生的情況，在寫本時代詩人的傳鈔中當然更加難以避免，有脫字、衍字、訛字等。例如，伯二五六七、伯二五五二拼合卷高適《留別鄭三韋九兼呈洛下諸公》，《文苑英華》卷二八七、《高常侍集》卷五、《全唐詩》卷二一三題《留別鄭三韋九兼洛下諸公》，脫一"呈"字。伯三六一九王維《敕借歧王九成宮避暑》，《又玄集》卷上題《敕借岐王九成宮避暑》，敦煌本訛"岐"爲"歧"。伯二五六七高適《東平留贈狄司户》，同卷在《宋中遇劉書記有別》下重鈔此詩，題作《東平留贈狄司馬》，訛"户"爲"馬"。傳鈔中的訛誤大多屬於鈔寫者的無意訛誤，即鈔寫者的疏忽，並非鈔寫者要有意改動文本。無意而訛的特徵是一般訛單字，即鈔錯一個字，而且這個鈔錯的單字的語義許多明顯不合於語境，其正誤的判別也比較容易。

敦煌寫本唐詩詩題異名的第二種類型是**謂語動詞同義互換**。當然，此類型限於詩題有謂語動詞的詩類，最常見的是送、別、寄、贈詩謂語動詞的互換。唐詩詩題制詞豐富多樣，同樣是送別詩，就有"別"、"送"、"送別"、"贈別"、"餞別"、"晏別"、"留別"等用詞。在不同的詩歌鈔本中，傳鈔者以相同或者相近的詞替換詩題中的某個詞情況非常常見。譬如"送"換爲"別"，例如：伯二五六七、伯二五五二拼合卷高適《送韋參軍》，《河岳英靈集》卷上題同，《文苑英華》卷二七〇題《贈別韋參軍》，《高常侍集》卷五、《全唐詩》卷二一三題作《別韋參軍》。又，伯二五六七、伯二五五二拼合卷高適《送馮判官》，《文苑英華》卷二七〇題同，《高常侍集》卷六、《全唐詩》卷二一四題作《別馮判官》。

實際上，送別詩分兩種，一種爲送詩，即詩人送對方，一種爲別詩，即對方送詩人，送詩謂語動詞可用"別"字，而別詩謂語動詞不能用"送"字，因爲對方爲留者，詩人是行者。在敦煌寫卷送別詩的謂語動詞同義互換中，也多見送詩謂語動詞訛爲"別"字者，少見別詩謂語動詞訛爲"送"字者。上述高適二詩均爲送詩，如《送馮判官》詩云："碣石遼海西，漁陽薊北天。關山唯一道，雨雪盡三邊。才子方爲客，將軍正愛賢。遥知幕府下，書記日翩翻."循詩意可知,此詩爲高適送馮往竭石之作,是一首送詩,謂語動詞訛爲"別",雖訛但與詩意並不相違。

　　謂語動詞同義互換者還有"贈"與"寄"、"餞"與"送"互換等。例如,伯希和藏文寫本(P.t.)一二〇八、一二二一盧綸《酬李端野寺病居贈》,《全唐詩》卷二八〇題作《酬李端公野寺病居見寄》。伯三八六二高適《陪馬太守聽九思師講金剛經》,《高常侍集》卷三、《全唐詩》卷二一二,題作《同馬太守聽九思師講金剛經》。伯三六一九高適《餞故人》,此詩又見伯三八八五,題《送故人》。詩歌傳鈔中的詩題謂語動詞同義互換,一般而言,被換的謂語動詞並不改變詩題題意的原貌,這反映出鈔寫者在鈔寫過程中的態度,鈔寫者並非有意將詩題改爲更雅或者更通俗者,而是對他們而言,詩題同義,無妨於他們對於詩歌的理解和欣賞。

　　敦煌寫本詩題異名的第三種類型是**人名異稱**。唐詩詩題中的人名,尤其是寄、贈、送、別詩中的人名有姓名、排行、官署等多種方式,詩歌鈔寫中的人名異稱,是指一首詩不同的詩題有的用姓名有的用排行等。敦煌寫本詩題的人名異稱有兩種方式,一種是省略,即其中一個詩題較另外一個詩題人稱簡略,或者省略排行或者省略官署等。比如高適詩,《高常侍集》卷三、《全唐詩》卷二一一《淇上別劉少府子英》,該詩敦煌伯三八六二作《別劉子英》,敦煌本較集本省略官署。又《高常侍集》卷一、《全唐詩》卷二一二《睢陽酬別暢大判官》,該詩伯二五六七、伯二五五二拼合卷作《睢陽酬暢判官》,敦煌本較集本省略排行。並且此二例均爲集本全而敦煌本省,可見這是詩歌傳抄過程中鈔寫者所作的省略。

　　敦煌寫本詩題人名異稱的第二種方式是排行與姓名互換。如以下諸例:

　　(一)伯二五六七、伯二五五二拼合卷高適《別李四少府》,《文苑英華》卷二七〇、《全唐詩》卷二一四題《東平別前衛縣李寀少府》,《高常侍集》卷八題《送前衛李寀少府》。李四少府即李寀,前一個詩題用排行,後一個詩題用姓名。

　　(二)伯二五六七、伯二五五二拼合卷高適《別董令望》,《高常侍集》卷八、《全唐詩》卷二一四題作《別董大二首》。前一個詩題用姓名,後一個用排行,董大即董令望。

　　(三)伯三八六二高適《宋中過陳兼》,此詩見《河岳英靈集》卷上、《文苑英華》卷二一八、《高常侍集》卷一、《全唐詩》卷二一二。"過",各本皆作

"遇";《高常侍集》《全唐詩》"陳兼"作"陳二"。

以上三例,以排行換姓名或者以姓名換排行,但是無論是排行換姓名還是姓名換排行,都是在詩歌創作的當下在時人的鈔寫中纔會發生的一種詩題異名,因爲後世只見人物的排行難知姓名或者只見人物的姓名難知排行的鈔寫者,在鈔寫中不會做出這種類型的詩題改寫,只有熟知詩題中人物的時人甚至是與作者或者詩題中人物相識的人纔會如此改寫,而對於時人來説,這種人稱的互換是一種彼此心照不宣不會引發理解困難的替代。這是一種典型的具有時人鈔寫特徵的詩題異名。

敦煌寫本詩題異名的第三種類型是**地點狀語省略**。舉例如下:(一)伯二四九二、俄藏 Дх.三八六五白居易《折臂翁》,此詩見《文苑英華》卷三三三、《白氏長慶集》卷四、《全唐詩》卷四二七,題作《新豐折臂翁》,據《白氏長慶集》題《新豐折臂翁》應爲白居易原題,在敦煌傳鈔本中被省略狀語地名"新豐"二字;(二)伯三八六二高適《別李景參》,此詩見《文苑英華》卷二一八、《高常侍集》卷五、《全唐詩》卷二一三,《文苑英華》《全唐詩》題《平臺夜遇李景參有別》;(三)伯二五六七、伯二五五二拼合卷李白《陰盤驛送賀監歸越》,宋蜀刻本《李太白文集》卷一四、《文苑英華》卷二六九、《萬首唐人絶句》七言卷二、《全唐詩》卷一七六題作《送賀賓客歸越》。以上三例,前二例集本全而敦煌本略,第三例敦煌本全而集本略。地點狀語省略的方式是保留句子的謂賓主幹而省略狀語等句子修飾附屬成分,這是那些其鈔寫的目的是爲了欣賞詩歌而非爲了完整地保存詩歌文本的鈔寫者,在不影響對詩題之意的理解下爲省事、快捷、方便而做出的一種改動。

敦煌寫本詩題異名第四種類型是**底本闕題而他人重補**的詩題。在寫本時代,詩歌經過輾轉傳鈔,初鈔,二鈔,三鈔,等等,在其中的某一個環節失去題目在所難免。在敦煌唐詩寫本中就存在着許多闕題詩歌或者以署代題的詩歌。聊舉數例,伯二五六七、伯二五五二拼合卷"主家新邸第"詩,無題。伯二六四〇"紫殿秋風冷"詩,無題。伯二四九二、俄藏 Дх.三八六五"故朝何事謝承朝"詩,原卷署"李季蘭詩",以署代題。後來的鈔者在編集詩歌時如果所據原本闕題而新集又需要詩題,那麽鈔者便會爲這些詩歌重補一個新題,從而出現了與其他傳鈔系統異名的現象。舉二例:(一)伯二五五五劉希夷《白頭老翁》,斯二〇四九以首句"落楊城東桃李花"首二字爲題,作《落楊篇》,"落楊"爲"洛陽"音訛,原詩首句實爲"洛陽城東桃李花"。《白頭老翁》爲劉希夷詩原題,而斯二〇四九《落楊篇》這一詩題應爲該詩傳鈔過程中闕題某位傳鈔者根據首句重新所補之題。（二）高適《燕歌行》，此詩《河岳英靈集》卷上、《又玄集》卷上、《才調集》卷三、《文苑英華》卷一九六、《唐詩紀事》卷二三、《唐文粹》卷一二及《高常侍集》卷五、《全唐詩》卷二一三均題爲《燕歌行》。詩前有小序，序云："客有從元戎出塞還者，作《燕歌行》示適，感征戍之事，作此《燕歌行》。"可證此詩詩題確爲《燕歌行》。敦煌遺書中該詩有這七個寫卷：伯四九八四首殘，伯三一九五、伯二七四八、伯三八六二（唯此卷有序，序文原卷雙行鈔於題下，其餘六卷均無題下序）、斯七八八四個寫卷題爲《燕歌行》，而斯二〇四九、伯二五四四兩卷無序題爲《漢家篇》，此題亦應爲傳鈔者根據該詩首句所補，該詩首句爲"漢家煙塵在東北"。

以上爲唐詩在時人的傳鈔過程中被改題的幾種情況。較之作者自己改題和別集、總集編輯者改題，寫本時代在傳鈔過程中被他人改題更加常見、複雜、多樣，似乎無規律可循。但是，如果我們進行細緻的文本分析，也同樣能夠總結出若干規律性情形，即謂語動詞同義互換、人稱改寫、地點狀語省略等。其特徵與別集、總集編輯者改題不同，其中最具有時人鈔寫特徵的是詩題中人稱的排行與姓名互換，這是只有在時人的鈔寫中纔會發生的一種類型。而在這幾種情形當中，最爲常見的則是省略，包括詩題中的人稱省略、地點狀語省略等，就其性質而言，這是鈔寫者爲了鈔寫的方便、快捷、省事而做出的改動，其方式則是在保留詩題謂賓主幹的情況下省略詩題中的修飾附屬成分。

三、唐詩入樂、樂府詩與詩題異名

唐詩詩題異名的另一種重要類型是樂府詩。樂府詩是唐人詩歌創作的一種重要類型，宋代郭茂倩編《樂府詩集》，分爲十二類，即：郊廟歌辭、鼓吹曲辭、橫吹曲辭、相和歌辭、清商曲辭、舞曲歌辭、琴曲歌辭、雜曲歌辭、近代曲辭、雜歌謠辭、新樂府辭。而對於唐代的文人來説，其樂府詩的創作可以分爲：擬漢魏古題樂府，如鼓吹曲辭、橫吹曲辭、相和歌辭等；擬魏晉文人雜曲歌辭；創作近代曲辭；創作不入樂的新樂府辭，此外還應包括以徒詩入樂府等諸多情況。比如王維的樂府詩，既有《隴頭吟》、《出塞》、《從軍行》、《隴西行》等擬古題樂府詩，又有《渭城曲》、《昔昔鹽》等近代曲辭，還有《燕支行》、《老將行》、《洛陽女兒行》等不入樂的新樂府辭。

《樂府詩集》録詩歌以曲調命名，唐代文人樂府詩與詩題異名有關者有：以徒詩入古題樂府、以徒詩入近代曲辭、以古題樂府詩入近代曲辭。

第一種類型，**以徒詩入古題樂府**。唐代文人創作了大量的擬漢魏古題樂府，題名沿用樂府古題，除此之外，還有少量徒詩或者一般歌詩、歌行被選入古題樂府者，在被編入後冠以古題樂府之名。譬如李白的《將進酒》，敦煌寫卷伯二五六七作《惜罇空》，《河岳英靈集》題《將進酒》，此詩兩見《文苑英華》，卷三三六作《惜空罇酒》，卷一九五作《將進酒》。日本松浦友久以此認爲此詩原非樂府詩。原題應爲《惜罇空》或者《惜空罇酒》，後被編入樂府改題爲《將進酒》。將進酒，樂府舊題。《樂府詩集》卷一六《鼓吹曲辭・漢鐃歌》載《將進酒》古辭，内容言飲酒放歌。

再如李白的《東武吟》，此詩宋蜀刻本《李太白文集》兩存，卷五"樂府類"題《東武吟》，卷一三"别"詩類題《還山留别金門知己》，題下注"一作出金門後書懷留别翰林諸公"，《樂府詩集》卷四一收入，題《東武吟》。該詩篇末云："閑來《東武吟》，曲盡情未終。書此謝知己，扁舟尋釣翁。"此詩爲李白天寶初被賜金還山回寄翰林諸友所作，《東武吟》爲劉宋鮑照的名篇，李白在篇末引此感懷自己的不得展其志，後之編樂府者因之而改題爲《東武吟》。

此外，劉希夷的"洛陽城東桃李花，飛來飛去落誰家"詩，敦煌寫卷伯三六一九題《白頭翁》，伯二五五五題《白頭老翁》，《文苑英華》卷二〇七"樂府"類與《樂府詩集》卷四一收入，題《白頭吟》。温庭筠《温庭筠詩集》(《四部叢刊》景清述古堂鈔本)卷一《拂舞詞》，《樂府詩集》卷二六收入，題《公無渡河》。

第二種類型，**以徒詩入近代曲辭**。《樂府詩集》中"近代曲辭"爲隋、唐所造之曲，其中多取文人之詩入樂。譬如《伊州歌》第三首"聞道黃花戍，頻年不解兵。可憐閨裏月，偏照漢家營"，截取改編自沈佺期《雜詩》四首之四"聞道黃龍戍，頻年不解兵，可憐閨裏月，長照漢家營。少婦今春意，良人昨夜情。誰能將旗鼓，一爲取龍城"。《入破》第二首"錦城絲管日紛紛，半入江風半入雲。此曲只應天上有，人間能得幾回聞"，取自杜甫詩《贈花卿》。

以王維詩爲例。《樂府詩集》"近代曲辭"收録改編截取自王維詩者頗多，共九首，均以曲調爲題。即：

宋蜀刻本《王摩詰文集》卷六《終南山行》,《樂府詩集》卷七九題《陸州·歌第一》;

宋蜀刻本卷一《扶南曲歌詞五首》之三,《樂府詩集》卷七九題《陸州歌第三》;

宋蜀刻本卷四《從岐王過楊氏別業應教》,《樂府詩集》卷八〇題《崑崙子》;

宋蜀刻本卷九《春日上方即事》,《樂府詩集》卷八〇題《一片子》;

宋蜀刻本卷四《奉和聖制上巳於望春亭觀禊飲應制》,《樂府詩集》卷八〇題《浣沙女》;

宋蜀刻本卷一〇《息夫人》,《樂府詩集》卷八〇題《簇拍相府蓮》。

宋蜀刻本卷九《送元二使安西》,《樂府詩集》卷八〇題《渭城曲》;

趙殿成《王右丞集箋注》卷一一《奉和聖制幸玉真公主山莊因題石壁之作應制》,《樂府詩集》卷七九題《昔昔鹽》;

《王右丞集箋注》卷一五《失題》,《樂府詩集》卷七九題《伊州·歌第一》。

當然,文人詩入樂,在《樂府詩集》中除了以曲調爲題之外,文字增删改動者也頗多。

第三種類型,**以古題樂府入近代曲辭**。此一種情況指唐代文人所作擬古題樂府詩被樂人以新的曲調唱之,因此被選入近代曲辭,冠以新的調名。譬如王昌齡《出塞二首》其一:"秦時明月漢時關,萬里長征人未還。但使龍城飛將在,不教胡馬度陰山。"用的是漢樂府的舊題,此詩收入《樂府詩集》"近代曲辭二"當中,題《蓋羅縫》,是時人以此曲調唱之,字句亦略有改動:"秦時明月漢時關,萬里征人尚未還。但願龍庭神將在,不教胡馬渡陰山。"

與此相類,尚有以徒詩編入"雜曲歌辭"者,如沈佺期的《古意呈補闕喬知之》,《樂府詩集》卷七五"雜曲歌辭"收入,題《獨不見》。又有以一詩編入不同的古題樂府曲調者,如崔顥"長安甲第高入雲"詩,《樂府詩集》卷二三"橫吹曲辭"收入,題《長安道》,卷六〇"琴曲"亦收入,題《霍將軍》。總而言之,以上唐人樂府詩詩題異名的幾種情形,是由詩歌功能的變化即由徒詩入樂或者由此一曲調改編入彼一曲調而來的詩題名稱的變化。

樂府詩詩題異名的另外一種情形則與傳鈔有關。就性質而言,樂府詩傳鈔中的詩題異名屬於本文研究的第二部分"詩歌傳鈔中的詩題異名",而就特徵而言，則無疑具有樂府詩自身的特徵。實際上，詩歌傳鈔中的詩題異名，不同詩類的詩題均有其各自的特徵，即送別贈答詩有送別贈答詩傳鈔中詩題異名的特徵，而樂府詩也有樂府詩傳鈔中詩題異名的特徵。

傳鈔中的樂府詩詩題異名，有兩種類型。一種是**文體詞省略**。譬如伯二五六七高適《薊門五首》，《高常侍集》卷四題同，《樂府詩集》卷六一、《全唐詩》卷二一一作《薊門行五首》，敦煌鈔本省略文體詞"行"字。當然，有時則可能是詩人在創作時就已經將文體詞省略，譬如伯二五六七李白《胡無人》，《樂府詩集》卷四〇題《胡無人行》，樂府原題應爲"胡無人行"，李白詩省略文體詞"行"字。另一種類型是**同義文體詞互換**。例如，伯二五六七白居易《白紵辭》，《唐文粹》卷一三題作"白紵詞"，《文苑英華》卷一九三則作"白紵歌"。

從傳鈔中的樂府詩詩題異名的兩種類型來看，實際上，不管是文體詞省略還是文體詞同義互換，對於擬古題樂府的創作者來說或者傳鈔者來說，保留文體詞、省略文體詞、或者同義文體詞互換，兩者其實是等同替代使用的，即"薊門"即是樂府古題"薊門行"，"胡無人"即是樂府古題"胡無人行"，因爲樂府古題是流傳久遠約定俗成人所共知的名稱，"薊門"只是"薊門行"的略稱而已，在使用上並無差別，均非創作者和鈔寫者在有意改題。

四、唐詩詩題異名性質闡論

以上從三個方面分析了唐詩詩題異名的類型，即"別集、總集編輯與詩題異名"、"唐時詩歌傳鈔中的詩題異名"與"唐詩入樂、樂府詩與詩題異名"。寫本學是當下學界研究的熱點，唐詩誕生於以寫本爲主要文獻載體的唐五代時期，後世又備受推崇而流傳甚廣，是最能夠代表文學寫本文本性質的一種文體。就詩歌文本的變異而言，唐詩詩題無疑是文本變異的"重災區"。唐詩詩題異名形成的因素，有文獻、時代、功能等，文本在不同類型的文獻載體之間的轉移會帶來詩題的改寫，不同時代的人的鈔寫也往往具有各自的特徵，而詩歌由文學文本轉變爲音樂文本通常被冠以不同的題名。

不過唐詩詩題異名的情況雖然紛繁複雜，卻並非無規律可尋。值得注意的是，唐詩詩題異名，一種詩類的詩題其異名往往具有類屬共性。所謂詩類，即應制詩、唱和詩、送別詩、樂府詩等。所謂類屬共性，即應制詩詩題的異名有其類屬的共性，唱和詩詩題的異名有其類屬的共性，而送別詩詩題的異名也有其類屬的共性，樂府詩詩題的異名也有其類屬的共性。應制詩與唱和詩詩題的異名發生於從原始的唱和集到别集文獻體例的轉换，傳鈔中的送别詩的詩題異名最爲常見的是謂語動詞同義互换、人名異稱與地點狀語省略等幾種情況，而樂府詩詩題異名由徒詩入樂或者傳鈔中的文體詞省略其類屬共性無疑更加顯著。

如果我們對唐詩詩題異名進一步進行性質分析，那麽各種紛繁複雜的詩題異名可以分爲以下四個層次。

第一個層次，功能性異名。應制詩和唱和詩由於文獻載體轉换而帶來的詩題異名與樂府詩由詩歌入樂而帶來的詩題異名均屬於功能性異文。這是由文本載體的轉换與文本功能的轉變而來的不同題名，别集、總集編輯者與樂府詩集編輯者均非有意改題。

第二個層次，無意訛誤。時人與後人的鈔寫或者印刷均有可能發生無意訛誤。無意訛誤包括衍字、脱字、音訛、形訛等。無意訛誤的特徵前已述及，多訛單字，"無理而訛"，一是一非，正誤的判别較爲容易。

第三個層次，替代與縮略。唐詩異名時人傳鈔中的人名異稱以排行替姓名或者以姓名替排行是等同替代，樂府詩鈔寫中的文體詞省略屬於簡稱替代。縮略是略鈔詩題的地點狀語等附屬成分，保留謂賓句子主幹，是鈔寫者爲鈔寫的方便快捷做出的改動。

第四個層次，有意改寫。以上幾種類型均非鈔寫者有意改寫。實際上，唐詩制題一種詩類往往有其相對固定的體式，如送别詩詩題的體式，爲"送某人"、"别某人"，或者"某地送某人"等，而應制詩、樂府詩等也都有各自體式。對於這些詩題而言，鈔寫者進行結構性改寫，即改變詩題主謂賓結構主幹的改寫的餘地並不大，題名的改動限於句子單個成分的替代或者縮略，也正因如此，不同詩類詩題的異名纔呈現出各自的類屬共性。

唐詩詩題能夠被有意改寫的多爲雜題抒懷詩。譬如伯三六一九劉希夷《北邙篇》，《文苑英華》卷三〇八、《全唐詩》卷八二題作《落川懷古》；伯二五六七丘爲《傷河龕老大》，伯二五四四題作《老人篇》；李白宋蜀刻本《江上秋懷》，伯二五六七題作《江上之山藏秋作》。這類有意改寫的詩題，兩個詩題之間往往有雅俗之别，即一雅一通俗，相對而言，哪個詩題爲原題較難判斷。有意改寫與替代和縮略的最大的不同之處在於，替代和縮略並不改變句子的主體結構，即謂語動詞保留或者同義更換，縮略的部分爲句子附屬成分，而有意改寫的詩題往往謂賓主體結構被改變。另一方面，總體而言，這類有雅俗之別有意改寫的詩題在唐詩寫本中所占比例並不大。

在現今寫本文本性質的探討中，鈔寫者是經常被提及的文本變異因素，即論者認爲不同的鈔寫者"可能"會對文本做出"各種改動"。但是實際上，文本從誕生之日起，就以其自己的類型、體式、句法、詞性等規範和約束着鈔寫者的鈔寫。文本有其自身的權力和聲音。即使以詩題異名中最複雜的他人傳鈔而言，也同樣呈現出規律化特徵，即謂語動詞同義互換、人名異稱、地點狀語省略等。之所以如此，是詩題的類型、體式、句法、詞性在作用和規制着鈔寫者的異文，從而使鈔寫者的異文，即便是各式各樣的鈔寫者，也同樣呈現出類屬的共性。從類型的角度而非鈔寫者的角度研究寫本的異文，將更加貼近寫本文本變異的特徵。詩題之外，如何對唐詩詩歌本身的異文進行類型化研究是有待展開的課題。寫本時代的文學文本，不應忽視文本的變異和鈔者的主動性，但是，另一方面，同樣不能忽視的是文本自身的權力和聲音。

（作者單位：浙江大學中文系）

Elucidation on Types, Causes and Natures of Varied Poetry Titles of the Tang Dynasty

Xian Xiaoting

During the process of dissemination through different kinds of media, Tang dynasty poems were frequently renamed and ended up having different titles. At the moment, there is limited systematic research on the variation of titles of Tang poems and the causes behind. This article will discuss the issue of varied multiple titles of Tang dynasty poetry and the corresponding causes from three perspectives, including the change of titles by editors of comprehensive (*zongji* 總集) and separate collections (*bieji* 別集), by others while making private copies, and through the adaptation of poems into music. Originated in the manuscript era, Tang dynasty poetry is regarded to have reached the peak of Chinese classical poetry art and was adapted into its contemporary music. In later generations, Tang dynasty poetry became extensively popular and widely circulated, which also generated serious problems regarding text variations. The issue of title variations constitutes an important part of broader text variations of Tang dynasty poetry. Discussions on typology, process, methods, and causes of Tang poetry title variations will help deepen the understanding of Tang poetry and their original titles, on the one hand, while such studies also highlight the history of the reception of Tang poetry. On the other, the author hopes to reflect on the nature of manuscript text through detailed textual analysis of the title variations of Tang poetry.

Keywords: Tang Dynasty poetry titles, variation of titles, manuscript, comprehensive collections, separate collections, reception

徵引書目

1. 王昶：《金石萃編》，北京：中國書店，1985 年。
2. 孟棨：《本事詩》，上海：古典文學出版社，1957 年。
3. 胡聘之：《山右石刻叢編》，清光緒刻本。
4. 許學夷：《詩源辯體》，北京：人民文學出版社，1987 年。
5. 陳尚君：《唐詩的原題、改題和擬題》，載於陳致主編：《中國詩歌傳統及文本研究》，北京：中華書局，2013 年，第 313—355 頁。
6. 陸繼煇：《八瓊室金石補正續編》，載於《續修四庫全書》第 900 册，上海：上海古籍出版社，1995 年。
7. 彭定求：《全唐詩》，北京：中華書局，1960 年。
8. 劉喜海：《金石苑》，清道光刊本。

曾鞏古文的美感特質
——兼論其與歐陽古文的關係

何寄澎

【摘　要】曾鞏古文自宋至清爲論者所推崇，以爲乃歐陽修嫡傳，然民國以後讀者漸少，學者雖猶時時論之，亦認同前揭前人說法，但對於曾鞏究竟如何承繼歐陽修，實缺乏細密分析與論述。按，歐陽修古文有二大特質：就行文言，極盡"宛轉"之能事；就格調言，則多濃厚抒情。本文謹擇曾鞏《相國寺維摩院聽琴序》、《齊州雜詩序》、《贈黎安二生序》、《王無咎字序》、《墨池記》等五篇爲例，以見曾文之"宛轉"風貌；復取《送王希字潛之序》、《學舍記》、《劉伯聲墓誌銘》、《二女墓誌》、《懷友一首寄介卿》等五篇爲例，以見曾文之"抒情"格調，冀可藉此彰顯曾文之美感特質，並且適時與歐文對照，俾以掌握歐、曾相承之關係，間亦指出二者之差異，供學者參考。

【關鍵詞】曾鞏　古文　美感特質　歐陽修　宛轉　抒情

一、前　言

曾鞏古文自宋至清雖爲論者所推崇，並以爲乃歐陽修嫡傳[1]，然民國以

---

[1] 呂本中《童蒙訓》云："文章紆餘委曲，説盡事理，惟歐陽公得之，至曾子固加之，字字有法，無遺恨矣。"呂氏原作已佚，此處轉引自（宋）張鎡《仕學規範·作文》卷三十四，收入《景印文淵閣四庫全書》第875册，臺北：臺灣商務印書館1983年版，第172頁。

後讀者漸少，含英咀華者益少，其文遂漸無聞。學者雖猶時時論之，亦認同前揭前人說法，但對曾鞏究竟如何承繼歐陽修，殊少細密分析①。筆者不揣淺陋，謹擇曾鞏若干篇章，析其作法、明其格調，冀對曾文美感特質之彰顯有所貢獻，亦從而可明確掌握其與歐陽修古文之關係。

有關歐陽修古文之特質，最爲人所熟悉、認同之評論，殆爲蘇洵《上歐陽內翰第一書》所云：

> 執事之文，紆餘委備，往復百折，而條達疎暢，無所間斷；氣盡語極，急言竭論，而容與閒易，無艱難勞苦之態。②

按，所謂"紆餘委備，往復百折，容與閒易"，實爲一種極"宛轉"的表現方式，其中含括了柔和、吞吐、舒緩、從容、平易等特質。而難得的是，歐陽修這種"宛轉"的表現又能無礙其流暢自然、無傷於急言竭論，故蘇洵特云："而條達疎暢，無所間斷，無艱難勞苦之態。"平心而論，對歐陽古文特殊的風格美，蘇洵所評所狀，誠一針見血，極爲精到。但歐陽古文另有一特色，即抒情性濃厚，明、清古文家對此頗有所見，如茅坤《唐宋八大家文鈔・廬陵史鈔》論《五代史・死節傳》：

> 歐陽公點綴情事，當爲千古絕調，即如《史記》、《漢書》，恐多不逮。③

---

① 20世紀80年代，著名學者王水照、熊禮匯等有專文論曾鞏之文。王氏肯認曾文受歐陽影響甚深，且於曾文美感特質之剖析，時有精到之見。然因關照面較廣，焦點較不凸顯（參見王水照：《曾鞏及其散文的評價問題》，載於《復旦學報》，1984年第4期）。熊氏則除肯認曾文受歐陽影響外，更以爲兼受劉向、匡衡，以及北宋學風、文風，曾鞏性情、文學觀等之影響，則其重心固與本文所欲探討之課題有本質上的不同（參見熊禮匯：《論曾鞏散文的藝術特色及其成因》，載於《武漢大學學報》，1988年第2期）。

② 承蘇洵之說者，如方孝孺《張彥輝文集序》："永叔厚重淵潔，故其文委曲平和，不爲斬絕詭怪之狀，而穆穆有餘韻。"劉熙載《藝概・文概》："昌黎文意思來得硬直，歐、曾來得柔婉。硬直見本領，柔婉正復見涵養也。"後者已然歐、曾並論。蘇洵、方孝孺、劉熙載之語，分別見於（宋）蘇洵著，曾棗莊、金成禮箋注：《嘉祐集箋注》，上海：上海古籍出版社1993年版，第328—329頁；（明）方孝孺著，徐光大校點：《遜志齋集》，寧波：寧波出版社2000年版，第402頁；（清）劉熙載：《藝概・文概》，上海：上海古籍出版社1978年版，第31頁。

③（明）茅坤：《唐宋八大家文鈔・廬陵史鈔》卷六九，收入《景印文淵閣四庫全書》第1383冊，臺北：臺灣商務印書館1983年版，第757頁。

又如劉熙載《藝概·文概》：

> 歐陽公文幾於史公之潔,而幽情雅韻,得騷人之指趣爲多。①

故綜合而言,歐陽之古文有二大特質:就行文言,極盡"宛轉"之能事;就格調言,則多濃厚抒情。以下謹就"宛轉"與"抒情"二端,毛舉數例,析論曾鞏古文是否若合符節,以見曾文之美感特質及其與歐文的關涉②。

二、特質之一：宛轉

(一)《相國寺維摩院聽琴序》(英宗治平三年,1066作)

首段言古之學士學"六藝",於"射",則能弧矢之事外,又當善其揖讓之節;於"御",則能車馬之事外,又當善其驅馳之節;於"書",則能肆筆之外,又當善其體而通其意;於"數",則能布策之外,又當知其用而各盡其法;而五禮之威儀,至於三千;六樂之節文,可謂微且多——誠"何其煩且勞如是!""然古之學者必能此,亦可謂難矣"③。在此,吾人須注意結語中"難"字之出現。

第二段集中於"禮"、"樂"而暢論,一路迤邐,歸結於"樂",藉由"在輿有和鸞之聲,行步有佩玉之音,燕處有《雅》、《頌》之樂。而非其故,琴瑟未嘗去於前也"的文字,巧妙拈出"琴瑟",應合了篇題的"聽琴"。結語:"出入進退,俯仰左右,接於耳目,動於四體,達於其心者,所以養之至如此其詳且密也。"相當正面的肯定了學者善於琴瑟的態度與工夫。

第三段提筆忽轉:"雖然,此尚爲有待於外者耳。"因爲更難得、更宜追求的乃是:"三才萬物之理,性命之際,力學以求之,深思以索之,使知其要,識其微,而齋戒以守之,以盡其才,成其德,至合於天地而後已者,又當得之

---

① (清)劉熙載:《藝概·文概》,第28頁。
② 覽曾鞏《上歐陽學士第二書》,知鞏深得歐陽之愛重:"過吾門者百千人,獨於得生爲喜。"何以"獨爲喜"？疑文章義理與風格最契近也。而所拈"宛轉"、"抒情"二種特色,非限所舉各文,實廣被曾鞏絕大部分作品,即如《戰國策目錄序》、《寄歐陽舍人書》、《南軒記》等,莫不如此,學者檢閱細味自知。本文所徵引之曾鞏古文所據版本爲陳杏珍、晁繼周點校:《曾鞏集》,北京:中華書局1984年版,以下不再另行註明出處。
③ 此"難"殆兼有二意:一指"困難的境界",一謂"難能可貴"。

於心,夫豈非難哉?"很明顯,這第二個"難"字的出現,拈出了一個更高深的境界,它一方面相應了第一段的"難";一方面又超越了第一段的"難"①。

合此三段觀之,明顯可以看出曾鞏行文的結構爲:第一段拈出"六藝"而慢慢歸結於禮樂,並肯定其間的力學修養是"難"的;第二段順著第一段,益集中焦點述禮、樂,而終落實於琴瑟,一則扣合回題稱;一則也將第一段旨趣更加發揮。第三段則突轉,拈出一更高深境界,同用一個"難"字,仿佛與第一段相承相應,實則已然轉折,全然新意境矣。短短三段的結構層次,不斷有推進,而此種推進,既相承又相轉;仿佛相承,實則相轉——此即蘇洵所謂之"紆餘委備,往復百折",亦明清古文評點家所謂之"開闔吞吐"。

第四段承第二段繼續闡釋古之學者如何"役之於内外以持其心、養其性者,至於如此,此君子所以愛日而自強不息,以求至乎極也"。能如此持心養性,則"習之有素,閑之有具如此,則求其放心,伐其邪氣,而成文武之材,就道德之實者,可謂易矣"。令人驚異的是,在完全順理成章的闡述中,了無痕跡的又將旨意翻轉——前段的"難",至此變成了"易"。奇特的是,這樣的翻轉卻是在完全承續前段旨意下完成的。換言之,完全的"順承",竟也可以衍生出絶然的"逆反",真可謂開闔吞吐之極矣!

第五段舉今之學者之弊:"今學士大夫之於持其身、養其性,凡有待於外者,皆不能具,得之於内者,又皆略其事,可謂簡且易矣。然所以求其放心,伐其邪氣,而成文武之材,就道德之實者,豈不難哉?"用同樣的"易"字、"難"字,但旨意境界又已完全不同。蓋今之學者,其"易"爲"輕易",則"難"爲"果難"、爲"無可解之難";而古之學者之"難",乃"難能可貴之難",其中有推崇、贊歎之意,二者固不可同日而語也。

末段回到自身,交代人事背景,點出作文之目的,蓋"道予之所慕於古者,庶乎其有以自發也",就文章韻味而言,亦平易真切、委婉有致。

綜合而言,本文實以"難"、"易"二字爲文眼,層層推進、層層回應,推進回應中,既順且逆,既同又異,平淡至極,又波瀾至極,誠宛轉之能事矣。

(二)《齊州雜詩序》(神宗熙寧六年,1073作)

此文甚短,可分兩段而已。首段指出齊地以朋比誇詐見於習俗,又多獄訟,豪猾群黨喜相攻剽賊殺,於時號"難治"。此種書寫,開門見山讓讀者

---

① 此"難"意謂更艱難的工夫與境界。

知曉齊人齊地的特質，乃自然想象下文該是何種與難治有關的緊張面貌？然而第二段所寫竟非如此。曾鞏先以極含蓄內斂的筆法寫自己的政績："余之疲駑來爲是州，除其姦強，而振其弛壞，去其疾苦，而撫其善良。未期囷圌多空，而枹鼓幾熄，歲又連熟，州以無事。"顯然似自謙而實自許，則固已有宛轉之調。繼則順暢地轉寫邀朋引客的遊園以及唱和，蓋既然"囷圌多空，枹鼓幾熄，歲又連熟，州以無事"，自然可以與士大夫及四方賓客悠然以遊。關於與衆同遊的書寫，曾鞏屬文清麗："或長軒嶢榭，登覽之觀，屬思千里；或芙蕖芰荷，湖波渺然，縱舟上下。"讀來已有悠邈之韻。但更值得注意的是下文：

> 雖病不飲酒，而聞爲小詩，以娛情寫物，亦拙者之適也。通儒大人或與余有舊，欲取而視之，亦不能隱。而青鄆二學士又從而和之，士之喜文辭者，亦繼爲此作，總之凡若干篇。豈得以余文之陋，而使夫宗工秀人雄放瑰絶可喜之辭，不大傳于此邦也。故刻之石而并序之，使覽者得詳焉。

從作詩娛情，不妨爲拙者之適；到人欲取而視之，亦不能隱；到衆人既喜作，己尤不宜以己之陋而不彰宗工秀人可喜之辭。層層推進，似一切皆非己願，但一切又都不能不爲，終則完全確立"刻石並序"百分百的正當性。前文所揭的"似自謙而實自許"，在此更爲含藏，卻也更爲鮮明，此真可謂吞吐宛轉之精微表現。但妙則妙在，平易至極、順暢至極，多數讀者懵然不覺也。

（三）《贈黎安二生序》（英宗治平四年，1067 作）

黎、安二生爲蜀士，二人攜東坡書函至京師謁曾鞏。本文首段極稱二生之文與才，並許爲"魁奇特起之士"，按理而言，此中不免多應酬性。但因開首即直揭"趙郡蘇軾，余之同年友也"，末句又云："蘇君固可謂善知人者。"這種知友知交的情誼關係，自然而然淡化前述的應酬性，行文之間，隱然已有些微迴還宛轉之趣味。

文章主體的第二段，寫黎生授官將行，乞言以贈。透過對話，引出篇旨的"迂闊"。黎、安二生舉於斯文，里人笑以爲迂闊，故盼曾鞏贈言，俾其解惑於里人。曾鞏聞之，自顧而笑。蓋"世之迂闊，孰有甚於予乎？"相較而言，己爲大迂闊，二生爲小迂闊；二生持其言以歸，必重得罪於里人，非止於笑而已。從黎生求教如何解迂闊、解里人之笑,到反視自己更迂闊、更不宜贈言害其重得罪。就層次而言,既是對於"迂"此一焦點的相承相應,卻也同時呈現宜否贈言的相對相逆。下文自己設問,翻進一層:若謂己之迂爲善,則不免擔憂二生因己之勉而重得罪里人;若謂己之迂爲不善,但遷就里人則"有以合乎世,必違乎古,有以同乎俗,必離乎道",又不能因此誤導二生"違古合世,離道同俗",完全背離一介儒者的志業。至此,對應於前述的"相承相應"與"相對相逆",似乎又展示了更深層、更複雜的既相承又相逆的關係。吾人若能細辨體察此中行文的層次與義旨的承、變,自能感受曾文特殊的"宛轉"韻致。曾鞏書寫至此,結尾自然是順此而勉二生,故其言"其無急於解里人之惑,則於是焉,必能擇而取之",也因之,終完全坦然無惑的"遂書以贈二生"。但最令人擊節贊嘆的是,出乎意外竟有這樣的結句:"并示蘇君,以爲何如也。"幽默之外,又是一層翻進變化,誠極吞吐迴環之趣,妙不可言矣①!

(四)《王無咎字序》(仁宗慶曆元年,1041 作)

宋人頗有應人之請,命名字而叙其緣由者,故宋文"字序"、"字説"之作甚多,蔚爲宋文新體②,本文即屬此類作品。文章首段提出一個很別致、卻也很真切的觀點,説道:"名字者,人之所假借以自稱道,亦使人假借以稱道己之辭。"它和人的行爲最不同的是,"行"必須是表裏如一,是不可以"假借"的。一個人名忠名義,人們不會因之就求其必忠必義,責其不然,因爲

---

① 前揭王水照之文,曾舉此文爲"斂氣蓄勢、藏鋒不露"之例,並説:"他没有正面駁斥'迂闊'之誣,卻拈來這二字,作了三層轉折:自己亦'迂闊','迂闊'比二生者爲甚,'迂闊'之善與不善。委婉曲折、吞吐抑揚之中微露勃鬱之氣。"

② 徐師曾《文體明辨序説》將字序、字説、字解、名説、名序等備爲一體,謂:"按《儀禮》,士冠三加三醮而申之以字辭。"以爲字説、字序一類文體淵源於古禮,其文旨在傳達"丁寧訓誡之義"。惟字説、字序在宋以前罕見,南朝沈約《冠子祝文》殆最早之作,迄唐始有劉禹錫《名子説》,而至宋則蔚然多見(請參高步瀛:《文章源流》,收入余組坤編《歷代文話彙編》下册,南京:鳳凰出版社 2013 年版)。從現存作品來看,宋人字序首見於柳開、石介、穆修一輩,如柳開《河東先生集》存錄爲進士高本、書生焦邕而作的《名系并序》、《字説》。歐陽以降,漸多所見,隱然成風,並展現多元風貌格調,如歐之《鄭荀改名序》、《章望之字序》、《張應之字序》、《胡寅字序》、《尹源字子漸序》等,悉從對象名字引申、説明,帶出勉勵、訓誡之意;而蘇洵《仲兄字文甫説》特生發出一段風水相遭之精彩議論,《名二子説》則概括蘇軾、蘇轍二子性格,交代爲兩人命名的由來,寄託乃父者的期望與擔憂;至於蘇軾,撰有《江之静字序》、《張厚之忠甫字序》、《楊薦字説》、《文與可字説》等篇,後者又爲字序寫作翻出一層新貌,以問答形式爲之,口吻貌似莊重,實際富含理辯、諧謔之趣。

知道"名"只是"假借"而已。但若謂一個人其行"曰忠與義",那麼人們就會"皆求其信然者,責其不然者"。曾鞏在首段,確定了"名"與"行"的不同——"名"可以不符實,"行"卻不可以不符實。

"名"與"行"要求之不同既已確立,至第二段,行文一方面仍扣住"名"、"行"闡述;一方面卻開始有了往復迴還的辯證:第二段起筆就以"然而人無貴賤愚良,一欲善其名字"開始轉折,然後分析說人所以"欲善其名字",實在也是緣於"愛其身"的緣故。但若"愛其身而不善充之",那就如同說"以聖賢之道,假借其身而已"。世上沒有比這樣對己身"不誠"更嚴重的事;由是,哪裏能說是"愛其身"呢!這還不如在名字上不求出色,但在行爲上努力出衆以愛其身,所以聖賢之道終究歸諸於身,並且始終認爲愛其身做得不夠。世上太多的人都能"善其名字",卻未嘗都能"善其行";"有愛其身之心",卻反求於身如此輕忽,真是可嘆!

上述文字幾乎是原文的翻譯,其中一層接一層卻又往復迴環的辯證是很清楚的。

末段先承第二段說道"字雖不必求勝",但依古禮,字"亦未可忽也",則無咎之請存乎古禮,雖欲拒又安得拒?自己遂就無咎之名而"爲之字曰補之",並且強調,自我勉力補自己之所不至,乃顏淵爲學的中心旨意。曾鞏在此的語調極委婉,寫法亦仍是一層一層推進,但不僅把爲無咎命字一事充分合理化,甚且提升到極有莊嚴意義的地步,讓人見識到如此宛轉卻又如此有力的書寫工夫。最後"以顏子之所以爲學者期乎己,余之所望於補之也。假借乎己而已矣,豈予之所望於補之哉!"作結,完全拍合符應到第二段的旨意,讓全文的結構嚴密無隙。

(五)《墨池記》(仁宗慶曆八年,1048作)

本文殆可分兩段,首段以王羲之學書之事爲焦點,圍繞且逐層推叙之;次段交代作文緣起,並推求主人心意。

起筆從點畫墨池的地理位置開始,已有逐層推叙之趣:

> 臨川之城東,有地隱然而高,以臨於溪,曰新城。新城之上,有池窪然而方以長,曰王羲之之墨池者,荀伯子《臨川記》云也。

結句不曰"王羲之之墨池",而以前揭所見二句作結,益增宛轉延宕之味。

其下即順羲之之拈出,推出:

  羲之嘗慕張芝,臨池學書,池水盡黑,此爲其故迹,豈信然邪?

其下再推想一層:

  方羲之之不可強以仕,而嘗極東方,出滄海,以娛其意於山水之間,豈其徜徉肆恣,而又嘗自休於此邪?

其下續推想:

  羲之之書晚乃善,則其所能,蓋亦以精力自致者,非天成也。然後世未有能及者,豈其學不如彼邪?

經此連番推想,乃托出結論:

  則學固豈可以少哉!況欲深造道德者邪?

第二段先交代作記緣起:

  墨池之上,今爲州學舍。教授王君盛恐其不章也,書"晉王右軍墨池"之六字於楹間以揭之,又告於鞏曰:"願有記。"

其下則又推想:

  推王君之心,豈愛人之善,雖一能不以廢,而因以及乎其迹邪?其亦欲推其事以勉學者邪?

末乃順此作結:

  夫人之有一能,而使後人尚之如此,況仁人莊士之遺風餘思,被於來世者如何哉。

綜觀此文可知，前後兩段，意涵不同，但皆以"推想"成文則同，此其一；兩段結尾，"深造道德"與"仁人莊士之遺風餘思"旨意實同，此其二。是則兩段之間，承中有轉，轉中有承，固可見其宛轉之致也。再者，兩段分別觀其文句內在肌理，則每一句組之間皆是相承相接而來，但自"荀伯子《臨川記》云也"的盪出一筆開始，其下每一句組之末句皆以反問句爲之，既續有盪出之致外，由於是"反問"，復更生委婉轉折之韻。吾人明乎此，當可深體此文宛轉之貌，亦知其所以形成，乃與自始至尾反問的安排有極大關係——這一點也造成《墨池記》較另類的宛轉表現①。

有關曾文宛轉之風貌，姑舉上列五篇作品析述之，以見一斑。事實上，曾鞏古文莫不宛轉，觀下文述其抒情格調者仍可爲證也。

三、特質之二：抒情

(一)《送王希序潛之序》(仁宗慶曆六年，1046 作)

此文著重在寫兩人情誼之美好。文章自慶曆三年初遇寫起：

> 始其色接吾目，已其言接吾耳，久其行接吾心。

時序推移之中，極言愈久而潛之其人、其言、其行愈可愛慕。而後寫四年之間三聚，遂詳述同遊之樂：

> 與之上滕王閣，泛東湖，酌馬跑泉。最數遊而久乃去者，大梵寺秋屏閣。

其下以精緻之筆描繪秋屏閣周遭山水之美，帶出：

---

① 前揭王水照文曾以《宜黄縣學記》爲例説明曾文講究"每一小段的結句"，並説："這些收句，一方面總結本段文義，使文氣能直貫而下；另方面又全以詠嘆語調出之，兼收停頓舒展之功，避免一瀉無餘之弊。"又説《墨池記》："在每層意思之末，幾乎都用設問句或感嘆句……這樣，即使在布局謀篇上並無出奇制勝的地方，但全文誦讀一過，仍覺味淡而甘，掩抑多姿而非'直頭布袋'。"

> 使覽登之美窮于此,樂乎,莫與爲樂也。況龍沙章水,水涯之陸陵,人家園林之屬於山者莫不見,可見者不特西山而已,其爲樂可勝道邪?

甚且,不唯"與潛之遊其間,雖數且久不厭也";又"將奉吾親,託吾家於是州,而遊於是,以歡吾親之心而自慰焉"。很顯然,曾鞏乃藉極寫從遊之樂(數且久而不厭;又將奉親託家於此),以彰顯二人情誼依依款款——遊與景一層遞進一層而寫,情則隨此層遞而愈見濃郁;而更增添無限情味的是:奉親託家以來的願望終究未能實現,且作夜息之間卻無時或忘(轉折);而潛之又遽去(再轉折)。"其能不憮然邪?"悵惘之情真無言以形容矣!

次段(即結段)先敘潛之將去,以書來求贈言;繼則展開其思量推敲:

> 使吾道潛之之美也,豈潛之相望意也?使以言相鑴切邪?視吾言不足進也。

此種寫或不寫的思量推敲,增添了文章吞吐夷猶、宛轉曲折的韻致。下句既承此又轉而曰:

> 視可進者,莫若道素與遊之樂而惜其去,亦情之所不克已也,故云爾。

進一步強化了首段已然昭示的情好,並因此確定當應其請。結尾祝福潛之去而之京師,必光顯;其下再一轉云:

> 光顯者之心,於山水或薄,其異日肯尚從吾遊於此乎?其豈使吾獨也乎?六年八月日序。

真是繾綣情誼,唱歎回盪,餘韻嬝嬝不盡。

綜觀全文,一路委婉迤邐敘寫,間則穿插轉折,把對潛之之情寫得搖曳生姿,令人體會極深又玩味不盡,通篇不用誇張顯豁語,自然情真意切,最爲難得,真可謂抒情之化境,與歐陽格調氣韻極端相似①。

(二)《學舍記》(仁宗至和元年,1054作)

本文自表面上看來,似無與乎抒情,實則爲感嘆極深之作。

首段詳細寫身世之艱,先自"幼時受書而方樂嬉戲,故不知好"寫起;十六七時"雖知好,而家事滋出"。此下以細筆分別寫自己"涉世而奔走"、"單遊遠寓,而冒犯以勤"、"經營以養"、"邁禍而憂艱"、"皇皇而不足"等等迫窘之狀,遂至"力疲意耗",加以多疾,故"言之所序,蓋其一二之粗也","挾書以學,於夫爲身治人,世用之損益,考觀講解,有不能至者";亦"不得專力盡思,琢雕文章,以載私心難見之情,而追古今之作者爲並,以足予之所好慕";綜此種種,自不能不"自視而嗟也"。文章透過:自不知好書至其後雖好書而無以專心致志以學的轉筆,再接續以種種迫窘之狀的排比而下,最後托出終究學不精、能不足的結果,令讀者感同身受,結句的"自視而嗟"因之備覺深切有力。

次段寫自我"侵擾多事故"之情況益甚,"乃休於家,而即其旁之草舍以學"。學舍既卑且隘,卻自覺甚宜,蓋卑且隘者適足以見己之"勞心困形以役於事者",而"卑巷窮廬,冗衣礱飯,芑莧之羹,隱約而安者",亦正可以自期"遂其志而有待也"。於今而後,自當時時自惕"可以進於道者,學之有不至",以及平生所好慕之文章,"爲之有不暇"。至此,前段深切之嘆漸染一層自知自適的幽默、豁達,情味亦因之由沉鬱轉清朗;結句"歷道其少長出處,與夫好慕之心,以爲《學舍記》",清晰呈現了自我期勉的意思。

綜結而言,本文特殊的是,就題目觀之,原本通篇屬說理性質的文章,

---

① 姑舉歐陽修《李秀才東園亭記》爲例,其文云:"予少以江南就食居之,能道其風土,地既瘠枯,民給生不舒愉,雖豐年,大族厚聚之家,未嘗有樹林池沼之樂,以爲歲時休暇之嬉。獨城南李氏爲著姓,家多藏書,訓子孫以學。予爲童子,與李氏諸兒戲其家,見李氏方治東園,往求美草,一一手植,周視封樹,日日去來園間甚勤。李氏壽終,公佐嗣家,又構亭其間,益修先人之所爲。予亦壯,不復至其家。已而去爲客漢沔,遊京師。久而乃歸,復行城南。公佐引予登亭上,周尋童子時所見,則樹之孼者抱,昔之抱者梃,草之苗者叢,荄之甲者今果矣。問其遊兒,則有子,如予童子之歲矣。相與逆數昔時,則於今七閏矣,然忽忽如前日事,因嘆嗟徘徊不能去。噫!予方仕宦奔走,不知再至城南登此亭復幾閏,幸而再至,則東園之物又幾變也。計亭之梁木其蠹,瓦甓其溜,石物其泐乎!隨雖陋,非予鄉,然予之長也,豈能忘情於隨哉?公佐好學有行,鄉里推之。與予友,蓋明道二年十月十二日也。"(見(宋)歐陽修著,洪本健校箋:《歐陽修詩文集校箋》,上海:上海古籍出版社2009年版,下冊,第1670—1671頁。)歐、曾二文雖文體不同,內容亦有異。然同用追憶筆法;同樣於親有細膩體貼之心;同樣對時日異後,人事變遷,致此情此景難再,流露無限唏噓;同樣於文末明著作文日期以寄言外之意;而全篇因上述種種而不斷欷惋之氣韻筆調尤相似相應。學者細玩,當可體會。

竟然寫成感慨自勵的文字，而情味從無限悵惘感歎到平靜以對，不忘自勉，特有曲曲折折，縣縣邈邈之致。

（三）《劉伯聲墓誌銘》（神宗元豐三年，1080作）

歐陽修墓誌銘，極以交情感慨成文，此前人之公論①。曾鞏此文，機杼頗有取於歐文，而尤與《黃夢升墓誌銘》相似。起筆先述二人初識，並點出彼此性相近處：

> 慶曆之間，余家撫州。州椽張文叔與其內弟劉伯聲從予游。余與伯聲皆罕與人接，得顓意以學問磨礱浸灌爲事，居三年乃別。

述二人皆罕與人接而樂以學問磨礱浸灌爲事，則固不僅彰顯二人習性相近，甚且因"本罕與人接"而竟樂處三年，自亦凸顯二人相知相惜之情甚篤。其下略綴數筆，記二人再會於京師"年益壯，學日以益"。而後再述其校書史館時，二人頻相往來，"飲酒談笑，道舊故相樂也"。文章叙寫至此，二人殆三次聚首——機杼與歐陽《黃夢升墓誌銘》極相似②，蓋皆自二人初識相

---

① 歸有光論《湖州長史蘇君墓誌銘》："淋漓之色，恨惋之致，悲咽之情，種種逼人。"論《黃夢升墓誌銘》引徐文昭曰："從生平交游感慨爲誌，令人可歌可舞，欲泣欲笑。"論《張子野墓誌銘》："工於寫情，略於序事，極淋漓騷鬱之致。"餘若茅坤、孫琮、儲欣、呂葆中、浦起龍，均有相同論述，兹不贅引。上揭歸有光之評歐陽文，轉引自洪本健編：《歐陽修資料彙編》，北京：中華書局1995年版，中册，第547頁。

② 兹節錄《黃夢升墓誌銘》供參："予少家隨，夢升從其兄茂宗官於隨，予爲童子，立諸兄側，見夢升年十七八，眉目明秀，善飲酒談笑，予雖幼，心已獨奇夢升。後七年，予與夢升皆舉進士於京師。夢升得丙科，初任興國軍永興主簿，怏怏不得志，以疾去。久之，復調江陵府公安主簿，時予謫夷陵，遇之於江陵。夢升顏色憔悴，初不可識，久而握手噓欷，相飲以酒，夜醉起舞，歌呼大噱。予益悲夢升志雖衰，而少時意氣尚在也。後二年，予徙乾德令，夢升復調南陽主簿，又遇之於鄧。間常問其平生所爲文章幾何，夢升慨然歎曰：'吾已諱之矣。窮達有命，非世之人不知我，我羞道於世人也。'求之，不肯出，遂飲之酒，復大醉，起舞歌呼，因笑曰：'子知我者！'乃肯出其文，讀之，博辨雄偉，其意氣奔放，猶不可禦，予又益悲夢升志雖困，而獨其文章未衰也。是時謝希深出守鄧州，尤喜稱道天下士，予因手書夢升文一通，欲以示希深。未及，而希深卒，予亦去鄧。後之守鄧者皆俗吏，不復知夢升。夢升素剛，不苟合，負其所有，常怏怏無所施，卒以不得志死於南陽。夢升諱注，以寶元二年四月二十五日卒，享年四十有二。其平生所爲文，曰《破碎集》、《公安集》、《南陽集》，凡三十卷。娶潘氏，生四男二女。將以慶曆四年某月某日，葬於董坊之先塋，其弟渭泣而來告曰：'吾兄患世之莫吾知，孰可爲其銘？'予素悲夢升者，因之銘曰：予嘗讀夢升之文，至於哭其兄序之詞曰'子之文章，電激雷震，雨雹忽止，閴然滅泯'，未嘗不諷誦歎息而不已。嗟夫夢升，曾不及序。不震不驚，鬱塞埋葬。孰與其有，不使其施？吾不知所歸咎，徒爲夢升而悲。"（見（宋）歐陽修著，洪本健校箋：《歐陽修詩文集校箋》，中册，第755—756頁。）

得寫起,而以親人乞銘爲結,惟歐陽文波瀾揮灑,情感激越;曾文則抑制含藏,情韻緜邈,是其略異耳。按,上述三聚,皆可謂樂,而突下一筆:

  伯聲未老,然以疾故,亦衰矣。

光采明亮的歡聚場景之後,隱然有黯淡的轉變透出。其下果然:

  既而余去京師而東,更七州,至於亳。伯聲子之美來告曰,伯聲死八年矣,將死時,命之美屬余銘。

歡聚相樂之景猶在耳目,孰料一別竟成死別! 全文雖無隻字痛切語,而讀者自然能髣髴其痛切。而伯聲臨終之言曰:

  葬而不得余(鞏)銘,如不葬也。

固充分見證二人相知相契之交情。曾鞏最後説:

  余惟伯聲始從余游,至今三十年,見其少壯,至於有疾而衰,與之故最久,於其死而託銘於余,故不得而辭也。

表面上看來,似乃不得已而作,其實是"非作不可"。而此非作不可的動力,其實亦非伯聲託銘,實乃二人既久且深的情誼有以致之——此爲二人彼此皆認定之事實。

  吾人閲讀曾鞏類似的文章,必須細體:力求含藏制約,不作強烈語,殆其持守之典律,而古井無波之底層,實自有其内心真誠的波瀾起伏。明乎此,續讀本文次段,雖歷數伯聲其人格、其世系、其家人,宛然與一般墓誌銘體例無異。然反覆咀嚼"與人游,見其一善,若恐不能及;見其一失,若恐不能拔。其篤於誼如此。讀書有大志,慨然欲有爲者也。少孤能自立,尤貧,然營疏屬之葬、孤姪之嫁娶,忘其力之不足也。數以進士薦於鄉,卒不合"之文字,卻別有慨然歎賞惋惜之情在,固非無因。

  在此可以附帶一述的是《張久中墓誌銘》(仁宗皇祐元年,1049作)。文章第一段交代二人如何相識。一如前文,先説"予蓋未嘗識君也",再説

"後二年,過予之所居臨川,始識之"。則"識其人甚明"的旨趣便鮮然流露,由是,下文對久中其人的描繪便具高度可信度。但本文最值得玩味的是下文兩段。以體而言是純敘事——如第二段先交代久中尤稱者爲張賁,而以爲年少可進以學者則爲陳惇;其下轉寫久中於畏友與衆友的差別原則:於畏友,則"喜窮盡其得失,其義足以正之,而其直未嘗苟止也";於衆友則"尤溫以莊,不妄與之言。與之言,必隨其材智所到,不病以其所不爲","故君之友皆憚其嚴,而喜其相與之盡。衆人之得君游者,亦皆喜愛而未嘗有失其意者"。再如第三段,叙久中幼孤,養於兄嫂,"婦能以姑之禮事吾嫂者,可以爲吾婦矣",而終亦無婦。但叙事之中,特拈陳惇,叙久中卒,其弟以力不能,將獨負君之骨以歸。時陳惇方以進士得出身,約久中之弟曰:"吾忍不全歸吾友邪?明年吾得補爲吏,力能以君之喪歸。"曾鞏如此叙寫,透露了他内心深刻的感動,於是細品的讀者,不僅感動於陳惇對久中的至誼,也因隱約體察到曾鞏内心未明言的感動而加長加深了自己的感動。事實上,曾鞏的感動在第三段中有較明顯的透示,試看這樣的文字:"予嘗視惇與君之相從,憂窮齟齬,無不共之,其中心豈有利然也?世之交友道廢久矣,其有之,或非此也。然則君之事,其有取於世教非邪?"在狀似"載道"的底層,其實是情感無限的讚歎!

吾人因此可知,曾文的抒情是極制約含藏的,在叙事與説理的底層,往往有深刻情懷的流露,非耐心咀嚼者,或不易窺而得知①。

(四)《二女墓誌》(神宗熙寧十年,1077作)

但前述曾文抒情的特質,若遇自身骨肉夭亡之書寫則幡然而易調。其《二女墓誌》文極精省,起筆即痛切之辭:

> 予校書史館凡九年,喪女弟,喪妻晁氏及二女。余窮居京師,無上下之交,而悲哀之數如此。

次段寫慶老生三歲而夭,有如下動人的文字:

---

① 此爲曾文與歐陽文抒情方式略異之處。大要而言,歐陽情語極濃而多,曾文則致力求平淡、平易。

>方是時，吾妻晁氏病已革，慶老病未作之夕，省其母，勉慰如成人，中夕而疾作，遂不救，蓋若與其母訣也。

對慶老言行的描寫，增強了讀者的悲感——如此敏慧、體貼、善良的小女孩，何以倏爾夭亡？至於興老，二歲即夭，曾鞏未作任何描寫，這可能仍是基於他含藏制約的"書法"——畢竟讀者因慶老之夭而興的悲感仍嬝嬝未絕，則於興老不作任何語，反益增回盪情韻。最使人歎爲觀止的是，曾鞏於下文寫道：

>是時，余方鎖宿景德寺，試國子監進士，不得視其疾、臨其死也。二女生而值予之窮多故，其不幸又夭以死，所謂命非邪？

陡然拉高了悲哀——"不得視其疾、臨其死也"，對一個父親而言，何等殘酷！而二女生值其窮多故，死竟以夭，又怎不令人無限唏噓！

《二女墓誌》是曾文中情感流露最直率者，而對這種生命中最悲苦、最不堪的事件，直率流露，恐怕纔是最真誠、最符人性的方式吧！

（五）《懷友一首寄介卿》（仁宗慶曆三年，1043 作）

曾鞏與王安石爲知交，固世所熟知。按，安石有《同學一首別子固》，其中云："子固作《懷友》一首遺予。"即此文也。本文首段先強調師友的重要，謂：

>孔子之師，或老聃、郯子云；其友，或子產、晏嬰云。師友之重也，聖人然爾，不及聖人者，不師而傳，不友而居，無悔也希矣。

次段即寫自己"予少而學，不得師友……皇皇四海求若人而不獲"的焦慮。第三段拈出介卿（安石），謂：

>自得介卿，然後始有周旋傲懇摘予之過而接之以道者，使予幡然其勉者有中，釋然其思者有得矣，望中庸之域其可以策而及也，使得久相從居與游，知免於悔矣。

歡忻雀躍之情，了然可見。而如此益友，得之甚艱，則一旦相離，其悵然爽然之情，必揮之難去，下文固云：

> 介卿官於揚，予窮居極南，其合之日少而離別之日多，切劘之效淺而愚無知易懈，其可懷且憂矣。

藉二人仕分處懸遠兩地，無以切劘，而憂自身之無知難以改進、懼自身之易懈難以加勤，對介卿之懷念乃因之益增——在此，我們清楚看到安石在曾鞏心中是怎樣的一種益友形象，而他對安石的敬愛之情，又是何等強固厚實！結語云：

> 作《懷友》書兩通，一自藏，一納介卿家。

通常信是寫給他人的，自己不收藏，這裏卻説，特別抄寫二份，一份寄給安石，希望他收好；一份自己珍藏。二者都以"不言而言"的方式呈現了曾鞏對王安石那份特殊崇仰、珍惜的情感；尤其"自藏"的舉動，仿佛留下一紙永恒的見證，見證他們這份始終不渝的真摯友情。

《懷友一首寄介卿》自始至尾不做聳動語、不修富麗辭，只是一逕樸質平易、娓娓道來，但其"懷"之深、其"情"之切，如出地之泉，汨汨流出，吾人用心品讀，自可體會。

四、結　　語

經由上文所述，可知就"宛轉"與"抒情"二端言之，曾鞏古文之美感特質確與歐陽若合符契，視爲歐陽嫡傳自無不宜。惟歐陽特鍾抒情，即如叙事之篇亦率皆抒情，《瀧岡阡表》、《黃夢升墓誌銘》、《釋秘演詩集序》、《釋惟儼文集序》、《蘇氏文集序》、《送楊寘序》、《謝氏詩序》、《梅聖俞詩集序》等皆可爲證[1]；而曾鞏則特重宛轉尤過抒情，其中輕重似略有別。除此之

---

[1] 學者於此，可參拙作《歐陽修"詩文集序"作品之特色及其典範意義》，載於《臺大中文學報》第17期，2002年12月，第111—124頁。

外,曾鞏重心性之學,故猶有《宜黃縣縣學記》、《筠州學記》、《清心亭記》、《梁書目錄序》等作,且爲朱子所深賞,則歐、曾二人,固一多文學氣質,一多道學氣質,又爲其異也①。

(作者單位:臺灣大學中文系名譽教授)

---

① 首先,曾文多道學氣質,爲識者所共認,故朱子特賞曾文。文章所引《相國寺維摩院聽琴序》關注持心養性;《贈黎安二生序》堅持不違古、不同俗、不離道;《王無咎字序》強調善其行、愛其身;《墨池記》歸結乎深造道德;《學舍記》講求學至進道;凡此都有嚴正的義理在。其次,本文所舉宛轉5篇,寫作時間早者仁宗慶曆元年(1041),晚者神宗熙寧四年(1073);抒情5篇,早者仁宗慶曆三年(1043),晚者神宗元豐三年(1080),而鞏生於真宗天禧三年(1019),卒於神宗元豐六年(1083),諸篇寫作年代可謂自成人以至老,跨其一生,固可證此二特質乃其一貫風格。

The Aesthetic Features of Zeng Gong's *Guwen* and Its Relationship with that of Ouyang Xiu's

Ho Chi-peng

Zeng Gong's 曾鞏 *guwen* 古文 (ancient-style prose) is viewed as a direct successor to Ouyang Xiu 歐陽修 and is well regarded by the scholars from the Song to Qing dynasties. However, his readership declined since the Republican Era (1912 – 1949). In spite of the discussions on his work with continued appreciation, there lacks detailed analysis and treatise of the ways in which Zeng Gong succeeded Ouyang Xiu in terms of ancient-style writing. Ouyang Xiu's ancient-style writing occupies two main aesthetic features, including, first of all, the tactful and *wanzhuan* 宛轉 (euphemistic) writing style; second, the sentimental and lyrical tone. This paper selects five pieces of Zeng Gong's *guwen* works, including "Xiangguosi weimoyuan ting qin xu" 相國寺維摩院聽琴序 (The Preface of Listening to Zither Music at Xiang Guo Temple), "Qizhou za shi xu" 齊州雜詩序 (The Preface of Miscellaneous Poems at Qizhou Prefecture), "Zeng Li An er sheng xu" 贈黎安二生序 (The Preface Dedicated to Two Scholars Named Li and An at Parting), "Wang Wujiu zi xu" 王無咎字序 (The Preface on Wang Wujiu's Courtesy Name), and "Mo chi ji" 墨池記 (The Record of Ink Pond) as examples, in order to analyse Zeng's euphemistic style of writing. This paper also selects another five pieces, including "Song Wang Xi zi Qianzhi xu" 送王希字潛之序 (The Preface Dedicated to Wang Xi with the Courtesy Name Qianzhi at Parting), "Xueshe ji" 學舍記 (The Record of Study Hut), "Liu Bosheng muzhiming" 劉伯聲墓誌銘 (The Epitaph of Liu Bosheng), "Er nü muzhiming" 二女墓誌 (The Epitaph of Two Daughters), and "Huai you yi shou ji Jieqing" 懷友一首寄介卿 (An Article about Missing Friend, for Jieqing), in order to illustrate Zeng's lyrical tone. In doing so, this paper aims to highlight the aesthetic features of Zeng's ancient-style writing, with comparisons to that of Ouyang Xiu's, so as to shed light on the poetic relationship as well as differences between Ouyang and Zeng.

Keywords: Zeng Gong, *guwen*, aesthetic features, Ouyang Xiu, *wanzhuan*, lyricism

徵引書目

1. 方孝孺著,徐光大校點:《遜志齋集》,寧波:寧波出版社,2000 年。
2. 王水照:《曾鞏及其散文的評價問題》,載於《復旦學報》,1984 年第 4 期。
3. 何寄澎:《歐陽修"詩文集序"作品之特色及其典範意義》,載於《臺大中文學報》2002 年第 17 期。
4. 洪本健編:《歐陽修資料彙編》,北京:中華書局,1995 年。
5. 茅坤:《唐宋八大家文鈔·廬陵史鈔》,收入景印文淵閣《四庫全書》第 1383 册,臺北:臺灣商務印書館,1983 年。
6. 高步瀛:《文章源流》,收入余組坤編《歷代文話續編》下册,南京:鳳凰出版社,2013 年。
7. 張鎡:《仕學規範》,收入景印文淵閣《四庫全書》第 875 册,臺北:臺灣商務印書館,1983 年。
8. 曾鞏著,陳杏珍、晁繼周點校:《曾鞏集》,北京:中華書局,1984 年。
9. 熊禮匯:《論曾鞏散文的藝術特色及其成因》,載於《武漢大學學報》,1988 年第 2 期。
10. 劉熙載:《藝概》,上海:上海古籍出版社,1978 年。
11. 歐陽修著,洪本健校箋:《歐陽修詩文集校箋》,上海:上海古籍出版社,2009 年。
12. 蘇洵著,曾棗莊、金成禮箋注:《嘉祐集箋注》,上海:上海古籍出版社,1993 年。

史家風神與金石體制
——以明清時期的韓、歐碑誌高下論爲中心

胡 琦

【摘 要】明清人關於碑誌文體的討論中,韓愈、歐陽修的高下品評是一個值得注意的問題。在具體作家、作品評價的背後,實際上潛藏著有關碑誌文類源流正變的整體觀念,牽涉到知識資源、理論架構以及審美判斷之間的複雜互動。茅坤以歐高於韓,背後的觀念是將碑誌文溯源到史傳傳統,以《史記》爲標準衡量唐宋古文創作。從明代到清前期,這一思路乃是古文家分析碑誌文的主流,不論贊同還是反對,士人大多接受其觀念預設。然而,清代金石學蔚興,爲碑版文字的研究提供了新的知識資源。姚範、姚鼐、章學誠等主張突出碑誌作爲"金石之文"的屬性,與"史家"區隔,以此爲韓愈辯護。對金石傳統的體認,刺激學者從新的角度考慮碑誌文寫作中的"正""變"問題。另一方面,金石學的風氣進一步引發了對漢魏碑文的好尚,使得韓、歐代表的唐宋碑誌傳統本身受到了質疑。即使是以韓、歐爲正統的古文家王芑孫,也不得不撰寫考索漢魏六朝碑碣的專著,以此反過來證明韓、歐碑誌的價值。韓、歐碑誌的評價問題,正可以折射出傳統文章學內部"知識"與"理論"二端如何互相影響而又互相制約。

【關鍵詞】碑誌 義例 金石學 清代學術史

引 言

在中國傳統的文章之學中,"體制"與"源流"乃是互爲表裏的兩個因素。章學誠《文史通義·古文公式》云"古文體制源流,初學入門當首辨也",正是並言"體制"、"源流",視之爲文章之學的大宗①。"體制"的主要焦點是文章的寫作手法問題,"源流"的基本關懷則是文章的歷史發展問題②;在傳統的文學觀念中,要明"體",便不得不法古,要法古,便不得不追源溯流③。在章學誠,寫作規範與文學傳統之間的這種互爲表裏的關係,又可以用"義例"這個術語來表達:古人之"先例",乃是"義法"之所出,一方面構成了文章的源流演變,另一方面又可以指導後人的寫作④。在清代,對"義例"的關注,實爲文學史、學術史上一個重要現象。郭紹虞《中國文學批評史》即已指出:

> 論文定例,原不始於章氏,重考據者如顧亭林、黄梨洲諸氏,即已開此風氣。即文人如袁子才也於其文集明定體例。所以清代學者之講文例,自是一時風氣使然。然而文例之起,實始碑誌之學。自潘昂霄《金石例》後,繼者紛起,可知文例原出於史學。章氏論文所以好言義例者在此。⑤

郭氏之論,一方面揭示了"文例"之説在清代的流行,另一方面也指出

---

① 《文史通義》内篇二《古文公式》,《章學誠遺書》,第18頁中。
② 章學誠論文重視"源流"或云"流别",不但在《詩教》篇梳理三代以降之文章流别,更在理論上推崇《文心雕龍》、《詩品》二書,認爲:"論詩論文而知溯流别,則可以探源經籍,而進窺天地之純、古人之大體矣。"見《文史通義》内篇一《詩教》,《章學誠遺書》,第5—7頁。實齋好言流别,正與其"辨章學術,考鏡源流"的"校讎之學"相呼應。
③ 如章學誠《與邵二雲論文》:"不知者以謂文貴書己所欲言,豈可以成法而律文心,殊不知規矩方圓,輪般實有所不得已;即曰神明變化,初不外乎此也。"而"規矩方圓"的來源就是古人:"古今文體升降,非人力所能爲也。古人未闢之境,後人漸闢而不覺,殆如山徑蹊間,介然用之而成路也。方其未闢,固不能豫顯其象,及其已闢,文人之心,即隨之而曲折相赴。苟於既闢之境而心不入,是桃李不豔於春而蘭菊不芳於秋也。"強調古人有"既闢之境",乃後人學文之所由。載《章氏遺書補遺》,《章學誠遺書》,第613頁。
④ 章學誠《古文十弊》開篇云:"余論古文辭義例,自與知好諸君書凡數十通,筆爲論著,又有《文德》、《文理》、《質性》、《黠陋》、《俗嫌》、《俗忌》諸篇,亦詳哉其言之矣。"《文史通義》内篇一《古文十弊》,《章學誠遺書》,第19頁上。程千帆先生《文論十箋》將章學誠之"義例"上溯到春秋義例,並指出"義例""亦或變文言義法","後世古文家言文章出於經術",並舉方苞之義法説與章氏相參。
⑤ 《中國文學批評史》下卷第四篇《清代》第三章《學者之文論》,上海:商務印書館1947年版,第492頁。

此風氣與"碑誌之學"的關聯①。以"義例"論文，其觀念基礎便是將辭章法度的討論，建築在知識考據的基礎上，通過對前人寫作傳統的歷史考察，使"文章之學"可以"信而有徵"。因"例"而論"文"，牽涉到古文寫作和考據研究之間微妙的緊張關係——講義例、溯源流，不能不采用史學的進路，追求客觀的知識；談筆法、逆文心，又須抱有文章的立場。尤其"碑誌"這一類文體，本身是古文撰作的主要體裁，同時又與清代興盛的金石之學相互交錯，成爲探討"義例"之大宗，正是觀察清代學術史上"辭章"與"考據"兩種學術類型互動的絶佳案例。

在明清人關於碑誌文寫作傳統的討論中，一個核心的問題便是韓愈、歐陽修碑誌文的高下之爭。看似只是兩位作家之間的彼此軒輊，事實上牽一髮而動全身，藴含了整體上文學觀念、歷史視野的變化。對碑誌文寫作方法的評斷潛藏了怎樣的理論基礎？知識領域的拓展，會對文章學的思考、論辯模式帶來怎樣的改變？文學研究中，知識積纍、審美識斷與理論的架構，如何相互影響而又彼此制約？本文希望以明清間韓、歐碑誌高下論的發展演變爲例，梳理清代文章學與考據學的複雜互動，並由此反思這一系列問題。

一、叙事傳統與馬遷風神：韓、歐碑誌高下問題的提出

碑誌之文，雖秦漢以下代有撰著，但唐宋以來，古文領域的碑誌寫作形

---

① 郭紹虞《中國文學批評史》雖對清人文論好談"義例"的現象有所揭櫫，但並未詳細展開論述。葉國良先生有專文《石例著述評議》（1989）對清人的金石義例著作做了較全面綜合的清理。近年學界漸漸關注清代文學史上的"義例"問題，代表性的論著有陳春生《金石三例與金石義例之學》（《東南文化》2000 年第 7 期）、黨聖元、陳志揚《清代碑志義例：金石學與辭章學的交匯》（《江海學刊》2007 年第 2 期）、何詩海《論清代文章義例之學》（《浙江大學學報（人文社會科學版）》第 42 卷第 4 期，2012 年 7 月）等等。陳春生文主要圍繞《金石三例》論述清代金石義例之學的演進。黨、陳之文從金石學與辭章學的關係切入，對清代金石學本身的發展及其與古文、駢文寫作之間的互動關係，有更詳密的討論。何文同樣强調碑誌一體在"義例之學"中的突出地位，但也注意將碑誌義例放在清代古文"義例之學"整體研究的視野之下，在揭示清人"義例"論之理論框架方面頗有啓發性。另外，關於清代金石學史，馬衡《中國金石學概要》（1924）、朱劍心《金石學》（1940）等著作中都有涉及；近年潘静如《被壓抑的藝術話語：考據學背景下的清代金石學》（《文藝研究》2016 年第 10 期）、《論清代金石學的流變》（《社會科學論壇》2018 年第 3 期）亦有對清代金石學史的梳理，可參，惟潘文之關注點主要在藝術史與近代學轉型，不在古文之學。本文在前人研究的基礎上，希望進一步聚焦到韓愈、歐陽修碑誌評價這一個具體問題上，通過細部研究透視其背後的觀念變遷與學術史理路。本文所云"碑誌"，采用姚鼐《古文辭類纂》所界定的"碑誌類"概念。

成一個獨立的傳統，主要是奉韓愈爲圭臬。葉適《習學記言》所謂"韓愈以來，相承以碑誌序記爲文章家大典册"者是也①。元代盧摯《文章宗旨》云：

> 碑文惟韓公最高，每碑行文，言人人殊，面目首尾，各有所自，決不再行蹈襲。②

這種以韓愈爲碑文最高典範的思路，在元代遂成金石義例之學的觀念基礎。徐秋山、潘昂霄論金石之例，便是"述唐韓愈所撰碑誌，以爲括例"③。明代吴訥《文章辨體》之論"墓文"，亦本盧摯之説，以爲"古今作者惟昌黎最高"④。然而，明代茅坤在《唐宋八大家文鈔》中，提出了韓愈碑誌不及歐陽修的説法：

> 世之論韓文者，其首稱碑誌，予獨以韓公碑誌多奇崛險譎，不得《史》《漢》序事法，故於風神處或少遒逸，予間亦鐫記其旁。至於歐陽公碑誌之文，可謂獨得史遷之髓矣；王荆公又别出一調，當細繹之。序、記、書，則韓公崛起門户矣。而論、策以下，當屬之蘇氏父子。⑤

茅坤用辨體的辦法分析唐宋八大家各自的專長，以序、記、書屬韓，碑誌屬歐，論、策屬蘇，在文體系統中各占一席之地⑥。韓愈的碑誌何以不及

---

① 葉適：《習學記言序目》卷四十九（《皇朝文鑑》三·記），北京：中華書局1977年版，第733頁。
② 盧摯：《文章宗旨》，收入張健先生《元代詩法校考》，北京：北京大學出版社2001年版，第4—5頁。
③ 《四庫全書總目》卷一百九十六《金石例》提要語，北京：中華書局1965年版，第1791頁。潘昂霄《金石例》卷六至八爲《韓文公銘誌括例》，四庫館臣根據《金石例》卷九末尾跋語"右先生《金石例》，皆取韓文類輯以爲例，大約與徐秋山括例相去不遠"，認爲"所謂韓文括例者，皆全採徐氏之書，非昂霄自撰也"。
④ 《文章辨體》卷首序題，《續修四庫全書》第1602册，上海：上海古籍出版社1995年版。參見凌郁之《文章辨體序題疏證》，北京：人民文學出版社2016年版。
⑤ 《八大家文鈔論例》，《唐宋八大家文鈔》卷首，哈佛燕京圖書館藏明萬曆己卯刻本（可於該館網站閲讀掃描版全文 https：//iiif.lib.harvard.edu/manifests/view/drs：48187042 $1i）。茅坤《唐宋八大家文鈔》中評論韓愈、歐陽修古文之資料，亦被收入吴文治編《韓愈資料彙編》（北京：中華書局1983年版）、洪本健編《歐陽修資料彙編》（北京：中華書局1995年版）、王水照編《歷代文話》（上海：復旦大學出版社2007年版）等書，頗便學者。這些現代學者整理的資料彙編，對本文搜集明清時人對韓、歐碑誌的評論資料，幫助甚大。
⑥ 又如《韓文公文鈔引》："書、記、序、辯、解及他雜著，公所獨倡門户，譬則達磨西來，獨開禪宗矣。"《唐宋八大家文鈔》卷首。

歐陽？茅坤乃從《史記》與叙事文體的關係展開論證：

> 昌黎之奇，於碑誌尤爲巉削。予竊疑其於太史遷之旨，或屬一間，以其盛氣掐抉，幅尺峻而韻折少也。

换言之，對於碑誌文體，茅坤仍然承認其延續《史記》的傳統，因此唐宋大家也須衡以馬遷之法度。在茅氏看來，司馬遷"劃去史氏編年以來之舊，突起門户，首爲傳記"，並且"以一人之見，而上下數千百年之間"①，乃史傳傳統的開拓者，唐宋八大家之中，最爲太史公嫡傳者，不是韓愈，而是歐陽修，故云"歐陽公碑誌之文，可謂獨得史遷之髓"②。

以歐公接史遷，最直接的理由，可以聯想到其當史官之任，修撰《新唐書》、《新五代史》。茅坤嘗藉其侄子茅桂之口，稱讚歐陽修可與司馬遷相上下：

> 姪桂嘗以予酷愛歐陽公叙事，當不讓太史公遷，且前曰："歐陽公撰《五代史》，當時將相，特並齷齪不足數，況兵戈之後，禮崩樂壞，故其文章所表見止此。假令同太史公抽石室之書，傳次春秋戰國及先秦楚漢之際，豈特是而已哉！譬之一人焉入天子圖書琬琰之藏，而陳周彝漢鼎、犧樽雲罍以相博古；一人焉特入富人者之室，所可指次者，陶埴菽食而已。"予唯唯。③

此以五代歷史本身不如先秦楚漢爲説，是否合理，恐當再作分辨；可以注意者，則是茅坤將歐陽修與司馬遷相比較，其前提正在歐公有《新唐書》、《新五代史》之著述。在《歐陽文忠公五代史鈔》中，就屢屢引《史記》類似之篇目作對照批評，如謂《唐劉后傳》"摹寫種種生色，不讓太史公《吕后記》及外戚諸傳"；《史建唐傳》"不下太史公之叙《李廣傳》"，"可愛可愛"；

---

① 《刻漢書評林序》，《茅鹿門文集》卷十四，香港中文大學圖書館藏萬曆刻本，第23頁下。
② 《八大家文鈔論例》，《唐宋八大家文鈔》卷首。類似的説法又見《茅鹿門文集》卷四《與唐凝菴禮部書》："僕又竊以太史公没上下千餘年間，所得太史公序事之文之髓者，惟歐陽子也。"第37頁下。
③ 《歐陽文忠公文鈔引》，《唐宋八大家文鈔・宋大家歐陽文忠公文抄》卷首，第3頁上至第3頁下。

《四夷附録》"較之《史記·匈奴傳》特相伯仲";又於《職方考論》評曰"太史公《諸王表序》爲絶佳,而歐公《職方論》似勝"云云,皆可見也[1]。

  《新唐書》、《新五代史》兩部記傳體史書,在體裁上繼承《史記》,固毋庸置疑,但延伸過來論述"碑誌",爲何同樣要憲章《史記》呢? 茅氏之理據,當在碑誌與史傳同爲"叙事"之文。從"叙事"的層面,將碑誌文置入史家的脈絡之下,是非常自然的思路。如李東陽即將世上文章分爲經、史兩體,"經立道,史立事","若序、論、策、義之屬,皆經之餘;而碑、表、錫、誌、傳、狀之屬皆史之餘也"[2]。具體而言,茅坤眼中歐陽修對《史記》的繼承,主要有兩個方面:一是有法度,翦裁得當;二是有"逸調",風神動人。《文鈔》評論歐陽修《資政殿學士户部侍郎文正范公神道碑銘》云:

    歐陽公碑文正公,僅千四百言,而公之生平已盡。蘇長公狀司馬温公,幾萬言而上,似猶有餘旨。蓋歐得史遷之髓,故于叙事處裁節有法,自不繁而體已完。蘇則所長在策論縱横,于史家學或短。此兩公互有短長,不可不知。[3]

  茅坤於此文篇首總批"明法",正謂其能得司馬遷之文法也。具體説來,則是"叙事處"之"裁節"。《文正范公神道碑銘》開頭介紹范仲淹家世和幼年經歷;中間以"公少有大節,富貴、貧賤、毁譽、歡戚,不一動其心"領起文章的主體部分,按時間順序叙述范仲淹生平的幾件大事:包括疏諫太后、治理開封府、經略陝西、陷入黨爭等等,終於其病卒及哀榮,這一大段凡一千四百餘字;結尾部分再總叙范公個性、德行。在茅坤看來,中段的主體部分,字數不多而能完備地交代出范仲淹生平大端,乃是"裁節有法"的體現。與之形成對照的,是蘇軾長達一萬一千餘字的《司馬温公行狀》,文繁而事不備,短於"史家學"。從後人的立場看,茅坤這種批評未必公平:行狀、碑誌屬於兩類文體,功能有異,繁簡不同,也不足爲怪。但在茅坤的邏輯中,突出强調的是以《史記》爲標準,衡量廣義上所有屬於"史家"之流的叙事文章。因此他指出蘇軾長於策論而短於"史家學","於叙事處不得太

---

[1]《歷代文話》第 2 册,第 1887—1899 頁。
[2]《篁墩文集序》,《懷麓堂集》卷六十四,《景印文淵閣四庫全書》第 1250 册,第 666 頁下。
[3]《唐宋八大家文鈔·宋大家歐陽文忠公文抄》卷二三,第 10 頁上至第 10 頁下。

史公法門",在《文鈔》中於蘇氏兄弟"所爲諸神道碑、行狀等文不多錄",惟有《表忠觀碑》一篇評價較高,以此碑之謀篇布局,乃是"抄錄"趙抃奏請重修錢鏐家族墳廟的奏疏而成,在茅坤眼中,正好繼承了《史記》抄錄漢人書疏文章的體例,因此評價説"通篇以疏爲序事之文,絶是史遷風旨",給予肯定①。

  茅坤推崇歐陽修碑誌文的另一個要點則是其"逸調"②。茅坤論《史記》之"逸",常與《漢書》之"密"對舉。如《刻史記鈔引》謂《史記》:"西京以來千年絶調也。""即如班掾《漢書》,嚴密過之,而所當疏宕遒逸、令人讀之杳然神游於雲幢羽衣之間、所可望而不可挹者,予竊疑班掾猶不能登其堂而洞其窔也,而况其下者乎?"《刻漢書評林序》云:"《史記》以風神勝,而《漢書》以矩矱勝。惟其以風神勝,故其遒逸疏宕,如餐霞、如嚙雪,往往自眉睫之所及,而指次心思之所不及,令人讀之解頤不已。惟其以矩矱勝,故其規畫布置,如繩引、如斧剸,亦往往於其複亂麗雜之間,而有以極其首尾節膝之密,令人讀之鮮不濯筋而洞髓者。"③由此可見,茅氏所言"逸"或"風神",乃是與"密"或"法度"相反而相成的另一個方面。茅氏《歐陽文忠公文鈔引》云:"予所以獨愛其文,妄謂世之文人學士,得太史公之逸者,獨歐陽子一人而已。"按"逸"之本義是出外亡逸,引申之爲逸游、暇逸④;茅坤所説行文之"逸",大抵是就其能宕開一筆,寫文外之事、寓獨到之感。《唐宋八大家文鈔》的評點中,歐陽修之"逸"見於各類與叙事有關的文體,如《釋祕演詩集序》茅評曰:

  多慷慨嗚咽之旨,覽之如擊築者。蓋祕演與曼卿游,而歐陽公於曼卿識祕演,雖愛祕演,又狎之,以此篇中命意最曠而逸,得司馬子長之神髓矣。⑤

---

① 《唐宋八大家文鈔·宋大家蘇文忠公文抄》卷二六,第10頁上。
② 關於茅坤古文批評中的"逸調"概念及其使用,黄卓穎《茅坤古文選本與批評——"逸調"的提出、運用及其意義》一文有詳細的梳理和討論,可參。黄文從適用對象、書寫原則、美學形態、具體手法四個方面探討了"逸調"的内涵與規定,在美學風格方面,強調"紆徐委曲、澹宕悠遠的效果",並細膩地分析了"逸調"對文章曲折變化的形態要求。(《文學遺産》2017年第4期,第98—109頁。)
③ 分別見《茅鹿門先生文集》卷三一(第7頁下)、卷一四(第22頁下至第23頁上)。
④ 段玉裁《説文解字注》卷一〇,上海:上海古籍出版社1988年版,第472頁。
⑤ 《唐宋八大家文鈔·宋大家歐陽文忠公文抄》卷一七,第18頁上。

《釋祕演詩集序》之"正題"是祕演,然而歐公特意從石曼卿做文章,可謂"逸"出而能感慨繫之也。在碑誌方面,茅坤也指出"歐陽公最長於墓誌、表,以其序事處往往多太史公逸調"①。如《大理寺丞狄君墓誌銘》,從地理描寫起筆:"距長沙縣西三十里,新陽鄉梅溪村有墓曰狄君之墓者,迺予所記《穀城孔子廟碑》所謂狄君栗者也。"這一寫法從空間上漸漸將讀者的視綫拉近,又閑閑提帶自己之前的文章,以此引出狄君,也是別出心裁、宕開一筆而不過分著題的寫法。茅於題下批"逸調",當是就此而言。

相反,茅坤對韓愈的評價則是"昌黎序事,絕不類史遷,亦不學史遷,自勒一家矣"②,認爲韓愈在叙事方面沒有繼承《史記》的傳統。具體就碑誌而言,亦云:"韓公碑誌多奇崛險譎,不得史漢序事法,故於風神處或少遒逸。"③正好與歐文的"逸調"形成對照。這種"奇崛"的風格,在茅氏眼中恰恰構成了對司馬遷的背離。一則是字句方面;如《文鈔》評《曹成王碑》云:

> 文有精爽,但句字生割,不免昌黎本色。昌黎每自喜陳言之去,故《曹成王碑》當亦屬公得意之文。而愚見以務去陳言,卻行穿鑿生割,亦昌黎病處。

所謂"去陳言"而近穿鑿,乃是就碑文中曹成王討伐李希烈的一段戰爭描寫而言:

> 王親教之搏力、勾卒、嬴越之法,曹誅五昇。艦步二萬人,以與賊遌。囑鋒蔡山,踣之,剟蘄之黃梅,大鞣長平,鏺廣濟,掀蘄春,撇蘄水,掇黃岡,筴漢陽,行跐汊川,還大膊蘄水界中,披安三縣,拔其州,斬偽刺史,標光之北山,礌隋光化,捁其州,十抽一推,救兵州東北屬鄉,還開軍受降。④

---

① 《唐宋八大家文鈔·宋大家王文公文鈔》卷一一,對王安石碑狀類文章之總批語。
② 《唐宋八大家文鈔·唐大家韓文公文鈔》卷六,《送鄭尚書序》批語。
③ 《唐宋八大家文鈔》卷首《八大家文鈔論例》。
④ 《曹成王碑》,馬其昶校注、馬茂元整理:《韓昌黎文集校注》卷六,上海:上海古籍出版社 2014 年版,第 478 頁。

這一段叙寫戰爭過程,變换使用一系列新奇生動的動詞,如"遒""嘬鋒""踣""剜""鞣""鐆""掀""撇""掇""箆""趾""膊""標""酷""拮"等等,極盡摹寫之能事。茅坤就此眉批"惟陳言之務去,此昌黎奇妙處",應該就是針對這種字詞的運用而言。相對於使用"攻"、"克"、"取"、"平"、"圍"等普通常見的字眼,此種寫法雖然新奇而富有表現力,但也不免給人以過分用力之感。

在篇章結構的層次,茅坤認爲韓愈碑誌或不及《史記》之"逸"。其評《清邊郡王楊燕奇碑》云:"條次戰功極凶,然不及太史公遒逸。"①此當是就碑文叙述的章法而言。按此文前半部分按照時間順序叙述安史之亂以後楊燕奇的征戰經歷與功勳:

> 寶應二年春,詔從僕射田公平劉展,又從下河北。大曆八年,帥師納戎帥勉于滑州。九年,從朝于京師。建中二年,城汴州,功勞居多。三年,從攻李希烈,先登。貞元二年,從司徒劉公復汴州。十二年,與諸將執以城叛者歸之于京師;事平,授御史大夫,食實封百户,賜繒綵有加。十四年,年六十一,五月某日終于家。②

這一段文字,大抵一事一句,字不過十餘,簡明迅捷,節奏順暢,故茅坤許之以"凶"。但是,此種簡潔明快的行文,一氣直下,酣暢淋漓,没有回環之態,亦少宕出之筆,短於"遒逸",此亦魚與熊掌不可得兼之故也。在茅坤以史遷"逸調"爲重心的叙事文傳統之下,自然遜色一等。

二、史家義法與得統於經:對韓碑的辯護

茅坤在《唐宋八大家文鈔》中,正面提出了韓、歐碑誌高下的問題,並通過其評點實踐,顯示出這種高下評斷,如何落實到具體的文本解讀之上。概括言之,茅坤左韓右歐,根本的理據,就是以碑誌爲叙事文體,當奉《史記》爲最高典範,歐之碑誌在法度和遒逸兩個方面(尤其又重在後者)都能

---

① 《唐宋八大家文鈔·韓文公文鈔》卷一一。
② 《唐宋八大家文鈔·韓文公文鈔》卷一一。原文亦參《韓昌黎文集校注》卷六,第400頁。

繼承《史記》，韓愈碑誌則因其奇崛、少逸調，於史遷相異，故而不如歐文。明末艾南英之論碑誌文，亦沿此轍軌。艾氏主張："昌黎碑誌，非不子長也，而史遷之蹊徑皮肉，尚未渾然。至歐公碑誌，則傳史遷之神矣。而天下皆慕韓之奇，而不知歐之化，乃知識者之功倖於作者。"①與茅坤的觀點略有差別，艾南英指出韓愈碑誌也是在學習、繼承司馬遷，但是學而未化，不得"渾然"。故他與陳子龍論文，主張韓、歐爲學秦漢之舟楫，在韓、歐之間又特別強調歐陽修對《史記》的繼承：

  昌黎摹史遷，尚有形跡，吾姑不論；足下試取歐陽公碑誌之文及《五代史》論贊讀之，其於太史公，蓋得其風度於短長肥瘠之外矣，猶當謂之有迹乎？②

  簡而言之，在艾南英眼中，同樣是在學習《史記》，歐陽修比韓愈更爲成功。事實上，韓、歐高下並非艾千子之主要論旨，但觀其所言，恰恰不難看到茅坤推崇歐陽碑誌之説在明清之際的影響。自明至清，知識界對茅坤此説，或駁斥、或認同，論辯尤多。如王世貞在評論歸有光的碑誌文時，認爲其中"昌黎十四，永叔十六"，附帶便提及韓、歐高下的問題，主張"昌黎於碑誌極有力，是兼東西京而時出之，永叔雖佳，故一家言耳。而茅坤氏乃頗右永叔而左昌黎，故當不識也"③，反對茅坤之説。明清之際李長祥亦以"永叔得韓遺稿，然後有其文"，以及"歐陽之志表，實蠡昌黎"爲理據，抨擊碑誌文中歐高於韓的説法④。但這些反對意見，似乎都未能完全解决茅坤論述中最爲關鍵的《史記》問題。降及清初，茅坤之説在古文家中仍然很有影響。如王之績《鐵立文起》云：

  吴文恪盛稱昌黎碑誌，亦猶世人之見；獨茅順甫謂碑誌當以歐陽永叔爲第一，最確。蓋六一叙事，得史遷法，而韓不然，固宜遜之。

---

① 《與沈崑銅書》，《天傭子集》卷五，臺北：藝文印書館 1980 年影印本，第 9 頁上（總第 525 頁）。
② 《答陳人中論文書》，《天傭子集》卷五，第 14 頁下至第 15 頁上（總第 536—537 頁）。關於艾、陳論爭的背景，可參陸世儀《復社紀略》卷一，《續修四庫全書》第 438 册，第 477—481 頁。
③ 《讀書後》卷四《書歸熙甫文集後》，《景印文淵閣四庫全書》第 1285 册，第 56 頁上。
④ 《天問閣文集》卷三《與龔介眉書》，《四庫禁燬書叢刊》集部第 11 册，第 255—256 頁。

按《鐵立文起》在康熙二十三年之前已有稿本，初刊則在康熙四十二年（1703）①。王之績在此以《文章辨體》和《唐宋八大家文鈔》分別作爲主韓、主歐兩種觀點的代表，討論碑誌高下的問題。所謂"得史遷法"云云，正與茅坤、艾南英同一思路。雍正十一年（1733），方苞在其《古文約選序》中，同樣是在《史記》的傳統之下討論韓、歐、王三家誌銘的問題，但轉而用分層次的辦法爲韓愈辯護：

> 退之、永叔、介甫，俱以誌銘擅長。但序事之文，義法備於《左》《史》，退之變《左》《史》之格調，而陰用其義法；永叔摹《史記》之格調，而曲得其風神；介甫變退之之壁壘，而陰用其步伐。學者果能探《左》《史》之精蘊，則於三家誌銘，無事規橅，而自與之並矣。②

方苞在此稱述韓愈、歐陽修、王安石三家，正是用《左傳》、《史記》爲標準評騭唐宋誌銘之文，故云"序事之文，義法備於《左》《史》"。其大前提與茅坤正相一致。在此之下，方苞區分了"義法"、"格調"、"風神"等不同層次來詮釋韓、歐對《史記》的繼承（王安石則是韓的繼承者），事實上正面針對茅坤之説，從其內部出發爲韓愈辯護。

雖然立場不完全一致，但在文學分析上，方苞其實與茅坤頗有共鳴，他在《古文約選》的評語中以爲"歐公誌諸朋好，悲思激宕，風格最近太史公"③，正與茅坤所説的"逸"有相通之處；在韓一面，則"於退之諸誌，奇崛高古清深者皆不錄"，背後的原因大抵就在這些文字與《史記》格調有別。從選文篇數上看，《古文約選》所錄碑誌，歐陽修（14篇）也多於

---

① 《鐵立文起》卷首王之績（懋公）自序稱"向者甲子秋，予評注《才子古文》行世，序中已詳《鐵立文起》一書矣，識者皆有不得遽見之憾"云云，末署"康熙癸未春日"。又張玉書序稱"計予之知懋公，自甲子《評注古文》始……今者《文起行世》……予喜其神益弘多，遂援不律，以爲鐵立居群言之弁首"，末署"康熙癸未陽月朔日"。《歷代文話》第4册，第3623、3621頁。
② 《古文約選凡例》，《古文約選》卷首，影印果親王府刻本，臺北：臺灣中華書局1969年版，第1册，第10—11頁。序文末尾署"雍正十一年春三月"。
③ 《古文約選·歐陽永叔文約選》評歐陽修《太常博士尹君墓誌銘》之語，影印本第3册，第577頁。

韓愈（3篇）①。但另一方面，方氏從"義法"的角度肯定韓愈亦能得《史記》之統。相對於"格調"，"義法"指涉的是文章中更高層次、更爲抽象的寫作原則。方苞《書韓退之平淮西碑後》云：

> 碑記、墓誌之有銘，猶史有贊論，義法創自太史公。其指意辭事，必取之本文之外。班史以下，有括終始事跡以爲贊論者，則於本文爲複矣。此意惟韓子識之，故其銘辭未有義具於碑誌者。②

這裏所談的"義法"，針對的是碑誌文中"本文"與"銘文"的關係問題，相對茅坤所關注的字句生割、篇幅繁簡等問題，更上了一個層次。方苞將碑誌中"本文"與"銘"之關係，比擬爲史傳中正文與"贊論"之關係，以爲兩個部分互相配合，在主旨、內容方面必須有所區隔，不能重複，這構成一種行文的"義法"，司馬遷以後，唯有韓愈能明之。在這方面，歐陽修或有不能完全理解之處；如其《五代史·安重誨傳》開篇總起"雖其盡忠勞心，時有補益，而恃功矜寵，威福自出，旁無賢人君子之助，其獨見之慮，禍釁所生，至於臣主俱傷，幾滅其族，斯其可哀者也"，接下來便分別從"威福自出"、"盡忠補益"、"獨見之慮，禍釁所生"幾個方面敘述；方苞分析其寫法，認爲是"總揭數義於前，而次第分疏於後，中閒又凡舉四事，後乃詳書之"，"此書疏、論策體，記事之文古無是也"③。雖然《史記》的《伯夷列傳》《孟荀列傳》《賈生屈原列傳》等篇也有類似的"議論與敘事相閒"的寫法，但是因爲傳主事跡不多的變例，大多數世家、列傳并不如此。因此，歐陽修用書疏、論策體寫傳記，有失於《史記》的義法："歐公最爲得史記法，然猶未詳其義而漫傚焉，後之人又可不察而仍其誤邪！"在《史記》的典範之中區別不同層次，這種思路實際上在艾南英已經有之——韓愈學《史記》之"形跡"而歐陽修

---

① 取廣義的碑誌類概念（包括廟碑、神道碑、墓誌銘、墓表等等），《古文約選》錄韓愈碑誌，有《平淮西碑》、《殿中少監馬君墓誌》、《柳子厚墓誌》凡三篇；歐陽修則有《范文正公神道碑銘》、《太常博士尹君墓誌銘》、《湖州長史蘇君墓誌銘》、《徂徠石先生墓誌銘》、《黃夢升墓誌銘》、《張子野墓誌銘》、《尹師魯墓誌銘》、《孫明復先生墓誌銘》、《南陽縣君謝氏墓誌銘》、《石曼卿墓表》、《河南府司錄張君墓表》、《右班殿直贈右羽林軍將軍唐君墓表》、《胡先生墓表》、《瀧岡阡表》共十四篇。題目均據《古文約選》卷首目錄。
② 《望溪集》卷五，劉季高校點：《方苞集》，上海：上海古籍出版社1983年版，第111頁。
③ 《望溪集》卷二，第64頁。所論《五代史·安重誨傳》，見《新五代史》卷二四，北京：中華書局1974年版，第251—257頁。

學其"風度",其表裏精粗,正有分也。這種辨析方式,在"史傳敘事傳統"的大前提之下,爲調整論述策略乃至轉換立場,開放了可能。劉大櫆《論文偶記》以"逸""雄"的對立分析韓、歐之文,認爲"歐陽子逸而未雄;昌黎雄處多、逸處少;太史公雄過昌黎,而逸處更多於雄處,所以爲至",在風格分析方面上承茅坤,但通過強調"雄"的標準,並將其上溯到太史公,以此完成了對韓愈的辯護。

方苞談"義法",劉大櫆談"雄"與"逸",都是從不同角度重新建構韓愈碑誌文與《史記》之間的淵源關係。與此類似,清初一些古文評點家也在其批評實踐中強調韓愈對太史公的繼承,以此重新闡釋司馬遷—韓愈—歐陽修這一敘事文學的譜系。如儲欣(1631—1706)繼茅坤而編選唐宋古文,於"傳誌"一類,認爲:"子長、孟堅氏不作而史學頹,六朝駢儷,記蕪記穢,規矩蕩然。韓、歐、王天縱鉅手,起衰紹絕,史學中興。"①在"史學"的脈絡之下並重韓、歐、王諸家。其評點韓文,也每每拈出其與《史記》相似之處。如《清邊郡王楊燕奇碑文》,茅坤評以"條次戰功極肹,然不及太史公遒逸",前已述之;儲欣則云:

人知其暢耳,不知其可貴處尤在潔,此正是善法太史公。②

正是針對茅坤,反過來主張此文在文筆簡潔這一方面繼承了司馬遷。又如《唐故河南令張君墓誌銘》,韓愈以"君方質有氣"一句領其對張署生平事跡的記述,儲欣將這種寫法也上溯到司馬遷,認爲:"《史記》諸傳,每以數字籠人生平,而其後千端萬緒,俱不出數字中,此傳神法也。……公(韓愈)惟與張同謫南方,山岨水險,患難相知,故以'方質有氣'籠張生平,而行蹟一一應之如此。"③有意在建構一種從司馬遷到韓愈的文學淵源。《柳子厚墓誌銘》文末評語,亦謂"以韓誌柳,如太史公傳李將軍,爲之不遺餘力矣"④。與之類似,王元啓(1714—1786)在其《讀歐記疑》中也努力整合一

---

① 《唐宋八大家類選·引言》,卷首第2頁上,香港中文大學圖書館藏乾隆三十八年同文堂刊本。儲欣生卒年據江慶柏《清代人物生卒年表》。
② 《唐宋十大家全集錄·昌黎先生全集錄》卷五,《四庫全書存目叢書》集部第404册,第393頁上。
③ 《唐宋十大家全集錄·昌黎先生全集錄》卷六,《四庫全書存目叢書》集部第404册,第426頁下。
④ 《唐宋八大家類選》卷三,第18頁下。

條由《史記》到韓愈再到歐陽修的綫索。如歐陽修《集賢校理丁君墓表》叙丁寶臣仕履云："又復博士知諸暨縣，編校祕閣書籍，遂爲校理"；同樣一段史事，在王安石《司封員外郎祕閣校理丁君墓誌銘》記曰："遷博士，就差知越州諸暨縣……英宗即位，以尚書屯田員外郎編校祕閣書籍，遂爲校理。"①中間多出一個"尚書屯田員外郎"的經歷。王元啓認爲，歐陽修的寫法更好，"叙事文不必逐節備書"，"中間削去屯田一節，正得龍門、昌黎叙事之法"②；乃是從史法擇要不煩的角度來談。又如歐陽修在《太子太師致仕杜祁公墓誌銘》結尾部分序列其曾祖、祖、父三代贈官之情况，王元啓亦曰"叙三代，不及妃配封氏，此昌黎舊法"，"昌黎誌墓文，未有無故書其妣之封氏者"；並進一步上溯到《史記》："史公爲四公子列傳，兼載門客數人，獨不書其母妻兄弟，此又昌黎誌墓文之所本也。"③儲欣、王元啓的這些議論，分析寫作手法頗爲細緻，所指出的承繼關係是否成立，或許還可商榷，但很明顯的是，他們在評議韓、歐之時，都力圖尋繹其碑誌文與《史記》在文法上的關聯，進而以此作爲判斷其高下優劣的依據。

就韓、歐碑誌高下的問題，茅坤以降的種種論述，不論立場爲何，背後大都繞不開以史書爲後世叙事文類之源頭與典範的觀念。而康乾間人華希閔（1672—1751）對韓愈碑誌的辯護，則超出了這一預設：

> 昌黎之文原本經、子，而得力於《尚書》尤多。揚扢功德，則典謨之渾噩也；敷陳風物，則《禹貢》之典則也；指揮方畧、叙次勳績，則《牧誓》《武成》整肅而嚴明也。故集中碑版尤稱絶調，鹿門謂不得《史》《漢》法，夫公與《史》《漢》同得統於經，其視太史所謂同工異曲之一耳，肯屑屑焉則而傚之哉？④

華氏以韓文得力於《尚書》，大抵與李商隱《韓碑》詩所云"點竄堯典舜典字，塗改清廟生民詩"用意相仿佛。與茅坤一樣，其實華希閔也承認韓愈之碑版文字"不得《史》《漢》法"，但他卻轉過來説韓愈與《史》《漢》一樣"得統於經"，反而提升了韓文的地位。這一論辯的潛在觀念，即在用"經"

---

① 《臨川先生文集》卷九十一，北京：中華書局1959年版，第946頁。
② 《讀歐記疑》卷一，《叢書集成續編》第23册，第10頁下至第11頁上。
③ 《讀歐記疑》卷一，《叢書集成續編》第23册，第16頁下。
④ 《書唐宋八家文後》，《延緑閣集》卷一一，《四庫未收書輯刊》第9輯第17册，第738頁下。

"史"的學術分類框架介入文體分類之中,"史"並非學術分類秩序中之最高者,故在文體分類秩序中亦然,因此司馬遷甚至也不能作爲文章的最高典範,必須更上一層,於經學中溯源流。故華氏論韓、歐二家碑誌,亦不滿於"廬陵之文自昌黎出"的説法,而是指出"二公皆原本經史,而造詣各殊。昌黎,經之苗裔;廬陵,史之冢嫡也"①,可見其理論構架。在此之前,李長祥在析論韓、歐碑誌之文時,也曾指出韓愈與《尚書》乃至其他典籍間的淵源,稱"考昌黎之碑,體裁準《虞書》、《禹貢》,旁資之以《左氏》、《公》、《穀》、《穆天子傳》、司馬之本紀,鍛鍊之然後其碑成"②;但未若華希閔正面地點出"經""史"對立的問題。這一辯護角度在理論框架上頗爲動人,但細究起來,未免有些簡略。韓愈、歐陽修等唐宋作家的古文創作,在字句、篇章或是整體構思等方面都有可能學習了《尚書》、《左傳》、《史記》等秦漢經典,但這些不同的學習層次,影響有大有小,如何在此基礎上推理出某一特定文類(如碑誌)與前代經典之間的繼承關係?又或者説,碑誌文究竟應該置入"經"或是"史"之脈絡?如果僅憑某些因素上的相似性,推斷整體的譜系或者"文統",事實上是不夠嚴謹的。

三、著史或勒石:"金石之文"獨立性的强化

真正從思想觀念和知識資源對碑誌高下討論造成較大改變者,則是清代日漸興盛的金石之學。梁啓超《清代學術概論》稱"金石學之在清代,又彪然成一科學也",並區分出其中考證經史(顧炎武、錢大昕)、研究文史義例(黄宗羲等)、鑒別(翁方綱)、美術(包世臣)等流派③。與古文之學關係最爲密切者,則是所謂"文史義例"一派。在這一系,韓愈的碑誌文傳統上具有極高的典範地位。元代潘昂霄編著《金石例》,"節目之詳,率祖韓愈氏"④。其書卷一至卷五綜論碑誌文的歷史和各種類別,卷六至卷八所載

---

① 《書唐宋八家文後》,《延緑閣集》卷一一。
② 《與龔介眉書》,《天問閣文集》卷三,第255頁。
③ 梁啓超:《清代學術概論·十六》,朱維錚校注:《梁啓超論清學史二種》,第47—48頁。
④ 元人楊本《金石例原序》中語,序末署"至正五年春三月"。《金石全例》上册,第9頁。

《韓文公銘誌括例》則是以韓文爲實例詳細説明碑誌文具體的記叙模式①；如"自宦業俊偉者叙起而以世系妻子居後"，舉《朝散大夫贈司勳員外郎孔君墓誌銘》爲例；"自事實叙起，次履歷、家世、子女，而以葬年月居後"，舉《考功員外盧君墓銘》爲例；"先叙家世"，舉《興元少尹房君墓誌銘》等十三篇爲例；"自乞銘叙起"，舉《河南少尹李公墓誌銘》等五篇爲例②。明初王行《墓銘舉例》收錄了韓愈、李翱、柳宗元、歐陽修、曾鞏、王安石等共十五家之文作爲範例，但核心仍然是韓愈。不僅在選文比例上，韓愈爲最（66首），具有絕對的優勢，次多的歐陽修（31首）、王安石（33首）都差及其半；在各卷的按語中，王行也明著宗韓之意。如就唐代三家云："今取韓文所載墓誌銘，錄其目而舉其例於各題之下，神道碑銘並舉之。又於李文公、柳河東二家之文，拔其尤以附於後，用廣韓文之例焉。"③就宋代諸家，亦稱：

> 既舉韓文爲之例，而閒取李、柳之文廣之矣，故復取歐公而下數公之文之尤粹者附于後，蓋以廣三家之例也。④

可見在其所構建的唐宋名家碑誌文譜系之中，韓愈具有最核心的地位。至黄宗羲的《金石要例》，便不滿潘昂霄"大段以昌黎爲例，顧未嘗著爲例之義與壞例之始，亦有不必例而例之者"；因此梨洲"故摘其要領，稍爲辨正，所以補蒼崖之缺也"。黃宗羲之"補缺"，主要有兩個方面，一是突出歷史流變的脈絡，將漢魏六朝以及唐代其他作家的碑誌文都納入考慮；另一方面則是對各種先例加以反思判斷，推求"爲例之義"。例如關於碑文中書父祖名諱的問題，黃宗羲在《書名例》一條，先提出"碑志之作，當直書其名字"的原則，然後梳理歷史淵源，發現"東漢諸銘載其先代，多只書官；唐宋名人文集所志，往往只稱君諱某字某，使其後至於無考，爲可惜"⑤；實際上是據"理"以審視漢魏、唐宋兩個時代之成"例"，並不惟古是從。此後，黃氏復於《書祖父例》一條，列舉蔡邕、陳子昂、柳宗元、蘇舜欽等例證，説明碑誌

---

① 此後《金石例》卷九是集抄前人論文之語，以及介紹制、誥、詔、表、露布、檄、箴、銘、記、贊、頌、序、跋諸體文章格式的《學文凡例》；卷一〇是《史院纂修凡例》。
② 《金石例》卷六，《金石全例》上册，第111—116頁。
③ 《墓銘舉例》卷一，《金石全例》上册，第258頁。
④ 《墓銘舉例》卷二，《金石全例》上册，第299頁。
⑤ 《金石要例・書名例》，《金石全例》上册，第419頁。

文中可以臨文不諱，直書父祖之名，從正面加以補充論述①。《金石要例》雖然篇幅不長，文字也頗簡明，並没有連篇纍牘地詳列"先例"，但在史料使用、分析方法上，都有開風氣之功。乾隆二十年（1755），盧見曾將《金石例》《墓銘舉例》《金石要例》合刻爲《金石三例》，使之更易爲學者獲取閱讀，遂成爲清中期以後最爲流行的版本。

在"義例"這一派之外，清人出於賞玩、證經、考史、商略波磔等種種不同的目的從事金石學之研究，對知識界最直接的影響，便是大量碑碣文獻的資料流通於世。這些資料的載體包括搨本、抄本以及刊刻出版之書籍等等，爲文人學者閱讀、欣賞、考察古代碑文提供了豐富的知識資源。除了在傳世文獻如《文選》《文苑英華》等總集，或前代的金石學著作如歐陽修《集古録》、趙明誠《金石録》、洪适《隸釋》《隸續》等書中旁徵博引，清人更有訪碑之舉，山巓水涯，莫不摩挲搜求。自顧炎武《金石文字記》以降，輯録碑文、題跋評騭之作，層出不窮。如清初葉奕苞《金石録補》，馬邦玉《漢碑録文》，乾隆初年吴玉搢《金石存》，牛運震、褚峻《金石經眼録》等等。乾嘉之際，更是出現了錢大昕《潛研堂金石跋尾》、翁方綱《兩漢金石記》，武億《授堂金石跋》、孫星衍《寰宇訪碑録》等經典之作②。最值得注意的，則是王昶在乾嘉之間苦心蒐羅，"前後垂五十年"，將自己在各地訪碑所得，以及"題跋見於金石諸書，及文集所載，删其繁複，悉著於編"，於嘉慶十年（1805）編成《金石萃編》一百六十卷③，在當時乃集大成之作，爲學人研讀碑碣文字之淵藪。

金石之學的興盛，在觀念上强化了碑誌文本身的獨立性，爲古文家討論這一文類的傳統與寫作規範提供了"史書"之外的另一種可能。言之最明者，乃是姚鼐在《古文辭類纂》之《序目》中對"碑誌類"文體的界定：

  碑誌類者，其體本於詩，歌頌功德，其用施於金石。周之時有石鼓刻文；秦刻石於巡狩所經過；漢人作碑文，又加以序，序之體，蓋秦刻琅邪具之矣。茅順甫譏韓文公碑序異史遷，此非知言。金石之文，自與

---

① 《金石要例·書祖父例》，《金石全例》上册，第428頁。
② 關於清代金石學著作之概貌，可參考桑椹編：《歷代金石考古要籍序跋集録》卷一、卷二，浙江古籍出版社2010年版。
③ 《金石萃編》卷首自序，《續修四庫全書》第886册，第450頁。

史家異體。如文公作文,豈必以效司馬氏爲工耶?①

　　姚鼐所論,最值得注意者,就是明白揭出"金石之文,自與史家異體"的觀點,相對茅坤以來在史家文的脈絡下討論碑誌的做法,無疑是一大反動。這一釜底抽薪式的前提轉移,推出了"文公作文,豈必以效司馬氏爲工"的結論。與華希閔相近,姚鼐也是把韓愈區別於史書傳統之外,只不過華氏是以經學別於史學,姚鼐則舉出"金石之文"這一傳統。《惜抱軒文集》中有《跋夏承碑》考論"八分"之名義,又有《書夫子廟堂碑後》考辯其立碑之時間,可見其對金石之學的興趣②。

　　不過,更具體而言,姚鼐強調"金石之文"獨立性的觀點,當是繼承自其伯父姚範(1702—1771)。姚範《援鶉堂筆記》評論韓愈《清邊郡王楊燕奇碑》云:

　　　　公碑誌,金石之文也,以議論斷制,若云史傳,則非宜矣。③

　　這篇碑文在開頭交代楊燕奇家世背景之後,先有一大段寫其生平征戰及仕宦經歷,文筆簡潔明快,前已述之;這一段之後,韓愈插入一節議論:

　　　　公結髮從軍四十餘年,敵攻無堅,城守必完,臨危蹈難,歔欷感發,乘機應會,捷出神怪,不畏義死,不榮幸生,故其事君無疑行,其事上無間言。④

　　這一節議論總結上文所敘軍功宦跡,其下則又補敘楊燕奇營救田神功之母,以及其家庭生活的情況。在姚範看來,中間插入一節議論振起全篇之結構,正是"金石之文"的寫法而非源於史傳。這是就碑誌文寫作中的具體手法而言。不僅如此,姚範也觸及了整個文類的傳統問題。其論《平陽路公神道碑銘》云:

---

① 《古文辭類纂》卷首,《續修四庫全書》第 1609 册,第 316 頁。
② 並見《惜抱軒文集》卷五,劉季高標校:《惜抱軒詩文集》,第 74—75 頁,第 77—78 頁。
③ 《援鶉堂筆記》卷四二,集部·韓昌黎集,《續修四庫全書》第 1149 册,第 97 頁。
④ 《韓昌黎文集校注》卷六,第 401 頁。

碑記之文肇於漢。公較前人格力固殊出，而體製相沿，蓋金石之文應爾也。當取洪盤洲《隸釋》所載參之。①

此言韓愈的"碑記之文"，體製源於漢碑，並主張參考洪适《隸釋》所收錄的漢魏碑刻資料，正可見金石之學，於韓愈碑文的解讀分析，構成一種知識資源。清初朱彝尊已經不滿王行《墓銘舉例》主要取唐宋古文家，提出"鄱易洪氏所輯《隸釋》、《隸續》，其文其銘，體例匪一"，應該"舉而臚列之"②。姚範之説，正相承焉。不僅如此，姚範《援鶉堂筆記》卷四十九"雜識"一類中，載有不少考論碑碣之内容③，其中亦抄録《金石録》、《隸釋》之材料，或言文字，或言制度，或言書法，可見姚範本人亦留意金石考據之學④。在此知識背景之下，以"金石"之眼光評論古文，自非異事。姚鼐將碑誌文的傳統上溯到秦漢，在具體篇章的分析中，也沿此思路；如分析韓愈《清河郡公房公墓碣銘》，便將此文置入東漢以降碑誌書寫的脈絡之下：

依次序述，是東漢以來刻石文體，但出韓公手，自然簡古清峻，其筆力不可強幾也。⑤

所謂"依次序述"，乃是就《清河郡公房公墓碣銘》⑥的寫作手法而言。此文從房啓的先世背景寫起，按照其出生和成長、仕宦的經歷一一道來，完全是按照時間順序鋪排，没有倒叙、插叙等變化之法，也没有用"意"或曰邏輯的順序轉接過渡，是最平實的寫法。對此，方苞的解析是"此篇亦順叙"，"退之於鉅人碑誌，多直叙，其辭之繁簡，一以功績大小，不立間架，而首尾神氣，自相貫輸，不可增損"⑦。所謂"不立間架"，也是言其没有以意脈展

---
① 《援鶉堂筆記》卷四二，集部·韓昌黎集，《續修四庫全書》第1149册，第98—99頁。
② 《書王氏墓銘舉例後》，《曝書亭集》卷五十二，《四部備要》本，臺北：臺灣中華書局1966年版，第十二頁下至第十三頁上。
③ 《援鶉堂筆記》卷四九，雜識五，《續修四庫全書》第1149册，第154—156頁。
④ 筆記的整理者方東樹注意到姚範未仔細區分抄録之舊説與個人之意見，在此還專門解釋："世言金石之學者，本取足資考證，非徒摩娑古蹟耽玩好也。此所録皆關考證，不欲刪剟，以備一書之全，非鈔輯冗濫、破壞箸書體例。"
⑤ 《古文辭類纂》卷四一，《續修四庫全書》第1609册，第589頁。
⑥ 《韓昌黎文集校注》卷六，第469—471頁。
⑦ 王文濡《古文辭類纂評注》卷四一《清河郡公房公墓碣銘》文後引録方苞評語，第十一頁上。

開邏輯綫索。兩相對比,引入"金石之文"的眼光,從漢代以來碑碣之書寫慣例理解韓愈的寫作手法,正是姚鼐評點此文的新角度。於是,在"史傳"之外,古文家開掘出另一套分析、理解碑誌文的知識資源。

對"金石之文"自成傳統的體認,使得學者在寫作分析和理論建構兩個方面,都要强調碑誌文與史傳文的區別。前述姚範、姚鼐之説,已可見之。章學誠也特別指出金石文作爲"辭章"的屬性,强調其與"史傳"異體:

> 或問:"墓銘之例,誌如史傳、銘如史贊,可乎? 史贊之文不可加長於傳,而銘或加長於誌,可乎?"答曰:史贊不得加長於傳,正也。如《伯夷》、《屈原》諸篇,叙議兼行,則傳贊亦難畫矣,然其變也。至於墓銘,不可與史傳例也。銘金勒石,古人多用韻言,取便誦識,義亦近於詠歎,本辭章之流也。①

實齋此論乃就碑誌文寫作中誌銘長短的具體問題出發,背後針對的則是方苞將"誌—銘"類比爲"傳—贊"的觀點。章氏反對在"墓銘"和"史傳"之間進行這樣的類比,更進一步指出"銘金勒石"之文,本質上是"辭章"而不是史傳,並從銘文部分"多用韻言"加以論證。在章學誠看來,碑誌文的主體是"銘"而非前面的"誌"②,説與姚鼐的"其體本於詩"相似。正因,"銘長而誌短,或銘誌長短相仿",是"漢碑之舊法","體之正也";與之相反,"散體古文詳書事實,而一二韻言作結者",是唐宋以後的寫法,反倒是"體之變也"。區分"正""變"之關鍵,就在於碑誌的本質是"辭章"。章學誠之論證方法,正是考古窮源:在《墓銘辨例》一文中,梳理了《禮記》"銘旌之制"開始的誌銘發展史,特別指出此文類乃是"涉世之文"。西漢以來,"銘金刻石,多取韻言";六朝之作,"鋪排郡望,藻飾官階",大抵是"以人爲賦"之義③。章學誠對碑誌歷史的考索,特別强調"銘"的主體地位,又特別舉出押韻、鋪排、藻飾等六朝駢體碑誌的特點,不能不説是有所側重的。對於唐

---

① 《文史通義》外篇二《墓銘辨例》,《章學誠遺書》,第 76 頁中。此篇約作於乾隆六十年至嘉慶元年(1795—1796)二月實齋在揚州之時,見胡適著、姚名達訂補:《清章實齋先生學誠年譜》,臺北:臺灣商務印書館 1980 年版,第 120 頁。
② 關於碑誌文中各組成部分的名稱問題,明清學者各有不同的表述。如姚鼐主張"誌"是包括整篇文章而言,內中再分"序"和"銘",其説較爲允當。這裏是采用章學誠本人的術語,以"誌""銘"二分。
③ 《文史通義》外篇二《墓銘辨例》,《章學誠遺書》,第 75 頁下至第 76 頁上。

宋古文傳統中的碑誌，章學誠認爲是蘊含了"史傳敘事之法"的變體：

> 韓、柳、歐陽，惡其蕪穢，而以史傳敘事之法誌於前，簡括其辭以爲韻語綴於後，本屬變體。兩漢碑刻、六朝銘誌，本不如是。然其意實勝前人，故近人多師法之，隱然同傳記文矣。至於本體，實自辭章，不容混也。①

在歷史源流上，章氏認爲"史學廢而文集入傳記"，"若唐宋以還，韓柳誌銘、歐曾序述皆是也"②。由此，韓愈以降的碑誌，實際上同時繼承了"史傳"和"辭章"兩個異質的傳統。那麼，究竟應該如何界定其屬性呢？在章學誠的表述中，更側重的似乎還是從本源上強調其"辭章"的身份③。"隱然同傳記文"這一表述，畢竟尚有一間。此外，章氏亦強調碑誌應酬涉世的功能，認爲："負史才者，不得身當史任以盡其能事，亦當搜羅聞見，覈其是非，自著一書，以附傳記之專家，至不得已而因人所請，撰爲碑銘序述諸體，即不得不爲酬酢應給之辭，以雜其文指，韓、柳、歐、曾之所謂無可如何也。"④從這一表述中，不難看到章學誠暗示"碑銘序述"之文，與作爲"著作"的史傳不同。可見，在文學風格、歷史演進乃至書寫功能這些不同的層面，碑誌文都"實然"更是"辭章"，而"史傳"則是其需要"變化氣質"方能達到的"應然"境界。

從漢魏碑誌向下建立"金石文字"的譜系，自然會在文學風格上帶來了新的審美標準。如曾國藩《求闕齋讀書錄》評韓愈《故相權公墓碑》云："矜慎簡煉，一字不苟，金石文字之正軌也。"⑤從"金石文"體制的角度肯定其矜簡之筆法。同時，韓文亦有不合漢碑法度者，如《試大理評事王君墓誌

---

① 《文史通義》外篇二《墓銘辨例》，《章學誠遺書》，第76頁中。
② 《文史通義》內篇三《點陋》，《章學誠遺書》，第26頁中。
③ 何詩海《章學誠碑誌文體觀及其文學史意義》認爲章學誠以碑誌爲史傳文體，文載王水照、朱剛主編《中國古代文章學的成立與展開》，上海：復旦大學出版社2011年版，第418—431頁。事實上，作爲史學家的章學誠，很清楚從歷史發展上看，碑誌文兼有史傳、辭章兩種屬性，也主張用史學的標準衡量改造、指導碑誌文寫作。但從《墓銘辨例》明言"本體實自辭章"、"本辭章之流也"等語，本文認爲章學誠在討論碑誌文體時，更強調的還是其"辭章"屬性；也正因爲如此，後世的碑誌文創作需要等待史學的"拯救"。
④ 《文史通義》內篇三《點陋》，《章學誠遺書》，第26頁中。
⑤ 《求闕齋讀書錄》卷八，集三·韓昌黎集，臺北：廣文書局1969年版，第29頁下。

銘》，曾氏評曰：

> 以蔡伯喈碑文律之，此等文已失古意，然能者游戲，無所不可。①

《試大理評事王君墓誌銘》寫"天下奇男子王適"之事跡，摹狀其"懷奇負氣"之舉，頗爲生動，尤其是末段寫詐稱及第以求婚配之事，情節曲折而對白如聞，寫法類近傳奇②，故曾氏有"失古意"之評語，以其非正體；韓愈才力大，能爲此"游戲"，後人效之，就不免危險。可以對照的是，茅坤許此文以"澹宕多奇"③；所謂"宕"者，正近於司馬遷、歐陽修之"逸"。曾國藩評以"失古意"，實際上又潛藏著"漢碑"和"韓碑"之間的微妙緊張④。不特如此，一些本身被認爲是妙筆佳構的碑誌作品，放到漢魏金石的傳統之下，就不免被視爲"變體"，其價值和典範性也會受到質疑。錢泳（1759—1844）《履園叢話》云：

> 墓碑之文曰"君諱某字某，其先爲某之苗裔"，並將其生平政事文章略著於碑，然後以"某年月日葬某"，最後係之以銘文云云，此墓碑之定體也。唐人撰文皆如此。至韓昌黎碑誌之文，猶不失古法，惟《考功員外盧君墓銘》、《襄陽盧丞墓志》、《貞曜先生墓志》三篇，稍異舊例，先將交情家世叙述，或代他人口氣求銘，然後叙到本人，是昌黎作文時偶然變體，而宋、元、明人不察，遂仿之以爲例，竟有叙述生平交情之深、往來酬酢之密，娓娓千餘言，而未及本人姓名家世一字者，甚至有但述己之困苦顛連勞騷抑鬱，而借題爲發揮者，豈可謂之墓文耶？吾

---

① 《求闕齋讀書録》卷八，第24頁下。
② 葉國良《韓愈冢墓碑誌文與前人之異同及其對後世之影響》對此文的寫法有精到的分析，以其"波濤翻騰，詭異曲折，真類一篇傳奇"，可參；見《石學蠡探》，臺北：大安出版社1989年版，第68—69頁。
③ 《唐宋八大家文鈔·唐大家韓文公文抄》卷十四，第17頁上。
④ 參酌漢碑傳統，區分史傳與碑誌，後來逐漸成爲學界主流的看法。降及民初，劉師培《漢魏六朝專家文研究》論漢文，便比較蔡邕碑銘與《後漢書》傳記，指出"傳實碑虛，作法迥異"，"作碑與修史不同"（載陳引馳編校：《劉師培中古文學論集》，北京：中國社會科學出版社1997年版，第113頁）。在唐宋古文的領域，吳闓生評韓愈《柳子厚墓誌銘》，也指出韓、歐爲變格："金石文字，當以嚴重簡奧爲宜，此文偶出變格，固無不可。歐公作墓銘，乃專用平時條暢之體，以就己性之所近，而文體遂爲所壞。此歐公之過，不得以韓此文爲藉口也。"見《古文範》卷三，臺北：臺灣中華書局1970年版，第34頁下。

見此等文,屬辭雖妙,實乖體例。①

　　錢泳在此從墓碑文寫作的傳統出發,指出其"定體"之結構規範,認爲唐代碑文乃至韓愈大部分的作品都是如此,而《考功員外盧君墓銘》先從韓愈與盧東美的交情叙起,《襄陽盧丞墓志》以盧丞之子盧行簡乞銘之語叙述碑主生平②,《貞曜先生墓志》以孟郊之喪事及韓愈"嗚呼吾尚忍銘吾友也"的感嘆開篇③,從碑碣文的體制傳統看,這些都是"偶然變體",不足爲法的。而這些"變體"的寫法,從古文家的角度看,恰恰是極富文情、值得稱道的。錢泳本人善書法,好收藏、臨寫漢唐碑刻,著有《寫經樓金石目》,《履園叢話》卷九"碑帖"也收録了他對周秦漢魏下迄唐宋明清歷代碑刻和法帖的題跋評論,其論墓碑體例,正是建基於金石碑碣之知識儲備,並非空作大言。"碑學"與"辭章"的潛在矛盾,於此便折射出來。

　　對漢碑傳統的認識,不但能看到唐宋作家筆下的"變體"何在;反過來,也會映照出一些所謂的"變體"其實本屬"常體"。如蘇軾《表忠觀碑》以趙抃奏議爲其主體,古文家頗推崇這種寫法,常擬之《史記》;但章學誠卻從"漢碑常例"的角度提出批評:

---

① 張偉點校:《履園叢話》卷三,北京:中華書局1979年版,第82—83頁。此書卷首孫原湘序稱"履園主人於灌園之暇,就耳目所睹聞,著《叢話》二十四卷",末署"道光五年冬十月";又錢泳自序末署"道光十八年七月刻始成,梅花溪居士錢泳自記"。可知《履園叢話》於道光五年(1825)已大體成書,道光十八年(1838)始刻畢。
② 《襄陽盧丞墓志》:"范陽盧行簡將葬其父母,乞銘於職方員外郎韓愈曰:'吾先世世載族姓書,吾胄於拓跋氏之弘農守;守後四代吾祖也,爲沂州録事參軍;五世而吾父也,爲襄陽丞。始父自曹之南華尉,歷萬年縣尉,至襄陽丞,以材任煩,能持廉名,去襄陽則署鹽鐵府職,出入十五年,常最其列。貞元十三年,終其家,年六十七,殯河南河陰。吾母燉煌張氏也,王父瓘爲兖之金鄉令。先君殁十三年而夫人終,年七十三,從殯河陰。生子男三人:居簡,金吾兵曹;行簡則吾,其次也,大理主簿佐江西軍;其幼可久。女子嫁浮梁尉崔叔寶,將以今年十月自河陰啓葬於汝之臨汝之汝原。'吾曰:陰陽星曆,近世儒莫學。獨行簡以其力餘學,能名一世;舍而從事於人,以材稱。葬其父母,乞銘以圖長存,是真能子矣,可銘也,遂以銘。弘農諱懷仁,沂諱璬,襄陽諱某。今年實元和六年。"寫法的特別之處是全用盧行簡之語交代其父母生平和家庭情況,不用第三人稱的口吻叙述。《韓昌黎文集校注》卷六,第428—429頁。
③ 《貞曜先生墓誌銘》開頭叙述孟郊卒後之情形:"唐元和九年,歲在甲午,八月乙亥,貞曜先生孟氏卒,無子,其配鄭氏以告,愈走泣哭,且召張籍會哭。明日,使以錢如東都供葬事,諸嘗與往來者咸來哭弔韓氏。遂以書告興元尹故相餘慶。閏月,樊宗師使來弔,告葬期,徵銘。愈哭曰:'嗚呼!吾尚忍銘吾友也夫!'興元尹以幣如孟氏賻,且來商家事,樊使來速銘,曰'不則無以掩諸幽'。乃序而銘之。"接下來方以"先生諱郊,字東野"開啓對孟郊生平的叙述。《韓昌黎文集校注》卷六,第497頁。

蘇子瞻《表忠觀碑》,全録趙抃奏議文無增損,其下即綴銘詩,此乃漢碑常例,見於金石諸書者不可勝載。即唐宋八家文中,如柳子厚《壽州安豐孝門碑》亦用其例,本不足奇。王介甫詫謂是學《史記·諸侯王年表》,眞學究之言也! 李耆卿謂其文學《漢書》,亦全不可解。此極是尋常耳目中事,諸公何至怪怪奇奇、看成骨董?①

　　事實上,王安石、李耆卿之後,明清人評點此文,也好言其學《史記》。如茅坤稱其"通篇以疏爲序事之文,絶是史遷風旨";方苞則指此文"用《史記·三王世家》體"。其著眼點,乃是《史記》中也有迻録當事人奏議的寫法。章學誠批評這種看法是少見多怪,主要的依據就是"見於金石諸書"的漢代碑刻資料,其著者如《史晨碑》、《孔龢碑》等等②。實齋之前,全祖望也已根據漢碑討論《表忠觀碑》的寫法:

　　　　東京隸墨,其流傳於今者,《乙瑛》、《韓勑》、《史晨》最爲完善,書法亦屬一家。《乙瑛碑》祇叙奏而附以贊,是碑(按:《史晨碑》)祇叙奏而附之銘,蓋法《史記·三王世家》,爲髯翁《表忠觀碑》所祖。③

　　有趣的是,同樣以漢碑爲據,全祖望還是追溯到《史記》作爲《史晨碑》和《表忠觀碑》共同的源頭,章學誠則堅決反對取法《史記》之説,譏之爲學

---

① 《文史通義》内篇二《古文公式》,《章學誠遺書》,第18頁中。
② 洪适《隸釋》卷一《魯相史晨祠孔廟奏銘》:"建寧二年三月癸卯朔七日己酉,魯相臣晨、長史臣謙頓首死罪上尚書。"又《隸釋》卷一《孔廟置守廟百石孔龢碑》:"司徒臣雄、司空臣戒稽首言。"見《古代字書輯刊》影印洪氏晦木齋本《隸釋》,北京:中華書局1986年版,第23頁、第17—18頁。章學誠心目中的"漢碑常例"具體何指? 考其《墓銘辨例》云:"柳州《孝門》之銘,録奏爲序,乃《西嶽華廟》及《孔廟卒史》諸碑之遺,本屬漢人常例。而宋人一見蘇氏《表忠觀碑》,即鶻突不得其解。末學拘繩,少見多怪,從古然矣。"按《孔廟卒史》即《孔龢碑》,《西嶽華廟》當指《西嶽華山廟碑》。然考《隸釋》與《金石萃編》所載,《西嶽華山廟碑》並非"録奏爲序",不知章氏何以言之。後來王芑孫《碑版文廣例》考察秦漢碑刻中録奏議之例,細分不同情況,詳列《碑中具載詔令奏議例》《碑叙奏請而不載所奏例》、《碑中具載官文書例》等等(是書卷一)。劉寶楠《漢石例》也列有《碑文中叙詔册例》、《碑文中但録詔册不復撰文例》(卷三"墓碑例")、《碑文全録狀牒末用讚銘載立碑人爵里姓名字及立吏舍人例》、《碑文全録牒末用讚銘載立碑人爵里姓名字與工師姓名例》(卷四"廟碑例")、《碑文全録令牒例》(卷四"德政碑例")等等。
③ 《鮚埼亭集》卷三七《漢史晨祠孔廟奏銘碑跋》,《全祖望集彙校集注》,第704頁。按《乙瑛》即《孔龢碑》;《韓勑》即《禮器碑》。

究之見①,背後正可以折射出論述立場與理論預設的差異。對章學誠而言,碑文屬於"辭章",與史書傳記流別判然,故不得不嚴格區分師法傳承之綫索。在這一論述背後,正是姚鼐所云"金石之文,與史家異體"之觀念。

隨著清人對前代金石文字興趣的提高,"金石文字"内部的一個新的問題就越來越突出:如何面對漢魏六朝碑誌?如果將碑版文字視爲一個獨立的文類譜系,自然不能不考慮,在韓愈之前還有漢碑這一更古老的傳統;金石碑誌的歷史脈絡應當如何論述?韓愈與漢魏六朝孰爲正宗?這就成爲碑誌文體研究中的另一個重要問題。

從時代先後上看,漢魏在前,唐宋在後;從源流關係上看,前者是源,後者是流。按照好古、求本原的觀念,漢魏碑誌較韓歐碑誌具有優先性。朱彝尊主張"墓銘莫盛於東漢",即有此意。朱氏稽考洪适《隸釋》,總結漢碑文例之構想雖未真正實行,然考其《曝書亭集》中金石文字跋尾,對漢碑文章已頗有討論,如就《娄壽碑》之"玄儒先生"討論私諡的問題②;就《金鄉守長侯君碑》和蔡邕集中之文,推測"東京之俗,夫婦同穴者寡",批評"潘昂霄《金石例》、王行《墓銘舉例》,未發其凡者也"③。不僅如此,朱彝尊爲友人文點作墓銘之時,因欲作五言體之銘文,便特別提出要超出《金石例》和《墓銘舉例》的規定,從《隸釋》所載漢碑尋找先例④;正是將度越韓歐、取法漢碑的思路運用到實際創作的層面。降及清代中葉,推崇漢魏碑誌之聲日熾。如《四庫全書總目》評論潘昂霄《金石例》,以其"但舉韓愈之文","未免舉一而廢百",不滿其僅從韓愈取例。清代中葉,研治漢魏碑版文例的專

---

① 章學誠亦用清代生活之常識加以解説和嘲諷:"且如近日市井鄉間,如有利弊得失,公議興禁,請官約法立碑垂久,其碑即刻官府文書告諭原文,毋庸增損字句,亦古法也。豈介甫諸人於此等碑刻猶未見耶?"
② 《曝書亭集》卷四七《漢娄壽碑跋》,第5頁下。
③ 《曝書亭集》卷四七《金鄉守長侯君碑跋》,第11頁下。
④ 《處士文君墓誌銘》:"君嘗好予五言詩,按潘昂霄《金石例》、王行《墓銘舉例》,銘辭無作五言者。然洪适《隸釋》所載,自漢世已有之。爰作銘曰:崇禎十七載,宰輔五十人。文公宣麻日,朝士氣一伸。五旬拂衣去,人亡國胥淪。有如陶公侃,宜有泉明孫。點也式祖訓,不以富易貧。瀟灑弄翰墨,澹泊棲松筠。雖曾客京洛,素衣屏緇塵。伊人洵難得,可宗亦可因。誰搜遺民傳,庶其考吾文。"《曝書亭集》卷七十四,第11頁上。朱彝尊寫作五言體銘文的動因是亡友文點生前欣賞其五言詩,但有趣的是,爲了論證此舉的合理性,他要從《隸釋》的漢碑中爲自己找到依據。

著紛紛面世①。這些著作既是繼承朱彝尊的思路,同時也與乾嘉時代金石學的整體發展密切相關。嘉慶年間,梁玉繩(1745—1819)撰成《誌銘廣例》二卷②,其中便多據《隸釋》、《隸續》以及清代學者之著述,補充漢魏碑碣之資料,用以分析探究碑誌之"體式"與"書法"。如卷一《先世書官不名》一則:

> 東漢碑多不書先世名諱。趙德夫云:"爲子孫作銘,不欲銘其父祖。"此最得體。玉繩案:《集古錄》、《金石錄》、《隸釋》、《隸續》所載漢碑,皆書官而不書名,亦是當時一例。檢《文苑英華》及《金石萃編》,隋以前猶如此,至唐則罕見矣。

可見其取資之文獻材料,既有傳世總集、宋人金石學著作,又有清人考據之新成果如王昶《金石萃編》。蓋此書得力於蘭泉《萃編》尤多,其卷一《題書郡望》、《題書僧姓》、《題書妻合葬》、《父子共一碑》、《預乞人作誌銘》、《別爲銘書諱字》、《書人脱誤不改》、《誌銘不納壙》、《文中叙撰書篆人》、《書碑銜名年月別題》、《父子撰書別名》,卷二《間書先世》、《書子女先後》諸則均徵引《金石萃編》的資料③。此外於清代著名的金石考證之作,尤其是乾嘉時期之著述,引述亦多。如《行狀爲碑》祖述全祖望《答沈東甫徵君文體雜問》之語④;《誌銘後補書》引錢大昕《金石文跋尾三續》之説爲

---

① 葉國良《石例著述評議》評介潘昂霄《金石例》以降直到清代凡十二家討論金石義例的專著,對本文啓發甚大。葉文指出:"清世金石考證之學大昌,朱彝尊以元明學者論例斷自韓愈爲不悉其源。……於是嘉慶、道光間承巫志或廣朱志而作括例書者,凡梁玉繩《誌銘廣例》等九家,其有論列而無成書者不計焉。"《石學蠡探》,第 102—103 頁。
② 《誌銘廣例》卷首有梁玉繩自序,署"嘉慶元年丙辰六月"(1796)。但書中所引資料,有嘉慶十年冬始刊成的《金石萃編》,以及嘉慶十六年成書的《平津讀碑記》,(卷首洪頤煊自序稱"積成八卷"云云,末署"嘉慶十六年太歲在未八月十四日臨海洪頤煊題於濟寧舟次"。並參陳淮森《洪頤煊年譜》,《中研院歷史語言研究所集刊》第 80 本第 4 分,第 729 頁。)雖然不能完全否定梁玉繩在《金石萃編》等書尚未正式刻成之時接觸到稿本的可能性,但洪頤煊嘉慶十年(1805)方入孫星衍幕,校書平津館,其纂《讀碑記》之上限不當過此。因此,更合理的解釋是,嘉慶元年並不是《誌銘廣例》最後成書的時間,之後還有增改。梁玉繩生卒年,據江慶柏《清代人物生卒年表》。
③ 分别見《金石全例》上册第 470、472、476、514、516、523、525、533、545、548、549、555、562 頁。
④ 《誌銘廣例》卷一《行狀爲碑》:"全謝山云:《輿地碑記目》廬州有唐旌表萬敬儒孝行狀碑,化州譙國夫人洗氏廟有行狀碑。乃知行狀亦碑版文字之一,而高僧尤多以行述刻碑,或直謂之墓狀也。"按全祖望《答沈東甫徵君文體雜問》云:"魏晉人所著先賢行狀是傳類耳;其後唐人則有太史之狀以上國史,有太常之狀以請謚,有求碑志之狀,原非金石文字也。然《尹河南集》 (轉下頁)

證，又輔以《金石萃編》所載北魏碑誌的資料；《誌銘用注》引武億《授堂金石跋》；《銘在文前》用盧文弨《群書拾補》之説；《誌文用公、君字》采袁枚《隨園隨筆》之説；《題分兩稱》引洪頤煊《平津讀碑記》等等，不一而足①。梁玉繩雖已大量采掇漢魏六朝的碑碣材料，但其書主體上仍然依循潘、王之舊軌，亦不廢韓、歐誌銘。嘉慶七年（1802），李富孫自序其《漢魏六朝墓銘纂例》，便明確提出了碑誌文内部唐宋與東漢兩個傳統的對立問題：

  明初王止仲目唐宋十五家碑誌，譔《墓銘舉例》四卷……顧十五家之文，譬諸黃河之水，已過積石龍門，但見其流之觚輪奔注，而未知崑崙曰上之原之所在也。然則欲溯墓銘之原者，必於東漢之世。②

李富孫用河流爲比喻，主張追本溯源，以東漢爲"法""例"之所出。嘉慶十八年（1812），汪家禧爲郭麐《金石例補》作序，也提及當時兩人關於碑誌取法的討論：

  東里生問於頻伽子曰：碑碣之盛，其漢氏之東歟？其體以鋪陳始終爲能，六朝唐初人因之；自昌黎韓氏出而體變，歐陽、王、曾，韓之別子也，其法胥準於太史公書，循一端而論全體，與初製大殊焉。後有作者，亦規其初製歟？③

這裏提出的問題，較李富孫更爲細緻深入，漢代至唐初之碑，與韓愈以後之碑，分爲兩個傳統，汪氏不但是從時代先後上區分，更指出兩者在體製寫法上的差異，漢碑的特點是"鋪陳始終"，即盡可能全面的稱述生平；韓碑

（接上頁）自十二卷以下，首狀，次碑，次表，次碣，次述，次志，竟以狀述雜碑版中，初嘗疑其例之未合，其後乃知古人之爲狀與述者，雖不盡刻石，而石刻亦有之。《輿地碑記目》廬州有唐旌表萬敬儒孝行狀碑，化州譙國夫人洗氏廟有行狀碑。故潘蒼厓《金石例》多本昌黎，而亦以行狀入金石，乃知行狀固屬碑版文字之一，而高僧尤多以行述刻碑，或直謂之墓狀。"見《鮚埼亭集外編》卷四七。

① 以上分別見《金石全例》上册第524、526、538、534、471頁。
② 《漢魏六朝墓銘纂例》卷首，《金石全例》中册，第316頁。並參《校經廎文稿》卷一一《漢魏六朝墓銘例自序》，《續修四庫全書》第1489册，第460頁下。
③ 汪家禧：《金石例補後序》，末署"嘉慶十有八年七月朔後二日"。《金石例補》卷首，《金石全例》上册，第583—585頁。按"東里生"即汪家禧，"頻伽子"即郭麐。

開啓的新路向則是"循一端而論全體",即抓出一些最有代表性的要點來叙寫人物。郭麐在其應答中,雖也承認韓、歐古文之長處,但其基本立場還是"有例必從其朔","東漢其鼻祖矣"①;故采掇漢魏六朝之文例,有《金石例補》之作。有趣的是,汪家禧在此指出韓愈準《史記》而變體,恰恰也觸及到史傳與金石之間的緊張關係。在汪、郭看來,"循其變而昧其初之例,其失固,惟固斯陋";因此分清正變之後,"必規其初體",方能脱於流俗,扭轉時弊,找到碑碣文之正軌②。

四、以韓、歐例秦漢：王芑孫對碑誌正統的重構

清中葉推崇漢學的風氣之下,好古追源,在碑誌文中推崇漢魏六朝,自非異事。郭麐在與汪家禧討論碑碣傳統時,提到當時之習尚,説經者"反乎鄭、虞",論詩者"反乎蕭《選》"③,正是這種情形的寫照。李富孫、郭麐之外,郝懿行、阮元、劉寶楠等人亦有碑誌當取法漢魏之論④。劉寶楠編纂《漢石例》,更被張穆推許爲"惟深通漢學,故能得其大義",可見漢學趣味對碑誌研究的影響。然而當時金石義例之作中,頗值得注意的一個案例則是王芑孫的《碑版文廣例》。王氏在乾隆、嘉慶間以詩古文名世,在學術上主宋學而不滿漢學,在古文方面也宗法韓、歐等唐宋大家;故於碑版之文,一以韓愈、歐陽修爲法,此本不足怪。王芑孫嘗應彭允初之請,爲彭父啓豐作墓碑文,允初來書中有推美其文筆,方以蔡邕之語,芑孫答書頗不以爲然,鄭重表示:"今稍本韓、歐、王三家義法爲之寄去,但不能真爲伯喈之文,如先生所責望。"⑤正當看作王氏碑誌宗法的夫子自道。有趣的是,主張以韓、歐

---

① 郭麐:《金石例補序》,末署"嘉慶十有六年六月二十有七日"。《金石例補》卷首,《金石全例》上册,第582頁。
② 汪家禧《金石例補後序》述郭麐語,《金石全例》上册,第584頁。
③ 郭麐:《金石例補序》,《金石全例》上册,第584頁。
④ 黨聖元、陳志揚《清代碑志義例:金石學與辭章學的交匯》對此問題有詳細論述,可參。此文將清人關於碑志義例的討論分爲三派,一是駢文派,主張取法漢魏衛六朝;二是古文派,以韓愈爲宗;三是折中派。
⑤《與彭允初書》,《惕甫未定稿》卷八,《續修四庫全書》影印《淵雅堂全集》本,第60頁。王芑孫所作碑文,見《惕甫未定稿》卷十《清故光禄大夫經筵講官兵部尚書致仕彭公神道碑銘》。王芑孫在《與彭允初書》中批評彭績(秋士)所作之碑誌太過簡略,以韓、歐等爲例,主張"古碑版文雖甚簡核,必有所獨詳之處"。彭績之作,見《秋士先生遺集》卷六《清故光禄大夫兵部尚書彭公墓誌銘》。

爲碑誌正統的王芑孫,其《碑版文廣例》,則是一部搜集、析論秦漢三國六朝一直到唐初碑文作品的書籍;這一"材料"與"觀點"的參差,對我們窺知當時的學術風氣,甚有參考價值。

王芑孫究心碑誌之學,一方面嘗對前人的《金石三例》(潘昂霄、王行、黄宗羲)施以評點,另一方面又自撰《碑版文廣例》。前者主要面對的是韓、歐爲核心的唐宋碑誌文,後者則處理的是韓、歐之前更早期的碑誌傳統。王氏對這兩部分工作都頗爲重視,嘉慶十三年(1808)曾爲跋所批《金石三例》云:"余翻閲是書二十餘年,隨手點識,不擇丹墨。""異日門人中有爲余稍加删替,并余今所作《碑版廣例》合刻行之,雖謂之《金石四例》可也。"① 大抵在他眼中,兩相合并,事實上就構成了從先秦一直到唐宋的碑誌文章發展史。《碑版文廣例》成書,約在嘉慶十五年(1810)之後②,在此書自序中,王芑孫自稱是在潘昂霄、王行之後,旁取於朱彝尊考察漢碑之説,希望藉此"上追秦漢,下迄宋元明,作《碑版文廣例》若干卷";而今所見刻本《碑版文廣例》十卷,自秦、漢、三國、晉、梁、北魏、東魏、北齊、周、隋直到唐代,並未處理宋元明之後的作品,當是未能完成其宏願。這樣一來,《碑版文廣例》一書,就出現了一個特别的情形:在内容上是秦漢魏晉至唐代之文例,在主張上則是以韓、歐爲典範。王芑孫在其書自序和卷内識語中,對此有反復的解釋,如云:

> 潘氏、王氏專舉韓、歐,吾一不舉韓、歐,要之以文章正統與韓、歐也。……碑版莫盛於韓、歐。韓以前非無作者,凡其可法,韓、歐則既取而法之矣,其不可法,韓、歐亦削而去之矣。韓以後非無作者,能以韓、歐之例例秦漢、例元明,無往而不得矣;不能以韓、歐之例例秦漢、例元明,無往而不失矣;得失之數明,而後承學治古文者,有所入,此吾《廣例》之説也。③

由此可見,《碑版文廣例》以韓、歐爲正統而又不舉韓、歐之例,乃是有意爲之。如前所述,自朱彝尊提倡搜集漢碑之材料,清人頗有響應。結撰

---

① 王芑孫批點原本《金石三例》卷首,據眭駿《王芑孫著述考》(《山東圖書館學刊》2011年第1期)轉引。
② 據眭駿《王芑孫著述考》考證。
③ 《自叙》,《碑版文廣例》卷首,《金石全例》,下册,第5—6頁。

爲"義例"專書者,如嚴長明(1731—1787)著有《漢金石例》①;嘉慶七年(1802),李富孫編成《漢魏六朝墓銘纂例》,皆是《廣例》之前研治漢碑文法的著作。與芭孫約略同時,嘉慶十六年(1811),郭麐也在撰寫《金石例補》②;同年郝懿行與張蒙泉通信討論重刻雅雨堂《金石三例》之時,張氏書中提到"朱竹垞欲取東漢以來文銘體例,用止仲之法臚列於篇,此誠先得我心",又云"惜乎老矣不能爲";郝氏對此大加認同,不但也希望"有嗜古之士,起而爲之",更坦承"三例一刻,弟實未滿於此",但因"時賢之爲八家古文者,亟賞此書","且有購覓不獲以爲憾者",因此重刊其書,並爲之作序,在序中亦"震於昌黎之名而不敢誰何"③。可知郝懿行雖重刊《金石三例》,内心也向往漢魏六朝之碑文。嘉慶十七年(1812),吳鎬著成《漢魏六朝志墓金石例》,其自序云:

> 余年二十有一,購得宋賓王校錄書册數帙,内有《金石例》凡三種,時好爲詩詞及駢體,未暇討論也。後稍稍究心碑碣文字,每以此三書參考,因《曝書亭集》跋《墓銘舉例》之言,輒思補爲之,以廣前人所未及。適吾鄉彭甘亭先生見語,以爲此數年來與諸相知欲爲而未果者,子盍任之!因不揣鄙陋,著此數十頁。④

吳鎬描述的,大概是當時輯錄漢魏碑碣、考求文例者的普遍經歷:先從經典的《金石三例》入手,又在朱彝尊之説的啓發下,搜求漢碑;序中提及彭兆蓀(甘亭)亦有此願,"與諸相知欲爲而未果",可見時人多有此興趣。後來錢泰吉爲馮登府《金石綜例》作跋,稱"竹垞翁嘗欲輯《隸釋》、《隸續》所載碑刻以補潘、王兩家所未及,近人多有用此意輯金石補例者"⑤,殆非虛

---

① 錢大昕:《内閣侍讀嚴道甫傳》,《潛研堂文集》卷三七,《嘉定錢大昕全集》,第 9 册,第 632 頁。嚴氏生卒年據江慶柏《清代人物生卒年表》第 232 頁。
② 《金石例補》卷首郭氏自序署嘉慶十六年,汪家禧序署嘉慶十八年。
③ 《答張蒙泉重刻金石三例書》,《曬書堂文集》卷二,第六頁上至第七頁下,《清代詩文集彙編》第 449 册,第 322—323 頁。並參《曬書堂文集》卷三《重刻金石三例叙》,第 37 頁上至第 38 頁上,第 348 頁。許維遹《郝蘭皋夫婦年譜》嘉慶十六年條,《清華學報》第 10 卷第 1 期,第 207 頁;《乾嘉名儒年譜》,北京:北京圖書館出版社 2006 年版,第 10 册,第 285 頁。
④ 《漢魏六朝志墓金石例》卷首,北京:中華書局 1985 年版。文末署"嘉慶壬申醉司命日荊石田民吳鎬書",即嘉慶十七年(1812)十二月二十四日。
⑤ 《曝書雜記·中》,《甘泉鄉人稿》卷八,第二十一頁下至第二十二頁上,《清代詩文集彙編》,第 572 册,第 100 頁。

言。在這種背景之下，可以想見，王芑孫輯錄漢魏六朝碑版文獻之舉，當是有意回應當時學界尊漢嗜古的風氣，通過這種方式，希望能更有力地爲韓、歐碑誌辯護。看似"錯位"的編纂方法，正是在漢學風尚的壓力下，不得不爾。

王芑孫對韓、歐正統的具體論證，主要從兩個方面展開。第一是藝術風格的方面，王氏對漢碑頗有批評：

> 漢碑版之在世亦多矣。或奧而瞶，或枝以蔓，雖或得焉，其所得常不敵其所失。①

王氏自稱在《碑版文廣例》中所取都是"尤雅者"。這樣一來，漢碑雖然時代早，但卻未必能成爲後世取法的對象。芑孫對漢碑的稱贊，常也是從韓文的立場出發。如《廣例》卷五《夫人後葬專誌例》云："《李翊夫人碑》，爲夫人後葬而作也，是又爲節婦誌文之始。其敘事在韻語中，昌黎所本；其文有敘、有辭、有歎，命意遣辭皆有楚騷遺意，漢碑之杰製也。"②按《李翊夫人碑》保存在洪适《隸釋》卷十二，除了開頭短短數句"廣漢屬國侯夫人，節行絜靜，德配古之聖母，蚤失匹壽，眉耇不時，憤然懨痛，稱列厥迹"③作爲"敘"之外，文章主體部分乃是由"辭曰"和"歎曰"領起的兩段韻文，故王芑孫以此爲"敘事在韻語中"，是韓愈《施州房使君鄭夫人殯表》、《試大理評事胡君墓銘》、《盧渾墓誌銘》諸篇"單銘"之作的源頭④；王氏對這種寫法頗加贊賞，當有取於此種先後承繼之關係。又如《廣例》卷四《書先生書私諡例》上溯東漢，以陳寔之諡"文範先生"，法真之諡"玄德先生"爲其例證，碑文中的用例，則有"《梁休碑》之'貞文子'，《魯峻碑》之'忠惠父'，《婁壽碑》之'玄儒先生'"，以及蔡邕的《郭有道碑》等等。王芑孫特別指出，這些碑文"皆韓誌貞曜、柳誌文通、歐誌徂徠例所從出"⑤，可見其著眼點。站在

---

① 《碑版文廣例》卷首王芑孫識語，《金石全例》，下册，第32頁。
② 《碑版文廣例》卷五，《金石全例》，下册，第299頁。
③ 《碑版文廣例》。參見《隸釋》卷一二，第十六頁上，影印本第143頁下。
④ 王芑孫所謂"敘事在韻語中"乃是繼承黃宗羲之説。《金石要例》之《單銘例》云："敘事即在韻語中。昌黎《房使君鄭夫人殯表》、《大理評事胡君墓銘》、《盧渾墓誌銘》。"梁玉繩《誌銘廣例》亦以此例歸諸昌黎："敘事在韻語中，此體蓋始於韓文公《劉統軍碑》。"《金石全例》，上册，第482頁。
⑤ 《碑版文廣例》卷四，《金石全例》，下册，第224頁。

文章家的立場，對韓、歐作品中一些不合歷史求真原則的寫作方法，王氏也頗有同情之理解。例如官稱仿古的問題：

> 宋元以來，官稱紊亂，或借用古名，或裁省其字，近人皆知其不典，矯而易之。然亦當視其文體所宜施用。文律之謹，無過韓、歐。韓曰"余以爲少秋官"，不云"刑部侍郎"也；歐曰"丞相呂夷簡病不能朝見"，不云"中書平章政事"也。余嘗戲論《醉翁亭記》"太守醉也"、"太守者誰"二句，假而易之曰"知滁州軍事醉也"、"知滁州軍事者誰"，尚成句耶？①

古文中用前代官名、地名的問題，章學誠《文史通義》中有專門的討論，極斥之爲"文理不通"②。王芑孫此處從文章表達的角度加以辯護，雖未必可以服史學家之心，就辭章審美而言，倒也可自圓其説。他不但以韓、歐的作品作爲論述的依據，又從漢碑中搜尋出一些官稱使用不嚴格的例子，加以輔證③。換言之，《碑版文廣例》的做法，是將韓、歐碑文之"例"作爲參照系，以之"例"漢魏之碑碣。用王芑孫自己的話説，"以韓、歐之例例秦漢、例元明，無往而不得矣"。蒐求、研治漢碑，恰恰是爲了進一步顯示出韓、歐之正統性，正如王氏自序所言："觀乎漢而後知韓、歐之道之難，韓、歐之文之貴也。"④

更值得注意的是，在理論方面，王芑孫又通過訴諸"義例"之折辯，主張漢碑不足爲"例"。在此，他又回到史書的傳統，將韓、歐之文追溯到《春秋》、《史》、《漢》：

> 且夫例，《春秋》之法言也。貫道而出，得乎心之所安，究乎義之所止者也。傳家發例之情五，曰微而顯，志而晦，婉而成章，盡而不汙，懲惡而勸善。是五者，漢碑版有其仿佛乎？漢碑版無之，而韓、歐有之，

----

① 《碑版文廣例》卷四《官稱例》，《金石全例》，下册，第259頁。
② 章學誠《文史通義》外篇二《書郎通議墓誌後》："官名地名，必遵當代制度，不可濫用古號，以混今稱。自明中葉王李之徒相與爲僞秦漢文，始創此法，當日歸震川氏已斥爲文理不通矣。近因前人講實已明，稍知行文者皆不屑爲也。"《章學誠遺書》，第七十二頁下。
③ 王氏所舉漢碑例證，事實上主要是省略繁稱，都不是使用前代名號。於此其論證並不合理。
④ 《碑版文廣例》卷一，《金石全例》，下册，第31頁。

斯不得不以文章正統與韓、歐矣。①

王芑孫從理論上展開思辨，"義例"的來源是《春秋》，至漢代則是司馬遷、班固，"漢一代作者，岸然以《春秋》自例，司馬氏而止耳，班氏而止耳"②；因此，"漢碑版"並不足以代表文章"義例"之傳承，只能作爲一般材料而存在。值得注意的是，"金石"與"史傳"兩個對立的傳統在這一論述中又悄然結合起來。事實上，章學誠在界定碑誌文的"辭章"屬性時，也已觸及這一問題，提出唐宋古文家的碑誌，乃是以史傳變金石。不過，章學誠的策略，是同時承認正、變兩個傳統都有其價值，例如在銘誌長短的問題上，他一方面以史家的眼光，原原本本地揭示兩個傳統的區別，但又總結云"文人意之所往，大體苟得，其餘詳略短長，惟其所宜，要於一是而已"，也不以某一個傳統爲束縛創作的"定例"。王芑孫的態度，則是奉史傳爲《春秋》"義例"之繼承者，因此是在金石文字中繼承史傳傳統的韓、歐古文，恰恰就是正統之所在。不特如此，王芑孫更明言漢代碑文無"例"可求：

> 吾今即就秀水之言，舉無例者一一例舉之，而實非能例舉之也，聊舉其異焉爾。舉其異，則漢碑版之無例自見。例之不存，義於何有？義也者，例之所自出也。韓、歐酌其義，而後潘氏、王氏得以舉起例。③

葉國良先生概括王氏之旨云"廣例所以示無定例也"④，可謂精準。事實上，"義"與"例"的關係，前代的文章可不可以爲"例"，是討論金石碑版、文章義例的一個最爲基本的理論問題。寫作之傳統、慣例、法度來自前人的創作；但並非所有的"古人"、所有的"古作"都值得效仿。如果更進一步推求，不僅漢碑，即在韓愈，也有這一層問題。韓愈之碑誌創作，因應不同的情況、文本功能，便會選用不同的寫作策略，不一定都是放諸四海皆準的"定例"；後人取法，也許就加以別擇。曾國藩《求闕齋讀書錄》評韓愈《施先生墓銘》云：

---

① 《碑版文廣例》卷一，《金石全例》，下册，第32頁。
② 《碑版文廣例》卷一，《金石全例》，下册，第32—33頁。
③ 《碑版文廣例》卷一，《金石全例》，下册，第33—34頁。
④ 葉國良：《石例著述評議》，《石學蠡探》，第130頁。

或先叙世系而後銘功德，或先表其能而後及世系，或有誌無詩，或有詩無誌，皆韓公創法。後來文家踵之，遂援爲金石定例。究之深於文者，乃可與言例，精於例者，仍未必知文也。①

曾國藩在此點出"例"的相對性：文體上散韻之有無，篇法上人事之先後，在韓愈本是因事制宜的"創法"，在後世便被奉爲圭臬。懂得爲文之"義"，自能於"例"得心而應手；但熟稔種種陳文之"例"，卻未必能真正窺見作文之"義"。事實上，這一層道理，王芑孫本人也心知肚明，其批點《金石例》卷六《韓文公銘誌括例》所列諸種叙寫先後之例云："凡此等，皆臨文之變，隨時而改，隨人而異，無例可言。若一一以例拘之，則轉成擔版，作者之心思才力，皆坐困其中而無緣自騁。"②同樣也承認即在韓文，也不可拘例。這種入乎其内又要出乎其外的態度，簡言之或許就是"爲古文者，不可不知例，卻又不可拘於例也"③。"義例"探討的擴展和深入，析之彌細，論之彌精，竟也悄然反戈一擊，暗中消解了"例"本身規範文法的功能所在，内在雖有理之所必然，但也不能不説是一個頗爲弔詭而有趣的現象。

結語：知識資源與理論裁斷

明清時期關於韓、歐碑誌高下的評論，折射出到古文之學、史學與金石之學的複雜互動，其内在的理路，不僅僅是具體作家作品的評斷，更關涉到對整個碑誌類文體的流别梳理和譜系建構。茅坤左韓右歐，乃是以史傳爲碑誌的源頭，構建一個叙事文的譜系；儲欣、方苞等爲韓愈辯護，也是沿著這一條思路而改造其説。從"叙事"的角度將碑誌上溯到史傳，無論從觀念上抑或具體文本分析上説，都頗爲合理自然，因此雖偶有"得統於經"之别調，整體上統合"史書"與"碑文"以爲一大傳統的觀念，在清代前期仍頗居主流。逮夫金石考據之學熾興，士人對古碑舊碣的興趣日盛，在"金石之文，自與史家異體"的觀念下，碑誌脱離史傳之文，被視爲一個獨立的傳統，

---

① 《求闕齋讀書録》卷八，第二十一頁上至第二十一頁下。
② 王芑孫評點本《金石例》卷六眉批，《金石全例》，上册，第 111 頁。
③ 王芑孫評點本《墓銘舉例》卷三眉批，《金石全例》，上册，第 348 頁。

姚範、姚鼐均持此説以確認韓愈碑誌的典範地位，章學誠更據以分判兩個傳統，以碑誌之本體非"史傳"而是"辭章"，從理論上重構碑誌文的源流脈絡。在這一過程中，金石之學所帶來的新知識資源正有不容忽視的影響。清代學人不但以其對碑碣形貌、制度以及文法的考據研究，爲重新構建碑誌文的流別譜系提供了觀念準備，更以大量"文例"的積纍，爲獨立於"修史"的"作碑"傳統，提供了豐厚的知識基礎。

余英時先生在討論清代思想學術史時，揭示出理學與考據之間的"内在理路"。義理之是非不能得到解答，故不得不訴諸知識之真僞，以爲裁斷，尊德性與道問學之間，固有一種内在的張力①。明清人對碑誌文體的評論和考索，或許也可以觀察到類似的理路。文辭美惡之評判，在進入學理化的論述時，不能不轉化爲歷史淵源的問題：《史記》爲後代叙事文之源頭，故能得其法者即爲上品。關於文體流變的知識，成爲審美判斷、文學批評的重要依據。主一説者如是，駁一説者亦復如是；爲了提出新的見解，新的知識資源也就自然被引入進來。金石學的材料與例證，支持了碑誌文淵源的新論述，既反映到理論框架、歷史梳理的層面，也反映到審美修辭的層面：語言簡奥、義多詠嘆，作爲漢魏碑碣之成法，也成爲評斷此體文字的標準。知識、審美與理論諸層面，其此呼彼應，有不得不如是者也。

然而有趣的是，知識資源並不是純粹被動、客觀的。新的知識和學問，其發展又常常逸出舊有之軌轍。金石義例，本是以韓愈碑誌爲典範；但清人的考證，又引出了漢魏傳統與韓歐傳統對立的問題。金石之文的獨立性，在姚鼐乃是爲韓愈辯護的論述角度，在李富孫、阮元、劉寶楠等人，反倒成爲度越韓歐、上溯漢魏的理據。唐宋碑誌與《春秋》、《史》、《漢》的淵源，在茅坤是品騭韓、歐高下的標準，在王芑孫又恰恰可以成爲論證韓、歐正統的依據。文體傳統的"正"與"變"，在不同的立場與論述脈絡之下，事實上也可以有不同的選擇。理論論述之成立，大抵不能不仰賴具體的知識資源；但另一方面，知識的鋪陳，本身卻未必一定能解決理論上的問題。在"例"之上，如何探尋"義"之所在，事實上還與學者個人的立場與方法大有

---

① 《清代思想史的一個新解釋》（1975）："無論是主張'心即理'的陸、王或'性即理'的程、朱，他們都不承認是自己的主觀看法：他們都強調這是孔子的意思、孟子的意思，所以追問到最後，一定要回到儒家經典中去找立論的根據。義理的是非於是乎只好取決於經書了。理學發展到了這一步就無可避免地要逼出考證之學來。"載於《歷史與思想》，臺北：聯經出版事業股份有限公司1976年版，第134頁。

關係。在考據之學大盛的清中葉,在與史學、金石學關係極爲密切的碑誌文之中,文學的趣味、理論的識斷,依舊不盡爲具體知識所牢絡,在紛繁複雜的名物、制度、文例考求之中,保留一段主觀之精神,是又爲論清代文學史與學術史者所不可不措意之現象。章學誠《文史通義·博約》篇以釀酒設喻,求知之功力乃"秫黍",經過性情轉化,學有宗本,方成其爲"酒"①。"例""義"之辯,知識與識斷之分,亦當作如是觀也。

（作者單位：中國社會科學院文學研究所）

---

① 《文史通義》内篇二《博約中》,《章學誠遺書》,第十四頁中。

Historiography, Epigraphy, and Contesting Canons: On Han Yu and Ouyang Xiu's Tomb Inscriptions in Ming-Qing Dynasties

Hu Qi

The ranking of great authors has always been a core subject of the canonization of a certain literary genre. As for *beizhi* 碑誌 (tomb inscription) written in *guwen* 古文 (ancient-style writing), competition between the mode of Han Yu 韓愈 and that of Ouyang Xiu 歐陽修, is the most controversial issue for Ming-Qing scholars. This article aims to explain the theoretical basis upon which such debates were generated. Scholars who insist on the superiority of Ouyang Xiu generally consider tomb inscription as a sub-genre of historical writing and therefore regard Sima Qian's 司馬遷 *Shiji* 史記 (*Records of the Grand Historian*) as not only the origin but also the supreme canon of tomb inscription prose. Supporters of Han Yu, on the other hand, emphasize the distinction between epigraphy and historiography, assert that Han has established a novel genre of tomb inscription that derives from, while independent of, the great historiographic tradition. Epigraphic knowledge has thus become a new source for understanding and learning tomb inscription prose. Apart from the classic works of Han and Ouyang, the interest in collecting and studying *jinshi* 金石 (bronze and stone), which was nurtured during the early to mid-Qing period, has introduced the stele inscriptions and grave memoirs in the Han to Wei dynasties as another competitive canon. Through my analysis of the debates and discussions on the tomb inscription prose, I hope to explore how literary critics has been intertwined with the interest in the knowledge of antiques.

Keywords: tomb inscription, epigraphy, ancient-style writing, intellectual history of Qing dynasty

徵引書目

1. 方苞:《古文約選》,果親王府刻本影印本,臺北:臺灣中華書局,1969 年。
2. 方苞著,劉季高校點:《方苞集》,上海:上海古籍出版社,1983 年。
3. 王元啟:《讀歐記疑》,載於《叢書集成續編》第 23 册,臺北:新文豐出版公司,1988 年。
4. 王文濡校注:《古文辭類纂評注》,臺北:臺灣中華書局,1993 年。
5. 王水照、朱剛主編:《中國古代文章學的成立與展開》,上海:復旦大學出版社,2011 年。
6. 王水照編:《歷代文話》,上海:復旦大學出版社,2007 年。
7. 王世貞:《讀書後》,景印文淵閣《四庫全書》第 1285 册,臺北:臺灣商務印書館,1985 年。
8. 王安石:《臨川先生文集》,北京:中華書局,1959 年。
9. 王昶:《金石萃編》,載於《續修四庫全書》第 886 册,上海:上海古籍出版社,1995 年。
10. 全祖望撰,朱鑄禹彙校集注:《全祖望集彙校集注》,上海:上海古籍出版社,2000 年。
11. 朱記榮輯:《金石全例》,北京:北京圖書館出版社,2008 年。
12. 朱彝尊:《曝書亭集》,《四部備要》本,臺北:臺灣中華書局,1966 年。
13. 江慶柏:《清代人物生卒年表》,北京:人民文學出版社,2005 年。
14. 艾南英:《天傭子集》,影印本,臺北:藝文印書館,1980 年。
15. 何詩海:《論清代文章義例之學》,載於《浙江大學學報(人文社會科學版)》第四十二卷第 4 期,2012 年 7 月。
16. 余英時:《歷史與思想》,臺北:聯經出版,1976 年。
17. 吳文治編:《韓愈資料彙編》,北京:中華書局,1983 年。
18. 吳闓生纂:《古文範》,臺北:臺灣中華書局,1970 年。
19. 李東陽:《懷麓堂集》,載於景印文淵閣《四庫全書》第 1250 册,臺北:臺灣商務印書館,1985 年。
20. 李長祥:《天問閣文集》,載於《四庫禁燬書叢刊》集部第 11 册,北京:北京出版社,1998 年。
21. 李富孫:《校經廎文稿》,載於《續修四庫全書》第 1489 册,上海:上海古籍出版社,1995 年。
22. 姚範:《援鶉堂筆記》,載於《續修四庫全書》第 1149 册,上海:上海古籍出版社,1995 年。
23. 姚鼐著,劉季高標校:《惜抱軒詩文集》,上海:上海古籍出版社,1992 年。
24. 姚鼐編:《古文辭類纂》,載於《續修四庫全書》第 1609 册,上海:上海古籍出版社,1995 年。
25. 段玉裁:《説文解字注》,上海:上海古籍出版社,1988 年。
26. 洪本健編:《歐陽修資料彙編》,北京:中華書局,1995 年。

27. 紀昀等：《四庫全書總目》，北京：中華書局，1965 年。
28. 胡適著，姚名達訂補：《清章實齋先生學誠年譜》，臺北：臺灣商務印書館，1980 年。
29. 茅坤：《茅鹿門文集》，香港中文大學圖書館藏萬曆刻本。
30. 茅坤：《唐宋八大家文鈔》，哈佛燕京圖書館藏明萬曆己卯刻本。
31. 凌郁之：《文章辨體序題疏證》，北京：人民文學出版社，2016 年。
32. 桑椹編：《歷代金石考古要籍序跋集錄》，杭州：浙江古籍出版社，2010 年。
33. 馬其昶校注、馬茂元整理：《韓昌黎文集校注》，上海：上海古籍出版社，2014 年。
34. 張健：《元代詩法校考》，北京：北京大學出版社，2001 年。
35. 梁啓超著，朱維錚校注：《梁啓超論清學史二種》，上海：復旦大學出版社，1985 年。
36. 眭駿：《王芑孫著述考》，載於《山東圖書館學刊》，2011 年第 1 期。
37. 章學誠：《章學誠遺書》，北京：文物出版社，1985 年。
38. 章學誠著，倉修良：《文史通義新編新注》，杭州：浙江古籍出版社，2005 年。
39. 許維遹：《郝蘭皋夫婦年譜》，載於《清華學報》第 10 卷第 1 期，1935 年。
40. 郭紹虞：《中國文學批評史》，上海：商務印書館，1947 年。
41. 陳引馳編校：《劉師培中古文學論集》，北京：中國社會科學出版社，1997 年。
42. 陳春生：《金石三例與金石義例之學》，載於《東南文化》，2000 年第 7 期。
43. 陳祖武：《乾嘉名儒年譜》，北京：北京圖書館出版社，2006 年。
44. 陸世儀：《復社紀略》，載於《續修四庫全書》第 438 冊，上海：上海古籍出版社，1995 年。
45. 曾國藩：《求闕齋讀書錄》，臺北：廣文書局，1969 年。
46. 華希閔：《延綠閣集》，載於《四庫未收書輯刊》第 9 輯第 17 冊，北京：北京出版社，2000 年。
47. 黃卓穎：《茅坤古文選本與批評——"逸調"的提出、運用及其意義》，載於《文學遺產》，2017 年第 4 期，第 98—109 頁。
48. 葉國良：《石學蠡探》，臺北：大安出版社，1989 年。
49. 葉適：《習學記言序目》，北京：中華書局，1977 年。
50. 潘靜如：《被壓抑的藝術話語：考據學背景下的清代金石學》，載於《文藝研究》，2016 年第 10 期。
51. 潘靜如：《論清代金石學的流變》，載於《社會科學論壇》，2018 年第 3 期。
52. 錢大昕：《嘉定錢大昕全集》，南京：江蘇古籍出版社，1997 年。
53. 錢泳撰，張偉點校：《履園叢話》，北京：中華書局，1979 年。
54. 錢泰吉：《甘泉鄉人稿》，載於《清代詩文集彙編》第 572 冊，上海：上海古籍出版社，2010 年。
55. 儲欣：《唐宋八大家類選》，香港中文大學圖書館藏乾隆三十八年同文堂刊本。
56. 儲欣：《唐宋十大家全集錄》，載於《四庫全書存目叢書》集部第 404 冊，臺南：莊嚴文化事業有限公司，1997 年。
57. 黨聖元、陳志揚：《清代碑志義例：金石學與辭章學的交匯》，載於《江海學刊》，2007 年第 2 期。

青年學者園地

明代王鏊佚札輯考

程益丹

【摘　要】明代王鏊佚作散見各種文集、筆記、書畫題跋、書法尺牘、存世手稿中，今於點校本《王鏊集》"補遺"外，另輯得其佚札十八封，匯成一編，略爲校注，各附考釋。所輯諸札，或有資於王鏊行跡、交游之研究。

【關鍵詞】明代　王鏊　書札　輯佚　繫年

一、前言及説明

周道振先生輯《文徵明集》、《唐寅集》，補遺之多，幾可直追舊編。究其創獲，在能廣徵文獻，且精擅書法，遍搜文、唐手稿，逐字釋出，終蔚爲大觀。昔讀《文》、《唐》二集，深爲折服。

筆者近年研讀《震澤先生集》，披覽之餘，間取他書參證，凡本集所無者，輒録之。後與近年新刊之點校本《王鏊集》略作比對。點校本所補遺者計有：佚詩九首，佚文十四篇，佚札三十七封，共六十篇[1]。其中主要輯自《（宣統）太原家譜》與《（民國）莫釐王氏家譜》二書，餘則從他人文集與族譜等搜羅所得。

除上述較易搜集者外，王鏊佚作尚散見各種筆記、書畫題跋、書法尺

---

[1] （明）王鏊著，吴建華點校：《王鏊集》，上海：上海古籍出版社2013年版，第520—549頁。

牘、存世手稿等。筆者嘗仿道振先生之法,雖零縑斷墨,不嫌瑣碎,欲將所得彙成一編,以備研究者取用之資。今擇取所輯佚札十八封,依人排次,略爲校注,各附考釋,詳簡不一。凡原札字跡不可辨明或殘缺者,以□代之;凡不確定者,據殘存部件或上下文理推論者,皆以方框括之,間出校語。書札所見人名、稱謂、常用語,詳見首注,下例不復出注,個別者除外。

二、佚札輯録

【一】《致王延喆札》(正德元年六月六日)

毛親家〔一〕及葉甥森〔二〕處,禮在不當受,以遠不可違,爲我多上覆,後續有書謝也。京中凡百事,問來人〔三〕可知。須加倍謹愼,其餘各房亦皆同此意。餘不及一一。示延吉〔四〕。六月六日〔五〕。計開要用衣服:大江〔六〕織金麒麟紗一疋。①

【校注】

〔一〕 毛親家:即毛珵,字貞甫,號礪菴,成化二十三年(1487)進士。王鏊長子延喆娶毛珵四女,遂爲姻親。②

〔二〕 葉甥森:王鏊妹之子,鏊之甥,名葉森,字君玉。其名、字皆由王鏊所取,王鏊《森甥字説》:"予妹歸南濠葉元在氏,有子甫二歲,問名於予。予爲名曰森。……及予乞告,復歸自翰林,森則頎然玉立,且將冠矣,問字於予。予爲字曰君玉。"③

〔三〕 來人:當謂王家奴僕。明代禁畜奴,故仕紳多稱其爲"家人"。

〔四〕 延吉:即王延喆,字子貞,精擅貨殖,大增其家產業,後以恩蔭拜中書舍人,官終大理寺右寺副。④

---

① 黄君實編:《宋元明清書法叢刊》,東京:二玄社1996年版,第五卷,王鏊《示兒子延吉柬》,第62—63頁。釋文見同書《别卷》,第17頁。今藏香港近墨堂,題作《王鏊致延吉家書》,收入《明人信扎册》,藏品編號:3006.al。
② 文徵明:《明故嘉議大夫都察院右副都御史毛公行狀》,載於氏著,周道振輯校:《文徵明集》,上海:上海古籍出版社2014年版,中册,卷二六,第605—612頁。
③ 載於《王鏊集》,卷一四,第234頁。
④ 陸粲:《尚寶公墓誌銘》,載於(清)王熙桂等修:《太原家譜》,成都:巴蜀書社1995年版,據清宣統三年(1911)鉛印本影印,第17册,卷二一,碑誌類上編,第196頁。

〔五〕 六月六日：下有花押，以代署名。明人多於花押上下各增一横劃，上劃遠而下劃近，此其慣例，本札亦然。明代郎瑛《七修類稿·押字》："國朝押字之製雖未必名，而上下多用一畫，蓋取地平天成之意。"①

〔六〕 江：原札字形如此，然當作"紅"字解。"大紅織金麒麟紗"乃名貴布匹之一種，"大紅"乃布之底色，"織金"乃以金線刺繡之意，"麒麟"乃金線所繡之底色紋樣，"紗"乃布料類種。②

【考釋】

本札嘗經書畫收藏家程琦遞藏，其題跋云："此公書於正德元年六月六日，官吏部左侍郎，未幾入內閣，進戶部尚書。越三載，正德己巳，困於逆瑾，不得志而去。"又："衡山先生之傳文恪，謂公'深自韜斂，以踰越爲戒'，讀此家書而益信。"③如從程氏跋，繫本札於正德元年（1506）六月六日，與史實並無扞格處，可備一說，今從之。案弘治十六年（1503）二月三日王鏊父琬卒於家，三月王鏊即丁憂去任，歸家守制；至弘治十八年（1505）五月，孝宗崩而武宗立，同年六月服闋。翌年即正德元年（1506）四月，應召還朝，即由吏部右侍郎陞左侍郎，札中末尾囑咐帶大江（紅）織金麒麟紗一定，或是添製官服所需④。札中"毛親家及葉甥森處"一段，結合王鏊陞官事，推測當時毛珵及葉森或曾贈送賀禮，因毛珵時在山東⑤，不便退還禮物，故云"遠不可違"，並囑延喆（吉）代爲奉覆。王鏊凡居京師，多以長子延喆代行家主之職，於其言行，多所責問訓誡⑥。兩地書信、日用品、書畫等物之往還，多倚

---

① （明）郎瑛撰：《七修類稿》，上海：上海書店出版社2001年版，卷二五，辯證類，第262頁。花押之源流變化及明人花押之用例，可參薛龍春：《明人的花押》，載於氏著：《元明書法談叢》，濟南：山東畫報出版社2017年版，第198—205頁。
② 《天水冰山錄》載錄嚴嵩父子被抄家產清單，其中亦有"大紅織金麒麟補紗一十四匹"等名貴布料。見該書，北京：中華書局1985年版，第141頁。
③ 程琦跋文另紙書寫，與《王鏊致延吉家書》一併結集爲《明人書札冊》，今皆入藏香港近墨堂。
④ 相類之事尚見王鏊致王延喆另一家書："王德來，得汝書及所寄麒麟補子等物，悉收，亦見汝之孝心。"見《王鏊集》，補遺，第544頁。案：王德當爲王家奴僕，由王延喆差遣至京，並攜帶書信、麒麟補子予王鏊。據明制，一品文官用麒麟補子，然明中葉後，漸次泛濫，王鏊似亦不甚嚴格遵守。
⑤ 《明武宗實錄》"正德元年五月壬午（三日）"條："陞山東布政司左參議毛珵爲浙江左參政致仕，以珵自陳病不任事，援例請陞秩歸閒故也。"（卷一三，第390頁）案：本文所徵引《明實錄》之版本爲中研院歷史語言研究所校印，黃彰健校勘，臺北：中研院歷史語言研究所1961年版。以下再次徵引謹注出條目、卷數及頁碼。
⑥ 王鏊《與尚寶公書》第十札云："家中家法要嚴。汝今爲一家之主，行事爲一家所法，當先正己可也。"載於《王鏊集》，補遺，第544頁。

家中奴僕奔走傳遞,且往往以口頭告問爲主,凡此種種日常細務,本札中皆可見。又札中有"須加倍謹愼,其餘各房亦皆同此意"之語,此固程琦引文徵明所謂"深自韜斂,以踰越爲戒"之表現,然亦與當時政局詭譎有關。武宗初立,劉瑾、馬永成等八宦怙寵,瑾尤肆虐①,官員稍一不愼,即遭彈劾,輕者棄官告退,重者罰戍問死②。王鏊親睹如斯情狀,念及延喆尚少不更事,在蘇常有踰越之舉,懼其恃勢凌人,授人把柄,故屢有嚴辭警示③。

【二】《致朱文札》(弘治九年三月至四月)

恭承令子射策大廷,蔚爲天下第一人。士誇稽古之榮,朝賀得人之慶,奇乎盛哉。夷亭之潮,穹窿之石〔一〕,其皆鍾美於是乎? 然此豈鄉邦之光? 麒麟鳳凰,天下之瑞。自喜衰年獲覿盛事,泥金〔二〕一到,八閩之艸木,三吳之山川〔三〕,爲之增輝,況烏府〔四〕之中耶? 此天下之所共榮,而僕之喜尤深,亦惟於乃翁有一日之舊耳。④

【校注】

〔一〕"夷亭之潮"二句:典出南宋范成大《吴郡志》:"吴郡自隋唐設進士科以來,未嘗有魁天下者。比年,父老相傳二識:一曰:'穹窿石移,狀

---

① 《明史·劉瑾傳》:"劉瑾,興平人。本談氏子,依中官劉姓者以進,冒其姓。孝宗時,坐法當死,得免。已,得侍武宗東宫。武宗即位,掌鐘鼓司,與馬永成、高鳳、羅祥、魏彬、丘聚、谷大用、張永並以舊恩得幸,人號'八虎',而瑾尤狡狠。"載於(清)張廷玉等撰:《明史》,北京:中華書局1987年版,卷三〇四,列傳第一百九十二,宦官一,第7786頁。
② 例如李東陽負責總纂《通鑑纂要》,劉瑾即以謄寫墨跡濃淡不一及有訛誤百餘處,一併貶黜相關官員二十餘人,文長不復具引,事詳見《明武宗實錄》,卷二八,"正德二年七月癸卯(二日)"條,第713—714頁。
③ 例如王鏊於正德元年十月入閣後,有書致延喆云:"我今蒙恩,召入内閣,此天下之極榮,儒者之所難遇也。然我處此,日常憂心悚悚,未嘗少寧。……恐家中不知,因此生事,以爲我憂。……劉公(案:劉大夏)之退,亦因家中生事,大開河港,聞於京師也。千萬愼之愼之!"後又屢去信嚴斥:"吾前在家,分付爾小心。及至此,千言萬語,誨誡諄諄。近又説行事,在吴下去,教爾閉門歛跡。……如何又在家妄作開河改路,置妓在家,每日畫船簫鼓? 爾這等所爲,果是要求死也。今御史、主事,尚且枷號,吾恐汝所爲,必不免。"又:"前日有人貼無名帖子,説我縱事殺人,不知汝殺何人? 有此謗傳至京師,此豈好消息耶?"載於《王鏊集》,補遺,第541—542頁、第543頁。
④ (清)金吴瀾、李福沂修,汪堃、朱成熙纂:《(光緒)崑新兩縣續修合志》(二),南京:江蘇古籍出版社1991年版,據清光緒六年(1880)刊本影印,卷五二,雜紀,第三十七頁上至三十七頁下(總第302頁)。

元來歸。'一曰：'潮過夷亭出狀元。'"①

〔二〕 泥金：典出唐代王仁裕《開元天寶遺事》"泥金帖子"條："新進士，才及第，以泥金書帖子附家書中，用報登科之喜，至文宗朝，遂寖削此儀也。"②謂祝賀登第之帖。

〔三〕 八閩、三吳：時朱文巡撫福建，家在江蘇崑山，故云。

〔四〕 烏府：典出《漢書·朱博傳》："是時御史府吏舍百餘區井水皆竭；又其府中列柏樹，常有野烏數千棲宿其上，晨去暮來，號曰'朝夕烏'，烏去不來者數月，長老異之。後二歲餘，朱博爲大司空，奏言……哀帝從之，乃更拜博爲御史大夫。"③此處代指都察院，蓋朱文時任御史。

【考釋】

本札前有"朱蓬菴案閩日，子希周中狀元，少傅王文恪公賀啓云"④數語，讀之知乃賀函。朱蓬菴即朱文，一名文雲，字天昭，蓬菴其號也⑤，其時正巡按福建⑥，札中"八閩"、"烏府"等語蓋指此。王鏊與朱文年少擅名，相交甚深⑦，朱文於成化二十年（1484）中進士後連遭二親之喪，歸蘇丁憂，至弘治二年（1489）還京任職，嘗借寓於王鏊京師宅，後毗鄰而居⑧，且朱文次子朱希召娶王鏊次女，兩家結爲姻親⑨。弘治二年（1489），朱文長子希周落

---

① （宋）范成大撰，陸振岳點校：《吳郡志》，南京：江蘇古籍出版社1999年版，卷四四，奇事，第601頁。
② （唐）王仁裕纂：《開元天寶遺事》，北京：中華書局1985年版，卷下，天寶下，第17頁。
③ （漢）班固撰，（唐）顔師古注：《漢書》，北京：中華書局1962年版，卷三八，薛宣朱博傳第五十三，第3405頁。
④ 《（光緒）崑新兩縣續修合志》（二），卷五二，雜紀，第三十七頁上（總第302頁）。
⑤ 張袞《資政大夫南京吏部尚書贈太子太保諡恭靖朱公希周墓誌銘》："自崑山復入郡中爲吳縣人，則雲南按察副使蓬菴公諱文始也。"載於（明）焦竑編：《獻徵錄》，上海：上海書店1987年版，據上海圖書館藏明萬曆初刻本影印，第1册，卷二七，南吏部，第1154頁。
⑥ 王鏊《中憲大夫雲南按察副使致仕朱公墓誌銘》云："弘治庚戌，按雲南道監察御史。……巡按福建，風裁整肅，衆謂得御史體。"載於《王鏊集》，卷二九，第405頁。《明孝宗實錄》"弘治十年十月甲戌（六日）"條："福建巡按監察御史朱文奉例考察，請黜老疾等官福寧州吏目何顯等八員。吏部覆奏，且請歷任，未及二年，漳州府推官馮賢仍留辦事。從之。"（卷一三〇，第2298頁）
⑦ 《皇甫成之墓誌銘》："鄱陽丘公之知吾蘇也，嘗妙選吳下文士，得四人，與其弟霖游。四人者，長洲皇甫成之、崑山朱天昭、吳門徐廷芸、洞庭王鏊濟之也。"載於《王鏊集》，卷二九，第413頁。
⑧ 《王鏊集》，卷二，《朱天昭始第進士，主余家。至明年，移居西鄰》，第36頁。
⑨ 邵寶《大明故光禄大夫柱國少傅兼太子太傅户部尚書武英殿大學士致仕贈太傅諡文恪王公墓誌銘》："女五：長歸侍讀子容名緒，次歸貴州都司都事朱希召。"載於氏著：《容春堂集》，上海：上海古籍出版社1991年版，據《四庫全書》本影印，續集，卷一六，第七頁上（總第674頁）。

第,時王鏊嘗有詩慰之,勉勵之意,溢然可見①。後朱希周得弘治九年(1496)丙辰科一甲一名進士,名列狀元②,王鏊及謝遷任主考官,爲其座師③。札中"惟於乃翁有一日之舊耳"之語,考王鏊撰於同時之《丙辰進士同年會序》,其文句亦頗相類:"予於諸君有一日之舊,故以是告。"④案"一日之舊"云云,大抵意謂一面之緣,份屬舊識,蓋座師、門生,多爲名義上之關係,王鏊文章、書札中時見⑤;而本札既係致朱文,則"乃翁"當指其父朱夏,其時隱居教授,王鏊、朱文既屬深交,或曾與朱夏識面,然不相熟,遂亦用此語⑥。綜上所述,弘治九年(1496)三月十五日廷試,四月新晉進士開同年會,王鏊受邀出席並撰序,本札亦當撰於其間⑦。

---

① 《天昭子希周失解》:"前修未遠力須追,中道無緣忽自疑。名似甘羅殊未蚤,器如馬援不妨遲。卑高在手誰能定,冷暖於人只自知。莫怪義之羨懷祖,瑶環重映碧梧枝。"載於《王鏊集》,卷二,第36頁。繫年參考劉俊偉:《王鏊年譜》,杭州:浙江大學出版社2013年版,"弘治二年己酉"條,第43頁。

② 《明史·朱希周傳》:"朱希周,字懋忠,崑山人,徙吴縣。高祖吉,户科給事中。父文雲,按察副使。希周舉弘治九年進士。孝宗喜其姓名,擢爲第一。授修撰,進侍講,充經筵講官。"(卷一九一,列傳第七十九,第5063頁)又王鏊《丙辰進士同年會序》:"弘治丙辰,進士三百人。首陳瀾,殿唐欽禹,省有司所上之次也。首朱希周,殿童品,臚傳恩榮之次也。"載於《王鏊集》,卷一一,第197頁。

③ 《明孝宗實録》"弘治九年二月乙卯(七日)"條:"命詹事府詹事兼翰林院侍講學士謝遷、翰林院侍讀學士王鏊爲會試考試官。"(卷一〇九,第1993頁)

④ 《王鏊集》,卷一一,《丙辰進士同年會序》,第198頁。

⑤ 如王鏊《贈王升之序》:"予於升之有一日之長,故以是贈。"(載於《王鏊集》,卷一一,第199頁)又如本文所輯録王鏊《致姜昂札》(第十札),即有"煇於僕有一日之舊焉"之語。

⑥ 王鏊《中憲大夫雲南按察副使致仕朱公墓誌銘》:"祖永安,考夏,皆隱居教授。"載於《王鏊集》,卷二九,第405頁。又李東陽《明故中憲大夫雲南按察司副使致仕朱君墓碑銘》:"考諱夏,居鄉授徒。"載於氏著,周寅賓、錢振民校點:《李東陽集》,長沙:岳麓書社2008年版,第4册,續集,卷七,第215頁。本文所徵引李東陽詩文皆採自此集,以下省略書名。

⑦ 或曰,此札疑僞。案本札輯自《(光緒)崑新兩縣續合志》,其中多紀朱氏家族事跡,而朱文、朱希周爲朱氏一族之名人,故所載亦詳,如同書尚見另一條朱希周及第故事:"朱蓬菴按閩日,薄暮微雨,汀漳道副使詣門鳴鼓。蓬菴疑有軍情急務,詢知爲子希周狀元捷音,取其帖,門竟不啟。詰朝,三司相賀,則曰:'吾聞會元,天下之才;狀元,天下之福。吾兒無天下之才,安能享天下之福?'人服其有體。"(卷五二,雜紀,第十四頁上,總第291頁)此條注云出自"陶甄《茅簷叢話》",王頌文編《崑山圖書館先哲遺著目録》載録此書,並有提要:"陶甄字葆永,又號甓齋,琰之子也,崇禎時諸生。乙酉,父殉國難,遂不入城市,賦詩鳴琴以見志。卒年七十有三。讀《茅檐叢話》,甓齋之氣節行誼可概見矣。潘確潛跋書尾云:'原本一百五十五條,訪吴止狷先生於碧桃山館,出示此卷,攜歸傳寫,略鈔一卷。'今本館所鈔,即潘氏所録,祇四十六則。吴氏藏本,兵火之餘,想已散失,不能復窺全豹,惜哉。"(載於《明清以來公藏書目彙刊》第40册,北京:北京國家圖書館出版社2008年版,據民國二十二年(1933)崑山公共圖書館鉛印本影印, (轉下頁)

【三】《致朱文札》

前日成齋[一]請陪二公[二]。昨日因欲携上作同請矣。彼卓[三]數已定，故不得奉報也。聞此接保本郡劉別駕[四]作郡[五]，此亦或所欲乎？鏊頓首。簬庵先生執事[六]。①

【校注】

〔一〕 成齋：即陳璚，字玉汝，成齋其自號也②，成化十四年（1478）進士。

〔二〕 二公：未詳何人，不可具考。

〔三〕 卓：同"桌"。

〔四〕 本郡劉別駕：未可考定，推論詳見【考釋】。本郡，指蘇州；別駕，即通判之尊稱。

〔五〕 作郡：謂作一地之郡守，此處當指任蘇州知府。

〔六〕 執事：唐代趙璘《因話錄·徵部》："與宰相大僚書，往往呼執事，言閣下之執事人耳。"又："韓文公《與使主張僕射書》，呼執事，即其例也。其記室本繫王侯賓佐之稱，他人亦非所宜。執事則指斥其左右之人，尊卑皆可通稱。"③初乃宰輔僚屬之稱，後不甚嚴格，泛稱執掌其事而有功名官身者，以示尊敬，明人尺牘多有之。王鏊常用此語，本文所收數札即顯例。

（接上頁）第655—656頁。）吴止狷即吴映奎，嘗爲顧炎武編纂年譜；潘確潛即潘道根，精熟崑山地方文獻、掌故。陶氏書應一直以鈔本形式存世，而崑山公共圖書館所藏乃潘道根節鈔本，未得寓目，然從所引提要可知，確有其書。《續志》之記載，當皆有所本，唯徵引者多爲鄉邦文獻，且間乏註明而已，非虛造也。上引朱文應答三司相賀之辭，或爲流傳於崑山父老之說，其真僞難考，自可不論。然陶氏書所載本札，設曰乃從手稿真跡迻錄，復補數語於前，遂成一條筆記，當可成立，蓋是書成於明末清初，其時明人手稿存世者，必遠較今日爲多矣，後被採入《續志》中，即今日所見面目。

① 揚州博物館編：《江左風流——十四至二十世紀的江南繪畫》，上海：上海書畫出版社2013年版，第57頁。釋文據同書第56頁。原題作《前日帖》。

② 李東陽《成齋記》："刑科都給事中長洲陳君名璚，字玉汝，自號曰成齋，蓋自諸生時已然。及官京師，所寓輒揭名於齋。"又："予顧而問曰：'何義也？'玉汝曰：'此某之字，西銘之說也。'"載於《李東陽集》，第2册，文稿，卷一〇，記，第510頁。案：此文接下發揮"成"字之義，今不復贅引。陳璚自云其字及號，取自北宋張載《西銘》："貧賤憂戚，庸玉女（汝）於成也。"文見氏著，章錫琛點校：《張載集》，北京：中華書局2006年版，正蒙，乾稱篇第十七，第63頁。

③ （唐）趙璘撰：《因話錄》，上海：上海古籍出版社1957年版，卷5，第107頁。

【考釋】

本札篇幅簡短，年份及收信者皆不可考定。今據零散之線索，試推論之。札中提及"本郡劉別駕作郡"云云，事涉一劉姓通判陞任蘇州知府，蘇州仕紳爲之接風洗塵。今考《蘇州府志》，成化至嘉靖間，劉姓蘇州知府僅二人：一爲劉瑀，鄞縣人，成化十一年（1475）以監察御史任，十九年（1483）陞江西布政司右參政；一爲劉悦，江陵人，正德七年（1512）以刑部郎中任，後罷去①。陳璚（成齋）卒於正德元年（1506），與劉悦任期相扞格，則"劉別駕"似指劉瑀近是。取此説，則本札當撰於成化十一年（1475）。劉瑀任期甚長，吳寬、文徵明等人文集中有述及其人其事處②。然劉瑀未嘗任通判，則"別駕"二字又無處著落矣，且札中稱朱文爲"執事"，然彼於成化二十年（1484）始舉進士，是又一扞格處。今暫存此説，以俟新證。

【四】《致朱文札》

欲加少禮〔一〕於毛氏〔二〕，以月老〔三〕尊重，不敢屢勞，然亦不敢不告。惟亮之。鏊再拜。蘧菴侍御〔四〕大人執事。③

【校注】

〔一〕 少禮："少"或通"小"。小禮，薄禮之謂，謙辭也。如此解似較切合。

〔二〕 毛氏：謂毛珵家，或謂王延喆所娶毛珵四女，皆通。

〔三〕 月老：月下老人之簡稱，典出唐人小説《續玄怪錄·定婚店》④。

---

① （清）馮桂芬等纂：《（同治）蘇州府志》，南京：江蘇古籍出版社 1991 年版，據清光緒九年（1883）刊本影印，第 2 册，卷五二，職官一，歷代郡守，第三十六頁下、第三十七頁上（總第 497 頁）。

② 例如吳寬《蘇州府重建文廟記》載劉瑀接任知府時，繼前任知府續建文廟之事，文長不贅引，詳參《家藏集》，上海：上海古籍出版社 1991 年版，據《四庫全書》本影印，卷三三，第十八頁下至第二十一頁上（總第 275—276 頁）。文徵明所撰《明故嘉議大夫都察院右副都御史毛公行狀》記述劉瑀與毛珵失和之緣起内情："都御史劉瑀先守蘇，嘗不禮於公。至是總儲南京，外與公修好，而中常慊之。會公他有論劾，或告劉：科中有言矣，劉怒，上疏自陳，即得旨致仕。而公實未嘗言也。及去，公顧惜之曰：'劉於此無大過，吾可以私害之耶？'其直道秉公多此類。"載於《文徵明集》，卷二六，第 607 頁。

③ （清）潘承厚：《明清藏書家尺牘》，香港中文大學圖書館藏民國三十年（1941）珂羅版影印本，第 1 册，"王文恪公鏊"條，第六頁下。

④ 文長不復贅引，詳參（唐）李復言編，程毅中點校：《續玄怪錄》，北京：中華書局 1982 年版，卷四，第 179—181 頁。

月老手執婚牘、赤繩，主人間婚姻，後世用以代指媒人。朱文或居中撮合婚事，故稱。

〔四〕 侍御：監察御史之尊稱。

【考釋】

本札具體年份不可具考，然札中稱朱文爲"侍御"，則當撰於其任監察御史時，即弘治三年（1490）後①。揣摩札中語，王延喆娶毛珵四女②，朱文極可能居中促成婚事，故王鏊稱其爲"月老"③。王、毛二家聯姻，或預行聘禮，定割襟之親，或將行納采、納幣之禮，有饋贈於毛氏，然不欲勞煩朱文，故特函告知，以示尊重。王、毛、朱三家皆蘇州本土士族，門戶大抵相當，同朝爲官，皆爲京師文字會之成員，既相互聯姻，則其紐帶更形緊密④。

【五】《致吳寬札》（成化二十年四月）

喜玉延亭〔一〕新成，敬用小詩落之。鏊再拜上玉延主人〔二〕執事。

海月〔三〕西來合有亭，亭中讀易豈〔四〕康成〔五〕？一時地勢皆增勝，再到

---

① 《明孝宗實錄》"弘治三年二月乙酉（三日）"條："實授都察院理刑知縣等官……朱文……俱爲監察御史……〔朱〕文雲南道。"（卷三五，第 753 頁）王鏊《中憲大夫雲南按察副使致仕朱公墓誌銘》云："弘治庚戌，按雲南道監察御史。"（《王鏊集》，卷二九，第 405 頁）

② 文徵明《明故嘉議大夫都察院右副都御史毛公行狀》："女五人：……次（案：四女）適大理寺副王延喆，太傅王文恪公長子。"（載於《文徵明集》，中冊，卷二六，行狀，第 611 頁。）毛氏生平可參文徵明所撰《尚寶公元配毛太宜人墓誌銘》，載於《太原家譜》，卷二一，碑誌類上編，第 198—199 頁。一説娶毛珵次女，見《太原家譜》卷六"宗譜"："延喆，行七，字子貞，娶閶門外毛黄門次女。"（第三十八頁下）案：不確，王延喆所娶當爲毛珵四女，見前引文徵明《毛公行狀》，及祝允明《封孺人都察院右副都御史毛公妻韓氏夫人行狀》："女四人……長適……次適……次適……次適中書舍人王延喆，太傅文恪公長子也。"載於氏著，薛維源點校：《祝允明集》，上海：上海古籍出版社 2016 年版，下冊，《枝山文集》，卷二，行狀，第 541 頁。

③ 上海博物館所藏一封王鏊致毛珵札亦有見"月老"一詞："蒙説匏處姻事，慾行禮，月老之言不敢違也。"據此札，毛珵代王鏊向吳寬（匏〔翁〕處）説親，適如本札朱文所爲，然尚未作完整考釋，故本文不收入。

④ 王鏊次女嫁朱文次子希召，王鏊次子延素娶陳瑶次女。王鏊又曾欲與陸完、吳寬聯姻，雖未成事，然可見其所擇聯姻對象，多爲蘇州出身之官僚家族，遂形成一緊密而窄小之關係網。王氏乃商人家族，王鏊父琬始入仕任光化知縣，至王鏊居宰輔之位，乃莫釐王氏（案：一稱"洞庭王氏"）一脈從政之巔峰；毛氏自宋以來有出仕者，久居蘇州閶門，然譜牒不存，其源流不可追溯，其家族似非極顯赫，詳參文徵明《毛公行狀》（第 605 頁）；朱氏自宋以來屢遷家，歷徙常熟、蘇州、崑山，朱文高祖朱澤民乃元代名士，然其祖、父輩皆隱居不仕，可知實與王、毛二家相若，詳參李東陽《中憲大夫雲南按察司副使朱君文墓碑》，載於《獻徵錄》，第 4 冊，卷一〇二，雲南，第 4577—4578 頁。

風光已隔生。書帶草〔六〕青新雨歇,臨池水黑〔七〕斷虹明。玉延爲客翁爲主,應笑靈均嗅落英〔八〕。①

【校注】

〔一〕 玉延亭:崇文門東吳寬宅第之一部分,初建時在亦樂園内②。玉延,今人多呼作"山藥"、"淮山",赤莖、細蔓、花白,根塊可入饌,炮製曬乾後可入藥,人以爲服之可延年益壽③。時吳寬築亭園内,環植玉延,遂以名亭④。

〔二〕 玉延主人:指吳寬,蓋其時玉延亭新落成,故稱。時人多敬稱其爲"匏菴"、"匏翁",較僻之號有"鹿埸先生"。

〔三〕 海月:謂海月菴。明代毛澄《重建玉延亭記》:"匏庵先生官邸有小園,在廳事東偏,故有亭曰玉延。"又:"園别有菴曰海月,起居足適。玉延蓋所以縱目醒心之地,爲菴之輔焉者。"⑤綜而觀之,可知玉延亭比鄰海月菴,當在其西邊。

---

① 輯自《玉延亭圖卷》,據中貿聖佳國際拍賣有限公司 2017 年春季藝術品拍賣會圖錄釋出。該圖卷經明清文人遞藏,清乾隆間歸彭冠,翁方綱嘗借觀之,時朱筠奉詔增補朱彝尊所撰《日下舊聞考》,取圖卷詩作補入書中,事載《玉延亭圖卷》翁氏跋尾。圖卷共有詩十一首,《日下舊聞考》選録六首,王鏊此詩亦在焉。另可參(清)翁方綱撰:《復初齋集外文》,載於《清代詩文集彙編》第 382 册,上海:上海古籍出版社 2010 年版,卷一,《玉延秋館詩畫卷序》,第十八頁下至第十九頁下(總第 366—367 頁)。又(清)于敏中等編纂:《日下舊聞考》,北京:北京古籍出版社 1983 年版,第 3 册,卷四五,城市,内城東城一,第 705 頁。

② 趙寬《玉延亭賦並序》:"春坊吳老先生所居崇文街第,有園一區名'亦樂',中有亭曰'玉延'。"載於《半江趙先生文集》,收入沈乃文主編:《明别集叢刊·第一輯》第 71 册,合肥:黄山書社 2013 年版,據清康熙六十年(1721)刻本影印,卷一,第 233 頁。又王鏊《送廣東參政徐君序》:"少詹(案:即吳寬)有園曰一鶴,亭曰玉延,菴曰海月。"載於《王鏊集》,卷一〇,第 189 頁。又周篔《析津日記》云:"吳匏庵園居有海月庵、玉延亭、春草池、醉眠橋、冷澹泉、養鶴闌。"轉引自(清)于敏中等編纂:《日下舊聞考》,第 3 册,卷四五,城市,内城東城一,第 704 頁。

③ (魏)吳普等述,(清)孫星衍、孫馮翼輯:《神農本草經》,上海:商務印書館 1937 年版,卷一,"署隧"條,第 18—19 頁。《玉延亭圖卷》所載趙寬題詩云:"繞砌栽培供服餌,侵晨灌溉汲空明。亭前自有延年物,何必仙家紫玉英?"案:"服餌"即服食藥物以代谷食,所服之"延年物"即玉延也。此詩收入《半江趙先生文集》時題作《玉延亭次韻》,"亭前自有延年物"改作"主人自有延齡術"(卷五,第 271 頁)。

④ 趙寬《玉延亭賦並序》:"玉延,今山藥也。寬辱從游門下,屢登斯亭,見所謂玉延之美。"又:"粵斯亭其何有?四環植兮芬薌,有藥物兮一種,獨策名而擅埸,蓋化工之佳蓎,拔衆卉之尋常,資喬佺之服餌,經炎農之口嘗。"載於《半江趙先生文集》,卷一,第 233 頁。

⑤ (明)毛澄撰:《三江遺稿》,收入沈乃文主編:《明别集叢刊·第一輯》第 74 册,合肥:黄山書社 2013 年版,據中國社會科學院文學研究所藏鈔本影印,卷下,第 304 頁。

〔四〕　豈:《日下舊聞考》作"定",迻錄之誤也①。

〔五〕　康成:即鄭玄,康成其字也,北海高密人,東漢大儒,遍注群經,嘗注《周易》九卷②。

〔六〕　書帶草:草名,長而韌,語本晉代司馬彪《後漢書志》南朝梁劉昭注引《三齊記》:"鄭玄教授不(期)〔其〕山,山下生草大如薤,葉長一尺餘,堅刃異常,土人名曰康成書帶。"③

〔七〕　臨池水黑:語見《後漢書·張奐傳》、《晉書》之《衛恒傳》、《王羲之傳》等④。東漢張芝臨池學書,以洗筆硯,池水盡黑;東晉王羲之嘗師法之。後世多用此典,指勤於練習而精擅書法者。吴寬乃明中葉著名書家,習蘇體而自成一格⑤。

〔八〕　"應笑靈均"句:屈原,字靈均,所作《離騷》有句云:"朝飲木蘭之墜露兮,夕餐秋菊之落英。"⑥庭園多植花卉,然吴寬别出心裁,植山藥於亭畔,王鏊遂出此戲語。

【考釋】

《玉延亭圖卷》收録毛澄所撰《重建玉延亭記》手稿,提及亭初建於成化甲辰(二十年,1484)四月⑦,王鏊詩當撰於其時,未收入《震澤先生集》,可

---

① 《日下舊聞考》,第 3 册,卷四五,第 705 頁。
② 鄭玄事跡詳參(南朝宋)范曄撰,(唐)李賢等注:《後漢書》,北京:中華書局 1965 年版,卷三五,張曹鄭列傳第二十五,第 1207—1213 頁。
③ (唐)李賢等注:《後漢書》,卷一一二,志第二十二,郡國四,第 3475 頁。
④ 《後漢書·張奐傳》:"長子芝,字伯英,最知名。"注引《文志》:"〔張芝〕尤好草書,學崔、杜之法,家之衣帛,必書而後練。臨池學書,水為之黑。"(卷六五,第 2144 頁)《晉書》二見,一爲《衛瓘傳》附子衛恒傳:"弘農張伯英者,因而轉精甚巧。凡家之衣帛,必書而後練之。臨池學書,池水盡黑。下筆必爲楷則,號忽忽不暇草書。寸紙不見遺,至今世尤寶其書,韋仲將謂之草聖。"(卷三六,第 1065 頁)一爲《王羲之傳》:"〔王羲之〕曾與人書云:'張芝臨池學書,池水盡黑,使人耽之若是,未必後之也。'"(卷八〇,第 2100 頁)
⑤ 王鏊《資善大夫禮部尚書兼翰林院學士贈太子太保諡文定吴公神道碑》:"〔吴寬〕作書,姿潤中時出奇倔,雖規模於蘇,而多所自得。"載於《王鏊集》,卷二二,第 311 頁。
⑥ (宋)洪興祖撰,白化文等點校:《楚辭補注》,北京:中華書局 1983 年版,第 12 頁。
⑦ 其文云:"匏菴先生官邸有小園,在廳事東偏,故有亭曰玉延,成化甲辰孟夏始作之。"孟夏即農曆四月。毛澄《三江遺稿》抄本所録同篇内容大致相同,但當爲初稿(參該書,卷下,第 304—305 頁)。蓋《圖卷》以正楷謄録全文,與《遺稿》所録比對,知《圖卷》改字眼若干,如玉延亭初建年份,《遺稿》作"辛丑",《圖卷》原亦作"辛丑",但劃去後於右旁改作"甲辰",即成化二十年(1484),結合下文"弘治癸丑筮仕京師,獲登先生門,一日往請益,先生命登亭啜茗……迨明日,亭忽仆蓋,終始十年"一段,知玉延亭後仆於"癸丑",即弘治六年(1493),上溯十年,　(轉下頁)

據補。全詩寫玉延亭位置、景色，並用鄭玄、張芝二典，稱頌吳寬學問、書法，乃典型之賀詩。吳寬《家藏集》未見奉和王鏊詩之作，然有《玉延亭成次韻玉汝》、《又次韻李賓之》等詩①。今考《玉延亭圖卷》所錄諸人和作及題款，可稍知唱和之經過：陳璚、周庚於是年四月廿一日到賀，陳璚首倡，周庚同日和作；趙寬於四月廿四日到賀，次陳璚韻一首②。其餘和詩落款多無日期，然據題款可略知梗概，其中有未親身到賀，因陳璚嘗寄呈己作而奉和者，如李傑、李東陽等即是③，餘則當應吳寬之邀而作。朱之赤《朱卧菴藏書畫目》載錄"玉延亭詩卷"條，小注云："李文正公西涯篆額，趙半江寬賦，毛憲清澄記，王文恪公守溪首倡，陳玉汝璚、周原己庚次韻，又趙半江寬。又李文正西涯、李石城傑、江文瀾瀾、陸文量容、施膚菴文顯、胡湯溪超、朱憲副文。"④朱氏乃明末清初人，《圖卷》歸其手時，卷首沈周所繪圖已爲人割去，故稱"詩卷"，今所見圖乃清人張純修所補⑤。如據朱氏所紀各詩次序，則王鏊乃首倡者。自玉延亭落成，即爲吳寬招飲燕集之所，今各家文集中尚存倡和、聯句之作甚多⑥。

【六】《致吳寬札》（弘治十一年夏）

蒙賜高文[一]，卻還薄幣[二]，方深愧悚，今復加以厚儀[三]，其何能安之，

（接上頁）適爲成化二十年（1484），可證"甲辰"之説不誤，今當以《圖卷》所錄爲定稿。
① 《家藏集》，卷一二，第三頁上（總第 87 頁）。
② 《玉延亭圖卷》陳璚詩題款："四月廿又一日，玉延亭初構，璚與原己携酒敬賀，因題一詩。"又周庚詩小序："奉賀玉延亭新搆，次玉汝韻。"其詩尾聯云："惟有能詩陳給事，先呈珠玉冠羣英。"別是一證。
③ 《玉延亭圖卷》李傑詩題款："玉延亭成，承玉汝以原倡見示，久失奉和，是用補作一首，以附詩壇故事云爾。"又李東陽詩題款："聞玉延亭成，與玉汝、原己、栗夫有作，私和一首，然竟不能匿也。一咲（案：通"笑"）。幸幸。燕後之三日。"
④ 朱之赤撰：《朱卧菴藏書畫目》，收入黄賓虹、鄧實主編：《藝術叢書》二集第六輯，杭州：浙江人民美術出版社 2013 年版，據民國排印本影印，第 108 頁。
⑤ 《玉延亭圖卷》張純修題跋："一日友人携卷贈余，見諸名公之手蹟尚存，獨惜石田圖繪不復可得，因憶竹庄筆墨，亭石佳致，頗似玉延，故臨仿裝潢，以存當年遺意。"
⑥ 兹舉數例：如《王鏊集》收錄《九月晦日玉延亭看菊》（卷二，第 35 頁）、《飲玉延亭聯句》（補遺，第 522 頁）；吳寬《家藏集》收錄《次韻諸友玉延亭聯句》（卷一二，第三頁下，總第 87 頁）、《次韻詹事楊公過玉延亭留題三首》（卷一四，第九頁上至第九頁下，總第 105 頁）；程敏政《篁墩文集》收錄人燕集玉延亭席上所作聯句，詩題極長，不啻一小序："三月十七日，原博諭德餞汝玉給事於玉延亭，會者賓之學士、于喬諭德、濟之、世賢侍講，曰川校書，道亨編修暨予，得聯句四章。時黄薔薇盛開，復移尊於海月菴，酹花酌别，又得三章。予亦將有餞約，而觴汝玉者多，刻日有次第，不能奪也，手錄此，以致繾綣不已之意。"（上海：上海古籍出版社 1991 年版，據《四庫全書》影印本，卷七五，第五頁下，總第 552 頁）。

雖賜及老父〔四〕,非僕所當辭,然僕於心終不能安,謹已具書達之老父,深情具領,並不敢當,不恭之罪,伏希亮之,姻末〔五〕王鏊頓首,匏翁少宰〔六〕老先生閣下〔七〕。①

【校注】

〔一〕 高文:當即吳寬爲王琬八十壽辰所撰詩序,詳【考釋】。

〔二〕 薄幣:謂微薄之潤筆,謙辭也。今存明代蘇松文人書札中常見餽贈金錢之舉,自謙多用"薄幣",稱他人所贈爲"佳幣"。

〔三〕 厚儀:謂吳寬所贈賀禮,云其"厚",表敬之辭也。

〔四〕 老父:謂王鏊父親王琬,以光化知縣致仕,後人尊稱"光化公"②。

〔五〕 姻末:對姻親長輩時所用自稱,謙稱也。元人翰札中有先例:"東郭姻末錢抱素稽首拜呈。"③

〔六〕 匏翁:吳寬之號。少宰,吏部侍郎之尊稱④。

〔七〕 閣下:不敢直斥其名,因卑以達尊之意也,如陛下、殿下等,皆同此類。"閣"亦寫作"閤"。唐代趙璘《因話錄·徵部》:"古者三公開閤,郡守比古之侯伯,亦有閤,所以世之書題有閣下之稱。"又:"近日官至使府御史及畿令,悉呼閣下。至於初命賓佐,猶呼記室。今則一例閣下,亦謂上下無別矣。"又:"今又布衣相呼,盡曰閣下。雖出於浮薄相戲,亦是名分大壞矣。"⑤鄭逸梅《尺牘叢話》引同書同條云:"本施之尊貴者,後世濫用之耳。"⑥其説是也。璘乃晚唐人,可知書札中泛呼"閣下",不遵職秩,其時已然。

---

① 據上海崇源藝術品拍賣有限公司 2010 年秋季大型藝術品拍賣會圖樣錄出,原題作《王鏊手札》。
② 王琬卒於蘇州家中,吳寬在京遙祭之,並應王鏊之請爲撰墓誌,詳參《祭少詹事王公文》、《封詹事府少詹事兼翰林院侍讀學士前光化縣知縣王公墓誌銘》,分別載於《家藏集》,卷五六,第十五頁下至第十六頁上(總第 518—519 頁);卷六四,第十九頁上至第二十一頁下(總第 617—618 頁)。
③ (清) 俞樾撰,貞凡、顧馨、徐敏霞點校:《茶香室叢鈔》,北京:中華書局 1995 年版,續鈔,卷六,第 618 頁。
④ 《明史·職官志》:"尚書掌天下官吏選授、封勳、考課之政令,以甄別人才,贊天子治。蓋古冢宰之職,視五部爲特重。侍郎爲之貳。"(卷七二,志第四十八,職官一,吏部,第 1734 頁)案:書札中,受者任吏部尚書,多稱"冢宰"、"天官",其下之吏部侍郎,則稱"少宰"。
⑤ 趙璘:《因話錄》,卷五,第 107—108 頁。
⑥ 鄭逸梅著:《尺牘叢話》,上海:上海古籍出版社 2004 年版,"閣下閤下"條,第 10 頁。案:鄭氏所引書名誤作"因語錄"。

【考釋】

本札下款爲"匏翁少宰",知收信人爲吳寬,匏翁其自號也,札中稱"少宰",乃吳寬當時所任吏部右侍郎之尊稱,今考《孝宗實錄》,知吳寬於弘治六年(1493)陞吏部右侍郎①;至弘治十六年(1503)陞禮部尚書後②,則稱"天官"。札中"蒙賜高文……今復加以厚儀……賜及老父"一段,事涉王鏊之父琬,結合"少宰"此一提示,則當與弘治十一年(1498)王琬八十壽辰有關。《太傅文恪公年譜》云:"是年七月初十日,公父靜樂翁八十誕辰。公欲告歸上壽,以命,不獲如願。於是館閣諸公咸賦詩稱祝。西涯李公、木齋謝公、四明楊公爲之序,文盈卷軸。"③今考《太原家譜》所收題作《光化公八十壽詩序》之文實共有五篇,除李東陽、謝遷、楊守阯、錢福外,吳寬亦嘗撰文,其文有云:"七月十日爲公始生之期也。濟之嘗以朝廷纂修《大明會典》,有副總裁之命,及是又有春宫講讀之命,竊恨不能歸爲公壽。於是公卿以下欲慰其意,相率作詩賀之。濟之俾予序曰:'吾將使人歸授吾兄弟歌之以祝。'"④結合序文及本札,可知當時王鏊因任《大明會典》副總裁及東宫講讀官,身負重任,故不獲告歸,遂邀吳寬等一衆同僚撰序,爲其父祝壽⑤,並呈上報酬(即"薄幣"),聊充潤筆,此乃文人日常社交常見之禮節。吳寬所撰序當即札中所謂"高文"。吳寬除撰寄序文外,又退還報酬,復奉上厚禮祝賀。王鏊特撰本札,答謝吳寬贈文,並卻還賀禮,今繫於弘治十一年(1498)夏。

【七】《致吳寬札》(弘治十二年八月十五日燕集後)

中秋日喜諸公具過,遂成勝賞。別後得近體一首,錄往,敬佇嗣音。

秋來忽忽夢中過,如此良宵明月何。豔魄只愁來夕滅,清光偏向小園[一]多。卻憐邂逅成佳集,且欲疏狂發浩歌。但願年年同此醉,罇[二]前不

---

① "弘治六年八月丙寅(四日)"條:"陞……詹事府少詹事兼翰林院侍讀學士吳寬爲吏部右侍郎。"(卷七九,第1511頁)
② "弘治十六年二月乙丑(二十八日)"條:"以纂修《大明會典》成,勅吏部加……副總裁吏部左侍郎兼翰林院學士吳寬禮部尚書。"(卷一九六,第3627頁)
③ (清)王熙桂等修:《太原家譜》,卷一八下,年譜,第十三頁上(總第45頁)。
④ (清)王熙桂等修:《太原家譜》,卷三五,序跋類上編,第十三頁上(總第302頁)。
⑤ 彙集舊識名臣之詩文爲王琬慶壽,乃王鏊之習慣。成化十四年(1478),王琬六十生辰,王鏊亦請得朝中名公詞翰,彙爲《萃喜堂卷》以歸獻壽。參《王鏊年譜》,"成化十四年戊戌"條,第13頁。

必問誰旛。①

【校注】

〔一〕 小園：指王鏊京師宅邸中之小適園。

〔二〕 罇：即"樽"。

【考釋】

本札原無落款，然比對其他存世王鏊手札，自用筆及結體諸方面觀之，當出王鏊之手②。本札所録詩未收入《震澤先生集》，可據補。收信人當爲吳寬，《耕霞溪館法帖》收録吳寬致王鏊札一封，據原札釋讀如下："中秋夜承有看月之款，奉和高作，用紀良會。晚涼東巷偶相過，小適園中奈近何。秋到共傳平半好，客來不速過三多。金尊注酒微微飲，綵筆題詩緩緩歌。白髮湖頭重看月，素娥應笑已非他。寬拜上。守溪學士先生。"③此詩後收入《家藏集》卷二五，題作《中秋夜偶過濟之，忽鄉友數輩至，遂成良會。濟之有詩，次韻》④。今綜觀二札可知，二詩皆非成於中秋夜燕集時，乃散席後王鏊先有作，並寄吳寬，寬遂次韻奉和一首。《家藏集》同卷稍後收有《送濟之歸省》⑤，王鏊歸省於吳，事在弘治十二年（1499）十月⑥。如是，則本札及相關詩文當亦作於同年八月十五日燕集後。王鏊京師宅邸名共月庵，毗連吳寬宅邸，宅中有小適園⑦，即是次聚會所在。按王詩"卻憐邂逅成佳集"、吳詩"晚涼東巷偶相過"之語，可證王、吳偶逢巷弄，王鏊遂有觀月之邀。當時蘇州籍官員之仕於京者多於崇文街置宅，毗鄰而居，後漸組成所謂文字會，以吳寬、李賢、王鏊、陳璚、周庚、徐源爲骨幹，每逢節慶、生日

---

① 故宮博物院編輯委員會編輯：《故宮歷代法書全集》，臺北：故宮博物院 1976—1979 年版，第 29 册，名人尺牘（1）（無款），第 74—75 頁。釋文見同書第 154 頁。
② 參見陳根民：《明清名家詩札七種辨正類考》，載於《收藏家》2015 年 1 期，第 31—33 頁。
③ （清）葉應陽撰集：《耕霞溪館法帖》，收入程存潔主編：《容庚藏帖》第 61 種，廣州：廣東人民出版社 2016 年版，據廣州博物館藏清道光二十七年（1847）葉應陽刻本影印，第 5 册（原書第 9 册），第 7—9 頁。
④ 《家藏集》，卷二五，第十二頁下至第十三頁上（總第 189 頁）。
⑤ 《家藏集》，卷二五，第十四頁上（總第 190 頁）。
⑥ 《明孝宗實録》"弘治十二年十月戊子（二日）"條："詹事府少詹事兼翰林院侍讀學士王鏊以親老乞歸省，從之，命馳驛以行。"（卷一五五，第 2760 頁）
⑦ 《且適園記》："昔官京師，作園焉，曰'小適'。"載於《王鏊集》，卷一六，第 253 頁。

等,輒宴於某家①,其餘時常出入者,有趙寬、孫霖、朱文、楊循吉、毛珵、陸完②。札中"諸公"云云,大抵不外此數人,今已不可一一具考。

【八】《致徐源札》(弘治十四年至弘治十八年)

屢辱手誨,甚荷,惓惓〔一〕也。希曾〔二〕之舉可以爲高矣,然不無少傷於急迫,力沮之,誠是也。如僕之〔三〕居此,不能有爲,乃可去耳。山東比來民隱〔四〕何如? 想甚勞經畫也。見希曾致意,少寬以居之〔五〕。餘不多及。鏊頓首。瓜涇〔六〕中丞〔七〕先生年兄〔八〕執事。③

【校注】

〔一〕惓惓:原札一"惓"字,下有重文號(乀)。語見《漢書·楚元王傳》:"念忠臣雖在畎畝,猶不忘君,惓惓之義也。"顔師古注:"惓惓,忠謹之意。惓讀與拳同。音其專反。"④亦寫作"倦倦"、"卷卷"、"拳拳"。札中謂徐源來書不輟,其盛意拳拳,可感也。

〔二〕希曾:疑即徐沂,金華府永康縣人,弘治六年(1493)進士,歷任刑部給事中等職,卒於廣東布政司參議任上,以廉潔稱於時⑤。詳【考釋】。

〔三〕之:據字形釋作"者"亦可,如是,則全句標點當爲:"如僕者,居此不能有爲,乃可去耳。"

〔四〕民隱:謂百姓之痛苦,語本《國語·周語上》:"是先王非務武也,勤恤民隱而除其害也。"韋昭注:"隱,痛也。"⑥

---

① 以中秋節爲例,弘治元年(1488)中秋夜,王鏊、吴寬赴徐源新築之超勝樓賞月,各有詩紀之。參《王鏊集》,卷二,《中秋夜超勝樓翫月》,第 30 頁;《家藏集》,卷一六,《中秋夜登仲山新樓賞月》,第八頁上至第九頁下(總第 116—117 頁)。
② 詳參《王鏊集》,卷一〇,《送廣東參政徐君序》,第 189—190 頁。
③ 許安巢收藏,王雲五發行:《明賢墨蹟》,上海:商務印書館,1933 年,上册,第二十五頁下至第二十六頁上。香港中央圖書館藏羅慷烈兩小山齋贈本。見附圖(一)。
④ (漢)班固撰:《漢書》,卷三六,第 1932 頁。
⑤ 《兩浙名賢録》"廣東布政司參議徐希曾沂"條:"徐沂,字希曾,永康人,登弘治癸丑進士第,授刑科給事中……改南京工科。奏罷歲取蘇州細苧、福建改機、陝西駝絨,民稱便焉。陞廣東布政司參議,卒於官。歸裝惟圖書數卷而已。粤稱貨藪,一握之寶,可富數世,而沂獨纖毫無染,賢者以爲難。"載於《續修四庫全書》第 542 册,上海:上海古籍出版社 1995 年版,據明天啟三年(1623)刻本影印,卷二四,讜直,第二十六頁上(總第 705 頁)。
⑥ (清)徐元誥撰,王樹民、沈長雲點校:《國語集解》,北京:中華書局 2002 年版,周語上第一,第 6 頁。

〔五〕 少寬以居之：語本《周易·乾卦》："君子學以聚之,問以辨之,寬以居之,仁以行之。"①札中用作慰勉之辭。

〔六〕 瓜涇：地鄰蘇州太湖,徐源家所在②。

〔七〕 中丞：副都御史之尊稱。

〔八〕 年兄：科舉同榜登科者稱同年,互稱年兄,以示尊敬也。徐源、王鏊皆成化十一年（1475）進士,故稱。

【考釋】

本札最明確可考者,乃"山東比來民隱何如"一段。徐源於弘治十三年（1500）七月陞都察院右副都御史,巡撫山東,至弘治十八年（1505）九月致仕歸蘇③。王鏊札中既問及山東民情近況,可知撰於徐源任期內。綜觀王鏊所撰墓誌銘及《明實錄》,徐源在任時,山東連歲多事,水災、雹災、地震、旱災頻仍,盜賊多有,藩府封遷,孔廟重建,百姓深傷於饑荒、力役、財困,遂疲於奔走治理,奏疏屢上④。弘治十七年（1504）七月間,徐源更爲賊所刺,

---

① （清）李道平撰：《周易集解纂疏》,北京：中華書局1994年版,卷一,上經第一,乾卦,第62—63頁。

② 王鏊《明故通議大夫都察院右副都御史徐公墓誌銘》："公諱源,字仲山。世家吳長洲尹山之瓜涇。"（《王鏊集》,卷三〇,第419頁）《蘇州府志》："瓜涇港在縣北九里,分太湖支流,東北出夾浦,會吳淞江。"（第2冊,卷八,水,第四十四頁上,總第240頁）

③ 《明孝宗實錄》"弘治十三年七月庚辰（二十八日）"條："陞湖廣布政司左布政使徐源爲都察院右副都御史,巡撫山東。"（卷一六四,第2996頁）又《明武宗實錄》"弘治十八年九月戊申（二十七日）"條："巡撫山東都察院右副都御史徐源乞致仕,許之,令馳傳歸。"（卷五,第182頁）

④ 王鏊《明故通議大夫都察院右副都御史徐公墓誌銘》："山東歲饑,公與刑部何侍郎分行賑濟,割臨清倉米八萬有奇,以補歲漕之數。明年徵償,公奏：民賴拯給,稍蘇而又遽征之,何殊弗給？詔免與民。涇王就封於沂,以水涸,將由陸之國,民爲騷動。公檄所司姑緩之,亟發卒濬河,水旋至。坦然之國,公私無擾。"又："山東歛銀,將於鹿鳴宴賵士。公曰：'方箠仕而示以利,非爲政之體。'乃已。"（《王鏊集》,卷二八,第420頁）《孝宗實錄》"弘治十四年三月癸亥（十五日）"條："以水災免山東濟、兗、萊三府及濟寧肥城等八衛所。弘治十三年秋糧子粒有差。"（卷一七二,第3134頁）"弘治十四年閏七月己丑（十三日）"條："山東長山、新城二縣雷電風雨交作,地震。"（卷一七七,第3250頁）《孝宗實錄》"弘治十四年閏七月戊戌（二十二日）"條："南北直隸、山西、山東、河南等處以水災告。"（卷一七七,第3259頁）"弘治十五年四月癸亥（二十二日）"條："先是刑部左侍郎何鑑以山東歲荒多盜,請增設曹濮等處兵備僉事一員,又令巡撫等官勘處。至是巡撫都御史徐源言曹濮即有分巡、分守等官,如增設兵備僉事,恐官多民擾不便。兵部議謂宜如源所奏。從之。"（卷一九一,第3530頁）"弘治十五年九月丙戌（十七日）"條："巡撫山東都御史徐源上疏,言地本主靜,而半月之間連震三次,動搖泰山,遠及千里。登〔州〕又有水雹之異,陰陽失序,地道不寧,況真定等府密邇山東,近遭大水,盜賊恣肆,災異之屢見迭出,比常尤甚。乞皇上鑒茲災異,應之以德,外謹邊防,不以既靖而忘備;内〔念〕小民,不以既庶而忘養,庶不貽地方之憂。命下其奏於所司。"（卷一九一,第3530頁）"弘治十六年五月乙亥（十日）"（轉下頁）

幸而不死①。王鏊雖分隔異地，然札中云"屢辱手誨"，可證二人書信往還頻密，設曰徐源嘗論及山東吏治得失，自是情理之中。"如僕之居此，不能有爲，乃可去耳"云云，可作二解：一或有感於居其位而無所作爲，考王鏊於弘治十三年（1500）七月陞吏部右侍郎，翌年（1501）正月上禦虜八事疏，洋洋三千餘字②，然多未見採用③。其在部中，抑貪昧求進者，進恬退無營者④，執政尚清簡。二或因居家丁憂，不能用事，考王鏊之父王琬卒於弘治十六年（1503）二月，王鏊於同年三月歸家守制，至正德元年（1506）四月始應武宗召還朝，並陞任吏部左侍郎。居家期間，發此牢騷語，不足爲怪。王鏊舊識中有二人字"希曾"，一爲翁文魁，王鏊嘗撰《送翁希曾知浮梁序》以贈⑤，然翁氏多外任職，官秩較低，《明實錄》未載其陞遷。相較而言，《明實錄》載徐沂陞遷、議政事頗詳，且其與王鏊性情相契，與本札年份亦大抵吻合，今取之。徐沂與王鏊門生兼親家毛珵爲同事，弘治十三年（1500）皆

（接上頁）條："山東登、萊二府，雨雹殺麥禾。"（卷一九九，第3685頁）"弘治十六年六月丙午（11日）"條："山東莒州并日照等縣，霪雨〔壞〕公私廬舍，淹死人畜，漂没禾稼。"（卷二〇〇，第3709頁）"弘治十六年九月丁卯（二日）"條："南京吏部尚書林瀚等以〔災異〕陳言時政……山東、河南、湖廣、四川、江西重造孔廟并諸王宮殿，民之財力大有不堪。"（卷二〇三，第3374—3375頁）

① 《孝宗實錄》"弘治十七年七月癸丑（二十五日）"條："回賊寇掠山東府縣，巡撫都御史徐源行部至〔萊〕州，委參議方矩率官軍捕之。昌樂人張富及其從弟郁嘗共爲盜，懼爲所擒，又嘗與鄰人爭地，矩斷歸其鄰，甚恨，乃與郁同謀殺矩，追之不及。時源適行過昌樂，郁遂懷刃，雜夫隸中，乘間刺之，傷其額、頷、左臂，即爲從者所擒。事聞，上命巡按監察御史究治，時富、郁皆死於獄，仍梟首示衆。"（卷二一四，第4039—4040頁）

② "弘治十三年七月辛酉（九日）"條："陞……詹事府少詹事兼翰林院侍讀學士王鏊俱爲右侍郎……鏊吏部。"（卷一六四，第2977頁）奏疏載於"弘治十四年正月丙子（二十七日）"條（卷一七〇，第3089—3099頁），又載於《王鏊集》，卷一九，《上邊議八事》，第276—281頁。

③ 《太傅文恪公年譜》"弘治十五年壬戌"條云："時北虜入寇，公上籌邊八事……議論激切，中有'佞幸用事，功賞倒置'之語。内寺蕭敬方招權用事，指此忌曰：'此爲我也。'遂尼不行。然其後建置，多採公疏語。"（《太原家譜》，卷一八下，第十四頁上，總第45頁）案：據《明孝宗實錄》，王鏊於弘治十四年正月二十七日上籌邊（禦虜）八事疏（卷一七〇，第3089頁），與《年譜》相異，當以《實錄》爲準。又"弘治十四年九月甲辰（二十九日）"條："起致仕南京户部尚書秦〔紘〕爲户部尚書兼都察院右副都御史，代史琳總制陝西固原等處軍務。"（卷一七九，第3310—3311頁）《年譜》所謂"多採公疏語"，蓋指此而言。然秦紘之獲起用，事距王鏊上疏已隔九月之久，如非其時北虜寇邊頻繁不止，朝廷乏人鎮制，則秦紘之起用在何時，猶未可知，非僅王鏊疏語有以致之。又《明史·王鏊傳》："嘗奏陳邊計，略言……時不能用，尋以父憂歸。"（卷一八一，第4825—4826頁）另可參《王鏊年譜》，"弘治十四年辛酉"條，第110—111頁。

④ 《太傅文恪公年譜》"弘治十四年辛酉"條云："公在部，凡貪昧求進者必抑之，恬退無營者必進之。端清公諒，人望而敬悚，不敢以私干。"載於《太原家譜》，卷一八下，第十三頁下至第十四頁上，總第45頁。

⑤ 《王鏊集》，卷一二，第205—206頁。

任刑部給事中①,後徐沂旋以便養親爲由,改隸南京工科②。弘治間,貴戚壽寧侯張鶴齡及中官李廣等頗得恩寵,徐沂、王鏊皆惡其人,各嘗諷諫、彈劾之③。本札所謂"希曾之舉",不可具考,然結合前後文句,當指徐沂有乞休或奏劾之舉,爲徐源所止,王鏊稱是。

【九】《致顧福札》

別來無往瞻,致小詩一首奉覽,感舊之情,不能無耳。

城東曾托主家隣〔一〕,風雨趁〔二〕朝起我頻。世事悠悠那□問,交情落落向誰親。十年不換青氈〔三〕舊,兩地空嗟白髮新。適有它時林下約〔四〕,周山元傍太湖濱〔五〕。

鏊頓首。大参〔六〕雲厓〔七〕先生執事。十月一日。④

【校注】

〔一〕 隣:原字左"阝"右"粦",即"鄰"。

〔二〕 趁:同"趨"。

〔三〕 青氈:語本《晉書》:"〔王獻之〕夜卧齋中,而有偷人入其室,盜物都盡。獻之徐曰:'偷兒,青氈我家舊物,可特置之。'羣偷驚走。"⑤

〔四〕 林下約:語本《高僧傳》:"〔竺僧〕朗常蔬食布衣,志耽人外,以僞秦符健皇始元年,移卜泰山,與隱士張忠爲林下之契,每共遊處。"⑥

---

① 《孝宗實錄》"弘治十三年二月戊戌(十四日)"條:"時户科等科各缺給事中……吏部因請趣令前養病已愈結事中徐沂、楊褫、吴葬、毛珵及丁憂將滿給事中楊昇、張文,各赴部聽用。從之。"(卷一五九,第2856頁)"弘治十四年閏七月戊寅(二日)"條:"刑科給事中徐沂以病痊至,復除原職。"(卷一七七,第3241頁)

② 《孝宗實錄》"弘治十四年十一月甲申(十日)"條:"改刑科給事中徐沂於南京工科,以便養親,從其請也。"(卷一八一,第3334頁)

③ 《兩浙名賢錄》"廣東布政司參議徐希曾沂"條:"亢直敢言,彈劾權勢如鷹鸇之逐鳥雀。時壽寧侯張鶴齡等恃勢肆虐,及中官李廣輩矯命行私,皆嘗章擊之,爲當路所疾,改南京工科。"(載於《續修四庫全書》第542册,卷二四,謇直,第二十六頁上,總第705頁)《明史·王鏊傳》:"弘治初,遷侍講學士,充講官。中貴李廣導帝遊西苑,鏊講王文不敢盤於遊田,反覆規切,帝爲動容。講罷,謂廣曰:'講官指若曹耳。'壽寧侯張巒故與鏊有連,及巒貴,鏊絶不與通。"(卷一八一,列傳第六十九,第4825頁)

④ 據北京翰海拍賣有限公司1997年秋季拍賣會圖樣錄出。

⑤ (唐)房玄齡等撰:《晉書》,北京:中華書局1974年版,卷八〇,列傳第五十,第2105頁。

⑥ (南朝梁)慧皎撰,湯用彤校注,湯一玄整理:《高僧傳》,北京:中華書局1992年版,卷五,義解二,"晉泰山崑巖竺僧朗"條,第190頁。

〔五〕 周山、太湖：皆蘇州地名，兩相毗鄰①。

〔六〕 大參：布政司參政之尊稱。

〔七〕 雲匡：即顧福，字天錫，雲匡其自號也，蘇州府吳縣周山人②，成化二年（1466）進士。

【考釋】

本札落款稱顧福爲"大參"，據《孝宗實錄》，顧氏於弘治八年（1495）七月陞河南布政司右參政，至弘治十二年（1499）正月致仕歸蘇州，卒年不詳③；王鏊於弘治十七年（1504）春歸抵蘇州居父喪，至正德元年（1506）服闋還朝，未幾又於正德四年（1509）致仕歸蘇州。札中詩云"兩地空嗟白髮新"，可證二人分隔異地，則本札撰寫時間可能性有二，一是弘治八年（1495）以後、弘治十七年（1504）前；二是正德元年（1506）後、正德四年（1509）以前，然確切年份，未能考定。《震澤先生集》未收與顧福相關之詩文，本札所錄詩亦未收入集中，可據補。首聯追述舊日故事，今略作推闡：蘇州籍官員在京，居崇文街之東，始自吳寬，後遂成風氣。吳寬有海月菴，王鏊毗其鄰建共月菴，顧福在京時，或亦居此地，吳寬與之往還頗密，《家藏集》有贈詩，即旁證也④。顧福與王鏊同朝，當在其任刑部主事員外郎、郎中時，期間二人共相趨朝。嗣後顧氏調任外職，未嘗再返任京官⑤。尾聯有隱居之約，周山、太湖相鄰而同屬蘇州府，而周山亦乃顧福之母墓地所在，顧

---

① 《蘇州府志》卷一〇"成化五年吳縣知縣樊瑾濬九曲港"條下小注云："瑾以太湖近脣口處，凡呂山、周山、東陽、梅舍等處，人出入經此，屢遭覆溺。本地民言，香山西南有九曲港者，淤塞已久，濬之可避湖險，於是重加開濬，共三千八百五十餘丈。"（第1冊，水利二，第四頁上，總第271頁）

② 李東陽《明故河南布政司右參政進階嘉議大夫顧君墓表》："雲匡姓顧氏，諱福，字天錫，雲匡其所自號。"見《李東陽集》，第3冊，文後稿，卷一七，墓表，第1153頁。以下簡稱《顧君墓表》。《本朝人物分省考》等皆取材於李東陽所撰《墓表》，今不復贅引。

③ "弘治八年七月庚子（二十日）"條："陞江西吉安府知府顧福爲河南布政司右參議（案：校勘記云"廣本、抱本議作政"，是也）。"（卷一〇二，第1874頁）"弘治十二年正月甲戌（十四日）"條："吏部會都察院考察天下來朝及在任方面知府等官，疏上，布政使方守參政顧福……等三百二十六員各年老有疾例致仕。"（卷一四六，第2562頁）李東陽《顧君墓表》："擢河南布政司右參政，分司南陽，致仕卒。……雲匡既歸，日與鄉大夫士觴詠爲樂。"（文後稿，卷一七，第1153頁）

④ 吳寬《家藏集》有《次韻顧天錫九日病起》（卷四，第九頁下，總第29頁）、《送顧郎中天錫調永州同知》（卷七，第二下，總第48頁）、《顧天錫參政以公事畢過吳中省墓復還南陽送別》（卷二一，第十頁上至第十頁下，總第159頁）等詩。

⑤ 李東陽《顧君墓表》："歷刑部主事員外郎郎中，調永州府同知，遷知吉安府，擢河南布政司右參政，分司南陽，致仕卒。"（文後稿，卷一七，第1153頁）

氏嘗廬墓於斯數年。顧福死,李東陽爲撰墓表,特爲表出,以見其孝①。顧福好以詩代札,寄意於詩翰②。王鏊此札所録詩作,或爲二人唱和之一例③。

【十】《致姜昂札》(弘治六年二月)

北來不獲以時款奉,比往門外奉候,則車從已於首[一]日行矣,殊深愧負,緬惟出聽民訟,入奉色養[二],慶慰慶慰。前鄞郡[三]士夫來乞文,不腆之文[四]非所以贈君子也,固辭不獲,爲之去,甚愧耳。因貴治經府李煇[五]來,便附承動静,煇於僕有一日之舊焉。惟少垂視,餘惟自愛。不宣[六]。鄉生王鏊再拜,姜寧波[七]大人鄉長[八]閣下。④

【校注】

〔一〕 首:拍賣行釋作"前",疑不確,今據字形釋作"首"。

〔二〕 色養:謂和顔悦色以奉養父母,語本《世説新語·德行》:"王長豫爲人謹順,事親盡色養之孝。"⑤

〔三〕 鄞郡:謂寧波府,時姜昂任此地知府。

〔四〕 不腆之文:意謂不善之文章,猶拙文也,自謙之辭。語本《禮記·郊特牲》:"辭無不腆。"注云:"腆,善也。"此本鄭注。又引陸佃注云:"凡謙辭,言'不腆'。"⑥

〔五〕 李煇:疑即李輝,王鏊會試同年,江西吉水人,成化十一年

---

① 李東陽與顧福往來頗密,《李東陽集》收《送顧天錫序》(卷二四,文稿,卷四,序,第 424—425 頁)、《與顧天錫書》(卷三四,文稿,卷一四,書,第 563—564 頁)、《寄顧天錫二首用致仕後所寄韻》(卷五五,七言律詩,第 855—856 頁)等。
② 李東陽《顧君墓表》:"雲厓既歸,日與鄉大夫士觴詠爲樂,足不至公府,手不操書札,惟歲時以詩寄予,未病前一月猶然。"(文後稿,卷一七,第 1154 頁)
③ 唱和、答詩不必盡然步韻,洪邁云:"古人酬和詩,必答其來意,非若今人爲次韻所局也。"下舉杜集唱和之作,皆不步韻,今摘其一,高適寄杜甫詩云:"草玄今已畢,此外更何言?"杜答云:"草玄吾豈敢,賦或似相如。"參氏著:《容齋隨筆》,上海:上海古籍出版社 1995 年版,上册,卷一六,"和詩當和意"條,第 210 頁。據此,則知詩翰之唱和,一來一往,正復與書札之用相同。
④ 據北京匡時國際拍賣有限公司 2015 秋季拍賣會圖樣録出。原題作《行書致姜寧波手札》。
⑤ (南朝宋)劉義慶撰,徐震堮著:《世説新語校箋》,北京:中華書局 2011 年版,卷上,德行第一,第 17 頁。
⑥ (清)孫希旦撰,沈嘯寰、王星賢點校:《禮記集解》,北京:中華書局 1989 年版,卷二六,郊特牲第十一之二,第 707—708 頁。

(1475)賜第三甲同進士出身。①

〔六〕 不宣：書札收結語。宋代魏泰《東軒筆録》："近世書問自尊與卑，即曰：'不具。'自卑上尊，即曰："不備。'朋友交馳，即曰："不宣。'三字義皆同，而例無輕重之説，不知何人定爲上下之分，而舉世莫敢亂，亦可怪也。"②後人多不遵此，於不宣、不備、不具、不一一等，隨意撮用③。

〔七〕 姜寧波：即姜昂，字恒頫，蘇州府太倉州人，成化八年(1472)進士，因知寧波，故札中稱曰"姜寧波"。

〔八〕 鄉生、鄉長：姜乃太倉州人，王乃吴縣人，毗連而居，當時皆屬蘇州府，故稱同"鄉"。姜昂生於正統十二年(1447)，成化八年(1472)進士，王鏊生於景泰元年(1450)，成化十一年(1475)進士，姜爲王之前輩，故王自稱"生"，而尊稱姜爲"長"。

【考釋】

據姜昂《乞終養本》所自述晉陞經歷："成化二十三年五月内陞河南府知府，弘治六年(1493)二月内調寧波府知府，弘治十年(1497)十二月内欽陞前職(案：福建布政司左參政)。"④其赴京辦理調遷事，當在弘治五年(1492)底至弘治六年(1493)初。據本札開首數句，知姜昂自河南赴京，及弘治六年(1493)二月離京赴寧波時，王鏊皆未得親自送別，然受寧波籍朝官請求，撰《送姜太守改任寧波序》以贈之⑤，此即札中所謂"鄞郡士夫來乞文"事。序文載《震澤先生集》中，則"不腆之文"云云，謙辭也。除此文外，王鏊知交吴寬、林俊等人集中皆有相關詩文，綜觀諸作，贈別、墓表之類，無一不重在表彰姜昂之官績及恭孝。姜昂逝世後，王鏊爲撰墓誌銘，仍以此

---

① (明)張朝瑞撰：《皇明貢舉考》，載於四庫全書存目叢書編纂委員會編：《四庫全書存目叢書·史部》第269册，濟南：齊魯書社1996年版，據北京大學藏明萬曆刻本影印，卷五，"成化十一年會試"條，第十二頁上。
② (宋)魏泰撰，李裕民點校：《東軒筆録》，北京：中華書局1983年版，卷一五，第167頁。
③ 鄭逸梅：《尺牘叢話》，"不具不備不宣不一"條，第11頁。
④ (明)楊循吉纂，徐景鳳校：《蘇州府纂修識略》，載於氏著：《合刻楊南峯先生全集》，美國國會圖書館藏明萬曆三十七年(1609)刻本，第3種，卷五，文詞上，第三頁下。此據劉俊偉《王鏊年譜》提示，"弘治六年癸丑"條，第63頁。
⑤ 節録文中表彰之語："姜侯恒頫初守河南，上疏曰：'臣母老矣，願乞江浙(浙)間一郡自效，且以便臣之私。'不報。會述職至京，復上曰：'臣母老矣，願乞近郡以便養。'時寧波缺守，詔以畀之。於是，朝之士夫莫不仰上之仁，嘉侯之孝。侯喜得侍其太夫人，寧波喜得賢守，而河南之人迺獨惜其去也。"載於《王鏊集》，卷一○，第193頁。

爲其蓋棺論定①。以王鏊序文語概括之,姜乃今之"循吏",更是"孝之大者";以札中語概括之,即所謂"出聽民訟,入奉色養"是也。或曰,王鏊寄示序文後,適寧波府來人(李煇),且係舊識,故撰此札,託其人代爲轉交姜昂;或曰,此乃王鏊得姜昂札後之覆函,今亦未可知也。

【十一】《致祝顥札》(成化十八年春)

奉求高作,送巡按公〔一〕還朝,以繡字爲韻〔二〕,速惠爲禱。王鏊、李應禎〔三〕同拜。侗軒大人尊丈②。

【校注】

〔一〕 巡按公:疑指夏正夫,詳見【考釋】。
〔二〕 繡:去聲,屬仄韻。
〔三〕 李應禎:蘇州府長洲縣人,名甡,一名維熊,字應楨,以字行,晚更字貞伯,以書法名於時,祝允明丈人③。

【考釋】

本札輯自清代陶樑《紅豆樹館書畫記》,原書注云"王文恪公連名書"④云云,知出自李應楨手筆,王鏊聯署,今姑附於此。李應楨《大明山

---

① 王鏊:《福建布政司左參政姜公墓誌銘》:"一意愛民,凡所決遣皆自以不冤。門無呵卒,獄無滯囚。三年,召試監察御史。……擢知河南府……時母夫人年八十,以懷土,屬疾。疏乞近郡便養,不許。疏復再上,三上,至乞降府佐或教授,它日除邊遠自效,乃改知寧波。……六年,復以母老歸養。進福建布政司左參政,不起,且上疏乞終養。母卒,服闋。……在官日,買肉少許奉母,自食蔬菜。"載於《王鏊集》,卷二八,第394—395頁。吳寬《送姜恒頫改守寧波便養》:"漢書舊説河南守,未許吳公美獨專。奏疏屢陳容便養,官階無改勝喬遷。地連越嶠仍持橄,家在婁江好放船。從此升堂了公事,夜筵春酒樂高年。"載於《家藏集》,卷二〇,第三頁下,總第148頁。林俊《明中大夫左參政姜公墓表》:"第進士,出知棗強,入爲監察御史,自北乞南,知河南郡,又乞寧波,皆以母老故。竟去,終其養,服闋。"載於《見素集》,上海:上海古籍出版社1991年版,據《四庫全書》本影印,續集,卷一〇,第544頁。
② (清)陶樑著:《紅豆樹館書畫記》,清光緒八年(1882)吳縣潘氏韡園刻本,卷六,明人書册,"李貞伯手札二通"條,第二十五頁下。
③ 吳寬《明故中順大夫南京太僕寺少卿致仕李公墓碑銘》:"女二人,嫁貢士祝允明、張廷瓛。"又:"平生書蹟清古,文詞簡雅有法,爲世所重。"載於《家藏集》,卷七六,第五頁上、第五頁下至第六頁上(總第759—760頁)。
④ 《紅豆樹館書畫記》,卷六,明人書册,"李貞伯手札二通"條,第二十五頁下。

西等處承宣布政使司右參政祝公墓誌》稱顥爲"侗軒祝公"①,而其文集名"侗軒集"②,故知祝顥爲收信者。或因祝顥孫允明娶李應楨女,兩人爲姻親,關係密切,遂由李應楨而非王鏊親筆致函。本札撰於何時,未見直接確切之證據,今試綜括所知,略作推測,提出一説。按札中語氣,王、李、祝三人其時必皆在蘇州,始有送某"巡按公"還朝之事。考王鏊自成化十四年(1478)考滿進階文林郎,於是年七月告歸還蘇,並爲其母守喪,至成化十八年(1482)四月還朝復職翰林院;而祝顥死於成化十九年(1483)。如是,則本札必撰於成化十四至十八年(1478—1482)間。李應楨《范庵集》已佚,祝顥《侗軒集》無相關詩文,切合時間而身份相符者,僅王鏊《震澤先生集》所載《陪夏憲副正夫遊石湖》詩題提及之夏寅③,其時任江西按察司副使④,即俗稱之所謂"憲副"、"巡按",主理學政,且亦居憂在家。夏寅居華亭(今之上海),或因毗鄰之便,遂有蘇州之遊,爲時十日⑤,王鏊嘗陪遊石湖,並作詩紀之,然此非札中提及之詩作。今細考《陪夏憲副正夫遊石湖》詩,其前有《卧病》一首,其中有句云"八月文園病未消",則詩當作於成化十七年(1481)秋;而《陪》詩有句云"東風湖上試春衫",依節序之次,則詩當作於翌年春天。夏寅之遊蘇,因其官職,與蘇松仕紳往來應酬,事屬尋常,王、李之邀祝,或亦其中之一,故本札當亦撰於期間,今繫於成化十八年(1482)春⑥。至於札中"以繡字爲韻"之作,雖未得見⑦,然可推想,當爲仄韻之古體詩,既係應酬之作,又爲韻部所限,難成佳什,此或祝、王之集皆未收入之故。

---

① (明)祝顥撰:《侗軒集》,臺北國家圖書館藏明刊鈔補本,附鈔碑誌遺事,第一頁上。
② (明)王鏊總纂,林世遠等修:《姑蘇志》,嘉靖增修本,卷五二,第十三頁下。
③ 《王鏊集》,卷一,第 15 頁。
④ 《明憲宗實錄》"成化五年二月甲午(九日)"條:"南京吏部郎中夏寅爲按察司副使……寅江西。"(卷六三,第 1282 頁)又"成化十九年五月辛亥(二十日)"條:"復除江西按察司副使夏寅於山東管理海道。"(卷二四〇,第 4066 頁)
⑤ 成化二十三年(1487)王鏊在京,夏寅出示先前所作遊石湖、虎丘詩卷,鏊復題詩於上:"石湖煙水虎丘雨,上國還從卷裏看。高人過作十日飲,故事留與他年觀。亦知南國有西子,誰謂東山無謝安。更欲相從尋勝處,高崖磨認墨痕淺。"見《王鏊集》,卷一,《題夏正夫遊石湖、虎丘詩卷》,第 20 頁。
⑥ 《王鏊年譜》繫《陪夏憲副正夫遊石湖》詩於成化十七年(1481),則與《卧病》所述景色、節序有扞格,故不取此説。又,《題夏正夫遊石湖、虎丘詩卷》中所描繪"煙水"、"雨"等,正是春景,可與《陪》詩相參看。
⑦ 如前文所述,李之集已佚,祝、王之集皆無載,而夏寅《夏文明公集》(一稱《夏文明集》)四十卷本,亦已佚。

【十二】《致劉布札》

向者[一]兩家子弟不相能[二],至勞諸鄉丈爲之解紛,感此至意,何能已已。然至于爲帑人[三]之費,則非僕之所敢當也,亦不敢忘也。舍弟鏐[四]堇[五]卜是月廿八日,薄具豆觴,奉延軒從,冀以酬厚,儉至情于萬一,而非敢以是爲謝也。伏惟惠然以終其賜,不勝幸也。鏊再拜。時服進士[六]尊契[七]執事。①

【校注】

〔一〕 向者:謂"從前"。按上下文意,釋作"近來"、"最近"亦可。

〔二〕 不相能:彼此不能和睦共處之謂。語本《左傳·襄公二十一年》:"欒桓子娶於範宣子,生懷子。范鞅以其亡也,怨欒氏,故與欒盈爲公族大夫而不相能。"楊伯峻注:"不相能,猶言不相得,不能共處。"②

〔三〕 帑人:"帑"或通"孥","帑人"或即"孥人",取此説,則此處代指子女,即札中所謂"兩家子弟"。

〔四〕 舍弟鏐:王琬第四子,王鏊同父異母弟,周夫人生,行七,字進之,娶閶門吳氏③。

〔五〕 堇:或通"謹"。

〔六〕 時服進士:劉布,字時服,弘治十五年(1502)進士,任工部主事④。

〔七〕 尊契:尊敬相契之謂,敬稱也。

【考釋】

本札當撰於劉布舉進士後,即弘治十五年(1502)或以後,具體年份,未

---

① (清)孔廣陶摹刻:《嶽雪樓鑒真法帖》,北京:中國書店1997年版,據清光緒六年(1880)刻本影印,下册,申册,明,王鏊《與時服帖》,第267—268頁。見附圖(二)。
② 楊伯峻編著:《春秋左傳注》,北京:中華書局1995年版,第3册,第1085頁。
③《太原家譜》,卷六,宗譜,第三十九頁下至第四十頁上(總第408—409頁)。《王鏊集》有《四月九日,與弟秉之,進之過通安橋顧氏,因偕玄敬登陽山絶頂。次日過虎山橋、七寶泉,至靈巖山而還。得詩三首》(卷七,第133—134頁)、《己卯開歲九日,弟鏐宅觀燈,次秉之韻》(卷七,第150頁)。王鏊兄弟中,以王銓文采較佳,《王鏊集》所存王鏊與之唱和之作頗多。王鏐不擅作詩爲文,似未從事舉業,或據家族傳統從商,如其大兄王銘。
④《蘇州府志》,第2册,卷六〇,選舉二,明進士,"弘治十五年壬戌康海榜"條,第十三頁上(總第612頁)。

能考定。札中云劉、王二家子弟不相能,當與王鏊長子延喆在蘇種種舉動有關。王氏本經商家族,王延喆自幼隨王鏊居京師,年十九歸吳中,即鋭意開拓門户,藉其父之權勢,加以自家經商之天賦,多所興殖,數歲間致産不訾。陸粲所撰王延喆墓誌銘明言其之所以致暴利,在積極"貰貸",即今之所謂放高利貸,以至放債之錢莊如冶鐵店、客棧,遍處皆有①。今存王鏊致延喆數札,多見王鏊嚴辭斥責延喆放帳之舉,其時或有家僕恃勢謀命之傳聞,略可窺知蘇州當地風評②。相較言之,劉氏家風純樸,劉布之弟劉度嘗任地方吏事,管鄉賦之事;平常力耕,遇民乏即救濟之;遭人誣詆,即直抗之③。其家與王氏作風相異如斯。二家子弟脾性恐亦相異,或因而互有不滿,遂生紛争,而劉布等長輩爲之調停。揣摩札中語,王鏊當時尚在京師任官,遂由其四弟王鏐代爲宴請劉布,以表謝意,然王鏐爲白身,與劉布進士出身,未免不符,故王鏊特撰此札,落款稱"尊契",極盡禮數。王鏊與劉布嘗有往來,弘治十五年(1502)劉布甫進士及第,即以其曾祖劉珏《完菴詩集》一編授王鏊,後王鏊爲之撰序④,且王鏊摯友兼前輩沈周與劉家或有姻親關係⑤。

---

① 陸粲《尚寶公墓誌銘》:"君年未二十,歸吳,即慨然欲恢拓門户。當是時,吳中富饒,而民樸,畏事自重,不能與勢家争短長,以故君得行其意,多所興殖。數歲中則致産不訾,貰貸子錢若壚冶邸店,所在充斥。"載於《太原家譜》,卷二一、碑誌類上編,第 196 頁。

② 略舉數例:"家人生事的,盡行逐出;不要放帳,尚或可救。不然,不獨連累我,我不知汝死處矣。"又:"近日有人來説:王平、朱祥在外生事,致打死人。"又:"爲今之計,只是收拾舊帳,不要放一錢。"又:"前日有人貼無名帖子,説我縱子殺人,不知汝殺何人? 有此謗傳到京師,此豈好消息耶? ……聞汝跟隨手下,害人者不少,不肯逐去,只來哄我,説不生事。"又:"進禄發他下常熟,再不許他到城。他放的帳,可貼一票曉人,俱非我家的,不要還他。"載於《王鏊集》,補遺,《與尚寶公書》,第 542—544 頁。

③ 祝允明《劉時制墓誌銘》:"時制去,爲父任門户事,益有治局,笇鄉賦善徵,抉弊多神。縣官力家,督牟略田計,漫滅竄伏,百狀鈎滌還於初。法司覈軍田,部使者董水利,嘩徒誣訐時制家,時制皆往直之。平時力穡廣産,散積濟乏,勤惠之蹟,不能一二數。"載於《祝允明集》,上册,卷一九,傳志,第 334 頁。案:祝允明與劉布相交頗密,嘗爲之作《飯苓賦》,載於《祝允明集》,上册,《祝氏集略》,卷二,第 32 頁。此賦今尚有祝氏手録楷書立軸存世,前有"爲進士劉君時服作"八字,集中無之。陸時化《吳越所見書畫録》卷二、陸心源《穰梨館過眼録》卷一六皆著録,今藏於北京故宫博物院。

④ 王鏊:《完菴詩集後序》,載於(明)劉珏撰:《完菴集》,明弘正間劉布編刊後代修補本,臺北國家圖書館藏本,卷二,無頁碼。

⑤ 清代顧文彬《過雲樓書畫記》"沈石田杏花軸"條:"設色寫及第花一枝,淡抹脂痕,淺舒粉暈,三百年前玉臺宫體也。上方詩云:'與爾近居親亦近,今年喜爾掇科名。杏花舊是完菴種,又見春風屬後生。'蓋石翁寄賀布甥壬戌科登第者。《府志·選舉門》弘治十五年壬戌康海榜有長洲劉布,時服是也。"(柳向春點校,上海:上海古籍出版社 2011 年版,卷四,畫類四,第 125—126 頁)

【十三】《致黄省曾札》（正德十二年後）

讀新制二篇，琢字鍊辭，步驟開闔，甚似孫可之〔一〕，豈偶合乎？將其集〔二〕始出，一覽遂得其肯綮乎？由此而進昌黎之門牆，殆不難也。然有疑焉。昌黎公所謂"王好竽而子鼓瑟"〔三〕，不免世俗之大怪也。願少貶損，使奇氣溢於至足之餘乃妙。承問不敢不盡，鏊再拜。勉之〔四〕文學道契①。

【校注】

〔一〕 孫可之：即孫樵，可之其字也，一字隱之，唐大中九年進士，《新唐書》等載錄其《經緯集》三卷②。

〔二〕 其集：謂《孫可之集》，王鏊自內閣手錄而歸，晚年刊刻成書。

〔三〕 王好竽而子鼓瑟：語出韓愈《答陳商書》③。韓愈書乃應陳商求爲文之法而作。王鏊直引其語，或有比擬之意，而追慕韓愈之情，歷歷可見。

〔四〕 勉之：即黄省曾，勉之其字也，蘇州府長洲縣人，舉鄉試，從王守仁、湛若水游，又學詩於李夢陽，著有《五嶽山人集》等④。

【考釋】

王鏊於正德四年（1509）自內閣告歸，與蘇州士子往來甚密，黄省曾從遊其門⑤，諸生中尤以好蓄書、刻書著稱，適與王鏊晚年志趣相近⑥。從《震

---

① 徐邦達著，故宫博物院編：《古書畫過眼要錄·元明清書法》，北京：紫禁城出版社2006年版，第2册，第863頁。本札一題作"新制帖"，今藏北京故宫博物院。
② （清）永瑢等撰：《四庫全書總目》，北京：中華書局1992年版，下册，卷一五一，集部，别集類四，"孫可之集十卷"條，第1299—1300頁。
③ 馬其昶校注，馬茂元整理：《韓昌黎文集校注》，上海：上海古籍出版社1986年版，卷三，第210頁。
④ 參見《明史》，卷二八七，列傳第一百七十五，文苑三，第7363頁。
⑤ 《太傅文恪公年譜》"正德七年壬申"條："蓋公性恬退，既歸田……暇則共鄉里名士登山臨水，敖遊園林、寺觀……入城則有門下諸生祝允明、文徵明、唐寅、陸粲、黄省曾、王守、王寵、陳怡、杜瑨等。"又"正德八年癸酉"條："長君亦築園於西城之闉，名'怡老'。公入城，則與諸門生故人宴遊其中，更相倡和，勤盈卷帙。諸士子或因之以發譽，如吴文之、陸子餘、黄勉之輩，能爲後進推轂，士皆傾心焉。"載於《太原家譜》，第17册，卷一八下，年譜，第49、50頁。
⑥ 王鏊所刻《孫可之集》、《古單方》、《唐六典》等書，多爲供職翰林時自內閣抄錄者，晚年退歸，始得閒暇整理。黄省曾刻書更多，曾邀王鏊爲其所刻書撰序，今《震澤先生集》中尚收有其中三篇，分別爲《重刊王逸注楚詞序》（卷一四，第225—226頁）、《申鑒注序》（卷一四，第226—227頁）、《題蓬軒類紀》（卷三五，第502—503頁）。祝允明《西洋朝貢典錄序》："曩時太傅 （轉下頁）

澤先生集》所收詩作,可知王鏊對黃省曾其人其文頗加讚譽,又爲其居所題詩①。《明水集》乃黃氏少作之結集,刊刻成書後,或嘗寄呈、請益於王鏊;本札提及寄呈"新制"之舉,正復類同。正德十二年(1517)王鏊刻《孫可之集》成,正德十五年(1520)爲皇甫録所刻《皇甫持正集》作序②,其所以孜孜於《皇》、《孫》諸集之流播,蓋欲爲自家見解張目,今細究本札,並取王鏊集中諸文相參證,總其大要,大約有三:(一)上承孫樵之説③,以"韓愈——皇甫湜——來擇——孫樵"爲一脈相傳之譜系,樵死,韓愈爲文心法遂中絶④。(二)韓愈文有"正"、"奇"二面,李翱、張籍得其正;皇甫湜得其奇,而孫樵繼之⑤。前二者,世多知之,獨後二者,久乏知音,特舉韓文之"奇"以褒揚之⑥。(三)韓愈爲文變化難測,幾不可學,學者欲法之,先讀《皇》、

(接上頁)太原文恪公嘗謂:黃子中秘,亦無諸國風土之書;春官所掌,不過朝騁表章方物。聞有此撰,愛賞良深,而未矙其就。黃子不妄比人,上唯王公,下猥及我。今王公既歿,我當叙之。"載於氏著《祝允明集》,上册,《祝氏集略》,卷二四,紀叙,第421頁。案:祝氏序中言及黃省曾嘗編撰《西洋朝貢典録》,王鏊頗加關注,書未成而王鏊已卒。王鏊卒於嘉靖二年(1524),祝氏卒於嘉靖五年(1526),祝氏序文當成於其間。今人已有詳細考證,定於嘉靖四年,其説甚確,詳參賀玉潔:《再論黃省曾〈西洋朝貢典録〉》,載於《史學理論研究》,2018年第2期,第97—101頁。據此可推想,如王鏊生前目睹此書,當欲爲之撰序,於斯又見二人刻書志趣相契之一斑。

① 《覽黃省曾〈明水集〉》有"勉之生也少,所負良崎嶔","青紫俯首拾,爲國希世琛"之句,意謂黃省曾年少而抱負卓絶,詩文佳者俯拾皆是,許爲國家棟樑。《黃勉之明水草堂》寫其居所"虎阜峭奔人,天平秀特分",而嘉其"攻文不倚文",即文采出衆而不恃以欺人。括言之,所謂"人傑地靈"也。二詩詳參《王鏊集》,卷七,第138、144頁。王義勝注釋詳實可讀,參氏著:《王鏊詩集詳注》,〔出版地不詳〕2014年版,下册,卷七,詩,第773—775頁、第813—814頁。
② 王鏊《皇甫持正集序》:"予既刻可之文,而持正未遑。今世庸乃能嗣吾志而梓之,予嘉其仕優而不忘學,又不忘其世裔之所從出也,爲序其端。"載於《王鏊集》,卷一四,第227頁。
③ 孫樵《與王霖秀才書》:"樵嘗得爲文真訣於來無擇,來無擇得之於皇甫持正,皇甫持正得之於韓吏部退之。"載於氏著:《孫可之文集》,上海:上海古籍出版社1979年版,據宋蜀刻本影印,卷三,第五頁下。孫樵私淑韓愈之心,昭然可見,遂造此一譜系,反覆告諸所識。集中觀點相同之處尚見《與友人論文書》,載於《孫可之集》,卷三,第六頁上。
④ 王鏊《孫可之集序》:"近世文章家要以昌黎公爲聖,其法所從授,蓋未有知其所始者,意其自得之於經,而得之鄒孟氏尤深……昌黎授之皇甫持正,持正授之來無擇,無擇授之可之,故可之每自詫得吏部爲文真訣。可之卒,其法中絶。……少讀《唐文粹》,得持正、可之文,則往返三復,惜不得其全觀之。後獲内閣秘本,手録以歸……遂梓刻以傳,庶昌黎公不傳之秘或有因是而得者。"載於《王鏊集》,卷一二,第207頁。
⑤ 王鏊《皇甫持正集序》:"余謂昌黎爲文,變化不可端倪。持正得其奇,翱與籍得其正,而翱又得其態。合三子一之,庶幾其具體乎?則持正、可之文,亦豈可少哉?"(卷一四,頁227)
⑥ 孫樵《與王霖秀才書》:"儲思必深,摛辭必高,道人之所不道,到人之所不到。趨怪走奇,中病歸正,以之明道則顯而微,以之揚名則久而傳。"(卷三,第五頁上)

《孫》二集,以持正、可之爲通往昌黎爲文秘訣之門徑①。札中"將其(案:《孫可之集》)集始出"云云,可證黃省曾來問爲文之法時,是集已刻成,王鏊遂囑其披覽,故本札當撰於正德十二年(1517)後。札中謂黃省曾文甚似孫樵,實誘導之辭也。黃省曾論文與王鏊同中有異。所同者,黃氏亦以韓愈爲古作者之典範,尤稱譽其爲文而主於道;所異者,黃氏對韓愈爲文好用奇崛語頗有微辭,與王鏊之尚奇相左②。王鏊或有感於此,故札中特以"願少貶損,使奇氣溢於至足之餘乃妙"之語規勸之。

【十四】《致某人札》

向期十八日詣府,薄具藨[一]殽奉上,伏祈鑒納。燒鵝一隻,豚蹄一付,魚一尾,野雉二隻,肚二枚,酒一尊黃封也。劉纓[二]、楊錦[三]、王鏊[四]、趙寬[五]、錢承德[六]同具。張守之[七]請否?乞示教。③

【校注】

〔一〕 藨:同"粗"。觀其所列,五道皆肉食,配名酒一尊,可知"藨殽"云云,謙辭也。

〔二〕 "劉"下一字,當爲"纓"或"海"字,今定爲"纓"。劉纓,字與清,號鐵柯,生於正統七年(1442),蘇州府長洲縣人,王鏊同鄉,成化十四年(1478)進士④。

〔三〕 楊錦:字尚絅,生於正統十三年(1448),蘇州府嘉定縣人,王鏊

---

① 王鏊《書孫可之集後》:"予既刻《可之集》授學者,人或曰:'君以昌黎公爲作者之聖,欲學者法之,顧令讀《可之集》,何也?'曰:'昌黎,海也,不可以徒涉。涉必用巨筏焉,則可之是也。'"載於《王鏊集》,卷三五,第497頁。
② 今於王、黃之文各摘一段,以見二人之異。王鏊《皇甫持正集序》:"今觀持正、可之集,皆自鑄偉詞,槎牙突兀,或不能句。其快語若'天心月脇'、'鯨鏗春麗'、'至是歸正'、'抉經擘聖',皆前人所不能道,後人所不能至也,亦奇甚矣。昌黎嘗言'惟古於詞必己出'。又論'文貴自樹立,不蹈襲前人,不取悦于世'。此固持正之所從授與。"(卷一四,頁227)黃省曾《與文恪王公論撰述書》:"至於秦漢以來,操觚之士,則一務於文,疊怪詞以爲勝,餙華章以爲高,而道之至與不至,少不爲顧。雖卿、雄、通、愈三四大儒,其病亦未免也。"載於氏著:《五嶽山人集》,收入四庫全書存目叢書編纂委員會編:《四庫全書存目叢書·集部》第94冊,濟南:齊魯書社1997年版,據南京圖書館藏明嘉靖刻本影印,卷三一,頁791(第五頁上)。
③ 程琦撰:《萱暉堂書畫錄》,香港:萱暉堂1972年版,書錄,"明賢翰墨册",第82頁下—第83頁上。原題作《王鏊柬一通》。又見中國嘉德2017春季拍賣會"明人尺牘冊頁"圖樣。拍賣日期:2017年6月19日。
④ 王鏊嘗爲作《鐵柯説》釋其號之由來,詳參《王鏊集》,卷一四,第231—232頁。

同鄉、後學,成化二十三年(1487)進士,王鏊門生。

〔四〕 王鏊:字濟之,號守溪,世稱震澤先生,生於景泰元年(1450),蘇州府吴縣人,成化十一年進士(1475)。

〔五〕 趙寬:字栗夫,號半江,生於天順元年(1457),蘇州府吴江縣人,王鏊同鄉,成化十七年(1481)進士,吴寬門生①。

〔六〕 承:程琦《萱暉堂書畫録》所録札文原缺此字。王鏊《弔文山遺墨》詩題自注云:"錢世恒憲副家藏,被火。"②錢承德,字世恒,生於正統十三年(1448),蘇州府常熟縣人,王鏊會試同年,成化十一年(1475)進士。今據補。後參看拍賣品照片,確爲"承"字,殆無可疑。

〔七〕 張約:字守之,蘇州府長洲縣人,張翥長子③,弘治三年(1490)進士。

【考釋】

綜觀言之,本札當爲一投刺或拜訪函,具名者五人,皆南直隸蘇州府人,得進士出身。由此推知,所欲拜訪者,當乃一同鄉前輩而具進士出身者,疑即吴寬。吴寬亦蘇州府長洲縣人,成化八年(1472)進士,成化十七(1481)及二十三年(1487)會試考官,趙寬、楊錦之座師,與拜訪者皆有同鄉、師生、同僚關係,或有文字往還④。札中"向期十八日詣府"云云,當指拜訪吴寬在京所居之宅邸海月菴。帖中略依年齒排序,然彼此大抵同輩,故不甚嚴格。信末問邀張約赴宴否,蓋張氏乃張翥長子,在衆人中爲後輩,先前或未嘗列席。細細揣摩札中語,大抵有將張氏納入團體之嘗試,而吴寬爲在京蘇州籍官員之領袖,必不能不請示其意見。本札撰寫年份,未可考定,而當時一衆拜訪者,未必皆已舉進士。此類燕集,除維繫同鄉情誼外,更有壯大同籍官員在京勢力之作用,具體言之,諸多參與燕集者,後爲吴

---

① 王鏊《廣東按察使趙君墓誌銘》,載於《王鏊集》,卷二八,第396—397頁。
② 《王鏊集》,卷三,第67頁。
③ 王鏊《雲南按察使進階中奉大夫張公墓誌銘》:"張公,諱翥,字汝振,世爲蘇之長洲人……男二,長約,工部營繕司郎中。"載於《王鏊集》,卷二八,第397頁。
④ 略舉吴寬《家藏集》所收詩文與札中人物相關者,有《丁未春試畢送吴中四進士歸省》(卷一五,第一頁上至第一頁下,總第107頁)、《送趙栗夫歸省》(卷一五,第二頁上至第二頁下,總第108—109頁)、《鐵柯説》(卷四六,第十頁上至第十一頁下,總第416—417頁)、《跋文信公墨跡》(卷五二,第十三頁下至第十四頁上,總第480—481頁)等。

寬、王鏊拔爲進士者，爲數不少，如本札中之楊錦、趙寬，其他尚有毛珵、陸完等①。

【十五】《致某人札》

奏疏奉往，月初又欲過孟守〔一〕於城外，恐執事〔二〕不得暇耳。如往，一報。若過東，先示及。鏊再拜②。

【校注】

〔一〕 孟守：疑爲孟俊。俊字世傑，陝右咸寧人，舉人，弘治二年（1489）以監察御史任蘇州知府，三年以憂去，後改任鳳陽知府③。

〔二〕 執事：未詳何人。

【考釋】

本札收信人未詳。札中提及"孟守"，疑即孟俊，弘治二年（1489）以監察御史任蘇州知府，三年（1490）以憂去，後改任鳳陽知府。吴寬《家藏集》有《贈孟御史序》，謂孟俊爲御史巡按畿内、蘇松等地，"風聲凜然，盜賊歛蹟"，"憲體益振，官吏畏服"，又云"蓋予蘇人，實知君往歲所以振憲體者，大率詳明平恕，以盡下情，不倚勢作威而已"④，可知吴寬乃以蘇州人身份評價孟俊治績，稱許甚高。又史鑑《與王守溪修撰》："孟府尊在郡大振綱紀，宿猾以次剪除，小民樂業，然不克逞其志者造不根之語，士大夫又從而鼓之，可惜也，今已丁去，爲民蠹者又肆然矣，安得復有如斯人者乎？"⑤史鑑隱居蘇州，親見當地民情風評，故更爲可信。王鏊集中雖未見與孟俊相關之詩文，然於其人評價、觀感，當與吴寬、史鑑一致。本札具體年份未可考定，然

---

① 《王鏊集》，卷一，《送楊尚綱、楊名甫、毛貞甫、陸全卿四進士歸省》，第18—19頁。
② 石守謙、楊儒賓主編：《明代名賢尺牘集》（壹），臺北：何創時基金會2012年版，第81頁。釋文據同頁録出。
③ 《蘇州府志》："孟俊，咸寧人，舉人，成化十八年先以御史巡按蘇松，弘治二年擢知府，政尚嚴猛，同僚相見如事上官。"（第2册，卷七〇，名宦三，第十五頁上，總第821頁）吴寬《鳳陽府重修儒學記》："〔孟〕侯名俊，陝右人，始以才御史出知蘇州，剛明廉慎，稱爲賢守，及以家艱去，改守於此。"（《家藏集》，卷三八，第九頁下至第十二頁上，總第324—326頁）
④ 《家藏集》，卷四一，第十三頁上至第十四頁上（總第366—367頁）。
⑤ 《西村集》，上海：上海古籍出版社1991年版，據《四庫全書》本影印，卷五，第800頁。

大抵當作於弘治三年（1490）後，結合史鑑卒年，則當不晚於弘治九年（1496）①。札中稱"孟守"，並非必然指孟俊知蘇州時，蓋其以憂去，後又起任，改知鳳陽，仍可沿舊稱。札中云欲晤孟俊於"城外"，當指京師城外，蓋王鏊、吳寬自任京官後，未曾同時歸省蘇州，甚疑乃孟俊來京辦事時，王鏊已作探訪，後欲再訪，詢問收信者同行否，今亦未可知矣。

【十六】《致某人札》

昨見李序班[一]，其房直[二]止欲四十兩之數，或稍減亦可，但恐大溢[三]，且須略收拾。然不知其中如何？明日還便一觀之。鏊再拜②。

【校注】

〔一〕 李序班：未詳其人。序班，官名，屬鴻臚寺，共五十人，從九品，典侍班、齊班、糾儀及傳贊等事。③

〔二〕 直：通"值"。

〔三〕 大溢：疑乃財政用語，此處或指購房後支出高於收入。

【考釋】

本札收信者未能考定，今略作推論。細觀内文，事涉在京購置房產。札中稱賣主爲"李序班"，序班乃鴻臚寺官名，而鴻臚寺掌朝會、賓客、吉凶儀禮之事④，乃中央機構，故賣主其人必在京師。或曰買主即王鏊，則收信者當爲吳寬。吳寬置宅京師崇文街之東⑤，築海月菴，首開風氣，後蘇州籍官員多置宅此地，以便往來燕集。王鏊於成化十九年（1483）築共月菴，與吳寬爲鄰⑥，取此說，則本札當作於本年。大抵王鏊欲購置房產，以吳寬有

---

① 吳寬《隱士史明古墓表》："前二年，予家居，一日，忽冒暑見過，飲冰數椀而去。又二旬而疾作。家人進藥，俾持去，曰：'吾治棺待盡久矣！且吾年六十三，又夭耶？'竟卒，弘治丙辰六月甲子也。"載於《家藏集》，卷七四，第八頁上（總第 729 頁）。
② 錢鏡塘輯：《錢鏡塘藏明代名人尺牘》，上海：上海古籍出版社 2002 年版，第 2 册，《王鏊致某人函》，第 6—7 頁。釋文據同書第 6 册，第 45 頁。
③ 《明史》，卷七四，志第五十，職官三，鴻臚寺，第 1802 頁。
④ 《明史》，卷七四，志第五十，職官三，鴻臚寺，第 1802 頁。
⑤ 吳寬《贈周原己院判詩序》："自予官於朝，買宅於崇文街之東，地既幽僻，不類城市，頗於疎懶爲宜。"載於《家藏集》，卷四〇，第十四頁下至第十五頁上（總第 356—357 頁）。
⑥ 吳寬《濟之作共月菴有"幸分海月菴中月"之句因足答之》、《再答》，載於《家藏集》，卷一一，第十二頁下至第十三頁上（總第 84—85 頁）。

經驗,遂詢之,並請其同行參觀,以決定購置與否。王鏊性格高簡,平素不視簿書,雖主其家,產業無所增益①,時供職翰林院,薪俸微薄,一旦置宅,不免舉債度日,此乃當時官員常態,故札中頗爲房價猶豫再三②。或曰此乃王鏊致某人札,爲其紹介宅邸,亦不無可能,然取此説,則無考矣。

【十七】《致某人札》

披讀高文,字洗句鍊,掃去近時卑陋之習,其有柳州〔一〕之遺風乎?敬羨敬羨〔二〕。但稱獎過情〔三〕,當之深有媿色,獨所謂"毅守禮防"〔四〕等語,萬一庶幾焉,亦未敢自謂能爾也。差馳謝,餘留面盡。不宣。鏊再拜③。

【校注】

〔一〕 柳州:謂柳宗元,因官終柳州刺史,世稱"柳柳州"。

〔二〕 敬羨敬羨:原札"羨"字下有"丶"字,當爲"敬羨"之重文號(ㄟ),且古人書札中多有"敬羨敬羨"之語,今釋作此。

〔三〕 過情:語本《孟子·離婁下》:"故聲聞過情,君子恥之。"朱子注:"如人無實行,而暴得虛譽,不能長久也。聲聞,名譽也。情,實也。恥其無實而將不繼也。"④

〔四〕 毅守禮防:來信者稱讚王鏊之語,原札未見。

【考釋】

本札撰寫年月不詳。王鏊論韓愈甚詳,而論柳宗元甚簡,乃本札最可寶貴者。王鏊著述中直接論及柳文有二處:"文之製大率有二:典重而嚴,敷腴而暢。文如韓、柳,可謂嚴矣。其末也流而爲晦,甚則艱蹇,鈎棘聱牙

---

① 陸粲《尚寶公墓誌銘》:"公(案,指王鏊)性高簡,其爲家未嘗視簿書。仕既隆貴,產業無所增益。"載於《太原家譜》,卷二一,碑誌類上編,第196頁。
② 王鏊《與秉之公書》:"在翰林時,人事往來,求文之禮,今皆無之。必識此意。故俸金償房價,尚未完。"《王鏊集》,補遺,第538頁。王鏊於弘治四年(1491)陞右春坊右諭德,可視爲翰林升轉之一個階段,時已距其置宅八年矣,猶未償清,當初猶豫之態,實情理之中。
③ (清) 車萬育:《螢照堂明代法書》,收入程存潔主編:《容庚藏帖》第77種,廣州:廣東人民出版社2016年版,據廣州博物館藏清康熙三十二年(1693)車萬育刻本影印,第3册,王鏊書,第32—34頁。本札一名《高文帖》。
④ (宋) 朱熹撰:《四書章句集注》,北京:中華書局1983年版,卷八,第293頁。

而難入。"①又:"吾讀柳子厚集,尤愛山水諸記,而在永州爲多。子厚之文,至永益工,其得山水之助耶?子厚豐縟精絶,次山簡淡高古,二子之文,吾未知所先後也。"②綜括而言,王鏊以爲柳州文勝處在遣詞典雅(豐縟)、工整(精絶),而風格莊嚴。本札所謂"高文",今雖未得窺見,然王鏊稱許此文"字洗句鍊,掃去近時卑陋之習",正與其評柳州文章一致。"字洗句鍊"大抵即工整、精絶之謂,而"掃去近時卑陋之習"云云,即表揚其能復古、崇古之謂。"稱獎過情"以下一段,來信稱譽王鏊"毅守禮防",謂其能嚴守禮儀法度,王鏊覆書自謙之餘,頗爲自得,此其畢生用力處,後人論其品性德行,多著眼於此。③

【十八】《致某人札》(弘治四年六月中至八月底)

鏊頓首,得六月一日書,承已到官,平善爲慰。但今年京中頗熱,嶺南當復何似〔一〕?懷此殊耿耿。若客邸岑寂,自是出使之常,且平生得意之日,當不復以此爲念也。別來無任懷企,而性嬾作書,於執事似不當爾,而多事因循,不能自强,且〔二〕又不得便,遂爾缺然。然故人於我,豈以是爲諫敕〔三〕哉?八月中預進《實録》,蒙……〔四〕④

【校注】

〔一〕 似:劉崇德釋文作"以",不確。

〔二〕 且:劉崇德釋文漏去此字。

〔三〕 敕:劉崇德釋文作"數",今據字形及上下文意,釋作"敕",於義

---

① 《王鏊集》,卷一四,《容春堂文集序》,第 225 頁。
② (明)王鏊撰:《震澤長語》,收入《王鏊集》,卷下,文章,第 580 頁。
③ 例如王鏊《自贊》:"噫嘻先生,何如其人?窮年劬書,結髮礪行,白首於道,茫然無聞者乎?……斯人也,其量則隘,其才則庸,曾無裨補於世,所幸自潔其躬。"載於《王鏊集》,卷三二,頌贊,第 452 頁。同時人如王守仁《太傅王文恪公傳》:"世所謂完人,若震澤先生王公者非邪?內裕倫常,無俯仰之憾……或慕其德行,或仰其德業,隨所見異其稱,莫或有瑕疵之者。"載於《王鏊集》,附錄三,傳記,第 706 頁。近人如羅振玉《王文恪公畫像疏稿卷跋》:"明季吳中文章節義之風甲於宇内,實由王文恪、吳文定諸公爲之首倡,而文恪立朝,大義尤冠絶當代,其文采餘藝亦彪炳天壤間,每展觀遺跡,令人肅然起敬。……嗚呼!士君子立朝則繫天下之安危,在鄉里則爲後賢之矜式。"載於氏著:《羅雪堂先生全集》,臺北:大通書局有限公司 1989 年版,續編·四,貞松老人外集,卷三,第 1769 頁。
④ 燕登年藏,劉崇德釋文:《明名賢書信手迹》,天津:天津人民美術出版社 2002 年版,王鏊,第 65—66 頁。釋文參考同書同頁。

爲長。

〔四〕 劉崇德案語云:"此帖末殘,非完帙,受者亦已不知。"是也。

【考釋】

本札當撰於弘治四年(1491)六月中至八月底之間。札中云"八月中預進《實錄》",考《孝宗實錄》,弘治四年(1491)八月二十三日群臣上表進《憲宗實錄》,較札中預計稍遲;同月二十七日王鏊因與修《實錄》,陞右諭德①。札中有"今年京中頗熱,嶺南當復何似"等語,所述天氣適與《孝宗實錄》所載相合②,且知收信者時在嶺南一帶,今遂循此一線索,可稍作推論。《震澤先生集》收《送王允常僉事之廣東》詩③,王允常即王經,允常其字也,蘇州府長洲人,成化八年(1472)進士,吴寬同年。按《孝宗實錄》相關記載,王經於弘治元年(1488)五月十九日任廣東僉事;弘治三年(1490)九月十八日因兩廣邊糧事遭彈劾,罰俸三月④。如據《姑蘇志》,則其官終廣東僉事⑤,而何時卸任,已不可具考。然以情理推之,縱王經因彈劾事而上疏乞休,奏疏、詔命往還需時,欲於短短數月內得允,恐非易事;設曰弘治四年(1491)時,其尚在廣東僉事任上,當合情理。另據《孝宗實錄》,官員名"王經"者尚見數例,然細考各條,皆非允常其人,蓋同名之例甚多,不足爲怪。如成化二十三年(1487)二月,同名"王經"者以直隸廣平府同知改任山東僉事⑥,

---

① "弘治四年八月丁卯(二十三日)"條:"上御奉天殿,監修官太傅兼太子太師英國公張懋、總裁官少傅兼太子太師吏部尚書謹身殿大學士劉吉等率纂修等官上表,進《憲宗純皇帝實錄》,上起立受之表。"又"弘治四年八月辛未(二十七日)"條:"〔陞〕侍講劉戩、王鏊俱右諭德。"(卷五四,第1060、1067頁)
② "弘治四年四月乙丑(二十日)"條:"上以天氣炎熱,特敕司禮監太監韋〔泰〕同三法司等官審錄罪囚。"(卷五〇,第1003頁)
③ 詩云:"椰葉桄榔五嶺南,使君曾此駐帷襜。法冠直指新峨鷹,包匭生黎舊貢蚺。不信鱷魚還作惡,只應泉水便名廉。殊方風土須珍重,莫爲溪山久滯淹。"見《王鏊集》,卷二,第29頁。
④ "弘治元年五月壬午(十九日)"條:"陞山西按察司僉事蕭謙爲福建按察司副使,大理寺右寺副王經爲廣東僉事。"(卷一四,第345頁)"弘治三年九月丁丑(十八日)"條:"刑科給事中季源等查盤兩廣邊糧,劾布政司參議江英等,監臨管總理職命。英及見任僉事黃鏞、陸遠、王經、知州王淮、湖廣按察司陶魯各停俸三月。去任都御史宋旻等免究。"(卷四二,第873頁)
⑤ 《(正德)姑蘇志》:"王經,允常,評事,大理寺副、寺正,廣東按察、僉事。"(卷六,科第表下,進士,成化八年壬辰榜,第四十六頁上至四十六頁下)
⑥ 《憲宗實錄》"成化二十三年二月庚寅(二十日)"條:"陞……直隸廣平府同知王經……俱爲按察司僉事……經山東。"(卷二八七,第4855—4856頁)

至弘治六年（1493）正月二十七日以"年老未滿六十"之例復留①，此非允常，判然可知。然取此説，或嫌曲折彌縫，推之太過，且札中語猶多未有著落處，今姑存於此，俟之後證。本札頗見王鏊當時心境，"多事因循，不能自強"云云，或因居京師，拘於吏事世務，時兼負修撰《實録》、侍講經筵等職②，且嶺南地遠天遥，遂疏於答書。

三、結　　語

　　本文輯録王鏊存世佚札十八封，各附校注、考釋如上。綜觀言之，佚札爲研究材料之一種，常不免零碎之譏，可謂竹頭木屑，苟能集而掌之，取證於文集、史籍等，考定年月、稱謂、紀事，於研究對象之日常生活、交遊等，當可得更深入之了解；凡不能考定者，輔以旁證，間下推論，雖未得定爲一説，庶使讀者稍識書札之大意，略與本集詩文互爲發明。

　　後記：本文佚札凡取自手稿者，多行草之屬，識辨不易，業師汪春泓教授、明柔佑博士及藝友尹孝賢、鄧卓然二兄時復教正，共相磋跎，並承蒲帥師兄代爲校正訛誤若干。自感學力淺陋，所注所釋固不足爲定説，數易舊稿，誠不免傅孟真先生"一旦寫成，轉覺可疑"之嘆，今草成如上，祈就正於大雅方家。香港嶺南大學圖書館、香港中央圖書館藝術資源中心、香港大學馮平山圖書館、香港中文大學圖書館特藏閲覽室諸職員於查閲材料過程中，助力甚大，今一併誌謝。

程益丹

嶺大伍絜宜堂螢火庵燈下

二零一九年三月八日追記

（作者單位：香港嶺南大學中文系〔碩士研究生〕）

---

① "弘治六年正月癸巳(二十七日)"條："吏部奉旨疏上考退，復留方面府州縣等官共五十八員，内山東僉事王經、建寧知府劉璵、銅仁知府堯卿俱年老未滿六十者……上曰：'各官既存留，宜俱用心治事，毋再致人議。'"（卷七一，第1341頁）
② 《王鏊年譜》，"弘治二年己酉(1489)"條，第38—39頁。

附圖：部分王鏊手稿

一、《致徐源札》

二、《致劉布札》

The Compilation of Wang Ao's Lost Letters
Ching Yick Tan

Ming dynasty politician and essayist Wang Ao's 王鏊 lost works have been discovered in various collections, notes, prefaces, postscripts, and manuscripts. In addition to the addendum of *Wangao ji* 王鏊集 (*Collected Works of Wang Ao*), eighteen more lost letters have been found and annotated, which may lead us to further understandings of Wang Ao's life, travels, and social interactions.

Keywords: Ming Dynasty, Wang Ao, Letters, Compilation of lost documents, chronicles

徵引書目

1. 于敏中等編纂：《日下舊聞考》，北京：北京古籍出版社，1983年。
2. 中研院歷史語言研究所校印，黃彰健校勘：《明實錄》，臺北：中研院歷史語言研究所，1961年。
3. 孔廣陶摹刻：《嶽雪樓鑒真法帖》，據清光緒六年（1880）刻本影印，北京：中國書店，1997年。
4. 文徵明著，周道振輯校：《文徵明集》，上海：上海古籍出版社，2014年。
5. 毛澄撰：《三江遺稿》，載於沈乃文主編：《明別集叢刊·第一輯》第74冊，據中國社會科學院文學研究所藏鈔本影印，合肥：黃山書社，2013年。
6. 王仁裕纂：《開元天寶遺事》，北京：中華書局，1985年。
7. 王義勝著：《王鏊詩集詳注》，出版地不詳，2014年。
8. 王頌文編：《崑山圖書館先哲遺書目錄》，載於《明清以來公藏書目彙刊》第40冊，據民國二十二年（1933）崑山公共圖書館鉛印本影印，北京：北京國家圖書館出版社，2008年。
9. 王熙桂等修：《太原家譜》，據清宣統三年（1911）鉛印本影印，成都：巴蜀書社，1995年。
10. 王鏊著，吳建華點校：《王鏊集》，上海：上海古籍出版社，2013年。
11. 王鏊總纂，林世遠等修：《姑蘇志》，嘉靖增修本。
12. 史鑑撰：《西村集》，據《四庫全書》本影印，上海：上海古籍出版社，1991年。
13. 永瑢等撰：《四庫全書總目》，北京：中華書局，1992年。
14. 石守謙、楊儒賓主編：《明代名賢尺牘集》，臺北：何創時基金會，2012年。
15. 朱之赤撰：《朱臥菴藏書畫目》，載於黃賓虹、鄧實主編：《藝術叢書》二集第六輯，據民國排印本影印，杭州：浙江人民美術出版社，2013年。
16. 朱熹撰：《四書章句集注》，北京：中華書局，1983年。
17. 吳寬撰：《家藏集》，據《四庫全書》本影印，上海：上海古籍出版社，1991年。
18. 李東陽撰，周寅賓、錢振民校點：《李東陽集》，長沙：岳麓書社，2008年。
19. 李復言編，程毅中點校：《續玄怪錄》，北京：中華書局，1982年。
20. 李道平撰：《周易集解纂疏》，北京：中華書局，1994年。
21. 車萬育：《螢照堂明代法書》，載於程存潔主編：《容庚藏帖》第77種，據廣州博物館藏清康熙三十二年（1693）車萬育刻本影印，廣州：廣東人民出版社，2016年。
22. 房玄齡等撰：《晉書》，北京：中華書局，1974年。
23. 林俊撰：《見素集》，據《四庫全書》本影印，上海：上海古籍出版社，1991年。
24. 邵寶撰：《容春堂集》，據《四庫全書》本影印，上海：上海古籍出版社，1991年。
25. 金吳瀾、李福沂修，汪堃、朱成熙纂：《（光緒）崑新兩縣續修合志》，據清光緒六年（1880）刊本影印，南京：江蘇古籍出版社，1991年。
26. 俞樾撰，貞凡、顧馨、徐敏霞點校：《茶香室叢鈔》，北京：中華書局，1995年。
27. 洪興祖撰，白化文等點校：《楚辭補注》，北京：中華書局，1983年。
28. 洪邁撰：《容齋隨筆》，上海：上海古籍出版社，1995年。

29. 范成大撰,陸振岳點校:《吳郡志》,南京:江蘇古籍出版社,1999年。
30. 范曄撰,李賢等注:《後漢書》,北京:中華書局,1965年。
31. 郎瑛撰:《七修類稿》,上海:上海書店出版社,2001年。
32. 孫希旦撰,沈嘯寰、王星賢點校:《禮記集解》,北京:中華書局,1989年。
33. 孫星衍、孫馮翼輯:《神農本草經》,上海:商務印書館,1937年。
34. 孫樵撰:《孫可之文集》,據宋蜀刻本影印,上海:上海古籍出版社,1979年。
35. 徐元誥撰,王樹民、沈長雲點校:《國語集解》,北京:中華書局,2002年。
36. 徐邦達,故宮博物院編:《古書畫過眼要錄·元明清書法》,北京:紫禁城出版社,2006年。
37. 徐象梅撰:《兩浙名賢錄》,載於《續修四庫全書》第542冊,據明天啟三年(1623)刻本影印,上海:上海古籍出版社,1995年。
38. 班固撰,顏師古注:《漢書》,北京:中華書局,1962年。
39. 祝允明著,薛維源點校:《祝允明集》,上海:上海古籍出版社,2016年。
40. 祝顥撰:《侗軒集》,臺北圖書館藏明刊鈔補本。
41. 翁方綱撰:《復初齋集外文》,載於《清代詩文集彙編》第382冊,上海:上海古籍出版社,2010年。
42. 馬其昶校注,馬茂元整理:《韓昌黎文集校注》,上海:上海古籍出版社,1986年。
43. 故宮博物院編輯委員會編輯:《故宮歷代法書全集》,臺北:故宮博物院,1976—1979年。
44. 張廷玉等撰:《明史》,北京:中華書局,1987年。
45. 張朝瑞撰:《皇明貢舉考》,載於四庫全書存目叢書編纂委員會編:《四庫全書存目叢書·史部》第269冊,據北京大學藏明萬曆刻本影印,濟南:齊魯書社,1996年。
46. 張載撰,章錫琛點校:《張載集》,北京:中華書局,2006年。
47. 陳根民:《明清名家詩札七種辨正類考》,載於《收藏家》2015年1期,第31—36頁。
48. 陶樑著:《紅豆樹館書畫記》,清光緒八年吳縣潘氏攀園刻本,1882年。
49. 揚州博物館編:《江左風流——十四至二十世紀的江南繪畫》,上海:上海書畫出版社,2013年。
50. 焦竑編:《獻徵錄》,上海:上海書店,1987年。
51. 程敏政撰:《篁墩文集》,據《四庫全書》本影印,上海:上海古籍出版社,1991年。
52. 程琦撰:《萱暉堂書畫錄》,香港:萱暉堂,1972年。
53. 賀玉潔:《再論黃省曾〈西洋朝貢典錄〉》,載於《史學理論研究》,2018年第2期,第96—104頁。
54. 馮桂芬等纂:《(同治)蘇州府志》,據清光緒九年(1883)刊本影印,南京:江蘇古籍出版社,1991年。
55. 黃君實編:《宋元明清書法叢刊》,東京:二玄社,1996年。
56. 黃省曾著:《五嶽山人集》,據南京圖書館藏明嘉靖刻本影印,載於四庫全書存目叢書編纂委員會編:《四庫全書存目叢書·集部》第94冊,濟南:齊魯書社,1997年。
57. 楊伯峻編著:《春秋左傳注》,北京:中華書局,1995年。
58. 楊循吉纂,徐景鳳校:《蘇州府纂修識略》,載於氏著:《合刻楊南峯先生全集》,美國國會圖書館藏明萬曆三十七年(1609)刻本。
59. 葉應陽撰集:《耕霞溪館法帖》,據廣州博物館藏清道光二十七年(1847)葉應陽刻本影印,載於程存潔主編:《容庚藏帖》第61種,廣州:廣東人民出版社,2016年。
60. 趙寬撰:《半江趙先生文集》,載於沈乃文主編:《明別集叢刊·第一輯》第71冊,據清康熙六十年(1721)刻本影印,合肥:黃山書社,2013年。
61. 趙璘撰:《因話錄》,上海:上海古籍出版社,1957年。
62. 劉俊偉著:《王鏊年譜》,杭州:浙江大學出版社,2013年。
63. 劉珏撰:《完菴集》,臺北圖書館藏明弘正間劉布編刊後代修補本。
64. 劉義慶撰,徐震堮著:《世説新語校箋》,北京:中華書局,2011年。
65. 慧皎撰,湯用彤校注,湯一玄整理:《高僧傳》,北京:中華書局,1992年。
66. 潘承厚:《明清藏書家尺牘》,民國三十年珂羅版影印本,香港中文大學圖書館藏,1941年。
67. 鄭逸梅著:《尺牘叢話》,上海:上海古籍出版社,2004年。
68. 燕登年藏,劉崇德釋文:《明名賢書信手迹》,天津:天津人民美術出版社,2002年。
69. 錢鏡塘輯:《錢鏡塘藏明代名人尺牘》,上海:上海古籍出版社,2002年。
70. 薛龍春著:《元明書法談叢》,濟南:山東畫報出版社,2017年。
71. 魏泰撰,李裕民點校:《東軒筆錄》,北京:中華書局,1983年。
72. 羅振玉著:《羅雪堂先生全集》,臺北:大通書局有限公司,1989年。
73. 顧文彬撰,柳向春點校:《過雲樓書畫記》,上海:上海古籍出版社,2011年。

編 後 記

　　《嶺南學報》第十一輯終於編定，審視一遍，感到沉甸甸的。本輯論文時間跨度大，從秦漢以至清代，而選題亦多有發明，可謂新穎獨到，會令讀者頗得開卷有益之樂。

　　舉其犖犖大端而言，本輯有蔣寅先生關於詩學的論文，猶如幽燕老將，他把詩學中情景交融到意象化表現之如何走向成熟，闡發得貼切、深入；而許雲和及鄭晴心先生關於北大藏西漢竹書《妄稽》之釋讀，頗見其小學功力；程蘇東教授探究《太史公自序》的書寫策略，胡旭、劉美惠教授考究韋孟、韋玄成詩之產生背景以及張宏先生就南北朝遊仙詩之楊羲現象所作的考辨，均能以原創的視角來釋古，令讀者耳目一新。

　　文史學界前輩學者何寄澎教授慧眼獨具，發掘出曾鞏古文與歐陽修古文之間的關係，咸曉婷教授就唐詩詩題異名現象作種種分析和總結，胡琦教授在金石學範疇內比較明清時期韓、歐碑誌高下論，均寫得厚重、堅實。

　　而蔡丹君教授就《漢書》對北朝文學的深刻影響、尹玉珊教授就《中論》引詩以驗證漢魏之際的《詩經》學，在文獻學及考據學兩方面，亦具有較高的學術價值。

　　本輯特設青年學者園地，刊出嶺南大學中文系碩士研究生程益丹君為明代王鏊散佚書札進行編輯釋讀的成果，此將有益於對王鏊其人的整體認識。

　　學術需要精益求精，我們學報將來要走的路還很長很長，期待學界同道，不斷給予我們以強有力的支持，令我們的學報能夠百尺竿頭更進一步！

《嶺南學報》徵稿啓事

　　本刊是人文學科綜合類學術刊物，由香港嶺南大學中文系主辦，上海古籍出版社出版，每年出版兩期。徵稿不拘一格，國學文史哲諸科不限。學報嚴格遵循雙向匿名審稿的制度，以確保刊物的質量水準。學報的英文名爲 *Lingnan Journal of Chinese Studies*。

　　《嶺南學報》曾是中外聞名的雜誌，於 1929 年創辦，1952 年因嶺南大學解散而閉刊。在這二十多年間，學報刊載了陳寅恪、吳宓、楊樹達、王力、容庚等 20 世紀最著名學者的許多重要文章，成爲他們叱咤風雲、引領學術潮流的論壇。

　　嶺南大學中文系復辦《嶺南學報》，旨在繼承發揚先輩嶺南學者的優秀學術傳統，爲 21 世紀中國學的發展作出貢獻。本刊不僅秉承原《嶺南學報》"賞奇析疑"、追求學問的辦刊宗旨，而且充分利用香港中西文化交流的地緣優勢，努力把先輩"賞奇析疑"的論壇拓展爲中外學者切磋學問的平臺。爲此，本刊與杜克大學出版社出版、由北京大學袁行霈教授和本系蔡宗齊教授共同創辦的英文期刊《中國文學與文化》(*Journal of Chinese Literature and Culture*，簡稱 *JCLC*) 結爲姐妹雜誌。本刊不僅刊載來自漢語世界的學術論文，還發表 *JCLC* 所接受英文論文的中文版，力爭做到同步或接近同步刊行。經過這些努力，本刊冀求不久能成爲展現全球主流中國學研究成果的知名期刊。

　　徵稿具體事項如下：

　　一、懇切歡迎學界同道來稿。本刊發表中文稿件，通常一萬五千字左右。較長篇幅的稿件亦會考慮發表。

　　二、本刊將開闢"青年學者研究成果"專欄，歡迎青年學者踴躍投稿。

　　三、本刊不接受已經發表的稿件，本刊所發論文，重視原創，若涉及知識產權諸問題,應由作者本人負責。

　　四、來稿請使用繁體字,並提供 Word 和 PDF 兩種文檔。

　　五、本刊採用規範的匿名評審制度,聘請相關領域之資深專家進行評審。來稿是否採用,會在兩個月之内作出答覆。

　　六、來稿請注明作者中英文姓名、工作單位,並附通信和電郵地址。來稿刊出之後,即付予稿酬及樣刊。

　　七、來稿請用電郵附件形式發送至:Ljcs@ln.edu.hk。

　　編輯部地址:香港新界屯門　嶺南大學中文系（電話:[852]2616-7881）

撰 稿 格 式

一、文稿包括：中英文標題、本文、中文提要、英文提要（限350個單詞之內）及中英文關鍵詞各5個。

二、請提供繁體字文本，自左至右橫排。正文、注釋使用宋體字，獨立引文使用仿宋體字，全文1.5倍行距。

三、獨立引文每行向右移入二格，上下各空一行。

四、請用新式標點。引號用""，書名、報刊名用《》，論文名及篇名亦用《》。書名與篇（章、卷）名連用時，用間隔號表示分界，例如：《史記·孔子世家》。

五、注釋請一律用脚注，每面重新編號。注號使用帶圈字符格式，如①、②、③等。

六、如引用非排印本古籍，須注明朝代、版本。

七、各章節使用序號，依一、（一）、1.、（1）等順序表示，文中舉例的數字標號統一用(1)、(2)、(3)等。

八、引用專書或論文，請依下列格式：

（一）專書和專書章節

甲、一般圖書

1. 楊伯峻《春秋左傳注》，北京：中華書局1990年修訂版，第60頁。
2. 蔣寅《王夫之詩學的學理依據》，《清代詩學史》第一卷，北京：中國社會科學出版社2012年版，第416—419頁。

乙、非排印本古籍

1.《韓詩外傳》，清乾隆五十六年（1791）金谿王氏刊《增訂漢魏叢書》本,卷八,第四頁下。
2.《玉臺新詠》,明崇禎三年(1630)寒山趙均小宛堂覆宋陳玉父刻本,卷第六,第四頁(總頁12)。

(二)文集論文

1. 裘錫圭《以郭店〈老子〉爲例談談古文字》,載於《中國哲學》(郭店簡與儒學研究專輯)第二十一輯,瀋陽:遼寧教育出版社2000年版,第180—188頁。
2. 余嘉錫《宋江三十六人考實》,載於《余嘉錫論學雜著》,北京:中華書局1963年版,第386—388頁。
3. Ray Jackendoff, "A Comparison of Rhythmic Structures in Music and Language", in *Rhythm and Meter*, eds. Paul Kiparsky and Gilbert Youmans (San Diego, California: Academic Press, 1998), pp.15–44.

(三)期刊論文

1. 李方桂《上古音研究》,載於《清華學報》新九卷一、二合刊(1971年),第43—48頁。
2. 陳寅恪《梁譯大乘起信論僞智愷序中之真史料》,載於《燕京學報》第三十五期(1948年12月),第95—99頁。
3. Patrick Hanan, "The Chinese Vernacular Story", *The Journal of Asian Studies* 40.4 (Aug. 1981): pp.764–765.

(四)學位論文

1. 吕亭淵《魏晉南北朝文論之物感説》,北京:北京大學學位論文,2013年,第65頁。
2. Hwang Ming-chorng, "Ming-tang: Cosmology, Political Order and Monument in Early China" (Ph. D. diss., Harvard University, 1996), p. 20.

(五)再次徵引

再次徵引時可僅列出文獻名稱及相關頁碼信息,如:

　　注① 楊伯峻譯注《論語譯注》,第13頁。

九、注解名詞,注脚號請置於名詞之後;注解整句,則應置於句末標點符號之前;若獨立引文,則應置於標點符號之後。

十、徵引書目，請依以下格式附於文末：

（一）中文書目，按姓氏筆劃順序排列

1. 王力：《漢語詩律學》，增訂本，上海：上海教育出版社，1979年版。

2. 胡幼峰：《沈德潛對歷代詩體的批評》，《幼獅學誌》第18卷第4期（1985年10月），頁110—540。

3. 顧炎武著，黃汝成集釋，秦克誠點校：《日知錄集釋》，長沙：岳麓書社，1994年版。

（二）英文書目，按英文順序排列

1. Chao Yuen Ren, *A Grammar of Spoken Chinese*, Berkeley: University of California Press, 1968.

2. Showalter, Elaine, ed. *The New Feminist Criticism Essays on Women Literature and Theory.* New York: Pantheon Books, 1985.

十一、中英文標題、署名及作者單位（包括服務機構及子機構）格式舉例如下（中英文提要均按同樣格式署名）：

南北朝詩人用韻考

王　力

北京大學中國語言文學系教授